Dieter Hertweck

Escalating Commitment als Ursache gescheiterter DV-Projekte

GABLER EDITION WISSENSCHAFT

**Informationsmanagement
und Computer Aided Team**

Herausgegeben von Professor Dr. Helmut Krcmar

Die Schriftenreihe präsentiert Ergebnisse der betriebswirtschaftlichen Forschung im Themenfeld der Wirtschaftsinformatik. Das Zusammenwirken von Informations- und Kommunikationstechnologien mit Wettbewerb, Organisation und Menschen wird von umfassenden Änderungen gekennzeichnet. Die Schriftenreihe greift diese Fragen auf und stellt neue Erkenntnisse aus Theorie und Praxis sowie anwendungsorientierte Konzepte und Modelle zur Diskussion.

Dieter Hertweck

Escalating Commitment als Ursache gescheiterter DV-Projekte

Methoden und Werkzeuge zur Deeskalation

Mit einem Geleitwort von Prof. Dr. Helmut Krcmar

Deutscher Universitäts-Verlag

Bibliografische Information Der Deutschen Bibliothek
Die Deutsche Bibliothek verzeichnet diese Publikation in der Deutschen
Nationalbibliografie; detaillierte bibliografische Daten sind im Internet über
<http://dnb.ddb.de> abrufbar.

Dissertation Universität Hohenheim, 2002

D 100

1. Auflage März 2003

Alle Rechte vorbehalten
© Deutscher Universitäts-Verlag GmbH, Wiesbaden, 2003

Lektorat: Brigitte Siegel / Jutta Hinrichsen

Der Deutsche Universitäts-Verlag ist ein Unternehmen der
Fachverlagsgruppe BertelsmannSpringer.
www.duv.de

Das Werk einschließlich aller seiner Teile ist urheberrechtlich geschützt. Jede Verwertung außerhalb der engen Grenzen des Urheberrechtsgesetzes ist ohne Zustimmung des Verlags unzulässig und strafbar. Das gilt insbesondere für Vervielfältigungen, Übersetzungen, Mikroverfilmungen und die Einspeicherung und Verarbeitung in elektronischen Systemen.

Die Wiedergabe von Gebrauchsnamen, Handelsnamen, Warenbezeichnungen usw. in diesem Werk berechtigt auch ohne besondere Kennzeichnung nicht zu der Annahme, dass solche Namen im Sinne der Warenzeichen- und Markenschutz-Gesetzgebung als frei zu betrachten wären und daher von jedermann benutzt werden dürften.

Umschlaggestaltung: Regine Zimmer, Dipl.-Designerin, Frankfurt/Main
Druck und Buchbinder: Rosch-Buch, Scheßlitz
Gedruckt auf säurefreiem und chlorfrei gebleichtem Papier
Printed in Germany

ISBN 3-8244-7800-5

Geleitwort

Die Diskussion um Qualitätsverbesserungen in Softwareprojekten ist nahezu so alt wie die Branche selbst. Es gibt Softwareprozessmodelle, Projektmanagementtechniken, Reifegradmessungen von Organisationen bis hin zur fast durchgängigen Computerunterstützung mittels Projektmanagementsoftware.

Aber – und das scheint auf den ersten Blick erstaunlich – die Anzahl gescheiterter Softwareentwicklungsprojekte hat sich seit fünfzehn Jahren nicht wesentlich verringert. So werden bis in jüngste Zeit nur etwa 16% der Projekte nach Plan beendet, 53% der Projekte enden wesentlich teuerer, und 31% werden noch immer vorzeitig abgebrochen.

Was passieren kann, wenn misslingende Projekte nicht rechtzeitig abgebrochen werden, und wie es dazu kommen kann, ist Gegenstand der Arbeit von Herrn Hertweck. Er beschäftigt sich mit dem Phänomen des „Escalation of Commitment" in Projektgruppen, was nach aktuellen Messungen noch immer der Scheiternsgrund für jedes fünfte Projekt ist. Es besagt, dass Softwareprojekte deshalb nicht abgebrochen werden, weil sich die Beteiligten zu stark auf die einmal verkündeten Ziele oder Zusagen, bzw. eingeschlagene Methoden verpflichtet fühlen.

Diese zuerst in der Sozialpsychologie beobachtete Verhaltensweise beleuchtet Hertweck zunächst aus theoretischer Sicht. Es wird deutlich, dass hinter diesem Verhalten unterschiedliche Gründe stecken können. Sodann kann er an ausgewählten Fallstudien von leider gescheiterten Projekten zeigen, wie dies Verhalten entsteht und in welchen Episoden es sich im Projektablauf vollzieht. Sein aus der Praxis abgeleitetes Experimentalspiel ist in der Lage, das Phänomen „Escalation of Commitment" in Gruppen sehr grundlegend nachzustellen und eignet sich daher als Training für Projektmanager.

So kann er gut nachvollziehbar zeigen, wie Escalation of Commitment langsam entsteht, mit welchen Instrumentarien es sich messen lässt, und mit welchen Methoden und Technologien man es erfolgreich bekämpft.

Das Buch kann Vorständen, Projektmanagern, Projektmitarbeitern aber auch Wirtschaftswissenschaftlern und Sozialpsychologen in gleicher Weise empfohlen werden. Ich wünsche der Arbeit von Dieter Hertweck die ihr gebührende weite Verbreitung

Prof. Dr. Helmut Krcmar

Vorwort

Jeder der sich beim Kostenvoranschlag für eine größere Autoreparatur schon einmal die Frage gestellt hat, ob er weiter in sein altes Auto investiert, oder in einen Neukauf, kennt das Problem – irrationales Commitment.

Man verbindet mit dem Auto (Investitionsgegenstand) Emotionen, die es einem erschweren, sich rational und zeitgerecht von ihm zu trennen. Was aber, wenn ein paar Monate später wieder eine mittelgrosse Reparatur fällig wird? Rational betrachtet müsste jetzt der Punkt erreicht sein, an dem man nicht weiter investiert, weil die Häufung von Pannen als ein Zeichen des rapiden Verfalls gewertet werden sollte. Umgekehrt hat man gerade vor kurzem eine hohe Investition in die Reparatur des Autos getätigt. Aus Angst diese Kosten „versenkt" zu haben, oder sich für die damalige Investition vor Dritten rechtfertigen zu müssen, würden viele von uns die mittelgrosse Investition in eine neuerliche Reparatur tätigen - eskalierendes Commitment nimmt seinen Lauf.

Diese durchaus menschliche Verhaltensweise tritt häufig auch in betriebswirtschaftlichen Bezügen zu Tage. Projekte, die -von außen betrachtet- von keinem mehr als vernünftig durchführbar eingestuft werden, werden bis zum finanziellen Fiasko weiterverfolgt und können die Existenz ganzer Organisationen oder Individuen gefährden. Verhaltensweisen die zu Escalation of Commitment in DV-Projekten führen zu verstehen, zu systematisieren und technologisch zu bekämpfen, war eines der Hauptanliegen dieser Arbeit.

Da viele dieser Verhaltensweisen nur an scheiternden oder gescheiterten Projekten bzw. im Labor erforscht werden können, und scheiternde Projekte oft mit Überstunden, Frustrationen und negativen Erinnerungen einhergehen, möchte ich den vielen kleinen und grossen Helden des Projektalltags danken, die mit ihren Interviews und Teilnahmen am ESCALAT-Experiment zum Gelingen dieser Arbeit beigetragen haben:

- Einflussreiche Persönlichkeiten, die mir Zugang zu gescheiterten Projekten ver-schafften,
- DV-Projektpraktiker mit Mut und der Motivation, folgenden Generationen von Projektmanagern ihre Erfahrungen zu ersparen,
- Vorstände, die mir in Interviews die Eskalation gosser Projekte aus ihrer Sicht schilderten,
- Professoren, die meine Arbeit über die Jahre inhaltlich begleiteten und förderten,
- Meinen wissenschaftlichen Hilfskräften und Diplomanden, ohne die die Durchführung und Aufarbeitung der aufwendigen, qualitativen Experimenten nicht möglich gewesen wäre.

Persönlich danken möchte ich an erster Stelle Prof. Dr. Helmut Krcmar, für die inhaltliche Begleitung der Arbeit, die geführten Diskussionen und vor allem für die Möglichkeiten zum Austausch mit internationalen Experten auf dem Gebiet des Softwareprojektmanagement. Das Gefühl, in ihm stets einen engagierten Förderer meiner Arbeit gehabt zu haben, war eine grosse Stütze bei allen forscherischen Aktivitäten.

Ein Dank in gleicher Sache geht an Prof. Philip Yetton vom Fujitsu Centre for Managing Information Technology in Organisations am AGSM in Sydney, an Phd. Christopher Sauer vom Tempelton College der Oxford University, an meine Betreuer im ICIS-Doctoral Consortium 1999, Prof. Douglas Vogel (City University of Hong Kong) und George Marakas (Indiana University), sowie an Assoc. Prof. Dr. Wayne Huang (Ohio State University).

Für die teilweise sysiphushafte Arbeit des Datenerhebens in hochkomplexen Experimenten und die Mithilfe bei deren Analyse möchte ich meinen langjährigen wissenschaftlichen Hilfskräften, Praktikanten und Diplomanden an der Universität Hohenheim, namentlich Anja Hartlieb, Mette Holmstoel, Thomas Geib, Harald Müller und Thorsten Setzer danken.

Ganz besonderer Dank gilt meiner Frau Manuela Hertweck, ohne deren fortwährende Unterstützung die Arbeit nicht zu dem geworden wäre, was sie ist.

Alle weiteren Personen, die zum Gelingen der Arbeit beitrugen werde ich ohne deren Beitrag nennen, was diesen keinesfalls schmälern soll: Prof. Dr.Bappert (BA-Heidenheim), Helmut Bauer, Prof. Dr. Boos (Universität Göttingen), Detlev Duveneck (FhG-IAO), Thomas Geib, Prof. Dr. Grosser (BA Stuttgart), Prof. Dr. Hilbertz (Universität Stuttgart), Prof. Dr. Hubert Knoblauch (TH Berlin), Harald Müller, Werner Müller-Hengstenberg, Li Liu (AGSM, Sydney), Prof. Dr. Rau (FH-Pforzheim), Prof. Dr. Gerhard Schwabe (ifi-Universität Zürich), Alexander Stanke (FhG-IAO), Günther Strolz, Prof. Dr. Wolffried Stucky (AIFB-Uni-Karlsruhe) Prof. Paul Swatman (SIMT-Stuttgart), Dr. Peter Ohlhausen (FHG-IAO)

Von Herzen danken möchte ich meinen Freunden Dr. Pietro Altermatt, Jane Cameron, David Johnson, Jing Duan, Sean Doyle, Patrick Dorvil, Christian Flaig, Dr.Thomas Gaugler und Bernhard Stefan, sowie meinen Eltern Juliane und Kurt Hertweck, meinen Schwestern Barbara Schmitt, Heidrun Strolz sowie meiner Oma Paula Schottmüller, die mit ihrer Lebensfreude einen privaten Rahmen schufen, der eine jahrelange Forschung an „gescheiterten Projekten" ermöglichte.

Dieter Hertweck

Inhaltsverzeichnis

Geleitwort	V
Vorwort	VII
Inhaltsverzeichnis	IX
Abbildungsverzeichnis	XIII
Tabellenverzeichnis	XV
Formelverzeichnis	XVII
Abkürzungsverzeichnis	XVII

1 Einleitung 1
    1.1   Zielsetzung der Arbeit und zentrale Forschungsfragen 2
    1.2   Aufbau der Arbeit 3

2 Begrifflichkeiten und Theorieansätze 5
    2.1   Zum Begriff Commitment 5
        2.1.1   Commitment im Spiegel der Disziplinen 5
    2.2   Escalation of Commitment 8
        2.2.1   Erklärungsansätze der Sozialpsychologie – das Determinantenmodell von Staw/Ross 9
        2.2.2   Escalating Commitment in Gruppen 16
        2.2.3   Zusammenfassung 20
    2.3   Escalation of Commitment in gescheiterten DV-Projekten 24
        2.3.1   Der Begriff des Projektes 24
        2.3.2   Die Unterschiede zwischen DV- und konventionellen Projekten 25
        2.3.3   Der Begriff des gescheiterten DV-Projektes 26
        2.3.4   Zusammenfassung 32
    2.4   Escalating Commitment und Elektronische Sitzungsunterstützung ... 32
        2.4.1   Was sind Elektronische Sitzungsunterstützungssysteme? 32
        2.4.2   Elektronische Sitzungsunterstützung – Stand der Forschung ... 33
        2.4.3   Denkbarer Beitrag Elektronischer Sitzungsunterstützung zur Deeskalation von Commitment in Softwareentwicklungsprojekten ... 35
    2.5   IKT, Elektronische Sitzungen und Projektorganisation 37

3 Forschungsstrategie und Methoden 40
    3.1   Methodologisches Verständnis und eingesetzte Methoden 42
    3.2   Genreanalyse 44
        3.2.1   Grundverständnis der Genretheorie 44

	3.2.2	Genreanalyse im Bereich der Informationstechnologie und Organisationsforschung	51
	3.2.3	Genreanalyse und Escalation of Commitment	55
3.3		**Fallstudie**	**56**
	3.3.1	Auswahl und Grenzen des Falls	57
	3.3.2	Zugang zum Feld	58
	3.3.3	Datenerhebung in gescheiterten DV-Projekten	58
	3.3.4	Datenanalyse	61
3.4		**Qualitatives Experiment**	**63**
	3.4.1	Experimentaldesign	65
	3.4.2	Datenerhebung	65
	3.4.3	Datenanalyse	67

4 Fallstudien – „Escalation of Commitment" in gescheiterten DV-Projekten 71

4.1 Aufbereitung der Fallstudien 72

4.2 Fallstudie A: Zuviel oder zuwenig Commitment für den Projektabbruch? 73
- 4.2.1 Ausgangssituation 73
- 4.2.2 Projektverlauf 73
- 4.2.3 Projektwahrnehmung der Beteiligten – Woran scheiterte das Projekt? 75
- 4.2.4 Die Konstruktion des Scheiterns 83
- 4.2.5 Resümee – Was lässt sich aus dem Fall für das Design des Experimentes lernen? 85

4.3 Fallstudie B: Ein „Spiel", das man nicht gewinnen kann 86
- 4.3.1 Ausgangssituation 86
- 4.3.2 Projektverlauf 88
- 4.3.3 Projektwahrnehmung der Beteiligten – Woran scheiterte das Projekt? 93
- 4.3.4 Die Konstruktion des Scheiterns 108
- 4.3.5 Resümee – Was lässt sich aus dem Fall für das Design des Experimentes lernen? 110

4.4 Fallstudie C: Bis ein unbedeutendes Projekt Aufmerksamkeit erhält 111
- 4.4.1 Ausgangssituation 111
- 4.4.2 Projektverlauf 112
- 4.4.3 Projektwahrnehmung der Beteiligten – Woran scheiterte das Projekt? 117
- 4.4.4 Die Konstruktion des Scheiterns 128
- 4.4.5 Resümee – Was lässt sich aus dem Fall für das Design des Experimentes lernen? 131

4.5 Ursachen für das Scheitern von Projekten 132

4.6 Konsequenzen für die Entwicklung des Experimentes 134

5 ESCALAT-Experiment 136

5.1 Vorgaben der Fallstudien für das Experiment ESCALAT 136

5.2	**Aufbau und Durchführung des Escalat-Spiels** **139**	
	5.2.1 Räumliches Experimentallayout und Datenerhebung 139	
	5.2.2 Inhaltlicher Aufbau des Experimentalspiels 141	
	5.2.3 Die Prozessdimension der Eskalation am Beispiel einer Spiel-Durchführung 147	
5.3	**Ergebnisse: ausgewählte Eskalationsdeterminanten über alle Experimentalgruppen** **154**	
	5.3.1 Quantitative Auswertung von Eskalationsförderern über beide Settings 155	
5.4	**Ergebnisse: Eskalationsförderer im Unterschied zwischen CMC- und EMS-Setting** **160**	
	5.4.1 Eskalationsförderer und -determinanten im EMS-Setting 162	
5.5	**Extremfall-Analyse zum Verständnis der Grundgesamtheit** **164**	
5.6	**Genreanalyse der Extremfallgruppen** **168**	
	5.6.1 Handwerkliche Durchführung der Genreanalyse 168	
	5.6.2 Extremgruppen im CMC-Setting 171	
	5.6.3 Extremgruppen im EMS-Setting 185	
5.7	**Ergebnisse der Genreanalyse** **197**	
	5.7.1 Prozesse 198	
	5.7.2 Designrelevante Ethnomethoden der Deeskalation und ihre Verortung im Prozess 204	
5.8	**Empfehlungen für das Management von DV-Projekten in der Praxis** ..**209**	

6 Designvorschlag für Deeskalationswerkzeuge 214

6.1	**Deeskalation von Commitment zu Projektbeginn** **214**	
	6.1.1 Communication Thermostat als Frühwarnsystem 216	
	6.1.2 Feedback-Gestaltung und Verfügbarkeit 219	
	6.1.3 Optimaler Statusbericht 223	
6.2	**Deeskalation von Commitment zur Projekthalbzeit** **225**	
	6.2.1 Virtual Devil's Advocat 226	
	6.2.2 Optimaler Krisenbewältigungsprozess 230	
6.3	**Deeskalation von Commitment zum Projektende** **239**	
6.4	**Einordnung der Werkzeuge und Maßnahmen in die Deeskalationsliteratur** **241**	
	6.4.1 Zusammenfassung: Gemeinsamkeiten und Unterschiede der Arbeit zur gängigen Deeskalationstheorie 249	
6.5	**Deeskalation oder Abbruch?** **250**	
	6.5.1 Einsparungspotentiale in den Fallstudien A-C bei einem rechtzeitigen Projektabbruch 252	

7 Zusammenfassung 256

7.1 **Antworten auf die eingangs gestellten Forschungsfragen** **256**

7.1.1 Alltagstypische Ursachen und Umstände, die das Entstehen von
Escalation of Commitment in DV-Projekten beeinflussen 256
7.1.2 Etablierung eines stärkeren Praxisbezugs in der
Experimentalforschung zu Escalation of Commitment 261
7.1.3 Prototypischer Escalation-of-Commitment-Prozess in Gruppen 262
7.1.4 Einfluss von elektronischer Sitzungsunterstützung auf Escalation
of Commitment 265
7.1.5 Technologien zur Deeskalation von Commitment in Gruppen 267

7.2 Konsequenzen der Arbeit für die weitere Commitmentforschung 274
7.2.1 Escalation of Commitment und gescheiterte DV-Projekte 274
7.2.2 Escalation of Commitment und Determinantenmodelle 276
7.2.3 Escalation of Commitment und Rationalität von Entscheidungen 277
7.2.4 Escalation of Commitment und Kommunikations- bzw.
Kooperationskultur in DV-Projekten 279
7.2.5 Escalation of Commitment als Folge der (Ohn-) Macht von Akteuren ... 281

7.3 Konsequenzen der Arbeit für die Sitzungsforschung 283

7.4 Konsequenzen der Arbeit für die Praxis 287
7.4.1 Konsequenzen für das Senior Management 287
7.4.2 Konsequenzen für das Projekt-Management 291
7.4.3 Konsequenzen für alle Managementpositionen im Unternehmen 292

8 Schlusswort mit Ausblick 297

**8.1 Kritische Würdigung der Validität, Repräsentativität und Relevanz
der Ergebnisse 297**

8.2 Schlußbetrachtungen und Ausblick 298

Literaturverzeichnis 301

Abbildungsverzeichnis

Abbildung 1 Determinanten von Staw/Ross, zusammengefasst in (Hartlieb,1999, 42) 10
Abbildung 2: Anteile von Erfolgs- und Mißerfolgsprojekttypen, in Anlehnung an Standish Group 1998 27
Abbildung 3: Wieviele Ihrer letzten fünf Projekte war ein Fall von Escalation of Commitment? (Eigene Darstellung auf Basis der Zahlen von Keil) 30
Abbildung 4: Projekteskalationsfaktoren, nach Keil et. al., 1995, S. 436 30
Abbildung 5: Handlungsvermittelte Wechselwirkungen zwischen Institution und Technologie (Orlikowski & Robey 1991, S. 150, Abb. 2) 37
Abbildung 6: Handlungsvermittelte Wechselwirkungen zwischen Institution „Projekt" und Technologie „EMS" über das kommunikative Handeln in der „Sitzungssituation" (Eigene Darstellung) 39
Abbildung 7: Forschungsstrategie der Arbeit (eigene Darstellung) 40
Abbildung 8: Beispiel einer Genre-Landkarte im Film (Grafik nach Chandler 2000) 44
Abbildung 9: Morphologie einer Kommunikativen Gattung (Eigene Darstellung) 48
Abbildung 10: Vorgehensweise bei der Genreanalyse (Eigene Darstellung nach Willmann 1998) 51
Abbildung 11 Gebrauch der Genres Memo, Dialog, Proposal und Abstimmung im CLISP-Projekt, Grafik aus Orlikowski/Yates (1994, 562) 53
Abbildung 12: Das Grundprinzip der Hauptkomponentenanalyse 69
Abbildung 13: Protokollauszug der Sitzung zum Beschluss der Weiterführung der Entwicklungskooperation 102
Abbildung 14: UNA-Vertriebsmitarbeiter in der Wahrnehmung der ZD-Mitarbeiter 107
Abbildung 15: Beschwerdebrief des EWE Justiziar bezüglich des Antwortverhaltens des FI-Projektleiters vom 27.5.1993 121
Abbildung 16: Räumliches Experimentallayout mit Datenerhebungstechnologie (Eigene Darstellung) 140
Abbildung 17: An die Gruppen ausgegebener Kurzfragebogen 141
Abbildung 18: Die den Gruppen zur Lösung vorgelegten Knobelmodelle unterschiedlicher Schwierigkeitsgrade 143
Abbildung 19: An die Experimentalgruppen ausgegebene Spielanleitung (Eigene Darstellung) 150
Abbildung 20: An die Experimentalgruppen ausgegebene Beschreibung der Rollen im Spiel (Eigene Darstellung) 150
Abbildung 21: An die Experimentalgruppen ausgegebene Visualisierung der Abläufe des Spiels (Eigene Darstellung) 151
Abbildung 22: Visualisierung des Spielstands der Gruppen an den Vorstand - aktualisiert nach jeder Spielrunde (Eigene Darstellung) 152
Abbildung 23: Eskalationsdeterminanten im CMC-Setting 161
Abbildung 24: Eskalationsdeterminanten im EMS-Setting 163
Abbildung 25: Warum Extremfälle wichtig sind. Präsentation von Bill Starbuck am 07.05.1999 an der Australien Graduate School of Management in Sidney ... 164
Abbildung 26: Extremgruppen im CMC-Setting, die nach Eskalationswert am stärksten eskalierten 166

Abbildung 27: Extremgruppen im CMC-Setting, die am wenigsten für Eskalation anfällig waren 166
Abbildung 28: Extremgruppen im EMS-Setting, die nach Eskalationswert am stärksten eskalierten 167
Abbildung 29: In MS-Access entworfene Eingabemaske zur Codierung unterschiedlicher Genre 169
Abbildung 30: Beispiele codierter Genres auf den verschiedenen Ebenen und deren Zusammenhänge untereinander 170
Abbildung 31: Morphologie eines typischen Projektabbruchprozess 201
Abbildung 32: Morphologie eines typischen Projekteskalationsprozesses 204
Abbildung 33: Bedingtheit der Sitzungssituation in Anlehnung an die Strukturationstheorie 205
Abbildung 34: Design-Entwurf und Anwendungsszenario für den Communication Thermostat, ein Werkzeug zur Messung des Konfliktpotentials in der Projektkommunikation(Eigene Darstellung) 217
Abbildung 35: Vorschlag für die Gestaltung eines optimalen Feedbacks am Beispiel des Feedbacks im Experimentalspiel 222
Abbildung 36: Design und Einsatzszenario für den Virtual Devil's Advocat 228
Abbildung 37: Implementierte Agenda eines optimalen Krisenbewältigungsprozesses in Group Systems 232
Abbildung 38: In Group Systems implementiertes anonymes Brainstorming 234
Abbildung 39: In Group Systems implementierte Stärken- und Schwächenanalyse verschiedener Alternativen 235
Abbildung 40: In Group Systems implementiertes Electronic Voting 237
Abbildung 41: Analyse der Abstimmungsergebnisse der Alternativen in Group Systems 238
Abbildung 42: Verteilung der Kosten über die Zeit in DV-Projekten nach Putnam 251
Abbildung 43: Der prototypische Eskalationsprozess mit Prozessschritten und –phasen (Eigene Darstellung) 263
Abbildung 44: Anwendung von Deeskalationsmaßnahmen im Verlauf eines Eskalationsprozesses (Eigene Darstellung) 267
Abbildung 45: Einsatzszenario des Communication Thermostats im DV-Projekt (Eigene Darstellung) 269
Abbildung 46: Einsatzszenario des Virtual Devil's Advocat in elektronischen Krisenmeetings (Eigene Darstellung) 271
Abbildung 47: Zusammenhang zwischen dem Scheitern des Projekts, anfänglichen Konflikten aufgrund eines schwachen „Fit" des Projekts und risikoreichem Handeln (Darstellung nach Sauer/Southon/Dumpney) 274
Abbildung 48: Einbettung von Sitzungen in den sozialen und organisatorischen Kontext (Darstellung nach Klein/Krcmar/Schenk,2000,220) 284
Abbildung 49: Einsatz von Deeskalationsmethoden in fehlertoleranten und fehlerintoleranten Organisationen (Eigene Darstellung) 290
Abbildung 50: Fragebogen zur Selbstbefragung für Senior und Projektmanager über eskalationsfördernde Verhaltensweisen nach einem absolvierten sensitivity-training (Eigene Darstellung) 294

Tabellenverzeichnis

Tabelle 1: Überblick über die Commitmentforschung (Eigene Darstellung) 24
Tabelle 2: Mögliche Wirkungen von EMS auf Escalating-Commitment-Determinanten 36
Tabelle 3: Forschungsfragen und Methoden 42
Tabelle 4: Ereignisse, Kommunikationsaufwand im Common-Lisp-Projekt 54
Tabelle 5: Korrelationskoeffizienten in Abhängigkeit vom Skalenniveau
(Bühl/Zöfel 1996, 425) 68
Tabelle 6: Signifikanzniveaus nach Zöfel (1985, 92) 69
Tabelle 7 Überblick über Phasen und Schlüsselsituationen in Fallstudie A
(Eigene Darstellung in Anlehnung an Geib (Geib, 1998, 47)) 75
Tabelle 8: Schlüsselsituationen und Projektphasen in Fallstudie B 93
Tabelle 9: Schlüsselsituationen und Projektphasen in Fallstudie 117
Tabelle 10: Eskalationsdeterminanten in Fallstudie C 130
Tabelle 11: Indikatoren und Ursachen des Scheiterns in DV-Projekten
(eigene Darstellung) 132
Tabelle 12: Operationalisierung der aus den Fallstudien gewonnenen Erkenntnisse im
Experimentalspiel 138
Tabelle 13: Übersicht zu den im Spiel verwandten Spielregeln 144
Tabelle 14: Group-Think-Werte der Experimentalgruppen 1-20 159
Tabelle 15: Zusammenfassung der Einflussfaktoren, die zu
Escalation of Commitment führten 160
Tabelle 16: Untersuchte Extremgruppen 167
Tabelle 17: Signifikanter Zusammenhang zwischen Dialogischer Struktur
(keine Beteiligung der Gruppe bei Diskussionen) und der Eskalation der
Experimentalgruppen 177
Tabelle 18: Signifikanter Zusammenhang zwischen Intentionaler Formatierung und
Eskalation der Experimentalgruppen 179
Tabelle 19: Kommunikative Handlungen der Projektabbruchgruppen in
den jeweiligen Phasen 199
Tabelle 20: Kommunikative Handlungen der Projekteskalationsgruppen in den jeweiligen
Phasen 202
Tabelle 21: Kommunikative Handlungen und von den Gruppen angewandte
Deeskalationsmethoden 207
Tabelle 22: Empfehlungen aus den Experimenten für das Management von DV-Projekten. 213
Tabelle 23: Temperaturwerte der Meetings $T = Q_{KK} * 100$ 218
Tabelle 24: Unterschiede im Genre-Gebrauch zwischen den Projektabbruch und den
Projekteskalationsgruppen 221
Tabelle 25: Vergleich der Deeskalationsmethoden aus Keil et. Al. Mit den in dieser Arbeit
erhobenen bzw. vorgeschlagenen 242
Tabelle 26: Angefallene Verluste in den einzelnen Projekten durch Unterlassung des
rechtzeitigen Abbruchs 253
Tabelle 27: In den Fallstudien A-C aufgetretene Eskalationsdeterminanten nach Keil 260
Tabelle 28: Früheste Ansatzpunkte von Deeskalationsmaßnahmen und ihr direkter Bezug zu
Sitzungen (Eigene Darstellung) 268
Tabelle 29: Morphologie der Machtausübung in Organisationen (nach Ortmann, 1990, 30) 282

Tabelle 23: Temperaturwerte der Meetings $T = Q_{KK} * 100$ _____ 218
Tabelle 24: Unterschiede im Genre-Gebrauch zwischen den Projektabbruch und den Projekteskalationsgruppen _____ 221
Tabelle 25: Vergleich der Deeskalationsmethoden aus Keil et. Al. Mit den in dieser Arbeit erhobenen bzw. vorgeschlagenen _____ 242
Tabelle 26: Angefallene Verluste in den einzelnen Projekten durch Unterlassung des rechtzeitigen Abbruchs _____ 253
Tabelle 27: In den Fallstudien A-C aufgetretene Eskalationsdeterminanten nach Keil (Eigene Darstellung) _____ 260
Tabelle 28: Früheste Ansatzpunkte von Deeskalationsmaßnahmen und ihr direkter Bezug zu Sitzungen (Eigene Darstellung) _____ 268
Tabelle 29: Morphologie der Machtausübung in Organisationen (nach Ortmann,1990,30) _____ 282

Formelverzeichnis

Gleichung 1: Berechnungsverfahren des Eskalationswertes einer Gruppe auf Basis des Group-Think-Phänomens 159
Gleichung 2: Kennzahl intentionaler Formatierung 218
Gleichung 3: Kennzahl für die an einer Diskussion beteiligten Projektteilnehmer 218
Gleichung 4: Quotient für das Konfliktpotential in der Gruppenkommunikation 218
Gleichung 5: Gleichung zur Entscheidung der Projektweiterführung nach Stickel (Stickel 1997) 252

Abkürzungsverzeichnis

CEBIT	Grosse, jährlich stattfindende Computermesse in Hannover
CMC	Computer Mediated Communication
CSCW	Computer Supported Cooperative Work
CUPARLA	Computerunterstützung der Parlamentsarbeit – Ein Telekooperationsforschungsprojekt im Auftrag der Deutschen Telekom Berkom, durchgeführt am Lehrstuhl für Wirtschaftsinformatik der Universität Hohenheim von 1996-1998
DFG	Deutsche Forschungsgemeinschaft
DV	Datenverarbeitung
EG1...n	Kürzel für Extremgruppe 1...n. Gruppen die besonders stark eskalierten oder besonders früh ihr Spiel abbrachen
EMS	Electronic Meeting System
ESCALAT	Escalation of Commitment als Ursache gescheiterter DV-Projekte, ein Projekt der Deutschen Forschungsgemeinschaft
IEEE	Internationaler Verband der Elektroingenieure (gleichzeitig oberstes internationales Normungsgremium)
IT	Informationstechnologie
KFZ	Kraftfahrzeug
KI	Künstliche Intelligenz
M1...n	Kürzel in den Experimenten für Mitarbeiter eins...n
PC	Personal Computer
PL	Kürzel in den Experimenten für Projektleiter
PROSOZ	Deutschlands meistverkaufte Software für Sozialämter
ROI	Return on Invest
V	Kürzel in den Experimenten für Vorstand

1 Einleitung

Ein derzeit vieldiskutiertes Paradigma der Unternehmensorganisation heißt Wissensmanagement (Davenport et. al., 1996). Es geht um Fragen der Aneignung, Speicherung und Distribution von Wissen in Organisationen. Ziel der Optimierung von Wissensmanagementprozessen ist die Sicherung der Kernkompetenzen im Unternehmen, die dessen Wettbewerbsfähigkeit längerfristig erhöhen oder zumindest erhalten. Deshalb wird es immer interessanter zu wissen, wovon eine Organisation überhaupt lernt. Betrachtet man klassische Theorien der Wissensaneignung, wird schnell klar, daß der Mensch vor allem durch Ereignisse außerhalb von Alltagsroutinen lernt (Berger/Luckmann,1977,166f.). Es sind die außerordentlichen Erfolgs- und Misserfolgserlebnisse, die in Form dokumentierter Geschäftsprozesse, handlungsleitender Mythen oder formaler Vorgaben, Bestandteil des permanent verfügbaren organisatorischen Wissensvorrats werden. Besteht wie in vielen Informationstechnologie-Unternehmen die Unternehmensorganisation aus der Summe des Wissens über Projekte, so sollte (Miss-) erfolgswissen über DV-Projekte vor allem den Menschen zu Gute kommen, die sie umsetzen, managen, finanzieren und verantworten. Was aber haben IT-Unternehmen aus den erfolgreichen bzw. gescheiterten DV-Projekten der letzten Jahre gelernt?

Seit den Arbeiten von Weltz/Ortmann (1992), die die Softwarekrise der 70er Jahre aufarbeiteten scheinbar nicht all zu viel. Für diese These spricht der bis in jüngste Zeit noch immer sehr hohe Anteil "gescheiterter" DV-Projekte, wie ihn Johnson (1998) im CHAOS-Report der Standish Group erhoben hat. Danach betrug der Anteil gescheiterter DV-Projekte in den letzten Jahren über 50 Prozent, d.h. jedes zweite Projekt endete nach Beurteilung der Beteiligten in einer kleinen, meist sogar großen Katastrophe.

Die folgende Arbeit beschäftigt sich deshalb mit der Frage, wie können DV-Projekte in IT-Unternehmen zum Erfolg geführt werden? Eine naheliegende Antwort wäre, in dem man aus den gescheiterten lernt, und die gleichen Fehler nicht wiederholt. Dies klingt im ersten Moment trivial, hat sich im Vergleich zu Branchen wie der Bauindustrie aber noch nicht in den Curricula der IT-Projektmanager (Sauer/Liu/Johnston, 1999, 441) niedergeschlagen.

Als eine der verbreitesten Ursachen gescheiterter DV-Projekte, wird immer wieder eine von Psychologen als „menschlich" bezeichnete Eigenart (Burrell/Morgan 1979) genannt, nämlich ein stark überzogenes und eskalierendes Commitment zu einer einmal getroffenen Entscheidung oder Handlungsweise. Sie führt in Projektgruppen dazu, daß die Beteiligten ab einem gewissen Zeitpunkt nicht mehr in der Lage sind, alternative Möglichkeiten in Betracht zu ziehen und dann durch Nichthandeln oder Festhalten an der tradierten Handlungsweise versuchen, die Situation zu meistern. Der Dramaturg Samuel Beckett beschrieb diese wohl jedem bekannte Situation einmal so:

ESTRAGON: Laß uns gehen.
VLADIMIR: Wir können nicht
ESTRAGON: Weshalb nicht?
VLADIMIR: Wir warten auf Godot
(Beckett, 1986, S. 15)

Nach einer 1998 auf der Homepage von Keil (Keil, 1998). veröffentlichten Umfrage unter den Qualitätssicherungsbeauftragten der 40 größten IT-Unternehmen der USA, ist wohl jedes dritte gescheiterte Projekt eine Folge dieser Verhaltensweise. Gleiche Ergebnisse mit leicht gestiegener Tendenz förderte eine 2001 von Keil (Keil et. al.,2001) durchgeführte Studie zu Tage.

1.1 Zielsetzung der Arbeit und zentrale Forschungsfragen

Die Arbeit hat sich zum Ziel gesetzt, den Schleier um das Escalation of Commitment-Phänomen in DV-Projekten ein wenig zu lüften und Vermeidungsstrategien für das Management aufzuzeigen.

Die Dissertation hatte ihren Ausgangspunkt im DFG-Forschungsprojekt „ESCALAT – Escalating Commitment bei scheiternden DV-Projekten und CATeam". Die dort gewonnenen Erkenntnisse wurden stetig weiterentwickelt und durch regen wissenschaftlichen Austausch mit Fachkollegen ergänzt. Wesentliche Ereignisse, die den Fortgang der Forschung prägten, waren:

1.) Ein sich abzeichnender Paradigmenwechsel im Bereich der Electronic Meeting Systems (EMS)–Forschung. Er führte dazu, daß das ursprünglich 1994 entworfene, stark positivistisch geprägte Experimentaldesign grundlegend überarbeitet wurde. An Stelle der Messung einzelner Determinanten trat der Eskalationsprozeß in praxisadäquaten Sitzungsfolgen ins Zentrum des Experimentaldesigns.

2.) Ein Mangel praxisnaher Forschung zu Escalation of Commitment in Gruppen. Abgesehen von der Groupthink-Forschung, die schon sehr früh mit einer retrospektiven Aufarbeitung von Escalating-Commitment Phänomenen in Polit-Entscheidungsgruppen begann (Janis, 1982), gab und gibt es bis heute wenig Studien über das Entstehen von Escalation of Commitment in Gruppen, die auf teilnehmender Beobachtung bzw. auf Primärdaten basieren. Als ein wesentlicher Grund dafür läßt sich die schwierige Reproduktion dieser Verhaltensweise heranziehen.

3.) Die erste umfangreiche und bis ins Detail beschriebene Fallstudie eines auf Grund von Escalation of Commitment gescheiterten DV-Projekts durch Drummond (Drummond 1996). Als der Autor im Januar 1996 das Projekt ESCALAT übernahm gab es mit Ausnahme erster von Keil veröffentlichter Artikel noch keine detaillierten Fallstudien zu gescheiterten DV-Projekten und Escalating Commitment. Da Drummonds Buch erst Ende 1996 veröffentlicht wurde, beschloss der Verfasser einen zur Sozialpsychologie Staws umgekehrten Weg zu gehen. Er analysierte gescheiterte DV-Projekte in der Praxis und entwickelte daraus ein Experimentalspiel, um die Entstehung von Eskalationsprozesse detailliert verfolgen zu können.

4.) Nach Abschluß eines Teils der Experimente ergab sich für den Autor 1997 die Möglichkeit selbst als Manager eines mittelgroßen Softwareentwicklungsprojekts in einem IT-Beratungshaus tätig zu sein. Diese 15-monatige Praxiserfahrung, sowie zahlreiche Kontakte ins Feld, verstärkten die Einsicht in die Notwendigkeit dieser Arbeit.

Vor dem Hintergrund dieser Ereignisse, insbesondere dem Paradigmenwandel in der Sitzungsforschung und den ersten relevanten Fallstudien zu auf Grund von Escalation of Commitment gescheiterten DV-Projekten, ergaben sich folgende Forschungsfragen:

Forschungsfrage 1: Was sind die alltagstypischen Ursachen und Umstände, die das Entstehen von Escalation of Commitment in DV-Projekten beeinflussen?

Forschungsfrage 2: Wie läßt sich ein stärkerer Praxisbezug in der Experimentalforschung zu Escalation of Commitment etablieren?

Forschungsfrage 3: Wie sieht ein „prototypischer" Eskalationsprozess in Gruppen aus?

Forschungsfrage 4: Welchen Beitrag kann ein Electronic Meeting System (EMS) zur Deeskalation von Commitment in Gruppen (nicht) leisten?

Forschungsfrage 5: Welche weiteren Technologien zur Deeskalation von Commitment in Gruppen lassen sich aus den Erkenntnissen der Arbeit ableiten?

Da das Themengebiet der Arbeit der Wirtschaftsinformatik entnommen ist, bestand der Anspruch nach technologischer Verwertbarkeit der Erkenntnisse. Deshalb war es – korrespondierend zur Forschungsfrage 5 – ein weiteres Anliegen, die Forschungsergebnisse in eine verwertbare Form, wie z.B. Checklisten, Moderationsleitfäden oder Programmentwürfe zu überführen.

1.2 Aufbau der Arbeit

Entsprechend den obengenannten Forschungsfragen gliedert sich die Dissertation in fünf Kapitel:

Kapitel 1 behandelt die zahlreichen Forschungsgrundlagen im Bereich EMS, DV-Projekte und Escalating Commitment. Hier findet eine erste Präzisierung und Definition der Begrifflichkeiten statt, mit denen weiter gearbeitet wird und zum weiteren Verständnis der Arbeit notwendig sind.

Kapitel 2 ist der Forschungsstrategie gewidmet. Sie ist ein Spiegel des Erkenntnisprozesses zu Beginn des ESCALAT-Projekts und erforderte ein relativ elaboriertes Instrumentarium an Analyse-, Auswertungs- und Designmethoden. Die Wahl der Methoden folgte der Überzeugung, daß jede Forschungsstrategie auf verschiedene Forschungsobjekte fokussiert, die eine ihnen angepasste Methode erfordert. Aus diesem Verständnis heraus gibt es keine Präferenzen für quantitative oder qualitative Methoden, sondern nur für geeignete oder ungeeignete.

Kapitel 3 untersucht das Phänomen des Escalation of Commitment in DV-Projekten in Form von Fallstudien. Die Fallstudien sind der Reihe nach so aufgebaut, daß sie folgende Projektdaten thematisieren:

- Die Ausgangssituation, unter der das Projekt startete
- Den Verlauf den das Projekt über die Zeit hinweg bis zum Abbruch nahm
- Die Scheiternsgründe aus Sicht der Beteiligten
- Die Analyse von Einflußgrößen, die eine Eskalation des Projektes zur Folge hatten
- Die Identifikation der Einflußgrößen zur Übernahme ins experimentelle Setting

Kapitel 4 beschreibt das Experiment, das aus den Erkenntnissen der Fallstudien entwickelt wurde. Insbesondere werden hier die Unterschiede im Gebrauch von EMS und sein Einfluß auf den Experimentalspielverlauf gezeigt. Mit Hilfe einer Tiefenanalyse des Entscheidungsprozesses von Extremgruppen wird ein idealer Eskalations- und Deeskalationsprozess beschrieben und modelliert.

Kapitel 5 leitet, aufbauend auf den Prozessidealtypen, Technologien zur Deeskalation eines Commitmentprozesses in den verschiedenen Projektphasen ab. Thematisiert werden Moderationstechniken von Prozessen aber auch Konzepte für Prozessanalysetools.

Am Ende dieser Arbeit werden die wesentlichen Erkenntnisse in der Beantwortung der eingangs formulierten Forschungsfragen zusammengefaßt. Die Bewertung und Einordnung dieser Untersuchung in die weitere Forschung wird mit einem Ausblick auf die Konsequenzen am Schluß vorgenommen.

2 Begrifflichkeiten und Theorieansätze

2.1 Zum Begriff Commitment

Unter Commitment wird allgemein eine Bindung verstanden, die ein Individuum zu anderen Individuen (z.B. Loyalität), zu einer Struktur (z.B. Organisation, Technologie, Prozeß) oder zu einem äußeren Umstand entwickelt (Moser 1996, VII). Betrachtet man das Commitment von Individuen zu einer Gruppe oder Organisation, so gehen die oben beschriebenen Formen meist Hand in Hand. Es ist z.B. möglich, daß ein Individuum, das sich an einen Arbeitsvertrag (Struktur) gebunden fühlt, weit darüber hinausgehend auch eine Bindung zur Person des Vorgesetzten (Treue) oder zum Unternehmen selbst (Organisationales Commitment) entwickelt. Eine ähnlich starke Bindung kann sich aber auch auf tradierte Arbeitsfolgen (Prozesse), der Vorstellung was professionelles Arbeiten bedeutet (Norm), oder auf Objekte des täglichen Gebrauchs richten (Produkt- oder Markentreue).

Da die Organisationsforschung früh erkannte, daß Organisationen (besonders bürokratische) nur dann funktionieren, wenn ein gewisses Maß an Loyalität jenseits des Arbeitsvertrages des Individuums zu seiner Arbeit und Organisation besteht, wurde sehr bald und in den verschiedensten Disziplinen an Erklärungsmodellen zur Entstehung von Commitment gearbeitet. Von welchen Annahmen diese Erklärungsmodelle starteten, wird im folgenden kurz beschrieben.

2.1.1 Commitment im Spiegel der Disziplinen

2.1.1.1 Commitment aus Sicht der Soziologie

In der Soziologie hat sich vor allem Becker mit dem Phänomen von Commitment zu Organisationen beschäftigt (Becker, 1960). Dabei fiel ihm auf, daß es Menschen gibt, die z.B. ihr Leben lang einer Partei treu bleiben, weshalb Commitment in diesem Falle oft mit konsistentem Verhalten gleichgesetzt wurde. Allerdings wurde oft beobachtet, daß Mitglieder ihrer Partei auch dann noch treu bleiben, wenn diese ihre Gestalt und Ideologie total ändern. Durch sein weiterhin konsistentes Verhalten, wird die Vermutung nahe gelegt, daß das Ziel des Mitglieds der Partei die Mitgliedschaft in der Partei zu sein scheint. Ein Wechsel zu einer anderen Partei wird abgelehnt. Commitment zu Organisationen nach Becker hat deshalb die Komponenten:

- Zeitliches Andauern einer bestimmten Verhaltensweise
- Verfolgen eines gleichbleibenden Ziels
- Ablehnung von Alternativen.

Erklärt nun aber Commitment die konsistente Parteimitgliedschaft des Parteianhängers? Becker meint dazu: „Wenn wir das Konzept auf diese Art verwenden ist eine Aussage, daß

Commitment konsistente Verhaltensweisen produziere, tautologisch, da Commitment, wie auch immer unsere Vorstellung von seiner unabhängigen Existenz aussieht, tatsächlich synonym mit dem Verhalten ist, das es erklären soll." (Becker, 1960, S.35).

Becker verweist deshalb auf das Schelling'sche Konzept der Seitenwette, daß darin besteht, daß in einer Verhandlungssituation zum eigentlichen Verhandlungsziel irrelevante Seitenwetten eingegangen werden, die inkonsistentes Verhalten zu teuer werden lassen. Als Beispiel nennt Becker (Becker 1960, S.36ff.):

- den Arbeitnehmer, für den ein all zu häufiger Arbeitsplatzwechsel nicht in Frage kommt, weil eine inkonsistente Berufsbiographie das Vertrauen in seine Person schmälert
- den Arbeitnehmer, der mit einem Wechsel von einer bürokratischen Organisation des öffentlichen Dienstes in die Privatwirtschaft seine Pensionsansprüche verliert
- der Arbeitnehmer, der sich an spezifische Normen bei seiner Leistungserbringung anpasst, die ihn gegenüber anderen Arbeitspraktiken aber inflexibler machen
- das Verlangen von Personen, sich als ein konsistentes Individuum gegenüber anderen zu präsentieren, um einen konstanten (verläßlichen) Eindruck zu hinterlassen

Nach Becker erhöhen dabei folgende Variablen, die Wahrscheinlichkeit von Seitenwetten in Bezug auf Organisationales Commitment:

- Dauer der Zugehörigkeit: d.h. das Individuum hat sich bereits spezialisiert, eine höhere Position oder ein höheres Einkommen erreicht
- Das Ausbildungsniveau: es korreliert negativ mit Commitment, da es die Adaptationsfähigkeit an Alternativen aufrechterhält
- Bereits getätigte Investitionen: sie gehen verloren, wenn Alternativen wahrgenommen werden (Pensionsansprüche, ein ungewisses Betriebsklima in der neuen Organisation, ...).

2.1.1.2 Commitment aus Sicht der Investitionstheorie

In den 80er-Jahren versuchte man verstärkt die Mechanismen der Fluktuation von Mitarbeitern mit ökonomischen Modellen zu erklären und kam nach zahlreichen Arbeitszufriedenheitsstudien zu der Erkenntnis, daß es einen Zusammenhang gibt zwischen (geringer) Arbeitszufriedenheit, der Fluktuations- und der Arbeitslosenrate (Moser 1996). Dies erklärte man mit dem Nutzen, den eine Arbeitsbeziehung mit sich bringt bzw. dem Wert den eine solche Beziehung besitzt. Sinkt die Qualität der Beziehung, so wird man sich Alternativen zuwenden. Moser schildert dies wie folgt: „Eine Beziehung wird so lange aufrecht erhalten, wie ihr Wert den alternativer Möglichkeiten übertrifft und Minimalanforderungen genügt. Das hieraus resultierende Commitment soll <u>austauschbezogenes Commitment</u> genannt werden, auch wenn man sich durchaus die Frage stellen sollte, warum hier der Begriff Commitment überhaupt noch benötigt wird?" (Moser 1996, S.28).

Scholl beantwortete diese Frage damit, daß es jenseits des ökonomischen Gleichgewichts einen „Druck" gäbe, der die Fortsetzung des Verhaltens bewirkt, auch wenn das Gleichgewicht nicht mehr stimmt (Scholl, 1981). Dieser Druck würde von folgenden Faktoren begünstigt:

2.1 Zum Begriff Commitment

- getätigte Investitionen
- Reziprozität (wenn das Individuum glaubt, der Organisation noch etwas schuldig zu sein, z.b. wenn diese umfangreiche Vorleistungen in seine Ausbildung getätigt hat)
- Mangel an Alternativen
- Identifikation.

Rusbult ging zur gleichen Zeit einen anderen Weg, und unterschied nach zahlreichen Studien im Bereich romantischer Beziehungen zwischen der *Zufriedenheit mit einer* und dem *Commitment in eine Beziehung* (Rusbult 1980 a, 1980 b). Zufriedenheit mit einer Beziehung wird dabei das Maß definiert, in dem eine Beziehung zu hohen Belohnungen bei geringen Kosten führt und das Anspruchsniveau übertrifft. Commitment in eine Beziehung baut sich demnach aus den gleichen Variablen auf und verhält sich wie die Zufriedenheit. Commitment wird zusätzlich aber noch von den Variablen Alternativen und Investitionen bestimmt. D.h. das Commitment in eine Beziehung wird jenseits der Zufriedenheit dann noch verstärkt, wenn die beste verfügbare Alternative schlechter bewertet wird als die derzeit wahrgenommene Option. Des weiteren wird im Modell von Rusbult angenommen, daß das Commitment auch mit dem Maß bereits getätigter Investitionen steigt. Commitment in eine romantische Beziehung wird deshalb definiert als: *Commitment = Zufriedenheit + Investitionen − Alternativen*

Mitte der Achziger Jahre versuchten Rusbult et. al. ihr Modell im Feld der Arbeitsplatz und Organisationsforschung zu verifizieren, was ihnen gelang. Als Commitment zu einer Organisation definierten sie: *Niveau der Arbeitszufriedenheit + Ausmaß getätigter Investitionen − Qualität vorhandener Arbeitsplatzalternativen* (Farrell/Rusbult ,1981).

2.1.1.3 Commitment aus Sicht der Sozialpsychologie

Im Bereich der Sozialpsychologie ist insbesondere der Ansatz von Kieseler zu nennen, der schon Mitte der 70er Jahre das Phänomen entdeckte, daß die Ablehnung von Alternativangeboten das Commitment zur Organisation und ihren Zielen stärkt (Kieseler, 1971), d.h. eine Herausforderung des Commitments führt im Prozeß der Auseinandersetzung mit einem Angriff von außen auf das eigene Commitment zur Organisation zu einem Verstärkungseffekt. Commitment wird verstärkt durch einen Prozeß der Rechtfertigung von in Frage gestellten Verhaltensweisen. Diese Rechtfertigungen haben zum Ziel, das eigene Verhalten zu rationalisieren, insbesondere dann, wenn auf das eigene Verhalten ein negatives feedback erfolgte. Reaktionen, die auf solche Rechtfertigungshandlungen hinweisen, sind:

- Framing: die positive Deutung negativer Ergebnisse
- Rationalisierung: die Suche nach rational klingenden entlastenden Erklärungen.
- Insbesondere in Organisationen, in denen Rationalität eine hohe Bewertung erhält, empfinden Individuen stärkere Verantwortung für negative Konsequenzen, was wiederum ihre Bereitschaft zur Selbstrechtfertigung erhöht.
- Man wird versuchen, Verluste mittels eskalierendem Commitment wieder hereinzuholen, um getätigte Investitionen zu retten.

Commitment aus Sicht der Sozialpsychologie ist nach Kieseler deshalb etwas, was dem Charakter konsistenter Verhaltensweisen und Einstellungen inhärent ist. Moser definiert diese Form von Commitment weitergehend: „Commitment ist zugleich beeinflußte Einstellung und beeinflußt andere Verhaltensweisen und Einstellungen." (Moser, 1996, 11) In Anlehnung an Moser wird im folgenden die Bezeichnung „sozialpsychologisches Commitment" verwendet.

Salancik (1977) konnte in späteren Untersuchungen Faktoren isolieren, die das Ausmaß von sozialpsychologischem Commitment ganz wesenlich beeinflussen:

- Explizitheit (Öffentlichkeit und Eindeutigkeit)
- die Relevanz des Verhaltens für das Individuum,
- die Unwiderrufbarkeit des Verhaltens,
- Anzahl der getätigten Handlungen,
- Willentlichkeit (operationalisiert an der Auswahlmöglichkeit von Alternativen).

All diese Faktoren beeinflussen die Intensität sozialpsychologisch verstandenen Commtiments ganz wesentlich.

2.2 Escalation of Commitment

Aufbauend auf den Entdeckungen von Kieseler beschäftigten sich ab Mitte der 70er Jahre die zwei Forschergruppen Staw/Ross/Fox, sowie Brockner/Rubin mit dem Phänomen des Beharrens auf einer fehlgeschlagenen Handlungsfolge – von erster als „Escalating Commitment", von der zweiten als „Entrapment Conflicts" bezeichnet.

Nach Staw/Ross (1987, 40) zeichnen sich Escalating Commitment Situationen dadurch aus, daß nach einer Erstentscheidung, die Geld, Zeit und Mühe gekostet hat, eine zweite und dritte zum selben Sachverhalt getroffen werden muß, ohne zu wissen, welche Konsequenzen die neuerliche Entscheidung hat. Als Entscheidungsoptionen stehen das Weiterverfolgen der ursprünglichen Entscheidung, oder aber die Inanspruchnahme von Alternativen zur Auswahl.

Brockner/Rubin betrachten die gleiche Situation mit der Brille eines Wartekonflikts. Auch hier haben die Personen bereits hohe Investitionen getätigt, und bekommen eine negative Rückmeldung, d.h. deren Verlust gemeldet, ohne daß das propagierte Ziel erreicht wurde. Der Person eröffnen sich nun ebenfalls zwei Möglichkeiten, nämlich: erstens die bisherigen Investitionen als Verlust anzunehmen und sich für eine Alternative B zu entscheiden, oder aber zweitens mit weiteren Investitionen in die bisherige Entscheidung, sich die Möglichkeit auf Zielerreichung zu erhalten. Brockner bezeichnen diese Situation als Wartekonflikt (Brockner, 1992, 39f.). Was damit gemeint ist, kennzeichnet u.a. die Situation von Besitzern gebrauchter Autos: Die Reparaturanfälligkeit der Gebrauchtwagen steigt erfahrungsgemäß nach dem vierten Jahr stark an. Nun fällt aber bereits nach drei Jahren und 6 Monaten eine größere Reparatur an. Die Frage ist nun, ob man a) weiter in den Gebrauchtwagen investiert, b) das für die Reparatur gesparte Geld besser für ein neues Auto anspart, oder aber c) den

2.2 Escalation of Commitment

Wagen nach der Reparatur verkauft. Weiter: was passiert, wenn nach der getätigten Investition in das KFZ schon nach 10 Monaten erneut eine größere Reparatur ansteht? Bereut der Besitzer dann die zuvor getätigte Investitionen oder hofft er darauf, nach dieser neuerlichen Reparatur die nächsten zwei Jahre Ruhe zu haben?

Insgesamt sind Escalating Commitment Situationen für Brockner gekennzeichnet als:

- Verluste oder Kosten aus einer Initialentscheidung
- negatives feedback zur Initialentscheidung
- wiederholter Entscheidungszwang zum gleichen Sachverhalt mit den Alternativen: Abbruch oder Persistenz
- Unsicherheit über die Konsequenz von Abbruch oder Persistenz.

Daß es auch in Projekten von Wirtschaftsunternehmen zu Escalations-Situationen mit z.T. weitreichenden Konsequenzen kommen kann, ist eine Problematik, die man nicht erst seit dem milliardenschweren Niedergang des Londoner Börsenhandelssystems TAURUS (Drummond 1996) kennt. Folgerichtig wurden bereits in den 70er Jahren Anstrengungen unternommen, um menschliches Verhalten in Eskalationssituationen näher zu untersuchen.

Brockner/Rubin experimentierten auf Grundlage ihres Wartekonfliktmodells mit Zielen, deren Erreichbarkeit sich zunehmend von den Probanden entfernte (Brockner/Bazerman/Rubin, 1984, 82ff.) und Staw/Ross konzentrierten sich auf die Frage des Beharrens auf Handlungsfolgen (Staw/Ross, 1987,41). Beide Gruppen konnten gemeinsam zeigen, daß Personen die für eine Initialentscheidung verantwortlich sind, mit einer weitaus höheren Wahrscheinlichkeit auch bei negativem feedback an der tradierten Handlungsfolge bzw. Entscheidung (d.h. auch der bereits getroffenen) festhalten. Personen, die von außen kommend in die gleiche Situation gebracht wurden und somit für die erste Entscheidung keine Verantwortung trugen, waren viel eher bereit die Alternative, z.B. Abbruch, zu wählen (Staw, 1997, S. 194f). Es gibt eine ganze Reihe weiterer Studien, in denen nach Erklärungen für dieses Phänomen des Beharrens gesucht wurden.

2.2.1 Erklärungsansätze der Sozialpsychologie – das Determinantenmodell von Staw/Ross

Das heute meist verbreitete Modell zur Erklärung von Escalation of Commitment, ist das Determinantenmodell von Staw und Ross. Es basiert auf den zahlreichen Laborexperimenten, die das Forscherteam in den 70er Jahren unternahm. In den 80er Jahren gingen Staw und Ross dazu über, große auf Grund von Escalating Commitment gescheiterter Projekte, wie etwa die Expo 86 in Vancouver (Ross/Staw, 1986) oder den Bau des Shoreham Atomkraftwerk (Ross/Staw, 1993), sekundäranalytisch zu untersuchen. Das Resultat dieser Forschungen wurde 1987 im Staw'schen Prototypenmodell zusammengefaßt (Staw/Ross, 1987, 51f.) und in jüngerer Zeit bestätigt (Staw, 1997).

Mikroebene	**Projektbezogene Determinanten** Größe des Projektziels, Investitionswirksamkeit, Ausgaben für Vollendung, Ausgaben für Abbruch, Durchführbarkeit von Alternativen
	Psychologische Determinanten Information processing, Optimismus und Kontrollillusion, framing, Verstärkungsfallen, Selbstrechtfertigung, sunk costs
	Soziale Determinanten Externe Rechtfertigung und Bindung, Normen für Führungspersonen
Makroebene	**Organisationale Determinanten** Institutionelle Trägheit, politische Probleme
	Kontextuelle Determinanten Größen außerhalb der Organisation

Abbildung 1 Determinanten von Staw/Ross, zusammengefasst in (Hartlieb, 1999, 42)

Dieses Determinantenmodell (Abbildung 1) gewinnt seine Bedeutung durch die ihm innenwohnende Ordnung des komplexen Forschungsgegenstandes. Durch zahlreiche Studien verschiedenster Wissenschaftler waren bereits 1987 bis zu 16 Determinanten erhoben worden, die die Entstehung von Escalating Commitment beeinflussen. Staw/Ross kommt der Verdienst zu, die jeweiligen Determinanten gesammelt und systematisiert zu haben. Sie lieferten mit ihren Laborexperimenten die wissenschaftliche Grundlage für die Erklärung der psychologischen und sozialen Determinanten und ergänzten diese um weitere Determinanten auf Mikro- wie auf Makroebene in Projekten. Nachfolgend werden die Determinanten beschrieben, da sie zentrale Erklärungsansätze für die weitere Bearbeitung der Forschungsfragen liefern.

2.2.1.1 Projektbezogene Determinanten

Projektbezogene Determinanten sind nach Staw projektimanente Größen, wie z.B. das finanzielle Risiko einer Entscheidung, die die Frage von Persistenz oder Abbruch im Projekt beeinflussen. Das heißt, ein Projekt mit großem Finanzvolumen wird einen Grad an Öffentlichkeit im Unternehmen erreichen, der die Wahrscheinlichkeit zu persistentem Verhalten, in Bezug auf die anfangs vom Projektmanager verkündeten Ziele, erhöht. Umgekehrt kann dies bedeuten, daß ein kleines Projekt lange Zeit wenig Visibility erhält und nur geringe Investitionen erfordert, um es auch weit über den sinnvollen Zeitrahmen hinaus mitzufinanzieren.

Einige Projekte, wie die Weltausstellung in Vancouver, sind so definiert, daß kalkulierte Erträge erst zum Ende des Projektes meßbar an- bzw. ausfallen. Über lange Zeit ist der Unternehmensvorstand zur Vorfinanzierung gezwungen, ohne Gewißheit zu haben, wie viele Besucher Eintrittskarten kaufen werden. Je länger ein solches Projekt läuft, desto teurer wird ein Abbruch, weil die bis zu diesem Zeitpunkt getätigten Investitionen mit einer Absage der Weltausstellung auf jeden Fall als „sunk costs" bezeichnet werden müssen. Entsprechend dieser Erfahrungen benannte Staw beispielhaft projektbezogene Variablen, die Escalating Commitment wesentlich beeinflussen (Staw, 1997, 197):

- die Größe des Projektziels,
- die Wirksamkeit weiterer Investitionen,
- die Höhe noch zu tätigender Ausgabe bis zum vermeintlichen Projektende,
- die Höhe der Kosten, die bei einem Projektabbruch auf einem zukommen,
- die Durchführbarkeit von Alternativen.

2.2.1.2 Psychologische Determinanten

Die Theorie irrationaler Erwartungen beruht auf Wahrnehmungsverzerrungen, denen der Mensch beim Entscheiden unterliegt. Beispiele solcher Wahrnehmungsverzerrungen sind:

- die Magie der hohen Zahl: Der Verlust von 100$ wird bei einem Guthaben von 100$ als schmerzlicher empfunden, als der Verlust von 100$ bei einem Guthaben von 2500$.
- die Kontrollillusion des Individuums: in Studien großer „n"-Gesamtheiten konnte nachgewiesen werden, daß Menschen einem guten Freund, der stellvertretend für sie einen Lottoschein ausfüllt, weniger Geld mitgeben, als wenn sie den Lottoschein selber ausfüllen.
- Auktionen (z.B. Dollar Auction Game) eskalieren dann sehr schnell, wenn der zweithöchste Bieter beim Zuschlag für den höchsten Bieter sein letztes Gebot bezahlen muß ohne dafür einen Preis zu erhalten. (Teger, 1980)

Bei den psychologischen Determinanten, die eskalierendes Commitment in menschlichen Verhaltensweisen fördern, werden zwei weitere Formen unterschieden: erstens die kognitiven und zweitens prozedurale die den Akteur an bestimmte Handlungsfolgen binden und bereits oben mit dem Begriff des Beharrens umschrieben wurden.

Unter kognitiven Determinanten versteht man all jene, die zu einer starken Fehleinschätzung der tatsächlichen Lage in Folge der aktiven Beeinflussung des Informationsprozesses führen. Beispiele kognitiver Determinanten sind eine auf Optimismus beruhende Kontrollillusion, oder das Framing von Informationen bei der Übermittlung.

<u>Optimismus durch frühe Erfolge</u>: viele Experimente belegen, daß Akteure nach einem frühen Erfolg ein eher unkritisches Investitionsverhalten an den Tag legen und bereit sind, unverhältnismäßig mehr Geld in ein Projektspiel zu investieren. Genauso kann bereits ein kleiner Mißerfolg zu Beginn eines Investitionsprozesses zu der irrtümlichen Annahme führen, bei der nächsten Investition müsse mit höherer Wahrscheinlichkeit einen Gewinn erzielt werden. So wurde bspw. bei der Einführung von Rubbellosen in England beobachtet, wie Spielteilnehmer sehr oft bis zum Ende Rubbellose kauften, in der Hoffnung damit die

Wahrscheinlichkeit auf einen totalen Gewinn zu erhöhen (Drummond, 1996, 8). Wird dagegen während einer bereits länger andauernden Handlung ein hoher finanzieller Verlust erlitten, besteht die Gefahr, den verbliebenen Rest der Mittel „auf eine Karte" zu setzen, in dem Glauben, insgesamt betrachtet nicht mehr viel verlieren zu können.

Beim Framing kommt es darauf an, wie Entscheidungsalternativen von Entscheidern dargestellt und wahrgenommen werden. Kahneman/Tversky entwickelten ein Rollenspiel, das Entscheidungsträgern verschieden dargestellte Planoptionen eröffnet (Kahneman/Tversky, 1979):

Für Entscheidungsträger im Automobilsektor, der gerade eine strukturelle Krise mit ungewisser Zukunft durchzustehen hat, stehen massive Veränderungen für das eigene Unternehmen an. Insgesamt sind drei Werke von der Schließung und 6000 Mitarbeiter von der Entlassung bedroht. Zur Entscheidungsfindung wurden zwei Pläne ausgearbeitet und einer ersten Gruppe mit 200 Versuchspersonen vorgelegt. Die zu treffenden Alternativen waren:

Plan A: Dieser Plan sichert eines der drei Werke und 2000 Arbeitsplätze

Plan B: Dieser Plan hat eine 1/3 Wahrscheinlichkeit alle 3 Werke und 6000 Jobs zu sichern, aber eine 2/3 Wahrscheinlichkeit, daß alles verloren geht

Einer zweiten Versuchsgruppe mit ebenfalls 200 Versuchspersonen wurde nochmals der Ernst der Lage vor Augen geführt, in dem man sie bat, bei ihrer Entscheidung die Reaktionen der Gewerkschaften und die Auswirkungen auf die Motivation der Mitarbeiter zu berücksichtigen. Ferner wurden sie vor Konflikten mit einzelnen Werkleiter gewarnt, die es auszustehen gelte. Derart unter Druck gesetzt, wurde den Experimentalteilnehmern folgende Lösungsvarianten vorgelegt:

Plan C: Dieser Plan wird zum Verlust von 2 der 3 Werke und von 4000 der 6000 Jobs führen

Plan D: Dieser Plan hat eine 2/3 Wahrscheinlichkeit, daß alle 3 Werke und 6000 Jobs verloren gehen, jedoch mit einer Wahrscheinlichkeit von 1/3 kann es sein, daß alles gut geht

Ergebnis des Experimentes: Es handelte sich bei den Planalternativpaaren A/B und C/D um jeweils identische Planpaare. Bei der ersten Gruppe wurden die Planalternativen positiv (die Sicherung von Arbeitsplätzen stand an erster Stelle), in der zweiten (Plan C und D) negativ (den drohenden Verlust an erster Stelle). formuliert. Und obwohl die einzelnen Planvarianten A und C inhaltlich identisch waren, wählten 140 von 200 Probanden in Versuchsgruppe eins Plan A, aber nur 20 Probanden in Versuchsgruppe zwei Plan C . Obwohl die Pläne B und D identisch waren, wählten 180 von 200 Probanden in Versuchsgruppe zwei Plan D im Vergleich zu 60 Probanden, die sich in Versuchsgruppe eins für Plan B entschieden

Aus diesen Experimenten leitete Kahneman/Tversky folgende Effekte auf das Entscheidungsverhalten ab:

- den Sicherheitseffekt: Er besagt, daß sichere positive Ergebnisse höher bewertet werden als positive Ergebnisse mit einer Wahrscheinlichkeit unter 100%. Dies erklärt die Bevorzugung von Variante A gegenüber der Variante B. Umgekehrt sagt er daß negativ

2.2 Escalation of Commitment

bewertete Ergebnisse mit einer Wahrscheinlichkeitsangabe unter 100% besser bewertet werden, als relativ sicher geschilderte negativ Ergebnisse. Dies erklärt die Bevorzugung von Variante D gegenüber Variante A

- Reflexionseffekt: Er besagt, daß in eher als gut empfundenen Situationen eher risikoaverse in als schlecht empfundenen Situationen eher riskante Entscheidungen getroffen werden. Dies zeigt die Differenz von 40 Probanden bei der Bevorzugung von Fall D gegenüber Fall A in der durch den Experimentator zuvor etwas schlechter dargestellten Situation in Gruppe Zwei.

- Isolationseffekt: Er besagt, daß in Entscheidungssituationen, die Entscheider dazu neigen auf die Unterschiede der Entscheidungsalternativen zu fokussieren, anstatt Gemeinsamkeiten zu suchen. Dafür spricht die unterschiedliche Einschätzung der Varianten A und B und C und D, obgleich sie inhaltlich im wesentlichen das gleiche bedeuten, nur das eine mal als Gewißheit und das andere mal als Wahrscheinlichkeit definiert.

Diese Effekte auf die Wahrnehmung in Entscheidungssituationen haben in Verbindung mit anderen Effekten wie z.B. den Sunk cost Effekt (s.u.) sich ergänzende Wirkungen. So können als Verlust empfundene bisherige Investitionen, die Entscheider zu riskanteren Entscheidungen bewegen (Reflexionseffekt), mit einer niedrigen Wahrscheinlichkeit versehene positive Gewinnerwartungen attraktiver als sicher formulierte negative Ergebnisse sein.

Psychologische Determinanten, die Entscheider an eine bereits eingeschlagene Handlungsfolge im Sinne eines Beharrens binden, sind folgende:

Selbstrechtfertigung: Bei Entscheidern tritt der Effekt auf, daß der Akteur bei Nichterreichen seines Ziels, das Ziel nicht mit alternativen Strategien zu erreichen versucht, sondern auf der Richtigkeit seiner bisher angewandten Methode gegenüber dritten besteht. Die entstandenen negativen Ergebnisse der Handlungsweise werden positiv umgedeutet (s. framing). Mit dieser Vorgehensweise nimmt der Akteur bewußt das Risiko weiterer negativer Ergebnisse und Konsequenzen auf sich. Eine solche Handlungsweise kann die Folge eines Selbstrechtfertigungsmechanismus sein, bei dem der Entscheider sich und seinen Mitarbeitern keine Fehler bei offensichtlich falschen Erstentscheidung zugestehen will. Ein solches Verhalten konnte man bspw. bei Akteuren zeigen, die einen Aufsatz entgegen ihrer eigenen Meinung verfassen sollten. Erhielten sie für diesen Aufsatz eine Belohnung von extern, blieben sie bei ihrer ursprünglichen Einstellung gegen den Inhalt des Aufsatzes. Erfolgte eine solche Belohnung von Extern nicht, begann eine Vielzahl der Autoren das Ergebnis (den Aufsatz) als positiv umzudeuten, um ein negatives Produkt des eigenen Verhaltens (Staw, 1976, 28) auszuschließen. Diese Effekte der Selbstrechtfertigung werden dann noch verstärkt, wenn sich der Betroffene für die negativen Konsequenzen seiner Erstentscheidung persönlich verantwortlich fühlt und zu Beginn der Handlungsfolge die Wahl einer anderen Alternative gehabt hätte (Staw, 1976, S.27ff). Ein Experiment von Bobcoel und Meyer konnte des weiteren belegen, daß Probanden, die ihre Initialentscheidungen öffentlich verkünden mußten, noch häufiger eskalierten, als andere. (Bobocel/Meyer, 1994, 360ff.)

Sunk Costs-Phänomen: Hier wird das Verhalten von Investoren beschrieben, die bei einer neuerlichen Entscheidung in die gleiche Handlungsfolge bereits getätigte Investitionen als

Kosten ins Kalkül ziehen, was vermieden werden sollte, da man mit diesem Geld auch lohnenswertere Alternativen finanzieren könnte.

Bekannt geworden ist dies Phänomen durch die Fallstudien von Arkes/Blumer (1985). Sie ließen Probanden unter zwei verschiedenen Vorgabe in ein Entwicklungsprojekt investieren. Den Teilnehmern wurde gesagt, daß sie in eine Produktentwicklung investieren sollen nachdem sie erfahren hatten, daß der Konkurrent bereits ein billigeres und besseres Produkt entwickelt habe. Teilnehmergruppe A wurde mitgeteilt, daß das Entwicklungsprojekt gerade erst begonnen hätte. Hier waren die meisten Mitglieder der Gruppe nicht bereit, in das Projekt zu investieren. Teilgruppe B wurde berichtet, daß das Entwicklungsprojekt bereits zu 90 Prozent abgeschlossen sei. Nun wollten fast alle Teilnehmer weiter in das Projekt investieren, trotz der Information, daß der Konkurrent bereits ein besseres und billigeres Produkt auf den Markt gebracht hat.

Das gleiche Phänomen konnten Staw und Hoang in einer Studie über die amerikanische Basektball-Profiliga zeigen: es gab eine positive Korrelation zwischen dem Kaufpreis eines Spielers und der von ihm gespielten Zeit, sowie der Dauer, die man ihn im Verein beschäftigte. Eine Korrelation zwischen dem Kaufpreis und der tatsächlich vom Spieler erzielten Treffer (meßbare Leistung) konnte dagegen nicht gemessen werden. Somit war bewiesen, daß Spieler, die für teueres Geld eingekauft wurden, jenseits ihrer meßbaren Leistung öfter eingesetzt und länger behalten wurden (Staw/Hoang, 1995).

Eskalationsverstärkungsfallen: Wie im Dollar Auction Game erklärt sich hier die Eskalation aus den formalen Regeln eines Spieles selbst, die sich auch hinter vielen uns bekannten Alltagssituationen verbirgt. Das Dollar Auction Game wurde 1971 erstmals von Shubik beschrieben und modelliert: Es geht dabei um die Versteigerung einer 1$ Münze. Der Einsatz beträgt fünf Cent. Die Regeln der Versteigerung besagen, daß der zweithöchste Bieter für den Dollar ebenfalls bezahlen muß. Wenn das höchste Gebot für den Dollar bei 60 Cent und das zweithöchste bei 55 liegt, muß derjenige, der die 55 Cent bietet ebenfalls zahlen, ohne allerdings den Dollar zu bekommen. Diese Art der Auktion beinhaltet eine Falle in sich, denn sobald zwei Bieter in das Spiel eintreten, möchte keiner der zweite sein und schon gar nicht das von ihm bisher gebotene Geld verlieren. Der Dollar wird daher weit über Wert, meist bis zu zwei Dollar, gesteigert (Shubik, 1971).

Bazerman (1998,71f.) konnte zeigen, daß viele Verhandlungen oft ungewollt diesem Schema folgen. Das spielimmanente Dilemma ist nur durch die Kommunikation der Irrationalität eines Spieleintritts zwischen den Konkurrenten zu lösen Treten die Konkurrenten in das Spiel ein, ist eine Eskalation zu beider Lasten unausweichlich. Beschrieben wird eine derartige Deeskalationsmaßnahme von Bazerman am Beispiel der Verhandlungen um die Übernahme der Fluglinie American Air. Dabei standen sich United Airlines und American Airlines als Kontrahenten gegenüber. Erst eine Mitteilung des American Airline Vorstands an seine 18 000 Mitarbeiter, daß seine Company nicht gedenkt, durch einen ruinösen Wettbewerb mit dem Kontrahenten sämtliche Arbeitsplätze zu verlieren, machte den Vorstand der Konkurrenz auf die Gefahr der Eskalationsfalle aufmerksam. Als United Airlines das Signal verstanden hatte, vereinbarten die Kontrahenten nicht um American Air zu steigern.

2.2 Escalation of Commitment

2.2.1.3 Soziale Determinanten

Unter Sozialen Determinanten von Escalating Commitment werden jene verstanden, die, in Folge einer Interaktionsbeziehung mit anderen Individuen, auf den Entscheider wirken. Diese Sichtweise trägt der Tatsache Rechnung, daß Entscheidungen nicht im luftleeren Raum, sondern in der Integriertheit in soziale Beziehungen getroffen werden. Dabei spielt es im wesentlichen keine Rolle, ob das Festhalten an einer Handlungsfolge in der Projektion einer Norm, die ein Gegenüber auf einen richtet, erfolgt, oder diese Norm im Alltagshandeln des Gegenüber offenbar wird (im Sinne eines ungeschriebenen Gesetzes). Eine solche Norm kann heißen, daß z.B. der eigene Vorgesetzte Meinungs- oder Verhaltensänderungen sanktioniert, da sie für ihn das Zeichen von Schwäche, Inkompetenz oder Wankelmütigkeit sind. Wird dieses Vorgesetztenverhalten dann noch mit einem starken Hang zu Kontrolle und zur Beobachtung operativer Schritte kombiniert, verstärkt dies die Wahrscheinlichkeit zu einem übersteigerten Commitment in eine Handlungsfolge durch den Untergebenen weiter.

Diese oft verbreiteten Verhaltensweisen bei der Bewertung von Führungspersonen zeigt sich selbst im Alltagswissen und somit im gesellschaftlichen Wissensvorrat von Probanden wieder, die nicht in Führungspositionen sind. In einem Experimentalversuch mit Studenten konnten Staw/Ross (1980, 249-260) zeigen, daß jene Probanden am ehesten Führungsqualitäten zugesprochen bekommen, die ihre ursprünglich geäußerte Entscheidung konsequent und bis zum Ende durchhielten.

2.2.1.4 Organisationale Determinanten

Auch die Besonderheiten einer Organisation können dazu beitragen, daß von der ursprünglichen Planung abweichende Handlungsfolgen unmöglich, oder gar bestraft werden. Hierbei spielen insbesondere das Konzept der „inertia", der Organisationalen Trägheit, und das Konzept der Mikropolitik in Organisationen eine große Rolle.

Das Konzept der organisationalen Trägheit (Hannan/Freeman, 1984) geht davon aus, daß es der Organisation immanente, aber auch externe strukturelle Ursachen gibt, die das Beharrungsvermögen fördern. Dies kann die Größe einer Organisation sein, die fixen Kosten, die sie bereits in bestimmte Produktionsverfahren investiert hat, oder Vorgaben, die aus vergangenen Entscheidungen resultieren. Auf der kulturellen Ebene bedeutet ein Wandel gegenüber der bisherigen Vorgehensweise immer, daß Symboliken, Sprachformen und Interpretationsmuster der Akteure einem Wandel unterworfen werden müssen. Dieser Wandel geht in der Regel langsamer vor sich, als der Wandel in der Umwelt der Organisation, der Innovationen erfordert. Dieses Phänomen wird Trägheit der Organisation genannt und kann ebenfalls dazu führen, daß Entscheider davon abgehalten werden, eine bereits eingeschlagene Handlungsfolge zu überdenken bzw. abzubrechen.

Das Konzept der Mikropolitik. Geht das Konzept Organisationaler Trägheit eher von strukturellen Bedingungen aus, die Handlungsalternativen erschweren, so stellen politische Determinanten den Handelnden Akteur ins Zentrum der Betrachtung (Ortmann et. al. 1990, 68.). Die Größe der Organisation oder bereits getätigte Investitionen sind dabei Ressourcen, um die individuellen Ziele von Akteuren oder Akteursgruppen im Unternehmen durchzusetzen. Die Beispiele mikropolitischer Konstellationen sind so vielfältig wie die möglichen Interessen der Akteure. So kann bspw. eine exzellente persönliche oder soziale Beziehung zwischen dem unternehmensinternen Projektsponsor und zuständigen Projektleiter dazu führen, daß das Projekt nach Willen des Projektleiters weit über den Punkt hinaus finanziert wird, der von der Umgebung im Unternehmen, ja selbst von einzelnen Mitarbeitern des Projektteams, für sinnvoll erachtet wird. Ein anderes Beispiel kann eine langjährige Beziehung zu einem A-Kunden sein, die mit einem Projektabbruch auf dem Spiel stehen könnte. Hier kann es der politische Wille des Projektsponsors im Unternehmen sein, das Projekt um fast jeden Preis weiterzuführen, auch wenn es kosten- und zeitmäßig bereits weit jenseits des vertretbaren und üblichen Rahmen angelangt ist.

Ein anderes Beispiel beschreibt Drummond in ihrer Fallstudie zum TAURUS-Projekt, bei der Projektmitarbeiter, ab einem gewissen Zeitpunkt aus Angst vor dem drohenden Projektabbruch, den Projektstatus derart positiv ihren Vorgesetzten darstellten, daß diese weiter in das Projekt investierten.

2.2.1.5 Kontextuelle Determinanten

Die letzte Gruppe von Determinanten sind jene, die von außerhalb des Unternehmens Druck auf dessen Entscheidungsverhalten ausüben. So beschreibt Staw, in seinem Artikel über das Shoreham-Atomkraftwerk, wie sich die Betreiber beim Aufkommen des zivilen Widerstandes gegen Shoreham einer US-Bundesbehörde zur zivilen Nutzung der Atomenergie angeschlossen haben (einer Art Verband), deren Sitz mitten im Regierungsviertels lag, und deren Lobbyisten sich für Shoreham auf Bundesebene noch stark machten, als der Betreiber vor Ort schon davor stand, den Bau abzubrechen. Der Verband jedoch hatte Shoreham zum Symbol des Kampfes zwischen Atomkraftbefürwortern und –gegnern gemacht, wodurch ein enormer Druck auf der Betreibergesellschaft LILCO lastete, das Projekt Shoreham weiterzuführen. Bei Shoreham waren vor allem Kräfte außerhalb der eigenen Organisation des Unternehmens LILCO verantwortlich, die eine Weiterführung des Projektes jenseits aller ökonomischer Vernunft bedeuteten (Ross/Staw, 1993, 719).

2.2.2 Escalating Commitment in Gruppen

War die Commitment-Forschung lange Jahre an der Person des Entscheiders und seinen sozialpsychologischen Rahmenbedingungen orientiert, so begann rückten in den späten 80er Jahren stärker gruppenbedingte Commitmentphänomene ins Zentrum der Betrachtung. Dabei wurde an die Group-Think- und Risky-Shift-Forschung angeknüpft, die sich mit Gruppenentscheidungen (z.B. Beraterstäben) unter extremen äußeren Bedingungen (z.B. der Kuba Krise) beschäftigten. Bei der Group-Think-Forschung stand die Frage im Vordergrund, warum eine Gruppe nach einer einmal einmütig getroffenen Entscheidung zu dieser ein außerordentlich hohes Commitment entwickelt. Die Risky-Shift-Forschung leitete die Erkenntnis, daß Gruppen meist riskantere Entscheidungen treffen als Individuen.

Unter Gruppen sollen in den folgenden Ausführungen eine Anzahl von Individuen gemeint sein, die zur Erreichung eines gemeinsamen Ziels über längere Zeit in einem relativ kontinuierlichen Kommunikationsprozess stehen, und daraus ein Gefühl von Zusammengehörigkeit entwickeln (Schäfers, 1994, S. 20f.).

2.2 Escalation of Commitment

2.2.2.1 Die Group-Think-Forschung

Die Group-Think-Forschung beschäftigt sich mit dem Phänomen der Uniformitätsbildung von Mitgliedern in Gruppen unter immensem äußeren Druck. Wenn Handlungen von Gruppen von ihrer Umwelt permanent in Frage gestellt werden, oder sie unter hohem äußerlichen Druck entscheiden müssen, neigen ihre Mitglieder zu übersteigertem Commitment mit der Gruppe und mit der dann getroffenen Entscheidung.

Janis definierte „groupthink" als eine Denkweise, die Mitglieder einer Gruppe benutzen, wenn ihr Streben nach Konsens, die Motivation zum realistischen Einschätzen von Alternativen überwiegt (Janis, 1982, 9). Der Konsens in der Gruppe wird, auch bei negativem feedback für die Entscheidung von außen, höher bewertet, als eine rational bessere Alternative. Janis beschrieb dieses Phänomen am Beispiel von Präsidialentscheidungsgremien während der Kuba-Krise bzw. zur Fortführung des Vietnam-Krieges in den USA. Vom prozessualen Ablauf, der ein starkes groupthink einleitet, lassen sich immer wieder folgende Stadien erkennen:

1.) die Gruppe bildet eine Uniformität im Denken und in der Wertehaltung ihrer Mitglieder
2.) die Uniformität wird zum Ziel selbst, auf daß sich die Mitglieder commiten
3.) negative Rückmeldungen von außen werden entweder gefiltert, oder erst gar nicht an die Mitglieder der Gruppe herangelassen
4.) nicht der Inhalt einer kritisierenden Person wird zu Gegenstand der Gruppenkritik sondern die Person selbst

Erkennbare Symptome von Group-Think-Verhalten sind (Janis, 1982, 174ff.)

- die Vorstellung der Unverwundbarkeit der Gruppe (was in der Regel zur maßlosen Überschätzung der Individuen führt)
- Rationalisierung von Folgeentscheidungen durch eine vorausgegangene
- eine gruppeneigene Moral, die außenstehenden sehr amoralisch erscheinen kann
- Bildung von Stereotypen gegenüber der Konkurrenz (Castros Armee wurde von allen Mitglieder der Kennedy-Entscheiderrunde für ein unorganisierter Haufen gehalten, obwohl ein CIA-Fachmann mehrmals das Gegenteil vor der Runde präsentiert hatte - seine Meinung wurde schließlich nicht mehr eingeholt)
- Druck auf andersdenkende Gruppenmitglieder (das einzige Mitglied, das gegen die Bombardierung Vietnams war, wurde von Präsident Johnson stets mit den Worten "Hier kommt Mr. Stop-the-bombing" in der Runde begrüßt).
- Selbst-Zensur: Arthur Schlesinger und Senator Fullbright waren die einzigen Gegner einer Kuba-Invasion. Fullbright durfte, wie alle anderen Mitglieder des Entscheidungsgremiums, zwar eine Rede gegen die Invasion halten, sie wurde von Kennedy allerdings - im Vergleich zu den elf der anderen Mitglieder - nicht zur Debatte gestellt. Kennedy ging sofort nach Schlesingers Rede zum nächsten Tagesordnungspunkt über.
- Einmütigkeit (in Reden vor der Gruppe wird der Gruppengeist beschworen, ausbleibende Kritik der Mitglieder wird als Zustimmung gewertet)

- Meinungswächter: Bei einer Geburtstagsparty von John F. Kennedys Frau, nahm sich der Cousin des Präsidenten Schlesinger beiseite, und warnte ihn davor, bzgl. der geplanten Kuba-Invasion weiterhin eine konträre Meinung zu vertreten.

Bazerman und Guilliano (1984, S.145-149) erforschten das Escalating Commitment-Verhalten von Gruppen, in dem sie das Experiment von Staw/Ross (Investitionsentscheidungen in der Produktentwicklung s.o.) wiederholten. Die Gruppen mußten dabei Folgeentscheidungen unter hoher Unsicherheit treffen. Auch hier gab es Gruppen, die für eine Initialentscheidung verantwortlich waren und solche, die diese nicht zu verantworten hatten. Parallel zu den Gruppen wurden Individuen mit der selben Fallstudie konfrontiert und die Ergebnisse einem Vergleich unterzogen. Im Ergebnis konnte bei Gruppen ein noch stärkeres Commitment auf Initialentscheidungen bei einer Folgeentscheidung zur gleichen Thematik gemessen werden, als bei Individuen – was über ein zusätzliches Commitment an den Einigungsprozeß erklärt wird. Im Vergleich zu Individuen waren Gruppen wesentlich häufiger der Meinung, daß es einen erkennbaren und unmittelbaren Zusammenhang zwischen ihrer Erst- und Folgeentscheidung gibt und daß deshalb ihre zweite Entscheidung die einzig richtige war. Ferner glaubten Gruppen nach einem weiteren negativen feedback wesentlich stärker als Individuen daran, daß die Situation mit weiteren zusätzlichen Investitionen zu retten wäre.

Insbesondere die These, daß die Art des Einigungsprozesses in Gruppen ein zusätzliches Commitment auf das Erreichte bewirkt, konnte durch Kameda und Sugomori (Kameda/Sugomori,1993) gezeigt werden. Sie ließen Gruppen die gleiche Entscheidung wahlweise im Mehrheitsbeschluß oder einstimmig treffen. Den Gruppen, die ihren Entschluß einstimmig getroffen hatten, konnte bei Folgeentscheidungen ein wesentlich stäkeres Commitmentverhalten nachgewiesen werden.

2.2.2.2 Der Risky-shift-Ansatz

Das 1961 von Stoner (Stoner, 1961) entdeckte Risky-Shift Phänomen besagt, daß Gruppen dazu neigen riskantere Entscheidungen als Individuen zu treffen, da es immer Mitglieder in einer Gruppe gibt, die extremere Positionen beziehen. Extremere Positionen werden in Gruppendiskussionen gefördert, da das Individuum dazu tendiert, die eigene Ansicht etwas zu überzeichnen, um sie gegen die Interessen der anderen durchzusetzen.

An Hand von Stoners 12 Punkte-Schema (Bazerman, 1998, S. 149) konnte über die Jahre recht deutlich belegt werden, daß Gruppen in der Summe riskantere Entscheidungen treffen als Individuen. Kontrovers dazu konnte gezeigt werden, daß die Intensität der Eskalation in Gruppen von den Inhalten der Entscheidung abhängt. Es konnten Inhalte gefunden werden, über die Gruppen weitaus risikoärmer abstimmten als Individuen.

Darauf aufbauend gab es Studien die belegen wollten, daß Gruppen generell risikoärmer abstimmen als Individuen, was für bestimmte Entscheidungsprozeßverläufe (unabhängig von den Inhalten) auch möglich war. Ferner konnte gezeigt werden, daß Entscheidungen, die von Individuen riskant entschieden werden, von Gruppen noch riskanter entschieden wurden. Entscheidungen, die Individuen risikoavers entschieden, entschieden Gruppen noch risikoaverser. Diese Verhaltensweisen begründeten die Polarisierungsthese im Risky-Shift bzw. Risky-Caution-Verhalten, vgl. Fischer/Wiswede (Fischer/Wiswede, 1997, 582).

Naele (Naele/Bazerman/Northcraft, 1986) konnte zudem zeigen, daß Gruppen wesentlich stärker framing-anfällig sind als Individuen. Dies erklärt seiner Meinung nach auch, warum sie bei positiven Inhalten noch risikofreudiger und bei negativ geframten Inhalten noch risikoaverser reagieren.

Zusammengefaßt läßt sich für die Commitment-Forschung in Gruppen festhalten, daß lineare Hypothesen zur Entscheidung in uübersichtlichen Situationen meist schwieriger aufrecht zu erhalten sind, als in der Commitment-Forschung bei Individuen. Oder in den Worten Max Bazermans (Bazerman, 1998, 150): "From this section, we have learned that group decision in uncertain situations often leads to different results in terms of risk than individual decision making."

2.2.2.3 Feldstudien zu Escalating Commitment in Gruppen

Wie bereits erwähnt, war die Forschergruppe um Staw/Ross (EXPO 86 und Shoreham-Atomkraftwerk-Fallstudie) die erste, die ihre experimentell erstellten Modelle in Feldstudien an der Empirie der Praxis testeten. Ihr Ergebnis war eine immer wiederkehrende Bestätigung ihres Determinantenmodells, mal mit dem Schwerpunkt auf den sunk costs, wie in der NBA-Studie (Staw/Hoang, 1995), mal mit dem Schwerpunkt auf self-justification-Effekten, wie in einer Langzeitstudie im Bankensektor (Staw/Barsade/Koput, 1997).

Auf die gleiche Weise ging Keil vor, der Escalating Commitment in IS-Projektgruppen untersuchte. Seine umfangreichste Studie (Keil, 1995a) untersuchte ein Softwareentwicklungsprojekt Namens CONFIG, das von den Beteiligten länger als 10 Jahre am Laufen gehalten wurde, obwohl es eine Geschichte von Fehlschlägen war. Typisch für solche Projekte sind Symptome, wie mangelhafte Modellierung des zu implementierenden Systems (meist fehlt ein detailliertes Pflichtenheft gänzlich), verfrühte Implementierungen einzelner Komponenten und ein nicht endender Strom von Nachbesserungen (Hertweck/Krcmar in Boos et. al., 2000, 187). Als Ergänzung zu Staws Escalating Commitment Modell schlug Keil die Determinanten

- emotionale Verbundenheit,
- nachlässige Kontrolle und
- den internen „Aufbau eines Imperiums"

vor. Betrachtet man diese Vorschläge allerdings etwas eingehender, so könnte man den Erweiterungsvorschlag emotionale Verbundenheit unter Groupthink und den „Aufbau eines Imperiums" unter Mikropolitik subsummieren. Die Determinante „nachlässige Kontrolle" wäre – variiert nach Kontrollmethoden – sicher ein interessanter Gegenstandsbereich weiterer Experimentalforschung. Zu Keils Studien bleibt festzuhalten, daß sie im Vergleich zu den ersten Studien von Staw et. al., sehr solide und detailliert recherchiert (Interviews, Dokumentenanalyse) waren, ebenso wie seine weiteren Forschungen, die Eskalations-Determinanten für IS-Projekte im internationalen Vergleich messen (Keil 2000).

Insgesamt läßt sich für die oben beschriebenen Feldstudien eine wesentliche Schwäche konstatieren, nämlich die Intention der Forscher, ein theoretisches Erklärungsmodell an der Wirklichkeit nachzuweisen. Was nützt es einem Entscheider, wenn er weiß, daß sunk-costs oder self-justification eine wesentliche Quelle von Escalating Commitment ist, wenn er aber die Situationen, in denen Escalating Commitment im Alltag auftritt, nicht zu interpretieren versteht? Diese Frage trifft tief in das Selbstverständnis der Rigorous vs. Relevance Debatte, die in der IS-Research Community geführt wird (Lyitinen,1998).

Aus diesem Grund wird die Fallstudie von Drummond zum Scheitern des Londoner Börsenhandelssystems TAURUS vorgestellt, die den genau umgekehrten Weg ging (Drummond, 1996). Drummond nähert sich nicht mit einem fertigen Erklärungsmodell der Praxis, sondern versuchte das Großprojekt TAURUS (1,5 Milliarden DM Schaden) mit einem situativen Ansatz, aus seinem Ablauf heraus zu verstehen. Diese Herangehensweise führte zu einer neuen Betrachtungsweise von Escalating Commitment. Nach Drummonds Auffassung könnten die Escalating Commitment Determinanten von Staw nicht die Erklärung, sondern die Symptome für eskalierende Situationen sein. Dabei gibt es Situationen in denen Entscheidungen von außen nicht mehr als rational oder irrational bezeichnet werden können, da sie für die in ihnen handelnden Akteure eine eigene Wirklichkeit entwickeln, an die die Interpretation ihrer Folgehandlungen anknüpft. So konnte Drummond zeigen, daß ein Entscheider rational nachvollziehbar in das bereits längst aus dem Ruder gelaufene Projekt investierte, weil er sich auf die objektiv falschen Statusinformationen seiner Untergebenen stützte. Daß diese falsch waren, war den Untergebenen wiederum nicht bewußt, da sie sich in der ausufernden Komplexität des Systems längst verloren hatten. Sie arbeiteten deshalb alle an ihren individuellen Softwarefunktionen (Deliverables), die zum Zeitpunkt der neuerlichen Investitionsentscheidung auch tatsächlich weit fortgeschritten waren, ohne jedoch deren Interaktionen untereinander zu berücksichtigen.

Die Systemkomplexität selbst war das Ergebnis der konkurrierender Wünsche verschiedenster Kunden und baute sich parallel zum Projekt auf, weil die Systementwicklung versuchte, die elementaren Interessenskonflikte der Auftraggeber technologisch zu integrieren und zu lösen.

Drummond schlägt deshalb vor, anstelle von Escalating Commitment – was die Zuschreibung einer theoretisch bewerteten Verhaltensweise auf ein Individuum bedeutet – von Escalation of Commitment zu sprechen. Dieser Terminus trägt der Erkenntnis Rechnung, daß es eskalierende Situationen gibt, in denen verantwortliche Entscheider aus ihrer Interpretation der Lage heraus an einem bereits eingeschlagenen Weg festhalten. Drummond (1986,178) beschreibt diesen Sachverhalt wie folgt: *„What emerges here is that escalation theory itself is predicated upon a myth. A myth was defined as something which cannot be tested objectively. Escalation theory is bounded by the assumption that decisions are objectively verifiable. What the present study shows is that conceiving escalation as persistence beyond an economically defensible level misses the point. Decision rationales are something which people create for themselves."*

2.2.3 Zusammenfassung

Insgesamt betrachtet fällt auf, daß Escalating Commitment eine Vielzahl von Ausprägungen hat und eine Reproduktion einheitlich zu interpretierender Verhaltensweisen im Labor – besonders für Gruppen – eine noch immer beachtliche Herausforderung darstellt. Was die Erklärung von Commitment-Verhalten betrifft, gibt es annähernd so viele Modelle wie Forschungsdisziplinen. Die Sozialpsychologen arbeiten mit elaborierten Modellen, die die Wahrnehmungsverzerrungen und Handlungsweisen der Entscheider betonen, die Soziologen fokussieren stärker auf die Bindung an Handlungsroutinen und Strukturen der Organisation, während die Ökonomen „Sunk Costs" als das wesentliche Erklärungsmodell betrachten. Überlagert werden diese Modelle zudem von unterschiedlichen Forschungstraditionen, wie etwa der Funktionalistischen (Staw, Keil) oder der eher konstruktivistisch-hermeneutischen (Drummond). Dies macht das Arbeiten mit dem Konstrukt Escalating Commitment nicht gerade einfach.

Nichtsdestotrotz konnten Staw und Ross mit ihrem Determinantenmodell einen guten Rahmen für erklärende Determinanten auch jenseits der Sozialpsychologie schaffen und ihre späteren Werke stimmten mit der Auffassung von Drummond überein, ein stärkeres Augenmerk auf eskalierende Situationen zu richten, in denen von den Akteuren Entscheidungen getroffen werden müssen: „*This chapter is about some of life's most frustrating situations. It is about contexts where things not only have gone wrong, but where potential actions aimed at curing the problem may actually deepen or compound the difficulty. We call these escalation situations, and this chapter will be an attempt to describe what is now known about behaviour in such predicaments. ... Usually escalation situations contain key decision points where changes in behaviour could have prevented the accumulation of losses or avoided a disaster. But aside from journalistic reports on various corporate debacles, until very recently there has been no systematic research on the issue. We have not known, for example, whether these failures are heavily influenced by a breakdown or pathology in the pattern of decision making, or instead whether they simply represent the inevitable random negative occurrences in an otherwise effective decision process.*" (Staw/Ross,1987,40)

Entsprechend der Eingangs geschilderten Fragestellung dieser Arbeit und den im Theoriekapitel gewonnenen Erkenntnissen wird Escalation of Commitment erst einmal allgemeinst als *eine zu starke Bindung zu einer einmal getroffenen Entscheidung verstanden, die in einer neuerlichen Entscheidungssituation in der Wahrnehmung der Entscheider keine weiteren Alternativen zuläßt*. Diese Definition soll im Verlauf der Arbeit, in der Auseinandersetzung mit den Fallstudien und Laborexperimenten weiter konkretisiert werden.

Um dem Leser abschließend einen Überblick über die verschiedensten Commitment und Escalation of Commitment-Ansätze zu verschaffen, werden diese nochmals in Tabelle 1 zusammengefasst.

Disziplin	Protagonisten	Definitionen	Methode	Ergebnisse zur Entstehung von (Escalating-) Commitment
Soziologie	Becker	Commitment ist eine anhaltende vertragliche oder emmotionale Treue zu einer Person, einer Organisation einem Gegenstand, oder einer Handlungsroutine. Sie ist gekennzeichnet durch a) zeitlich andauerndes Verhalten, b) konsistentes Verhalten, c) Alternativen ablehnendes Verhalten.	Interviews, Beobachtung	Commitment ist die Ursache von -Vermeidung des Gesichtsverlustes -Persistenz in Folge zu hoher Folgekosten eines Strategiewechsel (Seitenwettenphänomen).
Sozial-Psychologie	Kiesler	Commitment definiert sich als mentale Einstellung, die dann zum Tragen kommt, wenn der Betroffene seine vorangegangene Handlungen verteidigen muß.	Experiment	Die Verteidigung gerät zur Rechtfertigung des Verhaltens. Diese stärkt reflexiv die bereits vorhandene Einstellung. Die mentale Einstellung bezieht sich auf Handlungsabfolgen. Die Rechtfertigung soll die Handlungsabfolge rationalisieren. Da der neue Handlungsvor-schlag aber durchaus gewinnbringender sein kann, bedeutet das beibehalten des alten und dessen Rationalisierung einen subjektiven Verlust.
	Staw	Escalating Commitment ist das Ergebnis verschiedenster Determinanten im Entscheidungsprozeß. Sie können im Laborexperiment, einzeln isoliert werden. Escalating Commit-	Experiment, Feldstudien	Entscheider, die sich für eine Initialentscheidung

2.2 Escalation of Commitment

Disziplin	Protagonisten	Definitionen	Methode	Ergebnisse zur Entstehung von (Escalating-) Commitment
	Rubin, Brockner	ment tritt verstärkt auf, wenn man 1.) sich für ein Ziel entscheidet und in die Handlungsfolge zur Zielerreichung investiert 2.) ein negatives feedback bezüglich der Zielerreichung erhält 3.) wiederholt der gleichen Entscheidung ausgesetzt wird 4.) Unsicherheit über die Konsequenz von Abbruch oder Persistenz existiert.		verantwortlich fühlen, zeigen bei einer Folge-entscheidung stärkeres Commitmentverhalten. In Fallstudien validieren Staw/Ross ihr Determinantenmodell aus den Laborexperimenten. Es besteht aus - psychologischen - sozialen - projektbezogenen - organisationalen, und - kontextuellen Determinanten Ihr Determinantenmodell gilt bis heute als Grundraster zur Erklärung von Escalating Commitment.
Investitionstheorie	Rusbult	Commitment ist eine Folge von Zufriedenheit. Zufriedenheit definiert sich über eine hohe Belohnung unter dem Einsatz geringer Mittel.	Experiment	Commitment ist : Zufriedenheit + getätigte Investition − Alternativen.
Entscheidungslehre	Bazerman, Gulliano, Appelman		Experimentalforschung mit A&S − Fallstudie	Bei Gruppen treten Escalating Commitment Effekte verstärkt auf. Sie eskalieren eher, weil die Verantwortung für Initialentscheidungen leichter auf andere Gruppenmitglieder abgewälzt werden kann.

Disziplin	Protagonisten	Definitionen	Methode	Ergebnisse zur Entstehung von (Escalating-) Commitment
Information Systems Research	Keil		Experimente	Die von Staw/Ross erhobenen Escalation of Commitment Determinanten lassen sich auch in Softwareprojekten finden.
	Drummond	Escalating Commitment ist ein Prozess von Handlungsabfolgen.	Fallstudie: Interviews, Dokumentenanalysen, Teilnehmende Beobachtung	Escalation of Commitment ist ein Prozess, der stark von den kontextuellen Bedingungen des Projektes, sowie den Machtpotentialen der Akteure abhängig ist.
	Keil	Escalating Commitment in DV-Projekten läßt sich mit dem Determinantenmodell von Staw/Ross erklären.	Fallstudien, Survey	Nach einer Umfrage unter Qualitätssicherungsverantwortlichen von Systemhäuser waren 80% der Meinung, daß mindestens eines ihrer fünf letzten gescheiterten Projekten ein Fall von Escalation of Commitment war.

Tabelle 1: Überblick über die Commitmentforschung (Eigene Darstellung)

2.3 Escalation of Commitment in gescheiterten DV-Projekten

2.3.1 Der Begriff des Projektes

Zum Projektbegriff allgemein finden sich in der betriebswirtschaftlichen Literatur zahlreiche Definitionen[1], die im wesentlichen auf der frühen Definition von Martino aufbauen, der ein Projekt als *„any task which has a definable begining and a definable end and requires the expenditure of one more resources in each of the separate but interrelated and interdependent activities which must be completed to achieve the objectives for which the task was instituted"* (Martino 1964, S.17) bezeichnet.

Eine weitere oft genannte Definition ist die nach DIN 69901, nach der ein Projekt ein Vorhaben mit:

- Zielvorgabe,

---

[1] Eine übersichtliche Zusammenfassung von Projektdefinitionen findet sich bei Geib (1998, S. 9f.)

- zeitlich - finanzieller- und personeller Begrenzung,
- Abgrenzung zu anderen Vorhaben und
- projektspezifischer Organisation

darstellt. Diese Definition wird für die vorliegende Arbeit als Grundlage für weitere Überlegungen genommen. Denn eben diese projektspezifische Organisation macht Projekte im später behandelten Sinne interessant, die meist in eine klassisch hierarchisch arbeitsteilige Organisation eingebunden sind. Ist dies der Fall, müssen sich die Mitarbeiter zeitweise aus ihrer Alltagsarbeit für das Projekt herauslösen, was in einer sogenannten Matrix-Organisation oft zu Konflikten führen kann. So kann bspw. ein Projektmitarbeiter ein hohes Commitment zu seinem Projekt entwickeln, worunter die Loyalität zu seiner Abteilung leiden kann. Kann sich hingegen der Mitarbeiter mit dem ihm anvertrauten Projekt nicht identifizieren, wird er eher seinen Aufwand für dies Projekt auf ein Mindestmaß reduzieren zu Gunsten der Arbeit in der Abteilung. Im Zuge neuer Paradigmen wie Lean Management und Flexibilisierung bzw. Beschleunigung der Informationsverarbeitung, wird in vielen Unternehmen zunehmend auf Projektorganisation umgestellt. Das kann bedeuten, daß sich ein Unternehmen aus der Summe seiner Projekte zusammensetzt. Insbesondere gilt dies in der Informationstechnologie-Branche, in der nahezu alle Geschäftsprozesse mittels IT unterstützt werden, und wo die Projektorganisation heute das vorherrschende Organisationsparadigma ist.

2.3.2 Die Unterschiede zwischen DV- und konventionellen Projekten

Der Begriff DV-Projekt selbst, ist ein Sammelbegriff, da DV-Projekte sowohl, Informationssystementwicklungsprojekte, Informationssystemeinführungsprojekte, Softwareentwicklungs- oder Reengineeringprojekte, aber auch Hardwareinfrastrukturwartungsprojekte, etc. sein können. Im Rahmen dieser Arbeit werden ausschließlich Softwareentwicklungsprojekte untersucht. Bei ihnen werden zudem die Unterschiede im Vergleich zu Projekten anderer Branchen (Bau, Maschinenbau, ...) offensichtlich: Denn wenn bei einem Bau-Projekt bspw. der Ort jedes Steines überprüft werden kann, ist dies bei einem Software-Projekt nicht möglich. Denn Software ist in Anlehnung an Balzert:

1.) immateriell, d.h. ein symbolisches Produkt.
2.) im Verlauf der Entwicklung eher schwer bzw. nur mit hohem Aufwand kontrollierbar.
3.) ein offenes System, das sich im Verlauf der Entwicklung (z.B. in Folge neuer Technologien) immer wieder verändert.
4.) im Entwicklungsprozess nicht determiniert. So stehen noch immer mehrere Entwicklungsprozessablaufmodelle, wie etwa das Wasserfallmodell, das Spiralmodell, das V-Modell oder Rapid Prototyping zur Auswahl.
5.) ein hochindividuelles Produkt, mit einem hohen Grad an Abstraktion, d.h. Software hat oft die Losgroesse 1 und die Erfahrungen eines Projektes können nur bedingt für weitere Projekte wiederverwendet werden.
6.) die Delegation von Aufgaben während der Entwicklung ist aufwendig, d.h. Software ist nur bedingt arbeitsteilig herzustellen und die Entwickler müssen immer das Ganze im Auge behalten.

7.) Softwareentwicklung ist weniger eine Naturwissenschaft, sondern basiert auf dem Erfindungsgeist einzelner Programmierer und deren Fähigkeit die Bedürfnisse des Kunden zufriedenstellend umzusetzen. Eine gute Kommunikation zwischen Softwareentwicklung und Kunden ist äußerst wichtig. (Balzert, 1998,4).

Aus diesen Eigenschaften ergeben sich ganz spezifische Quellen des Scheiterns für Softwareentwicklungsprojekte, die vor allem in der Immaterialität, Komplexität und wohl auch in der mangelnden Ausbildung von Softwaremanagern (Yetton, 2000,1) auf den Gebieten Entwicklungsprozesse, Projektkommunikation und Projektkontrolle begründet liegen. Bleibt festzulegen, wann ein Projekt als gescheitert bezeichnet werden kann.

2.3.3 Der Begriff des gescheiterten DV-Projektes

In der deutschen Forschungslandschaft ist es um die Erforschung fehlgeschlagener Softwareprojekte nach der „Softwarekrise" der siebziger und achziger Jahre[2] eher ruhig geworden. Dies kann allerdings nicht daran liegen, daß es keine fehlgeschlagenen Softwareprojekte mehr gibt. International vergleichende Studien von Keil (1998), der CHAOS-Report der Standish Group International, sowie die Fachzeitschrift namens IS-Failure[3] zeugen vom Gegenteil. Wie aber Scheitern im Zusammenhang mit einem Softwareentwicklungsprojekt definiert wird, davor schrecken die meisten Autoren, die im Bereich IS-Failure veröffentlichen, zurück. Im Folgenden werden deshalb drei Definitionen vorschlagen, die das Extrakt zahlreicher IS-Failure-Veröffentlichungen sind, und die als „normative", „empirisch quantifizierte" und „sozial konstruierte" bezeichnet werden können.

Eine der etabliertesten Institutionen im Bereich IS-Failure ist der sogannte CHAOS-Report der Standish Group International, der seit 1986 etwa alle 2 Jahren erscheint. In dieser Studie wird ein Projekt dann als gescheitert betrachtet, *wenn es den zu Beginn geplanten Kosten- und Zeitrahmen überschreitet, die geplanten Funktionalitäten nicht erreicht bzw. abgebrochen wird.* **(normative Definition)**

Die Standish Group unterscheidet nach dieser Definition drei Softwareprojekttypen (Johnson, 1998):

Typ 1, das Erfolgsprojekt: Das Projekt wird in der vorgegebenen Zeit und mit dem vorgegebenen Kostenrahmen fertig, die zuvor spezifizierten Pflichten wurden umgesetzt.

Typ 2, das unbefriedigend verlaufene Projekt: Das Projekt wurde weit jenseits des geplanten Zeit und Geldrahmens fertiggestellt, ohne die zuvor spezifizierten Funktionalitäten erreicht zu haben.

Typ 3, das gescheiterte Projekt: Das Projekt wurde noch während der Entwicklungsphase abgebrochen.

---

[2] Hier seien insbesondere die Werke von Lullies/Bollinger/Weltz (1990) oder von Ortmann (1990) bzw. Weltz/Ortmann (1992) zu nennen.

[3] Eine gute Zusammenfassung der IS-Failure-Studien findet sich in Kotulla, 2001, S. 111ff.

2.3 Escalation of Commitment in gescheiterten DV-Projekten

Die Verteilung dieser Projekttypen nach Standish Group (Abbildung 2) zeigt, daß lediglich 16,2 Prozent aller Projekte im vorgegebenen Zeit- und Kostenrahmen erfolgreich abgeschlossen werden. Erstaunliche 52,7 Prozent aller Softwareprojekte überschreiten ihr Budget erheblich, ohne die zuvor spezifizierten Systemfunktionalitäten zu erreichen.

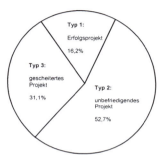

Abbildung 2: Anteile von Erfolgs- und Mißerfolgsprojekttypen, in Anlehnung an Standish Group 1998

Zuzüglich zur normativen Definition des Scheiterns kann der Erfolg des von der Standish Group empirisch ermittelten Durchschnittsprojekts Berücksichtigung finden. Danach könnte man ein Projekt dann als gescheitert bezeichnen, *wenn es in den Dimensionen „Kosten", „Zeit" und „umgesetzte Funktionalität" vom empirischen Durchschnittsprojekt, (189% der geplanten Kosten, 222% der geplanten Zeit und 65% der Funktionalität) erheblich abweicht* **(normativ empirische Definition)**

Eine weitergehende Definition, die in die Beurteilung des Scheiterns von Softwareentwicklungsprojekten den Nutzenaspekt für Kunden und zahlenden Auftraggeber einbezieht, wird von Sauer (1993) geliefert, der ein Projekt dann als gescheitert bezeichnet, *wenn der Kunde für den das System entwickelt wurde, die Nutzung des Systems mehrheitlich ablehnt bzw. wenn das System die Abläufe beim Kunden so verschlechtert, daß er nicht weiter wirtschaftlich produzieren kann*[4] (Sauer, 1993, 3) **(Konstruktivistische Definition).**

Diese unterschiedlichen Definitionen des Scheiterns von Software- und Systementwicklungsprojekten machen eines deutlich: Scheitern ist eine Ex-Post-Kategorisierung, die einem Projekt von den betroffenen Akteuren zugeordnet wird (Sauer, 1993), d.h. ob ein Projekt als gescheitert bezeichnet wird, ist meist eine Frage der Interessen verschiedener Akteursgruppen (Projektmitgliedern, Projektsponsor im Unternehmen, Controlling-Abteilung im Unternehmen, Kunden, die das entstandene Produkt nutzen). So kann bspw. ein Senior Manager dem Linienmanager einen unlösbaren Projektauftrag erteilen, um diesen politisch zu diskreditieren. Scheitert dann das Projekt, war es für den Senior Manager ein Erfolg, für den Rest der Beteiligten eher nicht. Ein ähnliches Beispiel, in dem ein Projektpartner einen

---

[4] „An Information System should only be dubbed as a failure when development or operation ceases, leaving most supporters dissatisfied and considering it a failure." (Sauer, 1993, 3).

anderen mit einem Großprojekt strategisch zu Boden zwingt, wird als Fallstudie B später geschildert.

Umgekehrt kann ein Kunde mit dem Produkt einer Systementwicklung sehr zufrieden sein, ohne zu wissen, daß es den Produzenten ein mehrfaches an Geld gekostet hat, als der zu Projektbeginn veranschlagte Preis.

Das vom Kunden als erfolgreich eingestufte Projekt kann vom Produzenten als gescheitert eingestuft werden. Es kann auch der Fall eintreten, daß die Softwareentwickler dem Kunden genau jene Funktionalitäten programmieren, die im Pflichtenheft detailgetreu aufgelistet waren, das System in seiner Summe dennoch unbrauchbar für die Belange des Kunden ist. Dies kommt oft vor, wenn der Kunde über keinerlei IT-Know-How verfügt. Die Entwickler werden sehr zufrieden sein, weil das Projekt in der vorgesehenen Zeit, mit dem vorgesehenen Budget und den geplanten Funktionalität abgeschlossen wurde; der Kunde dagegen wird das Projekt auf Grund des für ihn unbrauchbaren Produktes als einen Fehlschlag bezeichnen.

Zweifelsohne gewinnt man bei vielen Softwareentwicklungsprojekten den Eindruck, daß ihr (Miß-)Erfolg in starkem Maße eine Konstruktion der beteiligten Akteure in einem gegebenen Kontext ist. Abgesehen davon gibt es aber auch Projekte wie in Fallstudie B, deren Weiterführung selbst große Organisationen in ihrem Bestand bedrohen.

Bevor der Forschungsstand und die Relevanz von Escalation of Commitment dargestellt wird, soll festgehalten werden, daß sich die vorliegende Arbeit mit ihrer Scheiternsdefinition, sowohl an der normativ-empirischen, als auch konstruktivistischen Definition von Sauer orientiert. Ein Softwareentwicklungsprojekt wird demnach dann als gescheitert definiert, *wenn es von den empirischen Werten des durchschnittlichen Softwareentwicklungsprojekts (nach Standish Group) signifikant abweicht und die Betroffenen Akteure wie Programmierer, Projektmanager, Senior Manager und Kunden mehrheitlich der Meinung sind, daß es sich um einen Fehlschlag handelte.* (**konstruktivistisch-empirische Definition**)

2.3.3.1 Erklärungsansätze für das Scheitern von Projekten

Trotz langjähriger Forschung auf dem Gebiet gescheiterter DV-Projekte kann bis heute nicht von einer konsistenten Theorie des Scheiterns von Projekten gesprochen werden. Dies mag daran liegen, daß die Faktorenforschung noch immer dominierend ist. Sie versucht über eine Vielzahl gescheiterter DV-Projekte hinweg, jene Faktoren zu extrahieren, die von den Befragten mit dem Scheitern in Verbindung gebracht werden. Diesem Ansatz liegt die Vorstellung zu Grunde, daß es für einen Entscheider möglich sein sollte, Scheiternsfaktoren bei ihrem Auftreten zu eliminieren. Als in Frage kommende Faktoren wurden in frühen Studien die individuellen Eigenschaften von Entscheidern (Ackoff, 1967), später sozial- und verhaltenswissenschaftliche Faktoren (Boland/Hirschheim, 1985) für ein Scheitern verantwortlich gemacht.

Ein stärker prozeßorientierter Ansatz hatte sich in jüngster Zeit zum Ziel gesetzt, das Zustandekommen eines gescheiterten Projekts aus den Handlungen der daran Beteiligten über die Zeit zu erklären, und somit hinter die Entstehungsprinzipien von Faktoren zu gelangen. Je nach Forschungsansatz kam eine stärker interaktionistische (Markus 1984), interpretative

2.3 Escalation of Commitment in gescheiterten DV-Projekten

(Myers 1994) oder austauschtheoretische Perspektive (Sauer,1993) zum Tragen. Zwar wurde in einzelnen Studien versucht Prozeßmodelle an der Praxis zu evaluieren (Beynon-Davis,1995), ein vollständiger Erfolg im Sinne der rigorosen Validierung eines Prozeßmodells steht aber noch aus.

Einen weiteren Ansatz zur Erklärung des Scheiterns von DV-Projekten stellt Sauer mit dem configurational Fit-Ansatz auf. Dieser macht den mangelnden configurational fit von DV-Projekt und Organisation im Sinne von Miles und Snow (Miles/Snow,1994) für Scheitern verantwortlich. Der Ansatz zielt auf das Senior Management und will diesem ein strategisches Werkzeug zum Support der in ihrem Verantwortungsbereich zu bewältigenden Projekte zur Hand geben.

Als mehrheitlich durch die Macht einzelner Akteure mit ihren jeweils gegensätzlichen Interessen verursacht, gestaltet sich das Scheitern von Projekten aus Sicht der kritischen Theorie (Knights/Murray, 1994).

Zusammengefaßt läßt sich feststellen, daß noch keine einheitliche Theorie zur Erklärung des Scheiterns von DV-Projekten existiert. Das dieser Arbeit zu Grunde liegende Verständnis von Scheitern, ist durch den Fokus auf Projektgruppen und Sitzungsunterstützung eher an das interpretative Paradigma des prozeßorientierten Ansatzes angelehnt, thematisiert aber durchaus auch den Einfluß der Macht/Ohmacht von Akteuren (kritischer Ansatz), wo er zur Erklärung des Zustandekommens von Entscheidungen geeigneter erscheint.

Relevanz und Stand der Forschung von Escalation of Commitment in gescheiterten DV-Projekten

Den Anteil von Escalation of Commitment an der Gesamtzahl gescheiterter Projekte und die Relevanz der Forschungsfrage, konnte Keil mittels einer im Jahr 1997 durchgeführten Befragung in Europa und USA sehr eindrucksvoll belegen. Nach seinen Untersuchungen(Abbildung 3) ist Escalation of Commitment für das Scheitern nahezu jeden dritten DV-Projekts verantwortlich (Keil, 1998a). Schon in früheren Befragungen zeigte sich, ein verbreitetes Aufkommen vom Escalation of Commitment in Projekten:

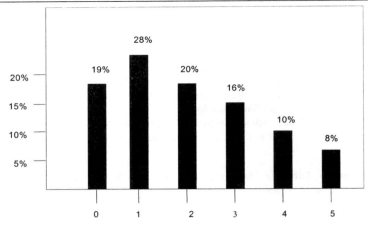

Keil, Mark (1998): Software Project Management and Escalation
N=75 qualitative interviews with IS auditors
http://www.cis.gsu.edu/~mkeil/

Abbildung 3: Wieviele Ihrer letzten fünf Projekte war ein Fall von Escalation of Commitment? (Eigene Darstellung auf Basis der Zahlen von Keil)

Festmachen ließ sich Commitment in Softwareentwicklungsprojekten im wesentlichen an den in Abbildung 4 aufgeführten Determinanten:

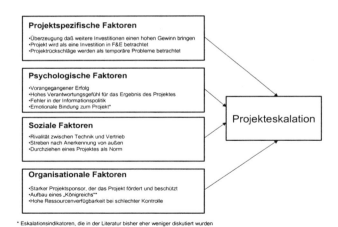

Abbildung 4: Projekteskalationsfaktoren, nach Keil et. al., 1995, S. 436

Neben den Arbeiten von Keil wurde bereits oben die Fallstudie „Escalation in Decision Making" von Drummond erwähnt, die das bisher größte gescheiterte Softwareprojekt

2.3 Escalation of Commitment in gescheiterten DV-Projekten

TAURUS untersuchte. Im Rahmen des TAURUS-Projektes sollte der gesamte Börsenhandel von London digitalisiert werden. Dies bedeutete eine Revolutionierung der Geschäftsgewohnheiten am Finanzplatz London und gleichzeitig eine Bürde für den Start von TAURUS. Denn zu Beginn des Projektes waren sich die Protagonisten uneinig, welchen Stellenwert das System TAURUS einmal einnehmen soll, d.h. ob es das papierbasierte traditionelle System ganz oder nur teilweise ablösen solle bzw. eine Zeitlang Parallelbetrieb beider Systeme empfehlenswert wäre. Ferner kam hinzu daß rechtliche Fragen zu Beginn der Systementwicklung, wie bspw. nach der Gültigkeit des elektronischen Zahlungsverkehrs, noch nicht geregelt waren, was neuerlich als mikropolitische Ressource einzelner Akteure diente, um weitergehende Anforderungen an das System zu stellen. In einem aber waren sich alle Mitglieder des Londoner Börsenvereins einig, man wollte, ja mußte TAURUS haben. Diese Vorgabe wiederum übte einen immensen Druck auf die Beteiligten aus, und führte dazu, daß einem zur Hälfte der Zeit eingesetzten neuen Projektleiter untersagt wurde, das Projekt abzubrechen, wenngleich dieser ausdrücklich den Wunsch gegenüber dem Vorstand geäußert hatte.

Neben diesen Kontextuellen Determinanten, wie sie Staw nennen würde, kam technisches Unvermögen hinzu. So wurden erste Module des mutmaßlichen Gesamtsystems implementiert, als noch nicht einmal die Softwarearchitektur stand – ein klassischer Indikator für Scheitern in einem Softwareprojekt, wie die Fallstudien in dieser Arbeit noch zeigen werden. Da in der ersten Phase des Projektes keine vom Börsenverein mehrheitlich verabschiedete Gesamtarchitektur feststand, waren Tür und Tor für permanente Nachforderungen an das System geöffnet. Ein professionelles Change-Management konnte nicht installiert werden, da es lange kein Architekturmodell gab.

Zu diesen essentiellen Fehlern in der Entwicklung gesellte sich eine nur rudimentär vorhandene organisatorische Projektkontrolle. So sagte der damalige Vorstand des Londoner Börsenvereins, daß eine wesentliche Schwierigkeit darin bestand, daß der aktuelle Projektstand auf Grund der ausufernden Komplexität irgendwann nicht mehr nachvollzogen werden konnte, d.h. wieviele der Anforderungen bereits umgesetzt und im Integrationstest getestet waren. Als das Projekt statt der geplanten 40 Millionen DM Investitionen nach 3 Jahren bei einem Verlust von 1,5 Milliarden DM abgebrochen wurde, sagten die zuständigen Vorstände folgendes aus:

> Hugh-Smith: *"No one thought so much money would just go down the drain."*
> Peter Rawlins: *"We were all lulled into a false sense of security."* (Drummond, 1996, x-xvii)

Die wichtigste Leistung, die Drummond mit ihrem Werk zur Escalation of Commitment-Debatte lieferte, war die Erkenntnis, daß Escalation in Softwareprojekten nicht eine einfache Ursache–Wirkungsbeziehung im Sinne des Staw'schen Determinantenmodells ist, sondern daß es komplexe Kombinationen von Faktoren gibt, die Situationen in ihrem Ablauf so gestalten, daß die in ihnen handelnden Akteure letztlich so handeln, daß es zum Desaster führt. Dabei müssen, wie oben beschrieben, die in der Situation vollzogenen Handlungen keineswegs irrational sein.

2.3.4 Zusammenfassung

Faßt man die Erkenntnisse aus der sozialpsychologischen Escalation of Commitment-Forschung, sowie die Information Systems-Forschung zu Escalation of Commitment in Softwareentwicklungsprojekten zusammen so kommt man zu folgenden Ergebnissen:

1.) Escalation of Commitment ist eine wesentliche Ursache für das Scheitern in Softwareentwicklungsprojekten (Ergebnis der quantitativ deskriptiven Forschung von Keil).

2.) Das Scheitern von Softwareprojekten in Folge von Escalation of Commitment läßt sich in Fallstudien mit Hilfe des Staw'schen Determinantenmodells hervorragend erklären.

3.) Escalation of Commitment ist nach Drummond keine einfache Ursache– Wirkungsbeziehung im Sinne der Sozialpsychologie, sondern baut sich aus der Aneinanderreihung von Situationen auf, die durch „ungünstige" Faktoren beeinflußt werden. Daraus folgt für das Forschungsziel dieser Arbeit: Will man Escalation of Commitment technologisch deeskalieren, führen Mengenangaben über das Auftreten von Commitment-Determinanten im Sinne der Sozialpsychologie nur bedingt weiter. Was erarbeitet werden muß, ist ein Prozeßmodell, daß zeigt, wie sich Escalation of Commitment im Zeitverlauf aufbaut.

4.) Um Escalation of Commitment in Softwareprojekten (Postulat der Relevanz) zu deeskalieren bedarf es der Erkenntnis, welche Entscheidungsprozesse sich aus welchen Entscheidungssituationen generieren.

Eine Möglichkeit, in den Prozeß einzugreifen, kann in der Elektronischen Sitzungs-unterstützung gesehen werden.

2.4 Escalating Commitment und Elektronische Sitzungsunterstützung

2.4.1 Was sind Elektronische Sitzungsunterstützungssysteme?

Die Forschung im Bereich elektronischer Sitzungsunterstützung ist eine relativ junge Disziplin, die sich unter dem Dach der computerunterstützten Gruppenarbeit (CSCW) zu ähnlichen Disziplinen wie Group Decision Support Systems Research (GDSS) oder Computer Aided Team (CATeam) Research begrifflich abgrenzen lässt. GDSS fokussiert auf die Unterstützung von Entscheidungen in Gruppen, bezieht aber die von Gruppen in Nichtentscheidungsphasen zu verrichtenden Routinearbeiten meist nicht ein.

Dagegen ist der Begriff Electronic Meeting System (EMS, übersetzt mit ‚elektronischer Sitzungsforschung') nach Allan Dennis wesentlich weitgreifender. Er definiert EMS als *"eine auf Informationstechnologie beruhende Umgebung, welche Meetings von Teams unterstützt, die räumlich verteilt sein können. Die Informationstechnologie umfasst, ohne darauf beschränkt zu sein, Kommunikation, Planung, Ideenfindung, Problemlösung, Diskussionen bestimmter Punkte, Verhandlungen, Konfliktausgleich, Systemanalyse und -design, sowie teamorientierte Aufgaben, wie Dokumenterstellung und deren gemeinsame Nutzung."* (Lewe, 1995, 46).

Noch einen Schritt weiter geht der in Hohenheim entwickelte Begriff Computer Aided Team (CATeam). Er versteht CATeam als die Summe aller (elektronischer wie nichtelektronischer) Werkzeuge und Methoden, die den Teamarbeitsprozess effektiver machen. Ziel ist dabei nicht die Automatisierung des Teamarbeitsprozesses, sondern der situativ wirksame Einsatz unterschiedlicher Unterstützungstechnologien (Vgl. Lewe, 1995, 48). Diese Technologien umfassen u.a.:

- ein elektronisches Brainstorming mit Kategorisierungs- und Strukturierungsmöglichkeiten,
- eine gemeinsame elektronische Sitzungs-Agenda,
- ein elektronisches Abstimmungs-, Visualisierungs- und Analysewerkzeug,
- Metaplanwände in Papierform, auf denen die hohen Freiheitsgrade der Visualisierung auf Papier genutzt werden
- Videoconferencing-Systeme, die verteilte Diskussionen in Kleingruppen ermöglichen.

Die folgende Arbeit über die Entstehung und Deeskalation von Escalation of Commitment in Sitzungs- wie in Nichtsitzungssituationen, in Entscheidungs- wie in Nichtentscheidungssituationen macht die Computerunterstützung sowohl synchroner als auch verteilter Kooperation in Gruppen notwendig. Aus diesem Grund soll hier der Begriff Electronic Meeting System im Sinne von Allan Dennis verwendet werden, wenn es um die Computerunterstützung von Sitzungen in eskalierenden Situationen geht.

2.4.2 Elektronische Sitzungsunterstützung – Stand der Forschung

Wenn auch viele Erkenntnisse der elektronischen Sitzungsforschung umstritten sind[5], so ermöglichen EMS im Sinne eines ‚enablers' (Krcmar, 2000, 203) Formen der Diskussion, die ohne diese Technologie nicht denkbar wären, wie :

- Anonyme Diskussionen einer Vielzahl von Diskutanten. EMS bieten die Möglichkeit, mit größeren Gruppen anonym zu diskutieren, was in einigen Kontexten eine stärker an Inhalten als an den Personen, die die Inhalte vertreten, orientierte Diskussion möglich macht. Dies gestattet in einigen Fällen eine partizipativere Diskussion, insbesondere dann, wenn mehrere Hierarchien zusammen in einem Meeting sitzen.
- Zeitlich parallele Diskussionen einer Vielzahl von Diskutanten. Durch die simultanen Eingabemöglichkeiten von Ideen oder Äußerungen während eines Meetings kommt in sehr kurzer Zeit eine erhebliche Informationsmenge zusammen. Da die Menge geäußerter Ideen nachgewiesenermaßen mit der letztlichen Qualität der Vorschläge korreliert, können in sehr kurzer Zeit auch in großen Gruppen qualitativ hochwertige Entscheidungen konzeptionell vorbereitet werden.
- Diskussionen mit einem gemeinsamen elektronischen Gruppengedächtnis. Mittels Verlaufsprotokoll der Gruppendiskussion ist sichergestellt, dass in der gesamten Diskussion keine Idee verloren geht. Ferner kann dieses Protokoll während der Diskussion

---

[5] Vgl. Fjermestad/Hilz (1999, S.28).

allen Diskutanten zur Verfügung stehen, so dass jeder stets den gleichen Stand der Debatte vor Augen hat und sich jederzeit auf bereits platzierte Bemerkungen beziehen kann.

- Vorstrukturierung der Abfolgen von Diskussionsarten in einem Diskussionsprozess. Mit EMS können Sitzungen wesentlich effektiver strukturiert werden, da sie den Moderator im Vorfeld anhalten, sich über die Ziele sowie den Ablauf einer Sitzung Gedanken zu machen. Dies bezieht sich auf vielerlei Dimensionen, wie bspw. die Frage, wann konvergierende und wann divergierende Prozesse in Gang gesetzt werden, d.h. wann Informationen gesammelt und wann diese verdichtet werden müssen. Gleichzeitig sind EMS so flexibel, die thematische und zeitliche Strukturierung des Sitzungsprozesses sowie die Formen der Unterstützung auf Grund neuer Erkenntnisse während der Sitzung jederzeit in eine andere Richtung zu verändern.

Unbestritten werden durch diese neuen Formen[6] der Diskussion, die ohne Technologie nicht möglich wären, in Diskussionsprozessen bezüglich einer Mission neue Horizonte eröffnet.

2.4.2.1 Paradigmenwechsel im Bereich EMS

Die Frage, welche Wirkungen die oben beschriebenen neuen Formen (engl. Genre)[7] der Diskussionen in Gruppen auf die jeweiligen Kontexte, in denen sie zum Einsatz kommen, haben, und umgekehrt, wie der Kontext manche dieser Genres fordert und andere verwirft, konnte bisher nicht schlüssig beantwortet werden.

Die stark outputorientierte, positivistische Forschung der Arizona School hat Erkenntnisse dieser Art eher erschwert (Nunamaker et. Al. 1997). Jahrelang bestand Sitzungsforschung darin, dass man einander meist unbekannte Studenten zu einem Laborexperiment einlud und ihnen Mikrotätigkeiten auferlegte, die es mit einem EMS zu bewältigen galt. Nach dem Experiment wurden sie mit einem Fragebogen nach ihrem subjektiven Eindruck zum Einfluß des EMS auf die Sitzung befragt. Die Antworten wurden dazu herangezogen, weitgehende Rückschlüsse über die Performance der eingesetzten Sitzungsunterstützungswerkzeuge zu ziehen (Fjermestad/Hilz, 1999).

Jüngere EMS-Studien, die in dieser Art der Forschung keine wesentliche Innovation mehr erkennen konnten, beschäftigten sich deshalb zunehmend mit der Frage wie und unter welchen Umständen sich EMS gewinnbringend in der betrieblichen Praxis einsetzen lassen.

Die Hohenheimer EMS-Forschung konnte mit dem CUPARLA-Projekt (Schwabe, 1998) zeigen, dass der erfolgreiche EMS-Einsatz ganz wesentlich an den situativen Kontext seiner Nutzung gebunden ist (Klein/Krcmar/Schenk, 2000). Ein Beispiel für den unproduktiven Einsatz war die Beschreibung der Fraktionssitzung einer Partei im Stadtparlament von Stuttgart.

Ziel und informelle Agenda von Fraktionssitzungen ist es, ein Commitment aller Mitglieder bezüglich bevorstehender Abstimmungen zu erzeugen (Parteidisziplin), nachdem inhaltliche

---

[6] Orlikowski/Yates (1994) würde hier von Genre sprechen. Ihr Konzept wird im Methoden- und Experimentalteil, bei der Extremgruppenanalyse, erläutert.

[7] Im weiteren Verlauf der Arbeit wird synonym von Formen oder Genre gesprochen.

Differenzen in den Meetings zuvor mehrfach diskutiert wurden. Zur Erzeugung von Commitment muss der Fraktionsvorsitzende des öfteren einen politisch Andersdenkenden der eigenen Fraktion rügen oder seine Meinung öffentlich diskreditieren, um den Rest der Fraktion auf die gemeinsamen Ziele einzuschwören. Als im Rahmen einer elektronisch unterstützten Fraktionssitzung vom Moderator eine offene und anonyme Diskussion zu einem bereits in der Fraktion vorgeklärten Themenpunkt durchgeführt werden sollte, kam es von Seiten der Fraktionsführung zum Eklat und der Diskreditierung des EMS. Grund für den Tumult war die informelle Agenda, die an diesem Punkt im Sitzungsablauf eine Disziplinierung mittels öffentlichem Wort, und nicht mittels neuerlich elektronisch unterstützter Gruppendiskussion vorsah.

Dagegen war die EMS-Unterstützung von *Arbeitskreissitzungen* der gleichen Fraktion hochproduktiv. Denn Arbeitskreissitzungen verlangen danach, kreative Ideen zu generieren und zu strukturieren. Ergo wurden in Arbeitskreissitzungen mit Hilfe elektronischer Sitzungsunterstützung äußerst gute Ergebnisse erzielt.

Allein diese Erfahrungen machen deutlich, dass heute mehr denn je Feldstudien und Evaluationsmethoden gebraucht werden, die den Einsatz elektronischer Sitzungen und deren Einbettung in den organisatorischen Entscheidungs- oder Kooperationsprozess erforschen. Eine Forderung, die Nunamaker (Nunamaker 1997, 203) und Lewe (1995, 482) schon vor Jahren äußerten. Auch eine stärker qualitative Auswertung von Videoaufzeichnungen im Labor -zwecks Überprüfung der Validität statistisch erhobener Daten- sah Lewe als *„eine zusätzliche Gelegenheit, Antworten auf sonstige noch offene Fragen zum CATeam Einsatz zu finden"* (Lewe, 1995, S. 478).

Eine konzeptionell gelungene Aufarbeitung dieser Thematik liefern Klein/Krcmar/ Schenk (2000) mit ihrem Aufsatz „Totgesagte leben länger – Electronic Meeting Systems und ihre Integration in Arbeitsprozesse". Sie berichten von den positiven Erfahrungen von Forschern (Nunamaker 1997, Schwabe/Krcmar 1998), die die Wirkung der Sitzungsunterstützungstechnologie im Feld erforscht haben, vor allem aus den Erfahrungen des CUPARLA-Projektes sowie der Anwendung mobiler EMS als Sitzungsdienstleistung in der Praxis, und kommen zu folgender Erkenntnis:

„Aus unserer Sicht sind für die unterschiedlichen Ergebnisse die in der Laborforschung methodisch angelegte Trennung zwischen Kontext und Sitzung verantwortlich. Wir verstehen Sitzungen als Orte der Zusammenarbeit, an denen Teilaufgaben einer übergeordneten Aufgabenstellung, die eine Gruppe als Mission bewältigen soll, bearbeitet werden." (Klein/Krcmar/Schenk, 2000, 220).

2.4.3 Denkbarer Beitrag Elektronischer Sitzungsunterstützung zur Deeskalation von Commitment in Softwareentwicklungsprojekten

Nehmen wir o.g. Definition, unter Escalating Commitment *„eine zu starke Bindung zu einer einmal getroffenen Entscheidung* (zu) *verstehen, die in einer neuerlichen Entscheidungssituation in der Wahrnehmung der Entscheider keine weiteren Alternativen* *zulässt,"* zum Ausgangspunkt der Frage, welchen Beitrag EMS zur Bekämpfung von Escalating Commitment leisten kann, so lassen sich zunächst einige Überlegungen anstellen:

- Wenn High Responsibility in Gruppen einen wesentlichen Beitrag zur Eskalation leistet, wie ließe sich ein solches Verhalten mittels EMS reduzieren?
- Wenn Self-Justification-Verhalten einzelner Entscheider diese weiter in eine „Commitmentfalle" lockt, wie könnte ein EMS Self-Justification-Situationen unterbinden?
- Wenn Wahrnehmungsverzerrungen auf gefilterter bzw. „geframter" Information basieren, wie könnte ein EMS dem entgegenwirken?
- Wenn Eskalationsverstärkungsfallen erkennbar werden, welchen Beitrag kann ein EMS leisten, damit die Spieler nicht in das „lose-lose" Spiel eintreten?

Tabelle 2 zeigt vermutete, kausale Zusammenhänge zwischen isolierbaren Escalating-Commitment-Determinanten, technologischen Eigenschaften von EMS und daraus resultierenden Deeskalationseffekte.

Escalating-Commitment-Determinante	Intervenierende Variablen	Technologische Eigenschaft des EMS	Mögliche Deeskalationseffekte
Self-Justification High Responsibility	Öffentlichkeit	Regelt Grad der Öffentlichkeit über den Grad der Anonymität.	Offenere Diskussion, stärkere Kritikfähigkeit der Gruppe und damit die Unterdrückung von Groupthink-Effekten.
Informationsfilterung	Hierarchie-Macht-Kommunikation	Parallelität, Gruppengedächtnis.	Eine Vielzahl an Informationen ergibt eine stetige Entscheidungsgrundlage.
Verstärkungsfallen	Konkurrenzdenken	Parallelität der Diskussion ermöglicht eine frühere Problemerkennung.	Die Falle in den Spielregeln wird schneller erkannt.

Tabelle 2: Mögliche Wirkungen von EMS auf Escalating-Commitment-Determinanten

Wie bei der Aufarbeitung der Escalating-Commitment-Forschung bereits gezeigt, handelt es sich um eine Verhaltensweise, die multivariat definiert ist und derzeit rund 25 erklärende Variablen kennt. Hinzu kommen die Ergebnisse der situativen Forschung, die stets betonen, dass Escalating Commitment nur in den Laboren der Sozialpsychologie vorkommt. Die Praxis hingegen ist durch eskalierende Situationen gekennzeichnet, die sich zu einem Prozess zusammenfügen, in dessen Verlauf die Entscheider zu inflexiblen und verlustreichen Entscheidungen gezwungen werden, die aus der Situation heraus nicht zwingend irrational sein müssen.

Dieser Hintergrund der Vieldimensionalität sozialpsychologischen Escalating Commitments, der hohen Praxisrelevanz situativer Escalating-Commitment-Ansätze a la Drummond, als auch der Paradigmenwechsel in der EMS-Forschung, hatte für die Forschungsstrategie Konsequenzen, die später im entsprechenden Kapitel erläutert werden.

2.5 IKT, Elektronische Sitzungen und Projektorganisation

Der in dieser Arbeit benutzte Technologiebegriff lehnt sich an den von Orlikowski aus der Strukturationstheorie Giddens abgeleiteten an.[8] Orlikowski sieht IKT als duale Struktur, die sowohl Produkt als auch Medium handelnder Akteure ist. Sie ermöglicht oder beschränkt innerhalb eines bestimmten Kontextes die Handlungen der agierenden Akteure und damit die Chancen zur (Re-)Produktion oder Transformation des Handlungskontextes selbst.

Technologie kann nach Orlikowski den Kontext und die Intentionen der Handelnden Akteure flexibel oder eher restriktiv gestalten. D.h. sie beeinflusst die Handlungsebene unmittelbar und legt Korridore fest, in denen sich die erwünschten Arbeitsergebnisse bewegen. Soll der derzeitige Status quo eines sozialen Systems unterstützt werden, kommt eine eher flexible Technologie zum Einsatz, die die optimale Unterstützung etablierter Arbeitsprozesse erlaubt. Soll die Arbeit stärker standardisiert und kontrolliert werden, kommen weniger flexible Systeme wie bspw. Workflowsysteme zum Einsatz.

Die Wirkungen, die sich zwischen der institutionellen, der Handlungs- und der IKT-Ebene ergeben, sind in Abbildung 5 dargestellt und gestalten sich wie folgt:

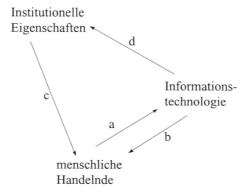

Abbildung 5: Handlungsvermittelte Wechselwirkungen zwischen Institution und Technologie (Orlikowski & Robey 1991, S. 150, Abb. 2)

Akteure handeln in Situationen, die von der Institution vorstrukturiert werden (Pfeil a). Dabei treten die Institutionen den Akteuren nicht als eine äußere Struktur im Sinne sozialer Tatbestände (Durkheim, 1980, 105) gegenüber, sondern sind mehr als „Denkspuren" in den

---

[8] Die folgenden Ausführungen mit Ausnahme der Spezifizierung auf EMS lehnen sich eng an die hervorragenden Rezeptionen des Strukturationstheoretischen Ansatzes bei Schwabe (2000, S.39ff.) und Gräslund (2000, S.10ff.) an.

Köpfen der Akteure vorhanden. Die Situationen legen somit die Rollen, die Verfügbarkeit von Ressourcen, aber auch die Normen fest, mit denen kooperiert wird.

In so strukturierten Situationen bedienen sich die Handelnden der IKT, die sie sich angeeignet haben (Pfeil b). Sie verändern oder reproduzieren damit reflexiv wieder die Strukturen der Institution (Pfeil d). In seltenen Fällen kommt es zur Modifikation der Technologie durch Handelnde (Pfeil a). Dies ist insbesondere dann der Fall, wenn vorhandene Technologie eine gewollte Strukturierung der Institutionen nicht ermöglicht, weil sie sich als zu inflexibel erweist.

Bei der Unterstützung der von uns ins Auge gefassten Sitzungssituationen in DV-Projekten gibt es entsprechend dem Technologiebegriff von Orlikowski folgende Phänomene zu beachten:

- Handeln und Arbeiten in Sitzungen heißt in erster Linie kommunizieren
- Die Institution DV-Projekt strukturiert situationsadäquate Formen der Kommunikation (Genre)
- EMS sind extrem flexible Technologien, da sie eine optimale Unterstützung des Arbeitsprozesses erlauben sollen
- EMS müssen dann verändert werden, wenn die vorhandenen Funktionalitäten den Zweck der Sitzung nicht unterstützen
- Die Aneignung von EMS zur Unterstützung innovativer Kommunikations- und Interaktionssequenzen in Sitzungen kann zu Veränderungen in der Struktur der „Institution" Projekt führen. Dies wird durch die technologievermittelte Restrukturierung der Dimensionen Signifikation, Herrschaft und Legitimation erreicht.

Für ein EMS-Technologiedesign, wie es im Designkapitel der Arbeit beschrieben wird, ergibt sich aus dem Technologieverständnis nach Orlikowski folgende Grundfrage: Welche kommunikativen Handlungen in Projektsitzungen können mit der flexiblen Technologie eines EMS so unterstützt werden, dass sie eine neue Struktur der Institution Projekt produzieren? (s. Abbildung 6). Bietet die Flexibilität des EMS zu dieser Vorgabe nicht genügend Spielraum, bleibt die Frage, um welche Funktion es erweitert werden muss.

2.5 IKT, Elektronische Sitzungen und Projektorganisation

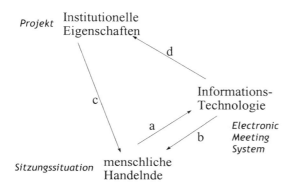

Abbildung 6: Handlungsvermittelte Wechselwirkungen zwischen Institution „Projekt" und Technologie „EMS" über das kommunikative Handeln in der „Sitzungssituation" (Eigene Darstellung)

Einen Ansatz zur Beschreibung und Gestaltung von Strukturen in kommunikativen Handlungen und der sie unterstützenden Kommunikationstechnologien haben Orlikowski/Yates mit der Genre-Analyse aufgezeigt, auf die im Kapitel Methoden noch näher eingegangen wird.

3 Forschungsstrategie und Methoden

Um auf die einleitend genannten Forschungsfragen adäquate Antworten zu erhalten, bedurfte es einer vierstufigen Forschungsstrategie (s. Abbildung 7).

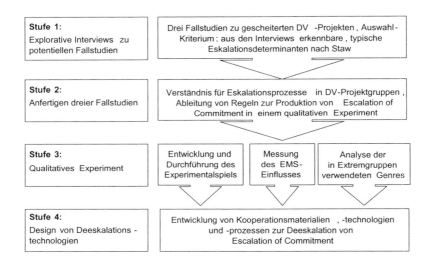

Abbildung 7: Forschungsstrategie der Arbeit (eigene Darstellung)

In der ersten Stufe galt es, mittels explorativer Interviews einen Überblick zum Thema gescheiterte Projekte zu erlangen. Resultat dieses Schrittes war die Selektion von drei Fallstudien, deren Scheitern nach dem Determinantenmodell von Staw eine Folge von Escalation of Commitment war. Die in den Fallstudien beobachteten Eskalationsprozesse im Projekt wurden in einem zweiten Schritt analysiert, die möglichen Eskalationsförderer benannt.

2.5 IKT, Elektronische Sitzungen und Projektorganisation

Diese Förderer wurden im dritten Schritt als Vorgabe für das Design eines qualitativen Experiments verwendet. Die aus den Beobachtungen und Befragungen des Experiments erhobenen Daten wurden zur Modellierung von (De-)Eskalationsprozessen sowie zur Messung des EMS-Einflusses verwendet. Die von den Gruppen im Deeskalationsprozess angewandten Genres dienten in einem vierten Schritt als Vorlage für das Design von Deeskalationsstrategien und -werkzeugen.

Die Besonderheit der Arbeit liegt darin, dass die in den jeweiligen Stufen der Forschungsstrategie erzeugten Daten mit Hilfe verschiedenster, forschungsobjektadäquater Methoden erhoben, analysiert und dargestellt wurden (s. Tabelle 3)

3.1 Methodologisches Verständnis und eingesetzte Methoden

Ziel	\multicolumn{5}{c}{Wissen um Escalation of Commitment in DV-Projektgruppen zu mehren, und Wege aus der Misere für das Management aufzuzeigen.}				
	F1:	F2:	F3:	F4:	F5:
Forschungsfrage	Was sind die alltagstypischen Ursachen und Umstände, die das Entstehen von Escalation of Commitment in DV-Projektgruppen beeinflussen?	Wie lässt sich ein stärkerer Praxisbezug in der Experimentalforschung zu Escalation of Commitment etablieren?	Wie sieht ein „prototypischer" Eskalationsprozess in Gruppen aus?	Welchen Beitrag kann ein EMS zur Deeskalation von Commitment in Gruppen (nicht) leisten?	Welche weiteren Technologien zur Deeskalation von Commitment in Gruppen lassen sich aus den Erkenntnissen der Arbeit ableiten?
Adäquate Methoden	Fallstudien	Experimentaldesign	Qualitatives Experiment		Genre-/ Prozessdesign
- Erhebung	- Narrative Interviews - Dokumentenanalyse	Designmethode	- teilnehmende Beobachtung - logfile-Transkription	- Survey	
- Analyse	- Inhaltsanalyse - Episodenanalyse - Analyse scheiternsrelevanter Determinanten	- Entwickeln des Experimentalspiels aus Eskalationsförderern der Fallstudie - an Fallstudien angelehnte Entwicklung des Kooperationsdesigns	- Genreanalyse der Extremgruppen	- Korrelationsanalyse - Deskriptive Statistik	- Ergebnis Genre-Analyse der Extremgruppen aus logfile-Analyse ist vorhanden.
- Darstellung	- Determinanten des Scheiterns - Eskalationsförderer	- Regeln des Experimentalspiels - Raumzeitliche Anordnung des Experiments - Variation des Experiments mittels verschiedener Sitzungsunterstützungsprozesse	- Modell eines idealtypischen (De-) Eskalationsprozesses - Modell des Genregebrauchs im Verlauf des (De-) Eskalationsprozesses	- Korrelationstabelle - Balkendiagramme	- Meetingthermostat - Design der Darstellungsform für negatives Feedback - Virtual Devil's Advocat - Genre-Design eines idealen Krisenbewältigungsprozesses

Tabelle 3: Forschungsfragen und Methoden

3.1 Methodologisches Verständnis und eingesetzte Methoden

Methodologisch sieht sich die Arbeit dem Ansatz der Pluralität von Methoden verpflichtet, der die Angemessenheit von Erkenntnisobjekt und angewandter Methode (Hitzler/Hohner,

1991, 384f) propagiert. Um diesen Ansatz zu veranschaulichen, sei folgendes Gedankenspiel erlaubt – ein Wissenschaftler will folgende Erkenntnisobjekte beforschen:

a) das Wahlergebnis von nächster Woche
b) ein Akteursnetzwerk der Macht in einer Organisation
c) das Design eines CSCW-Werkzeuges zur Unterstützung einer Gruppe

Zu a): Um zu erfahren, welche Partei nächste Woche die Wahlen gewinnt, benutze man einen strukturierten Fragebogen mit sechs Antwortfeldern (CDU, FDP, GRÜNE, SPD, PDS, ..., k.A.) und befragt eine Vielzahl von Personen in relativ kurzer Zeit. Die gleiche Forschungsfrage experimentell oder mit Tiefeninterviews zu erheben, wäre möglich, jedoch mit hohem Aufwand verbunden. Teilnehmende Beobachtung am Wahltag wäre bei dieser Fragestellung gar inadäquat. Sie würde Ergebnisse zu einem Zeitpunkt liefern, zu dem die erwünschte prognostische Intention der Frage nicht mehr gewährleistet wäre.

Zu b): Soll der Ursprung von Macht und Herrschaft von Personen in einem Akteursnetzwerk (z.B. einer politischen Partei) untersucht werden, wird der Fragebogen ein eher ungeeignetes Mittel der Erhebung sein, weil der Forscher im Vorfeld nicht alle Machtpotentiale der befragten Personen kennen wird, und weil die untersuchten Personen nicht immer Willens sind, sich zu ihren Machtressourcen zu bekennen. Hier wird der Forscher eher narrative Interviews und Dokumentenanalysen zu bereits abgeschlossenen Entscheidungen zum Einsatz bringen. Die Triangulation der Methoden (Flick, 1991, 433) wird ihm dann Einblick in den Entstehungsprozess sozialer Institutionen und Abhängigkeiten der Akteure untereinander geben.

Zu c): Geht der wissenschaftliche Anspruch über die Analyse hinaus, muss der Forscher aus der über den Forschungsgegenstand ermittelten Erkenntnis Regeln für die Gestaltung von Technologie ableiten. Ist sein Forschungsgegenstand ein soziales System (z.B. eine Gruppe), wird es zwischen der erhobenen Erkenntnis und den Konstruktionsregeln einer Technologie nie transformationslogische Regeln geben (Nienhüser, 1989). Um sich dieser Herausforderung zu stellen, bedarf es komplexer Methoden, die mittels strukturationstheoretischem Hintergrund einen „fit" zwischen Kooperationshandlungen und technologischer Unterstützung herstellen. Organisatorische Institutionen, prozessuale Sequenzen und technologische Systeme werden in diesem Verständnis unter der Restriktion und den Freiheitsgraden betrachtet, die sie den jeweils Kooperierenden auferlegen oder ermöglichen.

Eine komplexe Methode dieser Art ist die Genreanalyse von Orlikowski/Yates (1994). Sie erlaubt, Kommunikations- und Kooperationsprozesse so zu analysieren, dass die Ergänzung und Kombination der verwendeten Kooperationsobjekte und ihrer Strukturen zu einer Optimierung des Prozesses selbst führen kann. Bevor die angewandten Methoden dieser Arbeit in Bezug auf die Fallstudien und das qualitative Experiment dargelegt werden, muss an dieser Stelle eine Erläuterung zur Genreanalyse folgen, da diese sowohl im Bereich der Fallstudien wie im Experiment Anwendung findet.

3.2 Genreanalyse

3.2.1 Grundverständnis der Genretheorie

Genre, als Begriff aus dem Französischen, bedeutet zunächst soviel wie Textart oder Textgattung. Der Begriff Genre wird seit jeher dazu benutzt, Schriftstücke zu klassifizieren: Da gab es die Komödie, die Tragödie; in der heutigen Filmwelt (Abbildung 8) kennen wir den Horror-Thriller, den Roadmovie und einige mehr. Über Hunderte von Jahren wurde die Genreanalyse statisch, von den Textwissenschaftlern oder Literaturkritikern fast im Sinne einer botanischen Bestimmung vorgenommen. Was aber kennzeichnet eine Tragödie, was macht eine Gruppe aus, die das gesehene als Tragödie erkennt und bezeichnet? Um ein Theaterstück Tragödie nennen zu können, bedarf es eines gemeinsamen Wissensvorrates, was eine Tragödie ist und aus welchen Elementen sie sich aufbaut.

Allerdings ist ein Genre nie wirklich statisch, weil stets neue Werke präsentiert werden, die es an seine Grenzen bringen. Die Definition des Genre wird erweitert oder verengt bzw. aus mangelnder Bestätigung in der Gegenwart irgendwann historisch, gerät vielleicht ganz in Vergessenheit, wie im Fall der „Stummfilmtragödie". An dieser wird auch deutlich, dass Genres hierarchisch sein können, d.h. der Cineast unterscheidet zuerst zwischen Ton- und Stummfilm, letzteren nochmals in Horrorfilm, Komödie, Tragödie, und die Tragödie vielleicht in Familiendrama oder Roadmovie.

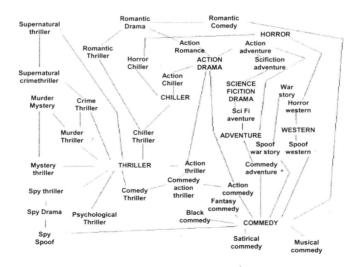

Abbildung 8: Beispiel einer Genre-Landkarte im Film (Grafik nach Chandler 2000)

Umgekehrt strukturiert ein Genre allerdings auch die Wirklichkeit, da es von denjenigen, die sich an ihm orientieren, stets aufs Neue reproduziert oder modifiziert wird. Diese Sichtweise, die soziale Konstruktion, Historizität, Reflexivität und strukturierende Wirkung von Texten, gesprochenem Wort und wahrgenommener Gestik betont, fand ihr Echo schon in der von Wittgenstein initiierten kommunikationstheoretischen Wende der Philosophie (Mikl-Horke, 293f.) und in der modernen, sozialwissenschaftlichen Theorie.

3.2.1.1 Kommunikative Genres

Als erste Sozialwissenschaftler nahmen sich in Deutschland – noch vor der Gruppe um Orlikowski am MIT– eine Gruppe von Kommunikations- und Wissenssoziologen um Thomas Luckmann (1986) intensiv der Rolle kommunikativer Genres an. Ihr theoretischer Ansatz verband die phänomenologisch orientierte Soziologie von Alfred Schütz (Schütz/Luckmann,1991) mit den aus der kommunikationstheoretischen Wende Wittgensteins abgeleiteten Forschungsideen der Linguistik. Eine der Grundideen dieses Ansatzes ist, dass ein Großteil der Alltagswirklichkeit der Gesellschaft von sinnbegabten Individuen mittels Sprache situativ und kooperativ rekonstruiert wird, und dass dabei wiederholt kommunikative Probleme der gleichen Art auftreten.

Diese Lösungsformen kommunikativer Probleme gehen als Routinen in den gesellschaftlichen Wissensvorrat ein und werden zu „kommunikativen Mustern" (auch kommuikative Gattungen oder Genre genannt) deren sich jedes Gesellschaftsmitglied bedienen kann. Jedoch ist das Wissen über die Muster nicht gleich verteilt, was dazu führt, dass es beim erneuten Auftreten des gleichen kommunikativen Problems einige Modifikationen am bestehenden Muster durch diejenigen geben kann, die es zuvor nicht kannten. In der Regel kennen die Menschen, die öfters gemeinsam das gleiche kommunikative Problem zu bewältigen haben, die Art, wie sie das tun. Das heißt, sie haben Erwartungen, wie der jeweils Andere voraussichtlich handeln wird. Je wichtiger die Lösung des Problems für die Gesellschaft ist, desto stärker sind die Muster zur Lösung vorentworfen. Ein Abweichen von diesen Mustern und den einzelnen Schritten ihrer kommunikativen Produktion wird sanktioniert (Luckmann 1992, 14). Belohnt wird das Festhalten an diesen Mustern durch eine Entlastungsfunktion, d.h. kommunikative Gattungen bringen eine Ökonomie in die Lösung kommunikativer Probleme. Sie verhalten sich somit ähnlich wie soziale Institutionen (Luckmann 1988, 283). Nach Luckmann können kommunikative Gattungen oder Genres definiert werden als gesellschaftlich anerkannte kommunikative Muster, die in der Lage sind, ein kommunikatives Problem der Gesellschaft zu lösen (Luckmann 1992, 16).

Mit dieser Definition schließt er an das Gattungsverständnis des Sprachwissenschaftlers Bakhtin (1986, 78ff.) an, für den Sprache eng mit sozialer Wirklichkeit verbunden ist. Für Bakhtin besteht Sprechen vor allem in der Selektion passender Redegattungen. Seiner Auffassung nach „organisieren sie unser Sprechen auf ähnliche Weise wie grammatische (syntaktische) Formen. Wir haben gelernt, unsere Äußerungen in Gattungsformen einzupassen. „Wenn wir beispielsweise eine fremde Rede hören, so erraten wir schon nach den ersten Wörtern die Gattung; wir können ebenso einen bestimmten Umfang voraussagen wie eine bestimmte kompositionelle Struktur. Wir sehen das Ende voraus; d.h. wir haben von Anfang an ein Gefühl für das Redeganze, das sich selbst erst während des Redeprozesses definiert" (Günthner/Knoblauch 1994: 696). Die Theorie kommunikativer Gattungen

(Luckmann, 1986) bzw. die Genreanalyse von Orlikowski/Yates (1994, 541-574) gehen davon aus, dass Individuen und Gruppen im Verlauf abgrenzbarer Kommunikationsprozesse gemeinsames symbolisches Material sinnhaft, d.h. nach angebbaren Mustern (re-)produzieren und verändern.

Zusammenfassend soll für die Arbeit der Genre-Begriff wie folgt definiert werden: Genre sind kommunikative Muster, die die Wirklichkeit einer Gruppe oder Organisation (re-)produzieren, in dem sie die zur Aufrechterhaltung der Wirklichkeit notwendigen kommunikativen Probleme lösen. Ihr (Nicht-)Gebrauch ist an ein System von Belohnungen und Sanktionen gebunden, dass den meisten Gruppenmitgliedern bekannt ist. Ein Genre wird dauerhaft Änderungen erfahren, in dem es von Akteuren (un-)bewusst modifiziert wird und die Modifikation sich in ihrer Problemlösungsökonomie als überlegen herausstellt.

Da die Arbeit von Managern und Knowledge-Workern fast ausschließlich aus Kommunikation besteht, muß der Gebrauch kommunikativer Genre als die eigentliche Arbeits- (Hertweck 1995, 108) und Organisationsleistung (Orlikowski/Yates 1994, 1) verstanden werden.

3.2.1.2 Drei Betrachtungsebenen kommunikativer Genres

Da die kommunikativen Gattungen (Genres) in verschiedenen historischen Epochen, Kulturen und selbst in kleinen Sprechgemeinschaften nicht gleich sind, bedarf es der Analyse des Genrehaushalts von Gruppen. Diese Genreanalyse unterscheidet morphologisch drei unterschiedliche Ebenen, aus denen Genres bestehen (Willmann, 1998, 11ff.):

1.) die situative Realisierung von Genres,
2.) die Binnenstruktur,
3.) die Außenstruktur.

zu 1.) Um soziale Situationen wie z.B. die Diskussion eines Projektstatusberichts aufrechterhalten zu können, bedarf es der Einhaltung von Themensetzungs- und Entwicklungspflichten oder tradierten Redezugabfolgen der Beteiligten. Werden diese unabsichtlich verletzt, bedarf es korrigierender Maßnahmen wie Entschuldigungen. Die Analyseebene, auf der die notwendigen dialogischen Elemente zur Aufrechterhaltung von Situationen analysiert werden, nennt der Genreanalyst die Ebene der situativen Realisierung.

zu 2.) Auf der untersten Ebene, der binnenstrukturellen Ebene, muss im Verlauf des Dialogs gewährleistet werden, dass die Interagierenden den „richtigen Ton" treffen, d.h. die richtige Lautstärke oder den passenden Stil finden. So würde es zum Zusammenbruch einer Diskussion des Projektstatusberichts führen, wenn ein Mitarbeiter sofort nach Beendigung der Ausführungen des Projektmanagers diesen im Beisein von Projektsponsor und weiterer Teammitglieder laut anbrüllt und verhöhnt.

zu 3.) Auf der außenstrukturellen Ebene werden die sozialen Milieus, Veranstaltungen und Situationen betrachtet, in denen Genres zum Einsatz kommen. Soziale Milieus sind räumlich

3.2 Genreanalyse

umgrenzte soziale Einheiten, die sich durch verhältnismäßig stabile Sozialbeziehungen, gewohnheitsmäßige Orte der Kommunikation, gemeinsame Zeitbudgets und eine gemeinsame Historie definieren, wie z.B. ein Softwareentwicklungsprojekt. Innerhalb dieser sozialen Milieus finden soziale Veranstaltungen (z.B. Meilensteinsitzungen) statt, die wiederum aus sozialen Situationen (z.B. Diskussion des Statusberichts des Projektmanagers) bestehen.

Da sich die Genreanalyse für jede Art symbolischen Materials eignet, das in milieuspezifischer Interaktion produziert wird, kann sie sowohl auf gesprochene Sprache, Serverlogfiles oder Dokumenttypen angewandt werden. Genres konstruieren und strukturieren die Realität einer Gruppe von Interagierenden. Sie sind für ihre Rollen, Redezugabfolgen und den richtigen Ton in der Kommunikation verantwortlich. Ein Wandel in der Organisation eines Projektes (z.B. in Krisensituationen) hat immer auch einen veränderten Genrehaushalt (Summe aller in sozialen Veranstaltungen und Milieus verwendeten Genres) zur Folge, der analysiert und dokumentiert werden kann. Umgekehrt kann das Design eines neuen Genres, wie Orlikowski/Yates (1994,557) es am Beispiel des „Stimmzettels" beschreiben, ein bereits seit längerem vorhandenes kommunikatives Problem, hier eine Zustimmung vieler Programmierer zu wenigen aber wichtigen alternativen Codierungsregeln, lösen.

Die Lösung eines kommunikativen Problems ist allerdings nur dann möglich, wenn die drei Ebenen im richtigen Verhältnis zueinander benutzt werden bzw. zueinander stehen (s. Abbildung 9).

Beispiel: Auf der Ebene der Binnenstruktur geht es darum, ob ein Individuum gegenüber einem anderen den angemessenen Ton findet, d.h. ob es die Kommunikation durch die Benutzung der angemessenen Lautstärke, Pausensetzung, Lautmelodien, rhetorischen Figuren, Phrasen, usw. angemessen aufrechterhalten kann. Diese Aufrechterhaltung richtet sich nicht alleine aus an seinen individuellen Fähigkeiten zur Lautproduktion, sondern ist in Kopräsenz des Gegenüber davon abhängig, ob er in der Lage ist, die dialogischen Anforderungen wie Redezüge, Themensetzung, Entschuldigungen, Zustimmungen in die Kommunikation einzubauen. Auf dieser Ebene reagiert er auf die Reaktionen des Gegenübers; im gemeinsamen wechselseitigen Austausch wird das produziert, was als Gespräch von beiden vorentworfen wurde. Wie das Gespräch oder die Kommunikation sein soll, wird dann auf der letzten Ebene, der Außenstruktur von Gattungen, bestimmt. Die Außenstruktur von Gattungen verbindet kommunikatives Handeln mit der Sozialstruktur. Diese Sozialstruktur kann sein: eine soziale Situation (meist ungeregeltes Zusammentreffen zweier Personen), als auch eine soziale Veranstaltung, bei der vieles, was über die Zeit hinweg kommuniziert wird, bereits gesellschaftlich vorentworfen oder geregelt ist (z.B. eine Hochzeitsfeier). Zuletzt kann die Situation, in der Individuen miteinander kommunizieren, aber auch eingebunden sein in ein soziales Milieu. Darunter versteht man räumlich umgrenzte soziale Einheiten, die sich durch verhältnismäßig stabile Sozialbeziehungen, gewohnheitsmäßige Orte der Kommunikation, gemeinsame Zeitbudgets und durch eine gemeinsame Historie definieren.

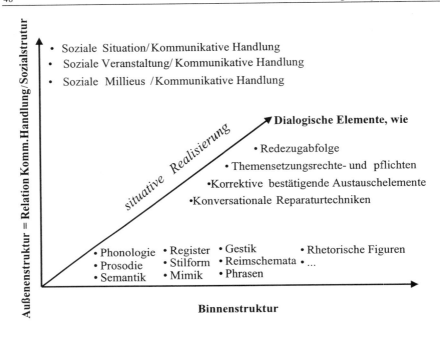

Abbildung 9: Morphologie einer Kommunikativen Gattung (Eigene Darstellung)

Nun wird aber weder in sozialen Veranstaltungen noch in sozialen Milieus die Kommunikation lediglich von einer Gattung bestimmt, sondern von sogenannten Gattungsaggregationen. Gattungsaggregationen führen verschiedene Gattungen zusammen. So beginnt normalerweise eine Klatschgeschichte mit der Rekonstruktion eines aktuellen Ereignisses, verbunden mit einem moralischen Kommentar und einer weiteren Geschichte, die den Kommentar stützt. Läuft eine Klatschgeschichte immer in einer solchen Sequenz (Rekonstruktion eines aktuellen Ereignisses – moralischer Kommentar – Geschichte) ab, wird von einer Sequentialisierung von kommunikativen Gattungen gesprochen. Dies bedeutet, dass Kommunikation in sozialen Veranstaltungen oder Milieus nicht nur durch die Ansammlung sozialer Gattungen bestimmt wird, sondern oft zwischen den einzelnen Gattungen das Gesetz der Sequentialität herrscht, d.h. dass die Gattungen in ihrer Reihenfolge nicht austauschbar sind. Orlikowski/Yates nennen diese beiden Phänomene auch Genre-Web bzw. genre overlap.

„We recognize two types of interactions among genres. One is based on genre overlap, in which a particular communicative action may involve the enactment of more than one separate genre. For example, shareholders' meetings often include oral presentations, video screenings, and voting, while genres such as proposals and trip reports are often incorporated within memos. The second type of interaction among genres is based on genre interdependence and is represented by Bazerman's (1994) notion of a "genre system," which he defines as "a complex web of interrelated genres where each participant makes a recognizable act or move in some recognizable genre, which then may be followed by a

certain range of appropriate generic responses by others." The sequence of opening and closing statements by opposing counsel in a court trial, for example, would constitute a genre system. While genres may interact in practice, it is nevertheless possible to distinguish analytically among the various genres constituting a communicative practice. Whether the focus should be on the individual genres or on their interaction depends on the exact relationship of the genres and the purpose of the research." (Orlikowski/Yates 1994, 544).

Luckmann bietet mit den Begrifflichkeiten der kommunikativen Gattungsfamilien und kommunikativen Haushalte eine Präzisierung dieses Gedankengangs an. Diesen Begrifflichkeiten steht allerdings kein empirisch direkt beobachtbares Phänomen gegenüber. Eine Gattungsfamilie bezeichnet eine Menge verschiedener Gattungsaggregationen, die dem gleichen Zweck dienen. So ordnen die Wissenssoziologen den Klatsch oder Konversionserzählungen (z.B. wie man vom Raucher zum Nichtraucher wurde) zur Gattungsfamilie rekonstruktiver Gattungen ein. Sie haben das Ziel, einem Gegenüber eine aktuelle Stellungnahme über die Rekonstruktion der Vergangenheit zu erklären. Das Konzept des kommunikativen Haushalts geht davon aus, dass eine Gesellschaft über eine endliche Menge von Genres verfügt, die ihren kommunikativen Haushalt beschreibt. Ein gesellschaftlicher Wandel sollte deshalb am Wandel der zum Einsatz kommenden Geres erhebbar sein. Ziel der Gattungsanalytiker ist es deshalb, in den verschiedensten Lebenswelten eine „Teilinventur" des Genre-Haushalts durchzuführen und die systematischen Zusammenhänge der Genres untereinander zu dokumentieren, so dass ein Überblick über den Wandel im Genrehaushalt möglich wird.

Grundlage für eine "Teilinventur" des kommunikativen Haushalts einer Gesellschaft ist die Rekonstruktion kommunikativer Merkmale sozialer Veranstaltungen. Die Untersuchung der Gattungsaggregation, die für einen Veranstaltungstyp charakteristisch ist, verbunden mit der Erforschung der Gattungsfamilie, die in dem Veranstaltungstyp die Grundfunktion erfüllt, würde das Bild dieser "Teilinventur" vervollständigen. Mit diesen Untersuchungen könnten die gruppen- und milieuspezifischen Teilbereiche des Haushalts erschlossen werden. Dieser "wichtigste Bereich" des kommunikativen Haushalts einer Gesellschaft ist mit einem "semantischen Feld" vergleichbar: d.h. zwischen den kommunikativen Gattungen bestehen systematische Beziehungen. Jede Veränderung einer Gattung hat somit Folgen für die anderen Gattungen im Feld. Verfahren der klassischen Genreanalyse (Willmann, 1995, 16).

Die klassische Analyse kommunikativer Genres erfolgt üblicherweise in drei Schritten: der Datenerhebung (mittels Videorecorder, Tonbandgerät, Logfile), der Transkription der erhobenen Daten, und letztlich der hermeneutischen und sequenzanalytischen Interpretation (Willman,1998,17ff.).

Ein beispielhafter Prozess der Durchführung einer Genreanalyse ist in Abbildung 10 dargestellt. Bei der Datenerhebung werden real stattfindende Situationen aufgezeichnet. Die dabei anfallenden Daten sind im Vergleich zu statistsch erhobenen keine Kategorisierungen, Umschreibungen oder Erzählungen, mit der der Wissenschaftler die Wirklichkeit beschreibt. Denn durch eine solche Kategorisierung von Interaktion wird diese bereits hochgradig interpretiert und verdichtet. Hat der Wissenschaftler nun die Daten erhoben, muss er jene

Episoden aus dem Material auswählen, in denen er bestimmte kommunikative Gattungen vermutet. Bei dieser Suche greift er auf sein explizites Wissen als Gesellschaftsmitglied zurück und identifiziert jene Kommunikationsmuster, auch „Ethnokategorien" genannt, die dadurch gekennzeichnet sind, dass sie zu weiteren kommunikativen Handlungen anleiten, die von einem beschreibbaren Benutzerkreis angewandt werden bzw. werden dürfen. Die Sequenzen, in denen der Forscher nun die Ethnokategorien vermutet, werden nach Regeln verschriftlicht. Die Regeln der Verschriftlichung lehnen sich an der Konversationsanalyse an und lassen Rückschlüsse über jedes binnenstrukturelle Element (Redepausen, Lautstärke, Tonhöhe, Dialekt, Soziolekt, ...) einer Kommunikation zu. Im Verlauf der Analyse der transkribierten Sequenzen muss der Analytiker die Ethnokategorien, die auf ersten Vermutungen beruhen, in explizites Wissen überführen. D.h. durch eine tiefergehende Analyse des Materials sucht er nach den Regeln, die das Auftreten kommunikativen Handelns bestimmen. Hat er diese Regeln gefunden und expliziert, hat er die anfänglichen Ethnokategorien in kommunikative Gattungen, Gattungsaggregationen oder Gattungssequenzen überführt. Die inhaltliche Interpretation der Daten sollte in der Gruppe erfolgen oder in einer Gruppe überprüft werden, da sie stark an der Forschungsfrage ausgerichtet ist. Anhand des vom Analytiker erstellten Strukturmodells wird dann die Funktion der kommunikativen Gattungen in Bezug auf die untersuchten Inhalte bestimmt und Hypothesen aufgestellt.

3.2 Genreanalyse

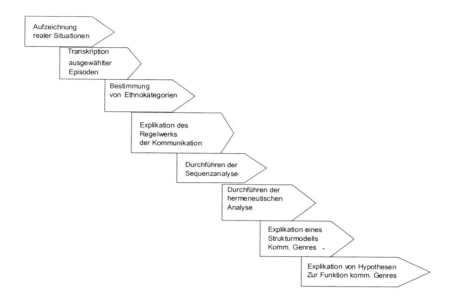

Abbildung 10: Vorgehensweise bei der Genreanalyse (Eigene Darstellung nach Willmann 1998)

Zusammenfassend kann festgehalten werden, dass die Genreanalyse mehr und mehr zur Analyse kommunikationsbasierter Arbeit benutzt wird, da Arbeiten für Wissensarbeiter Kommunizieren und Kommunizieren Organisieren bedeutet. Kommunikation gehorcht institutionellen Regeln und Strukturen, die in die kommunikativen Lösungsangebote (Genres) eingebettet sind, und im Gebrauch durch Handelnde reflexiv reproduziert und verfestigt werden.

3.2.2 Genreanalyse im Bereich der Informationstechnologie und Organisationsforschung

In der Informationsgesellschaft, die gekennzeichnet ist von computervermittelter Kooperation und Kommunikation sowie aktivem Wissensmanagement, nimmt die Zahl der Menschen zu, die ihr Geld mit dem gesprochenen oder geschriebenen Wort verdienen. Dies trifft vor allem Berufe wie Unternehmensberater, Angestellte im Bereich der neuen Medien (Online-Journalisten, Webdesigner, ...) und IT-Dienstleistungen. Im Zentrum steht der Umgang mit Wort und Bild. Im Falle der Unternehmensberater gab es in den letzten Jahren zweistellige Zuwachsraten, und eine Sättigung des Marktes ist nur langsam absehbar. Doch welche konkreten Tätigkeiten üben diese „Knowledge Workers" des 21. Jahrhunderts aus? Aus Sicht der Genretheorie und des unbedarften Betrachters führen sie Interviews (z.B. bei Ist-

Analysen) und erstellen daraus Präsentationen für unterschiedliche Meetings und verschiedene Zwecke. Das Ziel der Meetings kann z.b. im Falle der Unternehmensberatung die Transformation und Mediatisierung von Arbeits- und Kommunikationsstrukturen, wie der gesamten organisationalen Rahmenbedingungen sein. Da der Anteil an Kommunikation in der Arbeitswelt und in sich ändernden Unternehmen immer größer wird, verändern Unternehmensberater zunehmend Art und Technologie, mit der in Projekten und Unternehmen kommunikativ gehandelt wird (Hertweck,1995).

Im Bereich der Information-Systems-Forschung waren und sind es vor allem die Arbeiten von Yates und Orlikowski, die den gelungenen Versuch darstellen, die Genreanalyse zur Analyse der Organisation in DV-Projekten zu etablieren. Als bekanntestes Werk kann der 1994 in ASQ veröffentlichte Artikel „Genre Repertoire: The Structuring of Communicative Parctices in Organizations" bezeichnet werden. Obwohl der Titel vorgibt, nur den Einfluss kommunikativer Praktiken auf Organisationen zu verfolgen, kommen Orlikowski/Yates letztlich zum Schluss, dass der Gebrauch von Genre in Symbolischen Arbeitswelten dem Organisieren, d.h. der Organisationalen Arbeit selbst gleichkommt[9] (Orlikowski/Yates, 1994, 572).

Die Ursache, weshalb sie zu diesem Schluss kommen, ist die Art des untersuchten Projekts selbst. Es handelt sich um die verteilte, kooperative Entwicklung eines Handbuches für einen neuen Programmierstandard in LISP namens Common Lisp (CL). Gefordert – wenngleich nicht offiziell in Auftrag gegeben – wurde ein solcher Standard vom amerikanischen Verteidigungsministerium, das großes Interesse an der Standardisierung der KI[10]-Sprache hatte. Es bildete sich, initiiert von einer Person, ein Entwicklernetzwerk von ca. 100 Programmierern aus, mit dem gemeinsamen Ziel, eine Programmierrichtlinie für CL zu entwickeln. Auffallend an dieser communityartig organisierten Entwicklung war, dass keine formal definierten Strukturen und Rollen und zu Beginn auch kein anvisierter Endtermin des Vorhabens gegeben war. Die Koordination des Projektes ging vom Initiator aus, um den herum vier weitere Personen aufgrund ihres Einsatzes und LISP-Know-hows zum harten Kern der Entwicklung zu zählen waren. Weitere 12 Personen trugen in Zusammenarbeit mit Initiator und hartem Kern zu 99 Prozent der Arbeitsleistungen bei. Bei dieser Entwicklungsarbeit kamen vier Typen von Genres, die sich ihrerseits aus 18 binnenstrukturellen Elementen zusammensetzten, zum Einsatz. Diese Genres waren: Memo, Dialog, Proposal, Wahlzettel.

Der Umstand, dass die Genres auf vier Typen reduzierbar waren, liegt einerseits an den geringeren Ausdrucksmöglichkeiten der elektronischen Kommunikation gegenüber dem

---

[9] „Understanding organizing processes mediated by new technologies becomes increasingly important as more and more organizational work becomes a matter of electronic symbol manipulation and information exchange. The genres through which information is shaped and shared for particular purposes (reports, spreadsheets, meetings, or teleconferences) are no longer merely an aspect of organizational work; rather, they are the organizational work." (Orlikowski/Yates 1994, 572).

[10] Künstliche Intelligenz.

3.2 Genreanalyse

gesprochenen Wort, andererseits am groben Genre-Begriff, den Yates/Orlikowski im Sinne von Genre-Aggregaten auffassten. Über den Zeitverlauf wurden die benutzten Genres im Projekt aufgezeichnet, um Rückschlüsse über ihren Gebrauch in verschiedenen Situationen ziehen zu können. Dabei konnten sie feststellen, dass der Gebrauch einerseits einen Bezug zu bestimmten Ereignissen im Projekt hat, andererseits mit der Akzeptanz durch die Community ohne besonderes Ereignis steigen kann. Ein Beispiel dafür war das Dialog-Genre, welches sich über die Zeit des Projektes immer stärker als Standard etablieren konnte, während der Gebrauch von Memos im Vergleich dazu abnahm. Der Dialog als eine Auflistung verschiedener Frage- und Antwortmails mit gegenseitigem Bezug war insbesondere deshalb vermehrt gebraucht worden, weil er eine Beurteilung der gegenwärtigen These durch die Historie des bereits Gesagten belegte. Die Beurteilung stand dabei als Überschrift meist im Header, ähnlich einem Memo, und wurde dann einleitend erwähnt, während die Historie der Beurteilung angehängt war. Genres wie ein Geschäftsbrief oder Projektstatusbericht fehlten völlig im erhobenen Genrehaushalt, was dem Charakter des Projektes als Initiative außerhalb bezahlter Projektarbeit für einen Kunden gerecht wurde. Wie stark der Genregebrauch in Menge und Art von den Projektereignissen abhängig war, lässt sich an Abbildung 11 ersehen:

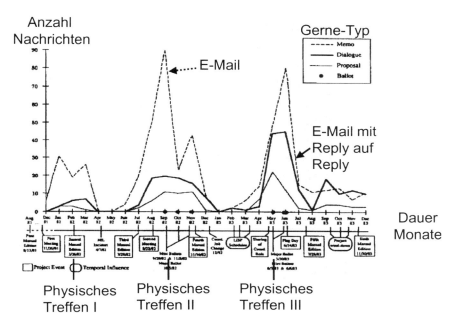

Abbildung 11 Gebrauch der Genres Memo, Dialog, Proposal und Abstimmung im CLISP-Projekt, Grafik aus Orlikowski/Yates (1994, 562)

Die wesentlichen Veränderungen im Genregebrauch wurden von verschiedenen Ereignissen bestimmt, die zur Übersicht nochmals in Tabelle 4 zusammengefasst sind.

Ereignis	Menge der Kommunikation	Interpretation
Diskussion um die Rolle der Null	Geht gegen Null	Zu Beginn des Projektes gab es einen langen und hitzigen Glaubenskrieg darüber, welche Rolle die Null in der Programmierung spielen sollte. Dieser brach mit der Festschreibung eines Kompromisses am 4.7.1983 ab.
Zweites face to face Meeting	Erreicht kurz nach dem Meeting Spitzenwerte	Programmierer treffen sich auf einer LISP-Konferenz und nehmen das Treffen als Anlass für eine Arbeitssitzung. Dort werden Arbeitsaufgaben an alle verteilt. Die Zahl von Proposals, Dialogen und Memos steigt enorm.
Erste Wahl	Bildet den Höhepunkt der Kommunikation nach dem Meeting	Hier kommt zum ersten Mal eine Wahl zum Einsatz. Das Design des Wahlzettels übernimmt der Projektkoordinator von einem papierbasierten. Mit dem Wahlzettel ist ein neues Genre etabliert. Die Wahl dient zur Abstimmung über Spezifikationsvorschläge zuvor angefertigter Proposals (genre overlap).
Job-Wechsel des Projektkoordinators	Geht gegen Null	Durch den Job-Wechsel kann der bisherige Koordinator seiner Rolle nicht mehr gerecht werden, die Kommunikation geht gegen Null.
Druck von den Programmierern	Wird höher	Die Memomenge steigt, geschrieben als Beschwerdebriefe der Community-Mitglieder, da der bisherige Koordinator „müde" geworden ist, die Programmierer aber in ihren Projekten auf den neuen CL-Standard warten.
Einstieg eines zweiten Koordinators	Kommunikation steigt	Zweiter Koordinator erklärt sich, per Mail an alten Koordinator und Kopie an alle, zum neuen Projektmitkoodinator. Er setzt zwei Wahlen an, um die bisherigen Erkenntnisse zu straffen. Vor den Wahlen werden wieder Proposals erarbeitet, die abzustimmen sind.
Deadline	Kommunikation steigt stark an	Der neue Mitkoordinator setzt eine Deadline, für die noch neue Ideen angenommen werden. Danach soll das bestehende Release des Leitfadens nur feingeschliffen, nicht aber um Funktionalitäten erweitert werden. Die Zahl der Dialoge, in die z.B. Proposals und die Diskussion darüber eingebunden ist, steigt.

Tabelle 4: Ereignisse, Kommunikationsaufwand im Common-Lisp-Projekt

Anhand dieser Beispiele konnten Orlikowski/Yates zeigen, in welchem Maße Projektereignisse den Einsatz verschiedener Genres zur Folge haben, und wie der Gebrauch bestimmter Genres andere mit sich zieht. So konnte ein genre overlap vor Wahlen festgestellt werden. Vor Wahlen wurden meist Proposals angefertigt. Über diese Proposals wurde mit Memos oder Dialogen, in die die Proposals eingebunden waren, diskutiert. Nach der Diskussion wurde abgestimmt, um hinterher in abnehmendem Maße mit Memos die Ergebnisse zu kommentieren.

Mit dieser Art der Genreanalyse konnte Orlikowski zeigen, dass der Gebrauch von Genres selbst dieses Projekt organisierte, und dass dieser Gebrauch in starkem Maße von sozialen Veranstaltungen wie face to face Meetings, Wahlen oder gesetzten Deadlines abhängig war.

Dass dabei die meisten sozialen Veranstaltungen mit Hilfe des Einbringens neuer Genres im Netz quasi virtuell etabliert wurden (Wahlzettel, allgemeingültig verkündetes Kalenderdatum), konnte in der Radikalität zum ersten Male beschrieben werden.

3.2.3 Genreanalyse und Escalation of Commitment

Die Genreanalyse von Orlikowski/Yates (1994) bzw. die Theorie kommunikativer Gattungen (Luckmann 1986) geht davon aus, dass Individuen und Gruppen im Verlauf abgrenzbarer Kommunikationsprozesse gemeinsames symbolisches Material sinnhaft (re-) produzieren und verändern. Dabei wird postuliert, dass Knowledge Worker nicht begleitend zu ihrer Arbeit kommunizieren, sondern ihre Kommunikation selbst die wesentliche Arbeits- und Organisationsleistung darstellt (Orlikowski/Yates 1994, 1). Sie verwenden dazu kommunikative Gattungen und Technologien, die den Interagierenden bekannt sind, d.h. die sie gemeinsam teilen (Hertweck 1995, 108).

Was die Theorie der kommunikativen Genres mit Escalation of Commitment zu tun hat, haben Orlikowski/Yates (1994,542) angedeutet: Vergleicht man zwei Organisationen, wo in einer Entscheidungen in offenen, partizipativen Sitzungen getroffen werden, in der anderen von Vorgesetzten, und dann per Mail oder Memo gesendet werden, so offenbaren sich hier zwei verschiedene Organisationstypen, eine demokratische und eine despotische.[11]

Im Escalat-Experiment wurde die Genreanalyse zur Auswertung der Interaktion der Gruppenmitglieder auf den Logfiles der Serverprotokolle angewandt. Ziel war es, Aufschluss darüber zu bekommen, wie eine Gruppe Escalation of Commitment kommunikativ konstruiert, und mit welchen Genres umgekehrt Eskalation vermieden werden kann. Technisch betrachtet beginnt die Genreanalyse mit einer Strukturanalyse. Gesucht werden in den Transkripten (z.B. den Server-Logfiles) Regeln und Strukturen, die das Auftreten und die Abfolge des kommunikativen Handelns der Gruppenmitglieder bestimmen. Dies beginnt auf der binnenstrukturellen Ebene und setzt sich über die Ebene der situativen Realisierung bis hin zur außenstrukturellen Ebene fort. An die Strukturanalyse schließt sich die Analyse der erhobenen Inhalte an, mit dem Ziel, die Funktion der gefundenen Genres zu den durch die Forschungsfragen vorgegebenen Inhalten in Beziehung zu setzen.

Im Kapitel zu den Auswertungen des Experiments wird die Anwendung der Genreanalyse nach Orlikowski/Yates durchgeführt. Nachfolgend werden die weiteren angewandten Methoden, bezogen auf die Fallstudien und das qualitative Experiment, dargelegt.

---

[11] „Consider, for example, the communicative practices of two different organizations. In the first, decisions are made by organizational members discussing and voting on issues in open and participative meetings. In the second, decisions are made by the leader, who then broadcasts directives by memo to organizational members. An examination of the different genres routinely enacted in these two organizations would reveal two quite different organizing processes: a democratic and an autocratic one, respectively." (Orlikowski/Yates 1994, 542).

3.3 Fallstudie

Die in der Arbeit verwendeten Fallstudien sind rekonstruktiver Art, d.h. „es kommt darauf an, zu rekonstruieren, wie der Fall seine spezifische Wirklichkeit im Kontext allgemeiner Bedingungen konstruiert hat (Fallrekonstruktionsmodell)" (Hildenbrand 1991, 257). Wissenschaftstheoretisch sind sie im Sinne der grounded theory (Glaser/Strauss, 1967) als „induktiv-deduktive Methode" zu verstehen, d.h. „ein Verfahren, bei dem das Entwickeln einer Theorie anhand von Fällen und aus dem Kontrastieren von Fällen einerseits, sowie das Testen der sich entwickelnden Theorie andererseits Hand in Hand gehen." (Hildebrand 1991, 257). Ergänzt wird diese Methode in jüngeren Werken von Strauss, durch die Technik des „abduktiven Schließens". Diese Methode stützt sich auf Peirce, der sie wie folgt beschreibt: „Deduction proves that something must be; Induction shows that something actually is operative, Abduction merely suggests that something maybe" (Peirce 1934, 106).

Das Vorgehen in rekonstruktiven Fallstudien gliedert sich meist in vier Phasen:

Phase 1:   der Auswahl und den Grenzen des Falles,
Phase 2:   dem Zugang zum Feld,
Phase 3:   der Datenerhebung,
Phase 4:   der Datenanalyse (wobei die Phase der Datenerhebung und -analyse nicht immer strikt voneinander zu trennen sind).

Meist wird auf Grund analysierter Daten schon früh eine Hypothese aufgestellt, um diese in weiteren Sequenzen des Falls bestätigt oder widerlegt zu finden, bzw. sie in einem nächsten Schritt zu erweitern. Am Ende der Datenanalyse, die sequenzanalytisch im Sinne Oevermann´s durchgeführt wird (Oevermann, 1989), steht dann die Fallstrukturhypothese, die in wenigen Sätzen zusammenfasst, warum ein Fall rückblickend betrachtet so verlaufen ist. Zentrales Mittel der Sequenzanalyse ist nach Oevermann, „die Optionen oder Möglichkeiten des weiteren Verlaufs einer Interaktion an jeder Sequenzposition oder Zustandsstelle aufgrund einer extensiven Auslegung der objektiven Bedeutungsstrukturen zu bestimmen und dann die objektive Bedeutungsstruktur der tatsächlich erfolgten nächsten Bewegung im Interaktionsablauf darauf abzubilden." (Oevermann 1989).

Aus Sicht der Beteiligten und ihrer Wahrnehmung modifiziert sich die theoretische Betrachtung: Wie bei Staw/Ross oder auch in anderen Commitment-Modellen üblich, kann man Projekte auf verschiedenen Ebenen betrachten. Da die wichtigsten Commitment-Dimensionen auf der Ebene von Laborexperimenten gemessen wurden, bedarf es einer gänzlich anderen Methode, um sozial-psychologische Faktoren der Projektwahrnehmung in einem bereits abgelaufenen realen Projekt zu erheben. Die Schwierigkeit besteht für den Forscher darin, eine Verbindung zwischen zurückliegenden, abgeschlossenen individuellen Handlungen und dem Projektverlauf zu analysieren. Als richtungsweisend für diese Art der Analyse gilt das Konzept des Trajekts (Schütze, 1981,97), welches davon ausgeht, dass Personen ein Leiden oder eine Krise in verschiedenen Phasen unterschiedlicher Intensität wahrnehmen. Ein weiteres von Geib (Geib 1997, 35) getestetes Konzept, dass den wahrgenommenen Zeitverlauf stärker aus organisationstheoretischer Perspektive beschreibt, ist das

Episodenkonzept von Kirsch (1988, 167). Es hat sich für diese Art Problemstellung ebenfalls bewährt. Diese Projektphasen werden eingegrenzt von intersubjektiv, von allen am Projekt beteiligten Personen wahrgenommenen Schlüsselsituationen oder Wendepunkten.

3.3.1 Auswahl und Grenzen des Falls

Bei der Untersuchung von DV-Projekten, die auf Grund von Escalation of Commitment gescheitert sind, waren mehrere Ausgrenzungen notwendig. So wurden bis zum Stadium der narrativen Interviews und deren ersten Auswertungen sechs Fälle genauer untersucht, von denen dann nur drei die für unsere Fälle aufgestellten Kriterien erfüllten. Die wichtigsten Gründe, die anderen Fälle auszuschließen, waren:

a) Alle Fälle sollten nur *gescheiterte* DV-Projekte behandeln

Als gescheiterte DV-Projekte wurden nur Softwareentwicklungsprojekte behandelt, die im Sinne der konstruktivistisch-empirischen Definition (s.o.) als gescheitert betrachtet werden konnten. Diese Betrachtung schloss ein Projekt aus, bei dem eine allgemein auf dem Markt verfügbare Projektplanungssoftware in eine Organisation eingeführt werden sollte, was die Mitarbeiter seit Jahren zu verhindern versuchten. Diese Weigerung hatte bereits mehrmals zum Verlust in Form entgangener Aufträge geführt. Zwar war Escalating-Commitment-Verhalten der Projektgruppe gegen die Managementsoftware für das mehrfache Scheitern des Einführungsprojektes verantwortlich, jedoch sollten hier Softwareentwicklungsprojekte und nicht Infrastruktureinführungsprojekte untersucht werden.

b) Das Scheitern sollte maßgeblich die *Folge* von Escalation of Commitment im untersuchten Projekt sein.

Diese Betrachtungsweise schloss zwei Fälle aus, bei denen es um die Frage ging, ob man ein Rechenzentrum zu Gunsten einer vernetzten PC-Infrastruktur auflöst. In beiden Fällen waren politische Entscheidungen in den Vorstandsgremien für die Weiterführung der alten Rechenzentren verantwortlich. Das Scheitern der alternativen PC-Projekte könnte somit höchstens über das Commitment der Vorstände zu den Rechenzentren festgemacht werden, weniger am eskalierenden Commitment, dass aus dem Projektteam selbst erwachsen wäre.

c) Die Fallstudien sollten Interviews mit mehr als einem der Projektbeteiligten und den Zugang zur Projektdokumentation ermöglichen.

Für den Autor war es eine interessante Erfahrung, während seiner Untersuchungen zum Thema gescheiterte DV-Projekte festzustellen, dass fast jeder seiner Bekannten in der Branche ein solches kennt. Die meisten waren auch gerne bereit, ein anonymes Interview zum gescheiterten Projekt zu geben. Wenn es jedoch darum ging, dem Forscher Einsicht in die Projektdokumentation oder einen weiteren Interviewpartner im Unternehmen zu vermitteln, trennte sich regelmäßig die Spreu vom Weizen. Um die Qualität der Fallstudien nicht aufgrund singulärer Erzählungen in Frage zu stellen, unterlag der Autor der Pflicht, möglichst viele der Projektbeteiligten zu interviewen, wie der Zugang zum Feld zeigen wird.

3.3.2 Zugang zum Feld

Gescheiterte Softwareentwicklungsprojekte sind ein heikles Thema. In zwei von drei der geschilderten Fallstudien waren zum Zeitpunkt der ersten Interviews noch rechtliche Verfahren gegen einzelne Projektmitarbeiter oder -manager am laufen. In einem der Projekte war der Projektmanager in Folge der jahrelang andauernden konfliktären Situation gar psychisch krank, berufs- und interviewunfähig geworden. Vor diesem Hintergrund kann man sich vorstellen, mit welchen Schwierigkeiten der Zugang zum Forschungsfeld verbunden ist.[12] Andererseits war es überraschend, mit welcher Offenheit der forschende Autor, nachdem er das Vertrauen der Betroffenen erlangt hatte, mit Informationen über die Fälle versorgt wurde. Für Projektbeteiligte, die heute offen mit dem Fehlschlag umgehen – sei es, weil sie erst später in das Projekt eintraten oder weil sie es geschafft haben, sich von Verantwortung freizusprechen – waren die Tiefeninterviews oft wie eine Katharsis.

Nach diesen Erfahrungen lassen sich zum Feldzugang bei gescheiterten Softwareentwicklungsprojekten die folgenden Faustregeln aufstellen:

Der Zugang zu einem gescheiterten Softwareentwicklungsprojekt ist um so leichter,

- je länger es zurückliegt,
- je mehr Mitarbeiter nicht mehr Mitglied der Organisation sind, in der das Projekt scheiterte,
- je sicherer keiner der Projektbeteiligten mehr gerichtlich belangt werden kann,
- wenn der verantwortliche Vorstand nicht mehr in der Organisation oder im Ruhestand ist,
- je mehr gescheiterte Projekte dieser Art öffentlich werden,
- je enger die soziale Beziehung des Forschers zu einem wichtigen Projektmitglied ist.

3.3.3 Datenerhebung in gescheiterten DV-Projekten

Die im Rahmen der Fallstudien angewandten Methoden der Datenerhebung waren:

- das narrative Interview (Schütze, 1987)
- das Sammeln von Dokumenten zum Zwecke einer Dokumentenanalyse.

Sowohl die Interviews als auch die gesammelten Dokumente sollten zur Rekonstruktion zeitlicher Sequenzen in den untersuchten Projekten dienen. Wesentlich schwieriger als die Durchführung von Interviews gestaltete sich die Sichtung der zu analysierenden Dokumente. Ihr Fehlen war oft Ursache und Wirkung des Scheiterns zugleich. So konnte z.B. das Fehlen eines Pflichtenheftes Indiz dafür sein, dass die Auftraggeber sich nie detailliert über die

---

[12] In den meisten Fällen war es nur der Tätigkeit des Autors als Mitarbeiter und Manager in Softwareentwicklungsprojekten und den guten sozialen Beziehungen des Doktorvaters Prof. Krcmar in die Vorstandsebene der Unternehmen zu verdanken, dass Interviews mit Beteiligten auf fast allen Projekt-Ebenen durchgeführt werden konnten.

Funktionalitäten der zu entwickelnden Software Gedanken gemacht hatten (s. z.B. Fallstudie A und C), oder aber das Pflichtenheft war in Folge der Mitsprache zu vieler Parteien in der Spezifikationsphase so umfangreich geworden, dass es nicht mehr implementierbar war. In letzterem Falle ist es zum Eintrittszeitpunkts des Forschers deshalb oft in der Qualitätssicherungsabteilung oder bei einem Juristen, der das vertragsrelevante Dokument auf erbrachte Leistungen prüft.

Die Fallstudien zu Projekt A und C wiesen, wie die meisten untersuchten gescheiterten Projekte, eine äußerst lückenhafte Dokumentation auf (Jones, 1996,4) Bei Fallstudie B war dies umgekehrt. Da die „Entwicklungspartner" als Ausdruck eines abgrundtiefen Misstrauens über Monate hinweg jedes Telefongespräch dokumentierten und gegenzeichnen ließen, mangelte es nicht an Dokumenten. Das Problem war eher die Vielzahl und Redundanz an Dokumenten und die dadurch induzierte Sisyphusarbeit des Forschers, der sie in eine sinnhaft-chronologische Reihenfolge bringen musste.

3.3.3.1 Das narrative Interview

Die Befragung ist die am häufigsten angewandte Methode der empirischen Sozialforschung.[13] Das narrative Interview ist eine Form der mündlichen Befragung und hat in der hier angewandten Form den Zweck, den Interviewten das von ihm Erlebte in seiner Struktur schildern zu lassen. Im Gegensatz zu anderen[14] Interviewformen, wie etwa teilstrukturierten Leitfadeninterviews, in denen der Forscher eine gewisse Struktur in das Interview mit einbringt, geht er beim narrativen Interview davon aus, dass die interviewte Person als Fachmann der eigenen Lebenswelt deren Struktur parallel zu den erzählten Inhalten vermittelt. Der Interviewte selbst legt fest, wie lange er zu welchem Thema erzählt, und welche Begleitinformationen er zusätzlich zu den für den Interviewer interessanten Themen liefert.

Technisch betrachtet, besteht das narrative Interview aus vier Phasen (Hermanns 1991, 184):

1.) der Einstiegsphase: In der Einstiegsphase wird dem Interviewten das Grundprinzip des narrativen Interviews erklärt. Er wird gebeten, frei über eine von ihm erlebte, meist abgeschlossene Periode – hier den Fall des gescheiterten DV-Projekts – zu berichten. Nach meist anfänglich vom Interviewten geäußerten Zweifeln, ob er in der Lage sei, alles Erlebte nochmals zu erzählen, beginnt er mit der Haupterzählungsphase.

2.) der Haupterzählungsphase: In der Haupterzählungsphase übernimmt der Interviewer die Rolle des interessierten Zuhörers, ohne den Erzähler zu unterbrechen. Seine Aufgabe besteht hauptsächlich darin, den Interviewten durch zustimmendes Kopfnicken oder durch ein „mhm" am Erzählen zu halten. Der Interviewte erhält die Möglichkeit, Inhalte weiter auszuführen, zu ergänzen, zu korrigieren, usw. bis er mittels einer besonderen Äußerung das Ende seiner Erzählung andeutet.

---

[13] Ungefähr 90 Prozent aller Daten werden so gewonnen, s. Bortz/Döring 1995, 216.

[14] Einen knappen Überblick über alle Interviewtypen liefert Hopf 1991, 177-182.

3.) der Nachfragephase: In der an die Haupterzählung anschließende Nachfragephase sollte der Interviewte durch weiteres offenes Nachfragen dazu animiert werden, die Haupterzählung fortzusetzen.

4.) der Bilanzierungsphase: Die Bilanzierungsphase sollte, so spät wie möglich eingeleitet, dem Interviewer dazu dienen, unklar gebliebene Sachverhalte tiefergehend zu erfragen bzw. die Logik bestimmter Argumente abzutesten.

Bei den narrativ geführten Interviews im Rahmen der Fallstudien lässt der Interviewer den Befragten eine Geschichte erzählen, in diesem Fall die Projektgeschichte. In der Eröffnungsphase bittet der Interviewer deshalb den Befragten, das Projekt einmal in seiner ganzen Länge und in allen Details zu beschreiben. Sobald der Interviewte mit seiner Erzählung begonnen hat, ist das Ziel, ihn in seinem Redefluss zu halten. Dies geschieht i.d.R. durch bestätigende Stimulatoren wie „mhm", oder „ah ja". Bezweckt wird mit dieser Art von Interview, dass der Interviewte die zeitliche und intentionale Struktur seiner Erlebnisse zusätzlich zu den von ihm erfahrenen Inhalten mitteilt. Die Interviews werden mit Tonband aufgenommen und transkribiert. Die erlebte zeitliche Struktur der Ergebnisse wird dann aus dem Quotienten aus erzählter Zeit und Erzählzeit gemessen. Unter der erzählten Zeit wird der Zeitraum verstanden, auf den sich die Ausführungen des Interviewten beziehen, unter der Erzählzeit die Zeit, die der Interviewte zur Schilderung einer Phase oder Schlüsselsituation verwendet. Diese Phasen der Verdichtung der Wahrnehmung des Interviewten werden oft zusätzlich mit sprachlichen Markern (auffällig lange Redepausen, Wechsel der Lautstärke, Wechsel des Sprachstils etc.) versehen. Die intersubjektiv von allen Befragten als gleichermaßen intensiv beschriebenen Projektphasen können dann mittels Dokumentenanalyse einer tieferen Beobachtung unterzogen werden; das aus Sicht der Befragten gewonnene Bild des vergangenen Projektes verdichtet sich.

In den narrativen Interviews dieser Arbeit wurde die Phase der Haupterzählung dazu genutzt, einen Zeitstrahl des Projektes mit seinen wesentlichen Ereignissen anzufertigen. Dieser diente in der Bilanzierungsphase nochmals als Generator weiterer Erzählungen bzw. als eine Art Visualisierung des Verständnisses des Interviews, anhand dessen Unklarheiten beseitigt werden konnten.

Zusammengefasst hat das narrative Interview dort seine Stärken, wo es um heikle Themen geht, da der Interviewte eine faire Chance erhält, das Unfassbare aus seiner Sicht zu beschreiben. Für die Fallrekonstruktion gescheiterter Softwareentwicklungsprojekte konnte das narrative Interview äußerst gewinnbringend zum Einsatz gebracht werden.

3.3.3.2 Dokumentenanalyse

Die Dokumentenanalyse (Schwartz/Jacobs, 1987, 75f.) ist eine häufig unterschätzte Möglichkeit zur retrospektiven Analyse von Projekten. Dies hat meist zweierlei Ursachen: erstens ist es schwierig an die vollständige Dokumentation interessanter Vorgänge (z.B. Krisensituationen, Entscheidungsprozesse) zu gelangen, weshalb viele Forscher den Aufwand scheuen; zweitens bedarf es begleitender Kontextinformationen, um auf Dokumenten vorhandene Zeichen und Strukturen (Verteiler, Mitzeichnungsfelder) zu deuten. Dies erfordert einen Ansprechpartner in der Organisation, weit über die eigentliche Interviewphase hinaus.

Nichtsdestotrotz bietet die Dokumentenanalyse eine gute Möglichkeit, die zuvor im Interview oder in teilnehmender Beobachtung erhobenen Daten zu verifizieren. Dokumente haben den Vorteil, dass es sich bei ihnen um Primärdaten handelt. Sie sind keine vom Forscher erzeugten Daten über die Wirklichkeit, wie ein Fragebogen, sondern im Projektverlauf von den Beteiligten selbst produziert. Die Dokumente sind somit „natürliche" Daten des Falles. Sie tragen ein Datum, die Spuren von Kooperation, Rollen, Regeln und Fertigkeiten (Bortz/Döring, 1995). Sie bilden damit einen reichen Fundus zur Rekonstruktion oder zur Verifizierung von Projektverläufen.

3.3.4 Datenanalyse

Die Analyse der Daten war auf die Frage fokussiert, welchen Beitrag Escalation of Commitment am Scheitern des Projektes hatte, und welche Determinanten in welchen Kontexten die Eskalation der Projektgruppen vorantrieben. Diese Bedingungsfaktoren sollten in das ESCALAT-Experimentaldesign implementiert werden. Diesen „Eskalationsförderern" und Scheiternserklärungen wurde am Ende jeder Fallstudie ein eigenes Kapitel gewidmet. Auf die Methoden der Analyse hinsichtlich der Fallstudien wird kurz eingegangen.

3.3.4.1 Analyse narrativer Interviews

Bei der Analyse der narrativen Interviews werden sowohl die Inhalte als auch die Struktur der Erzählungen analysiert. Dabei wird angenommen, dass die Struktur der Erzählung mit den Inhalten in unmittelbarem Zusammenhang steht. Aus diesem Grunde werden die narrativen Interviews mit einem Tonband aufgenommen und vollständig oder ausschnittsweise, zusammen mit den vom Interviewten gebrauchten strukturellen Merkmalen, transkribiert.[15] Diese „Marker" genannten sprachlichen Formen rahmen interessante Inhalte, Argumente oder Wendepunkte der Erzählung ein und signalisieren dem Forscher, mit welchen kognitiven Strukturen der Interviewte das Erlebte wahrgenommen hat. Der Detaillierungsgrad der Transkription macht sich nach Bortz/Döring (1995, 287) am Forschungsinteresse des Wissenschaftlers fest, genauso wie die Frage, ob unverständliche Passagen „geglättet" oder ins Hochdeutsch übertragen werden. In der vorliegenden Arbeit wurden die wesentlichen Passagen der Interviews aus den Projekten transkribiert . Dabei wurden vor allem die Pausen, die Betonungen, aber auch der Wechsel von Hochsprache zum Dialekt transkribiert.

Die Auswertung der narrativen Interviews erfolgte inhalts-[16] und sequenzanalytisch.[17]. Ziel war es, ein Modell des zeitlichen Ablaufs des Projekts mit seinen Schlüsselsituationen zu erhalten, und diesen Ablauf mit dem zuvor geplanten zu vergleichen. Als eine probate Technik zur Identifikation von Schlüsselsituationen erwies sich die Bildung des Quotienten

---

[15] Die in dieser Arbeit verwendeten Transkriptionszeichen sind an die von Herrmans (1992, S. 135) angelehnt. So z.B. (.) – kurze Pause, (..) mittlere Pause, (...) längere Pause, fett gedruckt – starke Betonung eines Wortes.

[16] Zur Konzeption und Technik der Inhaltsanalyse siehe Mayring 1991.

[17] Zur Sequenzanalyse als Methode der rekonstruktiven Fallanalyse siehe Hildenbrand 1991.

zwischen Erzählzeit (in Minuten auf Kassette) und erzählter Zeit (Dauer des geschilderten Erlebniszeitraums) in den Interviews. Verwendete ein Interviewer etwa ein Drittel der gesamten Interviewzeit auf die Schilderung eines Zeitraumes von zwei Tagen in einem vier Jahre andauernden Projekt, so konnte von einer hohen Relevanz dieser Zeitspanne für den Interviewten und meist auch den Gesamtprojektverlauf ausgegangen werden.

3.3.4.2 Analyse von Dokumenten

Wurden die Dokumente kurz vor und nach einer bedeutungsvollen Schlüsselsituation im Projekt (einem Messebesuch, einer Meilensteinsitzung etc.) analysiert, so ließ sich ein quantitativ starker Anstieg des Dokumentenaufkommens insgesamt feststellen. Eine eingehende Analyse von Sitzungsprotokollen im Entwurfs- und Endstatus, von Memos, die einer wichtigen Sitzung folgten, oder von Beschwerdebriefen an die Geschäftsleitung war dann oft in der Lage, (nicht) gemachte Aussagen einzelner Interviewpartner zu verifizieren oder falsifizieren.

Der Detailliertheitsgrad der Analyse der Dokumente variierte mit dem Erkenntnisziel. Auf der untersten Ebene der Interpretation wurden, entsprechend der Genreanalyse (Orlikowski/Yates, 1994, 541-574), folgende Merkmale von Dokumenten erhoben und deren Bedeutung den Projektverläufen zugeordnet:

- Analyse der außenstrukturellen Ebene: In welchem Projektkontext kam das Dokument zum Einsatz, z.B. in Vertragsverhandlungen, Projekt-Kickoff-Sitzungen, Meilensteinsitzung, Projektkrisensitzungen, ... ?
- Analyse der situativen Realisierung: Lassen Merkmale des Dokuments erkennen, welche Form der Interaktion bzw. des Dialogs zwischen Ersteller und Adressaten unterstützt wird, z.B. Abstimmung über alternative Vorgehensweisen unter den Projektmitgliedern, Abstimmung von Terminen, sequenzielle Information der Projektmitglieder (sichtbar an einem alphabetischen Verteiler), Beschwerdebrief an die Geschäftsleitung mit Kopie an den Projektmanager mit Hilfe eines hierarchischen Verteilers, ... ?
- Analyse der binnenstrukturellen Ebene: Welcher Sprachstil oder welche Redewendung werden zur Unterstützung der situativen Realisierung verwendet, z.B. Sprachstil, Phrasen, rhetorische Figuren, ... ?

3.4 Qualitatives Experiment

Wie das Beobachten ist das Experiment eine wissenschaftliche Grundmethode, die den Erkenntnisprozess in der (Natur-) Wissenschaft von Anbeginn bestimmt.[18] Das in dieser Arbeit zum Einsatz kommende qualitative Experiment ist eine alte Methode der deutschen Kognitions- und Sozialpsychologie[19]. Methodologisch betrachtet definiert sich das qualitative Experiment als der nach wissenschaftlichen Regeln vorgenommene Eingriff in eine (soziale, psychische) Gegebenheit zur Erforschung ihrer Struktur und ist die explorative, heuristische Form des Experiments: „Es ist auf das Finden, das Aufdecken von Verhältnissen, Relationen, Beziehungen, Abhängigkeiten gerichtet, die besonders sind für jeden Gegenstand. Heuristik unterscheidet das qualitative Experiment vom quantitativen, das zumeist hypothesenprüfend verfährt und auf kausale, zahlenmäßig erfassbare Relationen zielt." (Kleining 1986, 725).

In Abgrenzung zur reinen Beobachtung kann sich der Forscher im qualitativen Experiment mehr aktiv oder mehr rezeptiv seinem Gegenstand gegenüber verhalten; daraus entstehen Experiment und Beobachtung als Grundformen der erkenntnisgenerierenden Methoden[20]. Dabei lassen sich drei Hauptformen des Experiments unterscheiden: das Alltagsexperimentieren, das qualitative und das quantitative Experiment. „Die beiden wissenschaftlichen Methoden differieren von den Alltagsverfahren durch ihren Abstraktionsgrad: qualitative Experimente erkunden komplexe Zusammenhänge, quantitative Experimente vereinfachen." (Kleining 1991, 264).

Das qualitative Experiment unterliegt den gleichen Grundregeln wie jede explorative, qualitative Sozialforschung[21], das bedeutet:

- der Forscher geht von einem Vorverständnis aus, soll dies aber ändern, wenn die Daten dem entgegenstehen,
- die Forschungssituation ist zu Beginn offen, verändert sich aber im Forschungsprozess,

---

[18] Aus naturwüchsigem Experimentieren entstanden verschiedene Formen des Experimentes. Galilei verwandte das Experiment in seinem „Gedankenexperiment" zur Exploration, zur Messung und zur Spekulation. Vgl. Kleining (1991).

[19] Der Ausdruck „qualitatives" Experimentieren stammt von E. Mach (1905) und eröffnet die große Zeit des qualitativen Experiments in der ersten Hälfte des 20. Jahrhunderts: Die Würzburger Denkpsychologie und die Gestaltpsychologie konstituieren sich durch den explorativen Gebrauch des Experiments. Erste Höhepunkte qualitativ-psychologischer Forschung sind die Bühler'schen Gedächtnisversuche (1907/08), Köhlers Schimpansenexperimente (1917) und Wertheimers Experimente über Scheinbewegungen (1912). Vgl. zur näheren Historie auch Kleining (1991, 263f.).

[20] „Sie sind dialektisch miteinander verbunden, d.h. sie sind getrennte Verfahren, aber durch Gleichzeitigkeit der Gegensätze zusammengehörig (kein Experiment ohne Beobachtung, keine Beobachtung ohne Aktivität)." (Kleining 1991, 264).

[21] Vgl. Kleining 1982.

- die Forschungsperspektiven werden maximal strukturell variiert, also alle Aspekte, die sich als relevant herausstellen oder angesehen werden, auch die Methoden selbst, und
- die Daten werden auf Gemeinsamkeiten analysiert, wobei Gemeinsamkeiten als Ähnlichkeiten und als (dialektische) Widersprüchlichkeiten bestimmt werden.

Das so gefasste qualitative Experiment lässt sich im Prinzip auf alle sozialwissenschaftlichen Themen anwenden – im engeren Sinne auf Individuen und Gruppen im sozialen Gegenüber, psychisch und sozial relevante Kennzeichen und Abläufe und alle größeren sozialen Gebilde, die sich in Handlungen, Emotion und Kognition manifestieren.

Als experimentelle Methoden innerhalb des qualitativen Experiments werden in Bezug auf den Forschungsgegenstand (Individuum, soziale Gruppe, ...) zunächst sechs Grundtechniken vorgeschlagen (Kleining 1991, 265):

1.) Separation/Segmentation (z.B. das Aufteilen oder Strukturieren von Gruppen),
2.) Kombination (z.B. das Zusammenfügen mehrerer Ereignisse in einem zeitlichen Ablauf),
3.) Reduktion (z.B. Abschwächung von Handlungsvorgaben oder Anreizsystemen in Gruppen),
4.) Intensivierung (z.B. Adjektion von Handlungsvorgaben oder Anreizsystemen in Gruppen),
5.) Substitution des Forschungsgegenstandes (z.B. Ersetzen von Funktionen, Handlungen, sozialen Positionen),
6.) Transformation des Forschungsgegenstandes (z.B. Verändern von Funktionen, Handlungen, sozialen Positionen).[22]

Exploration ist ein Prozess, daher wird der Einsatz von Techniken von Such- und Findstrategien geleitet. Handlungsstrategien sind:

- Maximierung/Minimierung, also das Aufsuchen und Erforschen von extremen Haltungen, Einstellungen, Situationen, Bedingungen,
- Testen der Grenzen, d.h. das An-den-Rand-des-Möglichen-Gehen, das Eben-noch-Erreichbare-Prüfen und
- Adaption als Zielvorstellung des Forschungsprozesses.

Letzteres impliziert sowohl auf Aufforderung zum Tun – ohne Handeln kein Experiment – als auch die Aufforderung zum reflektierten und tentativen Vorgehen. Rein strategisch warnt Kleining (1991, 265) davor, zu große und radikale Änderungen im Ablauf des qualitativen Experiments vorzunehmen, bevor man durch Abschwächung und Intensivierung einzelner Sequenzen nicht ein Mindestmaß an Wissen über den anvisierten Forschungsgegenstand erreicht hat.

---

[22] Siehe dazu ausführlicher Kleining 1986, 738f.

3.4.1 Experimentaldesign

Entsprechend der o.g. Definition, dass das qualitative Experiment der wissenschaftlich angelegte Eingriff in eine Gegebenheit zur Erforschung ihrer Struktur, die explorative, heuristische Form des Experiments ist, galt es im ESCALAT-Experiment zuerst, die sozialen Gegebenheiten komplexerer Art und den geplanten Eingriff in Bezug auf die Zielsetzung der Forschungsfrage vorzunehmen.

In der Auswertung der Fallstudien trat die Konstruktion des Scheiterns der Projekte zutage. So wurden die Bedingungen sichtbar, unter denen das Scheitern gelang, und die für das geplante qualitative Experiment notwendig waren. Aus jeder Fallstudie ergaben sich Aspekte, die für das Design des Experimentes grundlegend waren, und die ausführlich zu Beginn des Kapitels über das Experimentaldesign dargelegt werden. Hier sollen nur die fünf wichtigsten Kriterien genannt werden, nach denen das Spiel funktionieren sollte:

- Jede Gruppe musste gewinnen wollen.
- Verteilte Rollen mussten simuliert und vorgegeben werden.
- Kommunikation zwischen den Rollen und Hierarchien musste möglich sein.
- Die Gruppen mussten ihre Spielstrategie zu Beginn festlegen und im Verlauf ändern können.
- Das Spiel durfte nicht zu gewinnen sein.

Entsprechend dieser Überlegungen wurde ein Spiel konstruiert, das an das bekannte „Trivial Persuit" angelehnt war und dabei die Situation eines Projektes mit verteilten Rollen (Projektleiter, Mitarbeiter, Vorstand) und Hierarchien simulierte. Den Teilnehmern wurde durch frühe Spielbelohnungen der Gewinn in Aussicht gestellt, jedoch war durch die Konzeption des Spiels ein Sieg von vornherein unmöglich, was die Teilnehmer allenfalls im späteren Verlauf der Spielrunden erkennen konnten. In zwei Settings wurden zwei verschiedene Formen der elektronischen Kommunikationsunterstützung untersucht, der Einsatz elektronischer Sitzungsunterstützung (EMS) in Krisendiskussionen und der Gebrauch von Mails. Die nähere Beschreibung des Spiels erfolgt im entsprechenden Kapitel.

Die Auswertung der Kommunikation der Gruppenmitglieder über die verschiedenen Hierarchieebenen und untereinander, erlaubte am Ende Rückschlüsse auf die verschiedenen Bewältigungsstrategien in Krisensituationen. Daraus resultieren die Erkenntnisse im Kapitel über das Design von Werkzeugen zur frühzeitigen Vermeidung und Bewältigung von Krisen.

3.4.2 Datenerhebung

Die qualitative Sozialforschung unterscheidet vier Kategorien von Beobachtungsverfahren: Feldforschung und teilnehmende Beobachtung, das Rollenspiel, nichtreaktive Verfahren und audiovisuell unterstützte Beobachtung (Flick et al. 1991). Das hier konzipierte qualitative Experiment wendet nicht nur qualitative Verfahren wie die teilnehmende Beobachtung und das Rollenspiel an. Mit der Genreanalyse werden ebenso die Logfiles qualitativ analysiert, die im Rahmen der Kommunikation im Spiel entstehen. Zur quantitativen Messung des

Settingeinflusses wurde allen Teilnehmern unmittelbar nach dem Ende des Spiels auch ein Fragebogen elektronisch vorgelegt und ausgewertet. Die Aufzeichnung der Daten erfolgte über Tonband- und Videoaufnahmen sowie als Logfile des Servers, da große Teile der Kommunikation über Ventana Group Systems bewältigt wurden. Nachfolgend einige grundlegende Aspekte zu den Datenerhebungsmethoden.

3.4.2.1 Teilnehmende Beobachtung

Im Unterschied zur mehr oder weniger beliebigen Alltagsbeobachtung, setzt die systematische Beobachtung einen genauen Beobachtungsplan voraus, der vorschreibt, was (und, bei mehreren Beobachtern, von wem) zu beobachten ist, was für die Beobachtung unwesentlich ist, ob bzw. in welcher Weise das Beobachtete gedeutet werden darf, wann und wo die Beobachtung stattfindet und wie das Beobachtete zu protokollieren ist (Bortz/Döring 1995, 240f). Das Experiment wurde von mindestens drei, meistens vier Personen beobachtet, die ihre Aufgaben vorher festgelegt hatten. Als Beobachtungsform kommt im Experiment die teilnehmend offene als auch die nicht-teilnehmend offene Beobachtung zur Anwendung. Teilnehmend offen tritt der Forscher den Experimentteilnehmern in seiner Funktion als Moderator gegenüber, nicht-teilnehmend offen beobachtet er den Verlauf des Spiels. Im Rahmen dieser Untersuchung wurden die Video- und Tonbandaufzeichnungen zur Kontrolle und weitergehenden Interpretation der Logfiles herangezogen.

3.4.2.2 Rollenspiel

Der Begriff Rollenspiel findet in der Sozialforschung unterschiedliche Verwendung.[23] In dieser Arbeit trifft er am besten, wenn er auf einen kurzen Zeitraum durch Instruktionen für die Dauer der Datenerhebung den „Als-ob-Charakter" verabredet, d.h. die Teilnehmer definieren sich durch ihr Erleben selber als in einem Rollenspiel befindlich. Obwohl das Rollenspiel z.B. ein zentrales Hilfsmittel der Psychologie ist, finden sich nur sehr sparsame Hinweise auf die methodische Vorgehensweise.[24] Im allgemeinen kommen Rollenspiele in Betracht, wenn komplexe und vielschichtige Erlebnisse betrachtet und der subjektiv erlebte raumzeitliche Kontext des Versuchsgeschehens erhalten bleiben soll, und wenn eine Verhaltensstichprobe von realem, naturbelassenem Verhalten nicht erhebbar ist (Sader 1991, 193f). So wurde für das qualitative Experiment dieser Untersuchung ein Rollenspiel entwickelt, das die Teilnehmer, ähnlich den Mitarbeitern einer Firma in zugewiesenen Projekten, ihren gespielten Rollen – Projektleiter, Projektmitarbeiter, Vorstand – gemäß zu beobachtbarem Verhalten veranlasste.

---

[23] Weite Bereiche soziologisch orientierter Definitionen betrachten Teile des Handelns als Handeln in Rollen, wobei Teilbereiche der Sozialisationsforschung dann die Übernahme von Rollen in der Gesellschaft betrachten. Vgl. Sader 1991, 193-198.

[24] Zur praktischen Anwendung von Rollenspielen vgl. Bortz/Döring 1995, 297f.

3.4.2.3 Logfile-Analyse

Da ein Großteil der Kommunikation während des Experiments über Ventana Group Systems abgewickelt wurde, diente insbesondere das Logfile des Servers zur Dokumentation und Auswertung der wesentlichen Daten. Waren die Informationen aus den Logfiles schwierig zu analysieren, standen ergänzend Tonband- und Videoaufnahmen der Interaktionen zur Verfügung.

3.4.2.4 Survey

Um den Einfluss des verwendeten Settings auf die einzelnen Teilnehmer zu messen, wurde neben der Genreanalyse eine klassisch strukturierte Befragung (Schnell/Hill/ Esser, 1993, 330f) am Ende des Experimentalspiels durchgeführt. Damit ließ sich die Erhebungssituation dieser „schriftlichen" Befragung kontrollieren, was im Normalfall (unbeobachtete Beantwortung des Fragebogens daheim oder anderswo) nicht möglich gewesen wäre.[25] Die in Ventana Group Systems vorhandene Fragebogenfunktion war für diesen Zweck ideal, da die Teilnehmer noch im Eindruck des Erlebten antworten konnten. Die Abbildung des Fragebogens in der Sitzungsunterstützungssoftware hatte zusätzlich den Vorteil, dass die Daten unmittelbar elektronisch zur Verfügung standen und mittels einer Konvertierung über MS-Excel in ein SPSS-File für weitergehende Auswertungen direkt zur Verfügung standen. Inhaltlich wurden mit dem Survey prozessrelevante Kenngrößen der Problemerkennung, Problemkommunikation, des Strategiewechsels und des Beharrens in Verbindung mit der angewandten Systemunterstützung abgefragt.

3.4.3 Datenanalyse

Die im Experiment angefallenen quantitativen Daten aus der Fragebogenbefragung und der Betrachtung der Logfiles wurden mit zweierlei Zielen ausgewertet: 1. eine Antwort auf die Frage zu erhalten, welches Setting den Verlauf des Projektspiels besser unterstützt (Fragebogen-Erhebung), 2. einen idealen (De-)Eskalationsprozess in Projektgruppen zu erheben und zu dokumentieren (Logfile-Auswertung).

Quantitativ wurden die Logfiles und der Fragebogen ausgewertet. Ebenso wurden die Logfiles mittels Genreanalyse qualitativ kodiert und diese Kodes quantitativ ausgewertet mittels Korrelations- und Hauptkomponentenanalyse. Zur Genreanalyse der Logfiles wurde vom Autor ein Programm geschrieben, um Pausen und Erzählzeiten zu quantifizieren und ins Verhältnis zu setzen. Seit kurzem gibt es windowsfähige Standardprogramme, wie Atlas TI, die solche Auswertungen erheblich vereinfachen, bei dieser Arbeit jedoch nicht mehr zur Anwendung kamen.

Um die Unterschiede und Besonderheiten der beiden Settings zu vermitteln, kamen auch verschiedene Standardformen deskriptiver Statistik (Absolutwerte, Mittelwertsvergleiche,

---

[25] Zur Methode s. ausführlicher Bortz/Döring 1995, 231-240.

Häufigkeiten und Standardabweichung)[26] (Zöfel, 1985,14-57) zum Einsatz. Die Korrelationsanalyse und die optimale Skalierung werden hier näher beschrieben.

3.4.3.1 Die Korrelationsanalyse

Bei der Korrelationsanalyse interessiert den Forscher, ob es eine Beziehung zwischen zwei Variablen gibt, wie stark sie ist und welche Richtung sie hat. Die Korrelationskoeffizienten, in denen die Stärke gemessen wird, bewegen sich zwischen +1 und –1. Die Vorzeichen symbolisieren die Richtung der Korrelation. Bei einem positiven Vorzeichen verändern sich beide Variablen betragsmäßig in die gleiche Richtung, bei negativem Vorzeichen in die entgegengesetzte (Bühl/Zöfel 1996, 424).

Interessiert einen Lehrer bspw. der Zusammenhang zwischen Klassengröße und Lernerfolg seiner Schüler, so gilt es erst einmal herauszufinden, ob zwischen diesen beiden Variablen eine Korrelation besteht. Gibt es eine Korrelation von –0.5, so liegt eine mittelgroße negative Korrelation vor, d.h. je größer die Schulklasse, desto geringer ist der potentielle Lernerfolg der Schüler.

Bei der Durchführung der Korrelationsanalyse soll darauf geachtet werden, dass der zum Skalenniveau passende Korrelationskoeffizient ausgewählt wird. Tabelle 5 gibt ein Beispiel zum Korrelationskoeffizienten in Abhängigkeit vom Skalenniveau.[27]

	intervall	ordinal	nominal, dichotom	nominal, multipel
intervall	Perason	Spearman Kendalls Tau	Spearman Kendalls Tau	Kontingenz-koeffizient
ordinal	Spearman Kendalls Tau	Spearman Kendalls Tau	Spearman Kendalls Tau	Kontingenz-koeffizient
nominal, dichotom	Spearman Kendalls Tau	Spearman Kendalls Tau	Vierfelder-Korrelation	Kontingenz-koeffizient
nominal, multipel	Kontingenz-koeffizient	Kontingenz-koeffizient	Kontingenz-koeffizient	Kontingenz-koeffizient

Tabelle 5:Korrelationskoeffizienten in Abhängigkeit vom Skalenniveau (Bühl/Zöfel 1996, 425)

Eine weitere Information beim Deuten des Korrelationskoeffizienten ist das Signifikanzniveau. Es ist definiert als die Wahrscheinlichkeit, mit der die Nullhypothese zurückgewiesen wird (Fehler erster Art). Bei der bivariaten Korrelationsanalyse werden folgende Güteklassen unterschieden (s. Tabelle 6)

---

[26] Zur Beschreibung dieser Standardverfahren siehe Zöfel 1985

[27] Zur weiteren Vertiefung s. (Bühl/Zöfel 1996, 423-439).

3.4 Qualitatives Experiment

Signifikanzniveau	Irrtumswahrscheinlichkeit (p)	Symbol
signifikant	p<0,05	*
hoch signifikant	p<0,01	**
höchst signifikant	p<0,001	***

Tabelle 6: Signifikanzniveaus nach Zöfel (1985, 92)

Ab einem Signifikanzniveau von 0,05 kann die Nullhypothese bereits mit großer Sicherheit verworfen werden, d.h. der Korrelationskoeffizient basiert auf einer gesicherten Annahme.

3.4.3.2 Optimale Skalierung

Die optimale Skalierung, eineVariante der Hauptkomponentenanalyse (Bühler/Zöfel 1996, 164ff), ist ein statistisches Verfahren, mit dessen Hilfe die Struktur einer Datenmatrix im zweidimensionalen Raum dargestellt werden kann. Dabei wird sowohl ein Ähnlichkeitsmaß aller Fälle, als auch die für die Hauptdimensionen verantwortlichen Variablen in einer Konfiguration dargestellt. Die Hauptdimensionen werden -wie bei der Faktorenanalyse- als Faktor aus den verschiedenen Variablen errechnet. In dieser Arbeit wurde das von der Universität Leiden entwickelte Statistikverfahren CAPTA angewandt, das eine Hauptkomponentenanalyse kategorialer Daten ermöglicht.

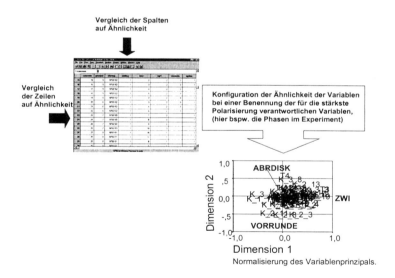

Abbildung 12: Das Grundprinzip der Hauptkomponentenanalyse

Bei der Hauptkomponentenanalyse (Abbildung 12) erhält jeder Fall in der Datenmatrix ein Ähnlichkeitskoordinatenpaar, das von einem Nullpunkt (Zentroiden) in einem zweidimensionalen Raum ausgeht und diesen Fall im Vergleich zu den anderen Fällen anordnet. Fälle, die in der Konfiguration eng beieinander liegen, sind sich sehr ähnlich; Fälle, die weit auseinanderliegen, sind sich unähnlich. Das gleiche gilt für die Variablen des Datensatzes (Spalten der Datenmatrix). Die sich einander unähnlichsten Variablen werden als die wichtigsten Dimensionen in x- und y-Richtung aufgespannt, die zuvor errechnete Ähnlichkeitskonfiguration der Fälle über diesen Dimensionen angeordnet. Dadurch entsteht eine Konfiguration der Ähnlichkeiten und Unähnlichkeiten von Fällen, angeordnet über die polarisierendsten Merkmalsdimensionen aller Variablen (Variablenprinzipal). Die Aufgabe des analysierenden Wissenschaftlers besteht darin, die wesentlichen der Konfiguration zugrunde liegenden Merkmalsdimensionen zu benennen und anhand der auf den Dimensionen angeordneten Fälle weitere Hypothesen zu generieren.[28]

---

[28] Einen ausführlichen Überblick zur optimalen Skalierung liefert Bühl/Zöfel,1996,137f. Bei der Auswertung der Befragung im Experiment diente die optimale Skalierung dazu, die mit der Korrelationsanalyse gewonnenen Erkenntnisse zu verifizieren und mittels der Konfiguration der Objekte die Theoriebildung weiterzutreiben.

4 Fallstudien – „Escalation of Commitment" in gescheiterten DV-Projekten

Why are people perhaps unwilling to tell their mistakes? Are we so vain and impermeable that it causes us to keep silent about "the bad things" that happened? Is it that others will label you "as a failure" if you openly describe the things that went wrong? Will individuals and businesses be less likely to contribute to a journal that examines failures as opposed to successes?... I urge you to "speak out", and let the others learn from your experience so that the information technology field can further develop and blossom in a positive, creative way. (Jan Liebowitz, Herausgeber der Fachzeitschrift „Failure&Lessons Learned in Information Technology Management", 1997, 1).

Bei den in diesem Kapitel beschriebenen Fällen handelt es sich um DV-Projekte, die in Folge von „Escalation of Commitment" scheiterten. Dies wurde im Theorieteil allgemein als eine zu starke Bindung zu einer einmal getroffenen Entscheidung verstanden, die in einer neuerlichen Entscheidungssituation in der Wahrnehmung der Entscheider keine weiteren Alternativen zulässt. Die Rekonstruktion der Fallstudien soll Verständnis für das Auftreten von „Escalation of Commitment" in DV-Projekten wecken sowie einen Einblick in das Dilemma gewähren, dass den Handelnden ab einem gewissen Zeitpunkt Alternativentscheidungen unmöglich erscheinen.

Grundsätzlich lässt sich die Frage aufwerfen, ob sich Misserfolgsforschung in einer Branche wie der Softwareindustrie überhaupt lohnt. Eine solche Frage scheint v.a. angesichts schwankender Auftragslagen und der sich in Monatszyklen verändernden Technologien durchaus berechtigt.

Nur bei guter Auftragslage ist genügend Volumen vorhanden, um gescheiterte Projekte mitzufinanzieren. Angesichts jüngster Entwicklungen auf den Technologiemärkten scheinen die Zeiten grenzenloser Prosperität der Branche einem Ende entgegenzugehen. Die Frage, wie ökonomisch künftig qualitativ hochwertige Software produziert werden kann, gewinnt daher zunehmend an Bedeutung. Zusätzlich stellt der dynamische Wandel von Technologien den unmittelbaren Lerneffekt gescheiterter DV-Projekte für Softwaredesigner und Programmierer in Frage. Andererseits spricht für die Aufarbeitung gescheiterter DV-Projekte das Argument des Lerneffekts für das Projektmanagement. Gerade wenn sich die hardware- und softwaretechnologischen Voraussetzungen in immer kürzeren Zyklen ändern, ist es wichtig, erfolgreiche wie nicht erfolgreiche Entwicklungsprozesse zu dokumentieren, zu diskutieren und im Sinne einer Kernkompetenz der Organisation weiterzuentwickeln.

4.1 Aufbereitung der Fallstudien

In den folgenden Fallstudien haben fast alle interviewten Personen für sich eine Erklärung gefunden, warum ihr Projekt aufgrund spezifischer Verhaltensweisen und kontextueller Rahmenbedingungen scheitern musste. Beispiele werden nachfolgend detailliert beschrieben, mit dem Ziel, die Ethnotheorien der Befragten zeitlich zu strukturieren und durch ergänzendes Material so zu veranschaulichen, dass die Quellen von „Escalation of Commitment" deutlich werden. Selbstverständlich wurden alle Fallstudien anonymisiert, die Organisationen und Personen mit frei erfundenen Namen versehen. Sollten trotzdem gewisse Ähnlichkeiten zu verschiedenen, dem Leser bekannten Projekten bestehen, so sind diese nicht beabsichtigt.

Die Präsentation der Fallstudien orientiert sich am Entstehungsprozess von „Escalation of Commitment". Im ersten Absatz der Fallstudien wird unter der Überschrift „Ausgangssituation" jeweils ein kurzer Abriss über die Vorgeschichte und die kontextuellen Rahmenbedingungen der Projekte gegeben.

Im Textabschnitt „Projektverlauf" wird dem Leser ein kurzer Überblick über das Planungsvorhaben des Projekts gegeben sowie der Projektverlauf in groben Zügen dargestellt. Thematisiert werden dabei sowohl die Ziele, die der Kunde bei der Erstellung des Systems ursprünglich setzte, als auch ein Vergleich zwischen der für das Projekt eingeplanten und der tatsächlich benötigten Zeit bzw. finanziellen Ressourcen.

Im Absatz „Projektwahrnehmung der Beteiligten – woran das Projekt scheiterte" wird der sequentielle Ablauf des Projektes aus der Sicht der Beteiligten geschildert. Die von den Beteiligten wahrgenommenen zeitlichen Verdichtungen, Schlüsselsituationen und Wendepunkte des Projektes werden erhoben und die in diesen Schlüsselsituationen getroffenen Entscheidungen diskutiert. Durch diese Form der Analyse werden im Projektverlauf Phasen übertriebenen Commitments seitens der Projektgruppe deutlich.

Unter der Überschrift „die Konstruktion des Scheiterns" werden die von den Interviewten erzählten Projektscheiternsgeschichten auf ihre wesentlichen Ursachen und Zusammenhänge hin verdichtet. Es wird eine auf wenige Faktoren bezogene Ursachen-Wirkungserklärung für das Scheitern abgegeben sowie alternative Entscheidungsmöglichkeiten in den einzelnen Schlüsselsituationen diskutiert und bewertet.

Im Absatz „Resümee zum Fall – Was lässt sich für das Design des qualitativen Experiments lernen?" wird eine weitere Verdichtung der Scheiternsgründe zu Scheiternsregeln vorgenommen. Die Regeln wiederum werden einer zeitlichen Sequenz zugeordnet, in der sie das Handeln der Akteure im qualitativen Experiment beeinflussen sollen.

4.2 Fallstudie A[29]: Zuviel oder zuwenig Commitment für den Projektabbruch?

4.2.1 Ausgangssituation

Im Jahre 1994 wurde ein großes internationales Systemhaus (Unternehmen A, Firma A, mit Sitz in A-Stadt und Filialen in B-Stadt, C-Stadt, usw.) mit der Aufgabe betraut, für eine Deutsche Versicherungsgesellschaft (Unternehmen K, Firma K, ansässig in K-Stadt) ein System zur Verwaltung von Schadensfällen, Versicherungsleistungen und Versicherungspolicen zu erstellen. Die beiden Unternehmen hatten intensive Geschäftsbeziehungen seit den 70er Jahren. Das Systemhaus betrieb für die Versicherung seit dieser Zeit ein batchorientiertes mvs-Großrechnerfahren in einem hundert Kilometer entfernten Rechenzentrum.

Da dieses Verfahren aber veraltet und damit an seine Leistungsgrenzen gekommen war, wurde 1994 vom Kunden K der Wunsch an das Systemhaus herangetragen, ein Konzept zur Verbesserung der Vertrags- und Schadensverwaltung zu erstellen. Nachdem sich zwei Mitarbeiter des Unternehmens A über zwei Wochen beim Kunden K informiert hatten, wurde dem Vertriebsleiter des Unternehmens A ein Konzept zur Kalkulation vorgelegt, welches auf der Verwendung eines vom Kunden K gewünschten Midrange-Online-Systems basierte. Für die Midrange-Umgebung hatte sich der Kunde deshalb entschieden, weil in seinem Hause bereits ein solches System zur Datenerfassung lief, und weil man sich davon versprach, sich die immer häufiger auftretenden Leitungsprobleme zum Rechenzentrum zu ersparen. Die Firma A kalkulierte für dieses Entwicklungsprojekt einen Aufwand von 150 Personenmonaten, der fortan als Grundlage der Verhandlungen zwischen Unternehmen A und B diente. Die Kosten wurden auf mehrere Millionen DM festgelegt. Im Dezember 1994 wurde schließlich zwischen den Unternehmen A und K ein Vertrag zur Systementwicklung zum genannten Festpreis abgeschlossen.

Die Ausgangssituation kann also zusammenfassend so beschrieben werden, dass es eine sehr gute Geschäftsbeziehung zwischen den Unternehmen A und K gab, die auf langjähriger Zusammenarbeit basierte. Mit der Entwicklung des neuen Systems in der Umbruchzeit von batchorientierten mvs-Systemen zu Midrange-Online-Systemen sollte ein Übergang zu einer autonomeren In-house DV und damit ein Weg aus der Abhängigkeit von der Großrechnertechnologie bewältigt werden.

4.2.2 Projektverlauf

Im Februar/März 1995 wurde in Zusammenarbeit mit Mitarbeitern des Kunden eine Funktions- und Leistungsbeschreibung (FuL) für das System erstellt, auf deren Basis die

---

[29] Die hier geschilderte Fallstudie wurde im Rahmen des Projektes ESCALAT als exzellente Diplomarbeit von Thomas Geib (1998) angefertigt, dem der Autor an dieser Stelle nochmals herzlich danken will.

späteren Softwaremodule erstellt werden sollten. Nach Aussagen des Unternehmens A war es schon während dieser Zeit auffällig, dass die Mitarbeiter des Unternehmens K deutlich mehr Pflichten in die bestehende Leistungsbeschreibung aufnehmen wollten, als die Voruntersuchung durch Firma A ergeben hatte. Dieser Problematik gegenwärtig, wurde jedoch nicht von der im Vertrag vorgesehenen Möglichkeit des Ausstiegs bis März 95 Gebrauch gemacht. Stattdessen wurde die Firma A aufgefordert, den zusätzlichen Aufwand zur Realisierung des Systems abzuschätzen und gegenüber der Firma B in Rechnung zu stellen. Er wurde in den ursprünglichen Zahlungsplan eingearbeitet und anteilig auf die jeweiligen Meilenstein-Raten addiert.

Im Jahre 1995 wurde das logische Design für die drei Anwendungsmodule Vertrag, Leistung, In-/Exkasso sowie für die übergreifenden Funktionen (z.B. Statistik, Textverarbeitung) erarbeitet. Nach dem logischen Design wollte man bis August 1996 das physische Design, die Programmierung, den Funktions- und den Migrationstest durchführen. Schon beim physischen Design und in der Programmierung traten jedoch Verzögerungen und Probleme auf, die allerdings nicht als besonders gravierend eingestuft wurden.

Mit dem Beginn des Systemtests 1997 zeigte sich plötzlich, dass die Qualität mancher Module sehr zu wünschen übrig ließ. Zudem wurde festgestellt, dass wesentliche Prozeduren in den Modulen fehlten, d.h. noch nicht einmal programmiert waren. Es wurde offensichtlich, dass der geplante Projektendtermin März 1997 nicht eingehalten werden konnte. Er wurde insgesamt drei mal um mehrere Wochen verschoben und auf den 30. August 1997 festgelegt.

Acht Tage vor der geplanten Übergabe des Systems musste der Vertriebsleiter der Firma A dem Vorstand des Kunden K eingestehen, dass das System nicht zum 30. August übergeben werden und somit auch nicht zum 1. Oktober in den Produktivbetrieb gehen konnte. Dies traf den Vorstand des Unternehmen K hart, da das Altsystem (die Großrechnerlösung) fünf Monate für die Jahresabschlussrechnung benötigte und in dieser Zeit eine Migration der Daten vom Alt- auf das Neusystem nicht möglich war. Die Implementierung des Neusystems verschob sich daher um weitere 5 Monate. Das Projekt drohte zu eskalieren, da der Vorstand des Unternehmen K nun eine Schadensersatzforderung stellte, die durch den Vertrag dann legitimiert war, wenn sich das Projekt um mehr als sechs Monate verzögerte. Daraufhin versprach der Vertriebsleiter des Unternehmens A dem Vorstand K, das Projekt in den fünf Monaten einem internen Review zu unterziehen und einen endgültigen Endtermin festzulegen. Dem Linienmanager des Geschäftsbereiches der Firma A gelang es, den Vorstand des Unternehmens K zum Rückzug seiner Schadensersatzforderung zu bewegen. Das Projekt wurde abgebrochen und einem internen Review bei der Firma A unterzogen.

Ein internes Assessment der Qualitätssicherung der Firma A ergab, dass das Projekt einen weiteren Aufwand von 390 Mannmonaten erforderte und ein realistischer Projektendtermin September 1999 wäre. Beim Unternehmen A wurde ein neuer Projektmanager und ein neuer Projektleiter für das Projekt eingesetzt. Ferner wurden im Vergleich zu den ehemals fünf Mitarbeitern nun 20 Mitarbeiter auf das Projekt verpflichtet. Jedes Modul (Vertrag, Leistung, In-/Exkasso) erhielt einen eigenen Teilprojektleiter, der ausschließlich für die Fertigstellung des jeweiligen Programms zuständig war.

Auf Grund weiterer Informationen, die aus der gründlichen Überarbeitung der FuL und der Architektur resultierten, wurde der Endtermin auf Juni 1999 festgesetzt. Dieser Termin konnte gehalten werden. Das Projekt hatte zu diesem Zeitpunkt 360 Prozent der geplanten Kosten verschlungen und 284 Prozent der veranschlagten Zeit gedauert. Im Vergleich zur ersten Leistungsbeschreibung wurden allerdings wesentlich mehr Funktionalitäten geliefert.

4.2.3 Projektwahrnehmung der Beteiligten – Woran scheiterte das Projekt?

Im Projekt zwischen Unternehmen A und Unternehmen B wurden die Personen L1 (Projektleiter 1 im Unternehmen A), L2 (Projektleiter 2 im Unternehmen A), L3 (Projektleiter 3 im Unternehmen A), M2 (Projektmanager im Unternehmen A) und E (Entwickler im Unternehmen A) zu ihrer Version der „Projektgeschichte" befragt. Das Ergebnis waren die in Tabelle 7 aufgeführten Schlüsselsituationen sowie die durch sie gekennzeichneten Phasen des Projektes.

„Offiziell" geplante Projektphase	wahrgenommene Projektphase	Schlüsselsituationen (Nr.)		Datum
Vertragsvorbereitung	Vertragsvorbereitung	Vertragsabschluß	S1	12/94
Erstellung d. Funktions- und Leistungsbeschreibung	Kunde redefiniert das Projekt mit der FuL. VL(A) schreitet nicht ein	Übergabe der Funktions- und Leistungsbeschreibung	S2	03/95
Ermittlung der Zusatzaufwände, Detaildesign	Von 40 ermittelten Personenmonaten werden nur 7 zugestanden	Unterzeichnung der Änderungsvereinbarung	S3	11/95
Physisches Design und Realisierung	Das Projekt dümpelt			
	Was nicht da ist, kann nicht getestet werden	Ungeprüfte und verfrühte Festsetzung des Systemtests	S4	
	Ein Projekt ohne Kümmerer	Weggang des Projektmanagers M2	S5	
Systemtest	Der große Knall – der letzte Mitarbeiter mit Branchen-Know-how muss die Leitung abgeben	Ablösung des Projektleiters L1	S6	8/96
Migration des Systems	„Prinzip Hoffnung"	Vierte Bitte um Aufschub des Projektes um weitere zwei Monate	S7	8/97
Projektende	Schadensersatzdrohung, Projekt erhält die Aufmerksamkeit des Senior Management	Projektabbruch	S8	8/97
	Zum erstenmal „Durchblick"	Ende des Projekt-Review	S9	11/97
		Projektweiterführung		12/98

Tabelle 7 Überblick über Phasen und Schlüsselsituationen in Fallstudie A (Eigene Darstellung in Anlehnung an Geib (Geib, 1998, 47)

Die Beschreibung der projektentscheidenden Situationen aus Sicht der Akteure wird in den folgenden Phasen dargestellt.

4.2.3.1 Phase der Vertragsvorbereitung

Die Phase der Vertragsvorbereitung begann im Dezember/Januar 1994 und war dadurch gekennzeichnet, dass zuerst ein Grobkonzept für eine Anwendung erhoben wurde, welche eine Eins-zu-Eins-Übertragung des Alt- auf das Neusystem zur Vorgabe hatte. Auf dieser Basis wurde eine Preiskalkulation durch den Vertriebsleiter (VL) der Firma A durchgeführt, welche schon wesentlich unter der lag, die von seinen als einzige gut informierten Programmierern (L1) gemacht worden war. Der Kalkulation folgte dann ein übereilter Vertragsabschluß. Dieser wurde nach Meinung der mit der operativen Arbeit betrauten Personen deshalb vorangetrieben, damit das Projekt noch im alten Jahre für den VL verbucht werden konnte.

Nach Vertragsabschluß wurde ein Kernprojektteam in A-Stadt zusammengestellt, das nur über einen Programmierer verfügte, der die Programmiersprache des Midrange-Systems beherrschte. Die anderen Entwickler am Standort A waren zu Projektbeginn noch nicht in der Lage, das Midrange-System zu programmieren, und hatten auch keine Kenntnisse im Versicherungsbereich. Das Projektmanagement (M2), ebenfalls am Standort A ansässig, hatte dieses Projekt als eines von vieren überantwortet bekommen, wobei dieses Projekt im Vergleich zu den drei anderen mit Abstand das kleinste Projekt war.

4.2.3.2 Erstellungsphase der Funktions- und Leistungsbeschreibung

Die Phase der Erstellung der Funktions- und Leistungsbeschreibung dauerte von Dezember 1994 bis April 1995 und wurde in der Erinnerung des Projektmanagements (M2) und der Projektmitarbeiter (L1 und L2) von folgendem Konflikt bestimmt: Die Mitarbeiter von B hatten das Bestreben, immer mehr Anforderungen in das Projekt „hineinzukippen", was dazu führte, dass das Projekt seinen Charakter von einer Eins-zu-Eins-Transformation der Altanwendung gänzlich verlor. Schon in der Mitte der Funktions- und Leistungsbeschreibungsphase war das Projekt nach Angaben von L1 auf 200 Personenmonate angewachsen. Diesen Aufwand hielt der VL von A nicht für notwendig. Er setzte sich gegen den Projektleiter (L1) durch und reduzierte den Aufwand auf ca. 40 Personenmonate. In den Verhandlungen mit dem Vorstand von B zur Unterzeichnung der Änderungsvereinbarungen (s. nächste Phase) blieben davon nur noch 7 Personenmonate. Festzustellen ist, dass der VL die Verhandlungen mit einer ganz anderen Vorstellung vom Umfang des Projekts führte, als realistisch war. Zu diesem Zeitpunkt war dieser bereits doppelt so umfangreich wie kalkuliert. Nach Aussagen des Projektmanagers, des Projektleiters und der Mitarbeiter berücksichtigte der VL Budgets und Jahresabschlüsse stärker als Machbarkeit oder Finanzierbarkeit des Projektes. Gestützt wird die Aussage des L1 auch durch einen Konkurrenten des Unternehmens A, der gutes Programmier- und Versicherungs-Know-how besitzt. Er hatte in der Angebotsphase ein um 40 Prozent höheres Angebot abgegeben und betrachtete dieses als unterste Grenze zur Realisierung des Projektes. Er zog sein Angebot zurück, als er vom „Dumping-Preis" des VL der Firma A gehört hatte.

Nichtsdestotrotz war im Vertrag eine Ausstiegsmöglichkeit für Firma A noch bis Ende März 1995 vorgesehen. Dass diese nicht wahrgenommen wurde, zeigt, dass der VL die Tragweite seiner Fehlkalkulation nicht einschätzen konnte oder wollte, und dass die anderen Akteure, die Projektmitarbeiter, der Projektleiter und der Projektmanager, nicht über die Mittel verfügten, dem Vorstand den Ernst der Lage zu kommunizieren. Erschwerend zur projektkritischen Einstellung der Mitarbeiter kam die Tatsache, dass die Firma A in B-Stadt ein „arbeitsloses", aber für das Projekt unqualifiziertes Programmiererteam sitzen hatte, das es weiterzubeschäftigen galt. Das Projektteam wurde deshalb noch in den ersten Monaten 1995 durch die Programmierer aus B-Stadt verstärkt, die weder Erfahrung in der Programmierung des Midrange-Systems besaßen, noch über Versicherungs- oder Kunden-Know-how verfügten. Für die Programmierer aus B-Stadt dagegen war es ein interessantes Projekt, da sie bisher als hausinterne Serviceabteilung programmiert hatten und so zu ihrem ersten Kundenprojekt kamen. Von ihrer Warte aus war das Projekt also eine große Chance, so dass sie sich über eine unseriöse Kalkulation keine Gedanken machten.

4.2.3.3 Phase des logischen Designs und der Änderungsvereinbarung

In der Phase des logischen Designs des Systems setzte sich fort, was sich in der Phase der Erstellung der Funktions- und Leistungsbeschreibung bereits abgezeichnet hatte: Der Kunde versuchte mehr und mehr, zusätzliche Anforderungen in das Design miteinzubringen. Er nutzte das Redesign der Funktions- und Leistungsbeschreibung als Einfalltor für diese Strategie, die vom Vorstand B vorgegeben worden war. Die Programmierer, der Versicherungsbranche unkundig, hatten erhebliche Probleme, die Konsequenzen der Zusatzwünsche abzuschätzen. Der einzige, der das wahre Ausmaß abschätzen konnte, war der L1, der den Aufwand zu dieser Zeit auf weitere 60 Personalmonate veranschlagte. D.h. in seiner Schätzung waren die Funktionalitäten des Systems bereits soweit angewachsen, dass der Aufwand von 260 Personenmonaten (entgegen ursprünglich geplanten 150) nicht ausreichte. Er äußerte dies vor Unterschrift der letzten Änderungsvereinbarungen im September 1995 nochmals gegenüber seinem VL. Dieser handelte jedoch gegenüber dem Vorstand des Unternehmens B lediglich weitere zusätzliche 7 Mannmonate aus. Zusammengefasst lässt sich damit zum Ende der Phase des logischen Designs folgendes festhalten:

1.) Das Projekt hat durch die Erweiterung und Überarbeitung der untauglichen Funktions- und Leistungsbeschreibung einen Aufwand von 260 statt der geplanten 150 und bezahlten 157 Personenmonate.
2.) Das Projekt verfügt über lediglich eine von fünf Personen, die das Midrange-System programmieren kann und über den notwendigen Versicherungsskill verfügt. Die restlichen vier Mitglieder des Projektteams bringen weder das eine noch das andere mit.
3.) Auch nach Beendigung des logischen Designs im Juni 1995 werden noch bis Dezember 1995 Änderungen an der Funktions- und Leistungsbeschreibung vorgenommen.

4.2.3.4 Physisches Design und Realisierung

Auf Grund der oben genannten desolaten Projektstruktur und der schwierigen Voraussetzung, dass an drei unterschiedlichen Orten, beim Kunden, in A-Stadt und in B-Stadt zwei Entwicklungsteams unterschiedlichster Qualifikation sitzen, gestaltet sich das physische Design und die Programmierung des Systems als äußerst schwierig. Das Projekt beginnt zu „dümpeln", wie es die Mitarbeiter hinterher nennen werden.

Ein weiterer Punkt ist jedoch die angewandte Methode des Rapid-Prototyping, welche richtigerweise deshalb ausgewählt wurde, weil die Entwickler nicht über Versicherungs-Know-how verfügten. Beim Rapid-Prototyping lässt man in der Interaktion mit dem Kunden das System, von einem Prototypen ausgehend, mehr und mehr bis zum fertigen System wachsen. Da der Kunde aber die Strategie verfolgte, weitere Funktionalitäten in das System einzubauen, und dabei keinerlei Wissen über Informationstechnologie mitbrachte, geriet das Rapid-Prototyping zu einer weiteren Ausweitung der Funktionalitäten.

Als gutes Beispiel für diese Erfahrung wird vom damaligen Projektleiter L1 die Programmierung eines Moduls genannt

> *L1: die haben drei-, viermal das Design grundsätzlich überarbeitet, das war immer fertig, dann haben sie noch mal überarbeitet, und es kamen gänzlich andere Ansätze raus...*

Es wurde alles in allem dreimal überarbeitet und verbrauchte, obgleich absolut untergeordnet, immense Mittel. Als der Projektleiter von seinem Management zusätzlich noch Mittel forderte, waren diese nicht bereit sie zu gewähren

> *L1: ... , dort haben wir beim VL um Geld betteln müssen und es hieß immer, „wer soll das bezahlen, mein Budget ist zu, es ist fertig, macht's irgendwie anders". Da hatte uns die Unterstützung hier im Haus gefehlt.*

Hierin wurde von Seiten der Projektmitarbeiter immer wieder ein Problem gesehen. Sie waren inzwischen mit einem doppelt so großen Projekt konfrontiert und die Anforderungen des Kunden stiegen beständig, das Management war jedoch nicht motiviert, dem Kunden deutlich zu machen, dass nun das „Ende der Fahnenstange" erreicht war. Dies lag nach Meinung des Projektleiters L1 und seines Nachfolgers L2 eindeutig an der mangelnden Unterstützung, die dem Projekt von Seiten des Projektmanagements (M2) entgegengebracht wurde. Unter diesen unglücklichen Umständen setzte schließlich eine Lethargie bzw. ein „muddling-through-Effekt" ein (Brockner/Bazerman/Rubin,1984). Die nicht erreichten Leistungen wurden in „Status-Meetings" zwischen F1, F2, M2 und dessen Vorgesetzten nach Meinung von M2 geschönt, bzw. zu optimistisch dargestellt.

Das Projekt gelangte als nächstes in eine Phase, in der der offensichtliche Misserfolg plötzlich ein „framing" zum Guten hin erfährt, Teilerfolge veröffentlicht werden und Misserfolge geheim bleiben. Die Projektmitglieder konstruierten sich plötzlich ihre eigene Wirklichkeit. Trotz größter Schwierigkeiten, die sich jetzt auch dadurch ergeben, dass ein Vollzeit-Projektleiter nicht eingeplant wurde (L1 und L2 saßen als Entwickler beim Kunden) und die Kommunikation zwischen K-Stadt und dem Entwicklungsteam in B-Stadt überhaupt nicht funktionierte, ging man zur nächsten Phase im Entwicklungsplan, dem Systemtest über.

4.2.3.5 Phase der ungeprüften und verfrühten Festsetzung des Systemtests

Wie bereits erläutert, kann die Festlegung des Systemtests nur vor dem Hintergrund verstanden werden, dass nach der Phase, in der das Projekt vor sich hindümpelte, der wahre zeitliche Verzug und Gegensatz zwischen dem Pflichtenheft und dem bereits Erreichten zum

Kunden hin verschleiert, zur eigenen Entwicklung hin problematisiert werden sollte. Ein Systemtest ist so definiert, dass die erste Version des Gesamtsystems nach einem erfolgreichen Test seiner Einzelkomponenten zur Prüfung kommt. Ein solcher Test wird normalerweise vom Kunden per Unterschrift abgenommen. Zum Zeitpunkt des sogenannten Systemtests hatte die Entwicklung folgenden Status:

- einzelne Komponenten des Gesamtsystems waren noch nicht erfolgreich getestet,
- einzelne Komponenten waren noch mitten in der Entwicklung und daher nicht lauffähig,
- bei einzelnen Komponenten hatte man noch nicht einmal mit der Entwicklung begonnen,

Zu diesem Zeitpunkt wird sich der Projektmanager M2 der Problematik bewusst. Da aber der Kunde K aus Mangel an Erfahrung nicht auf ein vorschriftgemäßes Vorgehen nach ISO bestand, welches als Bestandteil des Vertrages vorgesehen war, sah sich der Projektmanager M2 auch nicht genötigt, einzuschreiten. Er unternahm insbesondere auch deshalb nichts, weil er sich mit seinem Wechsel zu einer anderen Tochter des Unternehmens A beschäftigte.

Fasst man nun diese Phase des Systemtests zusammen, so lässt sich feststellen, dass das Unternehmen A in dieser Zeit einen „erschreckenden" Überblick über den Stand der Entwicklung bekam, der Kunde aus Fahrlässigkeit nicht bemerkte, wie ernst es um das Projekt stand.

Der Projektmanager M2 maß dieser Entwicklung keine größere Bedeutung bei, da er sich von der Erkenntnis über den Projektstatus eine Priorisierung der Module versprach, die mit großer Energie angegangen werden sollte. Dazu kam es dann nicht mehr, da er erstens nicht in der Lage war, zusätzliche Ressourcen zu akquirieren, und zweitens am 1.Oktober das Unternehmen verließ. Der Projektleiter L1 und sein Mitarbeiter L2 fühlten sich von M2 im Stich gelassen.

4.2.3.6 Phase des Weggangs von Projektmanagers M2

Interessant am Weggang von M2 ist, dass er, obwohl er zu einem anderen Unternehmenszweig wechselte, nominell Projektmanager des Projektes blieb; dem Kunden K wurde er nach wie vor als Projektmanager präsentiert, obwohl er diese Aufgabe nicht mehr innehatte. Das eigentliche Projektmanagement übernahm ein vorgesetzter Linienmanager, der an M2 berichtete. M2 wurde als Strohmann auch zwischen den Linienmanager und die Projektgruppe (L1, L2) eingeschaltet. Dies führte zu der Konstellation, dass z.B. zwischen dem operativ arbeitenden L2 und dem VL, der berechtigt war, mit dem Vorstand des Kunden zu verhandeln, vier Hierarchieebenen vorhanden waren, die an zwei Orten in drei verschiedenen Abteilungen angesiedelt waren. Das diese Konstellation dem Informationsfluss nicht zuträglich war, ist verständlich. Da M2 durch seinen neuen Job noch weniger Zeit für das unliebsame, kleine Projekt hatte, fühlten sich die Mitarbeiter endgültig im Stich gelassen.

> L2: „Gut dann, es hat sich eigentlich auch kein richtiger Manager zuständig gefühlt. Der M2, der war an sich dann schon in C-Stadt..., und das K-Projekt, na ja, war ein Anhängsel, notwendiges Übel oder so [lacht]."(Geib,1998,72)

Dies konnte auch durch den Linienmanager nicht aufgefangen werden, der es zur Aufgabe bekommen hatte, ab und zu „nach dem Projekt zu schauen". Im nachhinein machte sich der Projektmanager M2 die größten Vorwürfe, weil er die Situation nach dem Integrationstest und vor seinem Weggang nicht zu einem externen Review genutzt hat. Ein Review durch eine Autorität der Firma A aus dem Midrange-Bereich hätte zu dieser Zeit viel Ärger und letztlich auch Gesichtsverlust erspart.

Mit dem Weggang von M2 erhöht sich die Belastung für L1 weiter. L1 hatte nun die Aufgabe, das System zu entwickeln, zu testen, die externen Programmierer mit Informationen zu versorgen und den Projektmanager M2 bei anstehenden Meetings mit dem Vorstand des Kunden VK zu „briefen". Da L1 nach eigener Aussage nicht mit Management-Qualitäten gesegnet war, kam es unter dem immensen Druck, der auf ihm lastete, zu einer Kurzschlusshandlung.

4.2.3.7 Ablösung des Projektleiters L1

Im August 1996 gab es „den großen Knall". Der bisherige Projektleiter L1, der aus Sicht des Kunden das Projekt managte, wurde von heute auf morgen als Projektleiter abgesetzt. Grund war nach Aussage aller ein eklatantes Fehlverhalten seiner Person gegenüber Mitarbeitern des Kunden K. Von seiner Absetzung wird allerdings als einziger L2 unmittelbar darüber informiert; L2 wird gleichzeitig die Projektleiterschaft angetragen. Alle anderen Projektmitglieder erfuhren von der Absetzung nur sukzessive und hielten für längere Zeit L1 noch immer für den Projektleiter. L2 erbat sich für die Entscheidung zwei Tage Bedenkzeit und akzeptierte schließlich unter der Voraussetzung, dass das Design der Software nochmals komplett überarbeitet wird, was weitere finanzielle Aufwände bedeutete. Nach einigen Verhandlungen mit M2 wurde die termingerechte Fertigstellung vor die Überarbeitung des Designs gestellt und die Projektleiter- bzw. Mitarbeiterebene damit erneut im Stich gelassen.

Begründet wurde dieser Schritt damit, dass auf Nachfrage kein dokumentiertes Design von dem Modulverantwortlichen vorgelegt werden konnte. Man musste sich nun auf den Rat von L1 verlassen, der der einzige Fachmann auf diesem Gebiet war und behauptete, dass eine Fertigstellung des Moduls ohne Redesign und mit vorhandenen Mitteln möglich wäre, eine – wie viele Interviewte hinterher vermuteten – wissentliche Falschaussage. Mit der Ablösung von L1 als Projektleiter war die Projektkrise nicht mehr aufzuhalten. L2, der wie L1 zuvor den Projektleiterjob nebenher machen sollte, war mit der Aufgabe in gleicher Weise überfordert. Testen, Programmieren und die Koordination mit den externen Entwicklern in C-Stadt waren auch für ihn zu viel, und die Kommunikation zwischen den Gruppen litt enorm. Der sich zusätzlich abzeichnende Konflikt zwischen den zuvor eher einträchtig arbeitenden L1 und L2 war dem Projektverlauf ebenfalls nicht zuträglich.

4.2.3.8 „Prinzip Hoffnung" und erster Aufschub der Systemübergabe um zwei Monate

Nachdem L2 die Leitung des Projektes übernommen hatte, war nun er für die Systemtests zuständig. Erst jetzt bekam er den Gesamtüberblick über den Status des Projektes, insbesondere auch über den Zeithorizont der Systemübergabe, die im März 97 stattfinden sollte. Viele Programme der Komponenten Vertrag, Leistung, Inkasso/Exkasso waren noch immer nicht angefangen worden, obwohl sie als „fast fertig" gemeldet waren. Als L2 sie für den Test anforderte, hieß es, sie müssten nochmals einem Komponententest unterzogen werden. Als L2 sie in den „Libraries" suchte, fehlten sie gänzlich. Aufgrund der unzureichenden Kommunikation zwischen den Entwicklergruppen und dem sich jetzt aufbauenden Zeitdruck kam es vermehrt zu Konflikten zwischen den Entwicklungsteammitgliedern. Der Test der Komponente Leistung, die unter der Verantwortung von L2 stand, zeigt dies auf. Diese Komponente war als einzige immer im Zeitplan gewesen, was für L1 ein Ärgernis war, da seine eigene Komponente (Vertrag) noch immer mit Schwierigkeiten zu kämpfen hatte. Beim Systemtest, der operativ von L1 durchgeführt wurde, waren die letzten zwei Wochen Arbeit am Modul Leistungen auf einmal verschwunden und nicht mehr auffindbar. L2 zitierte diesen Vorfall wie folgt:

> *L2: Das Modul war immer...gut, sag ich mal, lief immer gut...Und das war vielleicht auch irgendwo ein Dorn im Auge. ...Weil man **hat plötzlich alle**, und das ist komisch, alle Leistungsprogramme...hatten plötzlich einen Stand von vor zwei Wochen.*

Im Hinblick auf all diese Schwierigkeiten wurde L2 nochmals bei M2 mit der Bitte vorstellig, ihm eine „Fulltime"-Projektleiterstelle zu geben, was M2 jedoch erneut ablehnte. Seine Begründung war, dass das drei Monate vor dem geplanten Projektende keinen Sinn mehr machte und man es doch auch bis zum jetzigen Zeitpunkt in dieser Konstellation bewältigt habe. Dies war ein weiterer Beleg dafür, wie wenig M2 über den tatsächlichen Zustand des Projektes in der fernen C-Stadt gewusst haben muss.

Vor all diese Probleme gestellt, entwickelte sich nun bei L2 eine Phase erhöhten Commitments, die er im nachhinein als das „Prinzip Hoffnung" bezeichnete. Er versuchte in einem fast unmenschlichen Arbeitseinsatz von 400 Überstunden in den nächste vier Monaten, das Projekt noch einmal in die richtige Bahn zu lenken. Die Fehlerfreiheit des Systems ließ sich letztlich jedoch nicht erzielen, da immer noch Komponenten fehlten. Erschwerend kam hinzu, dass der Kunde K nicht in der Lage war, Testfälle, Testpläne und Testmatrizen beizusteuern, was nach Vertragslage seine Aufgabe gewesen wäre. Dies führte dazu, dass sich L1 und L2 in dieser Phase auch noch Versicherungs-Know-how aneignen mussten. In den Morgenstunden überlegten sie sich, in Absprache mit dem Kunden, realistische Testfälle, die sie in den Abendstunden am System testeten. In Anbetracht der noch fehlenden Programme, insbesondere der Module Vertrag und Inkasso/Exkasso, wurde Ende Februar 1997 das Projektende um zwei Monate verschoben. Erst jetzt wurde sich M2 der alarmierenden Situation bewusst. Die Außenbeurteilung des Projektes verschlechterte sich drastisch.

4.2.3.9 Versuch eines weiteren Aufschubs des Projektes, Projektabbruch

Trotz des außerordentlichen Arbeitseinsatzes von L2 war keine Verbesserung der Lage in Sicht, und der Quotient von eingehenden Fehlern zu gefixten Fehlern stieg trotz massiven Testens unaufhörlich. Ein Subunternehmen, das einen Programmierer X zu L1 abgestellt hatte, rief diesen an und wollte wissen, ob sie den Programmierer wieder zurückhaben könnten, da er für ein anderes Projekt gebraucht wurde. L1 stimmte dem zu. Dadurch ging ein weiterer, in das Projekt bereits erfolgreich integrierter Mitarbeiter verloren. Die Tatsache, dass der Projektleiterwechsel von L1 zu L2 nicht öffentlich gemacht wurde, rächte sich nun erneut. L2 waren nach dieser Entscheidung die Hände gebunden. Ein Rückruf des Programmierers X war nicht mehr möglich, das Projekt um einen weiteren wichtigen Mitarbeiter geschrumpft.

Um trotzdem wieder Zeit aufzuholen, beauftragte man im März 97 eine Gruppe von Programmierern in E-Stadt. Sie sollten die noch immer nicht angefangenen Programme Statistik im Modul „übergreifende Funktionen" programmieren. Diese Programmierer wurden mit den Spezifikationen des L1 versorgt, die ihnen von einem Mittelsmann übersetzt wurden. Dies war deshalb notwendig, weil E-Stadt in einem östlichen, nicht deutschsprachigen Land angesiedelt ist. Die gelieferten Programme erwiesen sich als unbrauchbar, obwohl L1 und L2 davon ausgegangen waren, dass Statistikprogramme zu programmieren keinerlei Problem sein sollte.

Trotzdem machte sich erneut bei allen Beteiligten das Prinzip Hoffnung breit. Am 30. April, zum Ende der zweimonatigen Verlängerungsfrist, rief der Vorstand des Kunden L2 zu sich und verlangte einen definitiven Termin für die Fertigstellung des Systems. L2 eröffnete ihm, dass es wohl noch einige Wochen dauern würde, bis das System endgültig fertiggestellt sei. Der Vorstand K gewährte ihm einen letzten Aufschub bis 1. September 1997, die Firma A sicherte ihm darauf weiterhin einen kostenlosen Betrieb der Altlösung zu.

Bereits Anfang Juli zeichnete sich aber aufgrund der noch immer eklatanten Fehlerraten beim Systemtest ab, dass das Projekt auch bis zum 1.September nicht beendet sein würde. Der VL des Unternehmens A bat den Vorstand K deshalb schriftlich um einen erneuten Aufschub des Projektendes um einen Monat. Auf diese schriftliche Bitte erhielt der VL des Unternehmens A vom Vorstand K einen Antwortbrief, in dem dieser eine Schadensersatzklage androhte, sollte sich die Auslieferung des Systems auf einen Termin nach dem 1.September verzögern. Hintergrund dieser Drohung war, dass K seinen Jahresabschluss 97 für die Aktionäre fertig stellen musste, und mit dem Altsystem dafür fünf Monate benötigte. Dass sich das Projekt um weitere fünf Monate auf April 98 verschob, war für Firma K nicht mehr akzeptabel. Die Schadensersatzforderung war durch den Vertrag gerechtfertigt. Dieser sah eine Inanspruchnahme vor, wenn sich das Projekt um mehr als sechs Monate verzögerte.

Auf diese Eskalation reagierte nun M2 damit, dass er einen Auditor aus der Qualitätssicherungsabteilung mit der Aufgabe betraute, den wahren Projektstatus zu ermitteln, da die Fehlermeldungen aus den Systemtests sehr widersprüchlich waren. Sie beliefen sich einmal auf 40, ein anderes Mal auf 80 Fehler. Aufgrund des katastrophalen Berichts, den L3 über den Stand der Entwicklung an M2 ablieferte, wurde der VL über M2 dazu bewegt, das Projekt acht Tage vor dem Übergabetest am 30. August gegenüber dem Vorstand K endgültig als gescheitert zu erklären und zu stoppen. Dem Kunden K wurde weiterhin der kostenlose Betrieb der Altlösung zugesagt, bis das Projekt den internen Review durch Spezialisten durchlaufen hatte.

4.2.3.10 Projekt-Review mit späterer Projektweiterführung

In den folgenden Monaten wurde das Projekt einem intensiven internen Review durch die Qualitätssicherung unterzogen. Dieser ergab, dass der wahre Aufwand zur Fertigstellung des Projektes bei weiteren 390 Personenmonaten lag. Das Projektende wurde auf den September 1999 festgelegt, im Laufe der weiteren Realisierung mit 17 Mitarbeitern und drei Teilprojektleitern aber auf Anfang Juni 1999 vorverlegt. Das Projekt kam schließlich im Juli 1999 zum Abschluss, zwei Jahre und drei Monate nach dem ursprünglich geplanten Zeitpunkt.

4.2.4 Die Konstruktion des Scheiterns

Blickt man auf den oben beschriebenen Projektverlauf, wie er in der Wahrnehmung der Beteiligten stattgefunden hat, zurück, und geht im Sinne der oben beschriebenen Trajectory-Theorie davon aus, dass das Scheitern von den Akteuren unbewusst produziert wurde, so lassen sich wesentliche Einflüsse auf das Projekt identifizieren:

Der Vertragsabschluss wurde von einem Vertriebsleiter des Unternehmens A ausgehandelt, der für das Projekt keinerlei Haftung hatte. Damit kam es zu einer sehr ungünstigen, organisatorischen Trennung in diejenigen, die das Projekt verkaufen, und diejenigen, die das Projekt durchführen sollten. Da die Akquisition des Projekts eine höhere Jahresabschlussprämie für den VL der Firma A bedeutete, war er daran interessiert, den Vertrag noch im alten Jahr, d.h. Dezember 1994, abzuschließen. Dass zu diesem Zeitpunkt noch keine detaillierte Funktions- und Leistungsbeschreibung vorlag, auf deren Basis man einen realistischen Preis kalkulieren konnte, interessierte ihn nicht.

Unter dem Druck, das Angebot in drei Monaten abzuschließen (Ausstiegsklausel), wurde im März 1994 kein formales Pflichtenheft, sondern eine lose formulierte Funktions- und Leistungsbeschreibung angefertigt. Dies verhinderte später die formale Zurückweisung weiterer Forderungen des Kunden K. Der Konflikt zwischen L1, der den Aufwand realistisch einschätzte, und dem VL wird vom VL nicht ernst genommen. M2 vermied eine Konfrontation mit dem VL, die dem Projekt zu Gute gekommen wäre.

Die Wahl des Prototyping-Verfahrens zur Kompensation von mangelndem Versicherungswissen wurde zur Falle, da der Kunde das Verfahren zur zusätzlichen Erweiterung des Funktionsumfangs nutzte. Zudem fehlen dem L1 zur Bearbeitung qualifizierte Leute. Die ihm zur Verfügung stehenden Entwickler aus B-Stadt waren keine kundigen Kräfte, sondern „arbeitslose" ehemalige „In-house-Programmierer", die beschäftigt werden müssen. Die zusätzliche Einstellung bzw. Abstellung qualifizierter Fachkräfte gegen Ende des physischen Designs im Februar bzw. März 1996 wurde von M2 erneut abgelehnt. Der Umfang der zu programmierenden Funktionalitäten war exorbitant angestiegen und ohne diese nicht zu bewältigen. Das Projekt war damit zum Scheitern verurteilt.

In der Phase, in der das Projekt vor sich hin „dümpelte", stellte sich bei L1 ein Gefühl der Resignation ein. Der letzte Konflikt, der dem Management den wahren Status des Projektes hätte vermitteln können, wurde ausgebügelt. Der Projektleiter L1 trennte sich verständlicherweise danach von seiner wirtschaftlichen Verantwortung und konzentrierte sich ausschließlich auf die Technologie. Nur so ist es zu erklären, dass er den Systemtest viel zu früh einberief.

Das Engagement des M2 für das Projekt ließ deutlich nach, da dieser sich bereits mit seinem Weggang beschäftigte. Sein Commitment zum Projekt tendierte zunehmend gegen Null. Die Art und Weise, wie der Wechsel von M2 zu einer anderen Firma gehandhabt wurde, war ein weiterer wichtiger Punkt für den Scheiternsprozess. Die Tatsache, dass er das Projekt wissentlich (durch die Transparenz des verfrüht einberufenen Systemtests) nicht einem internen Review unterzog, bedeutete eine weitere verpasste Chance. Ein Review zu diesem Zeitpunkt hätte L1 die Chance für einen Neuanfang unter anderen Vorzeichen gegeben. Notwendig wären aber auch ein fähiges Programmierteam in A-Stadt mit drei verantwortlichen Moduleignern und die Freistellung des L1 zur Koordination der Arbeiten im ganzen Projekt gewesen.

Die Absetzung des L1 als Projektleiter im November 1996 und die Übertragung dieser Arbeit an L2 trug ebenfalls wesentlich zum Scheitern des Projektes bei. Bis zum heutigen Tage ist nicht geklärt, welches Fehlverhalten zu seiner Absetzung führte. Die Übertragung der Projektleitung an L2 war auch deshalb ein Fehler, da damit ein ehemaliger Untergebener im gleichen Projekt zum Vorgesetzten seines ehemaligen Vorgesetzten wurde. Bereits in dieser Phase hätte M2 das Projekt einem externen Projektleiter, wie er es später L3 übertrug, überantworten müssen.

Mit der Übernahme des Projekts hätte L2 die Möglichkeit gehabt, dieses abzubrechen, allerdings fehlte ihm der Mut dazu bzw. die Fähigkeit, das Projekt eskalieren zu lassen. Er erbat sich, bevor er das Projekt übernahm, zwei Tage Bedenkzeit und koppelte danach die Übernahme an die Forderung, das physische Design nochmals überarbeiten und eine Fulltime-Koordinatorenstelle bekommen zu können. Diese Forderung wurde ihm von M2 nicht gewährt. Anstatt die Projektleitung abzugeben und damit die Einstellung eines externen Projektleiters zu provozieren, erhöhte er sein Commitment zur Self-Justification. Die gleiche Reaktion hatte L1 zur Zeit des physischen Designs an den Tag gelegt. Er suchte nach eigenen Angaben Befriedigung in der operativen Arbeit („Ärmel hochkrempeln und durch"). Bei 400 Überstunden in drei Monaten sowie der Übernahme nahezu aller Funktionen, litt die zu derzeit einzig wichtige Funktion, die Koordination vor allem der jetzt noch im östlichen Ausland neu dazugekommenen Programmierer enorm.

Dass M2 die Absetzung von L1 nicht an alle Projektpartner kommunizierte, war eine unnötige Unterlassung, die zum Ausstieg eines wertvollen Mitarbeiters in der „Drangphase" führte. Dass L1 dafür nicht bestraft wurde, bzw. L2 nicht doch noch den Versuch unternahm, den Mitarbeiter zurückzuholen, bleibt unverständlich. Zuletzt machte M2 noch den Fehler, dass er L3 nicht schon im April 1997 mit einem Review und der Projektleitung beauftragte. Damit hätte der Gesichtsverlust gegenüber dem Kunden vermieden werden können.

4.2.5 Resümee – Was lässt sich aus dem Fall für das Design des Experimentes lernen?

Betrachtet man die Fallstudie insgesamt, so setzte „Escalation of Commitment" insbesondere bei den Projektleitern immer dann ein, wenn eine vom Management (VL, M2) getroffene Entscheidung Ohnmacht produzierte und keinen anderen Ausweg mehr übrig zu lassen schien. Der wesentliche Faktor, der zu erhöhtem Commitment führte, war dabei die Konstruktion der „Normalität" durch L1. Von Normalität konnte, nachdem er seine Mehraufwandsforderungen gegenüber dem VL im April/Mai 1996 nicht durchbekommen hatte, längst nicht mehr die Rede sein. So wurden die negativen Nachrichten einfach nicht mehr weitergeleitet und vorgegeben, dass Module schon im Test sind, mit denen man noch gar nicht begonnen hatte.

Dieselbe Konfiguration stellte sich im Januar 1997 ein, als L2, anstatt einen Konflikt zu riskieren, einen Ausweg im Prinzip Hoffnung suchte. Sein Verhalten stellt eine Form von Self-Justification dar, das den durch M2 hervorgerufenen Managementfehler korrigieren soll. Die Maßnahmen, die notwendig wären, um das Problem zu lösen, und die M2 angesichts der desolaten Situation 8 Monate später ergreift, werden von L2 zu diesem Zeitpunkt hier nicht wahrgenommen.

Zusammenfassend lässt sich also feststellen, dass das geringe Commitment zum Projekt von Seiten der Führungskräfte (VL war im wesentlichen an der Provision interessiert, die er für das Projekt 1994 noch erhielt; für M2 war das Projekt ein lästiges kleines Anhängsel, dem er so gut wie keine Aufmerksamkeit schenkte) einen immensen Druck auf ein Team ausübte, welches durch mangelnde Fähigkeiten bereits überlastet war, und da dessen Leiter dieses geringe Commitment durch erhöhtes operatives Engagement wettzumachen versuchten, sie ihre Führungsaufgaben, insbesondere die Aufrechterhaltung des Kommunikationsflusses zu anderen Teams, stark vernachlässigten.

Wie hätte ein solches Commitment in einem bereits von Beginn an zum Scheitern verurteilten Projekt unterbunden werden können? Rückblickend hätte es folgende Ausstiegspunkte gegeben:

1.) nach der Erstellung der Funktions- und Leistungsbeschreibung (die möglich gewesen wäre, wenn man auf die ISO-Form eines Pflichtenheftes und der Eins-zu-Eins-Umsetzung der Altanwendung bestanden hätte). Dies hätte das Projekt von vornherein realistischerweise (siehe Konkurrenzangebot) unmöglich gemacht, da der Vorstand des Kunden über ein fixes Budget verfügte.
2.) nach dem Systemtest, als man einen Beleg für den katastrophalen Zustand des Projektes sowie der Anwendungen hatte (dies wurde vom Projektmanager M2 versäumt)
3.) mit der Übernahme des Projektes durch L2 (dieser hätte auf seinen Forderungen bestehen müssen)
4.) nach der ersten Aufschiebung des Projektes (zu diesem Zeitpunkt hatte das Projekt die notwendige Aufmerksamkeit seitens des Kunden als auch des Projektmanagements der Firma A). Spätestens jetzt hätte ein externer Review stattfinden sollen. Auch dies lag in der Verantwortung von M2.

Voraussetzung wäre allerdings die Aufmerksamkeit seitens des Managements und die Konfliktfähigkeit der Projektleiter gewesen. Was lässt sich nun aus dieser Fallstudie für ein Experiment lernen, in dem „Escalation of Commitment" aufgebaut werden soll?

- das Experimentalspiel darf in seinem Verlauf nicht zu gewinnen sein
- das Projektteam sollte vor unlösbaren Aufgaben stehen
- das Experimentalspiel muss eine Kooperation verschiedener Hierarchien und Erlebniswelten beinhalten
- das Projektteam sollte von Zeit zu Zeit Möglichkeiten zur Reflexion seiner Lage erhalten
- das Experimentalspiel muss einen frühen Projektabbruch in Folge der Kommunikation in der Krise belohnen

4.3 Fallstudie B: Ein „Spiel", das man nicht gewinnen kann

4.3.1 Ausgangssituation

Anfang der siebziger Jahre war die kommunale Datenverarbeitung (DV) aller Länder von Großrechnerlösungen bestimmt, die in regionalen Rechenzentren liefen. Diese regionalen Rechenzentren waren in der Regel im Besitz der Kommunen eines oder zweier Landkreise. Ausnahmen bildeten die großen Städte, die in der Regel eigene Rechenzentren betrieben. An der Spitze der kommunalen Datenverarbeitung saß meistens eine Art Dachorganisation, die paritätisch von den Städten und Kommunen sowie den regionalen Rechenzentren betrieben wurde. Diese Zentrale Dienststelle (ZD) hatte die Aufgabe, Richtlinien für Hard- und Software der kommunalen Datenverarbeitung vorzugeben. So auch in Land F.

Zu dieser Zeit gab es nur eine Rechnerwelt, die UNA-Großrechnerwelt, auf der alle Verfahren (Software) liefen. Als in den achtziger Jahren die ersten PCs aufkamen und sich die ersten Online-Verfahren auf Midrange-Systemen in den Firmen etablierten, geriet auch die kommunale DV mehr und mehr unter Druck, solche Lösungen anzubieten. Im Zuge dieser Entwicklung wurde ein Beratungshaus mit der Erstellung einer Studie (MPL) in Land F beauftragt. Die Studie sollte die neuen Technologien der Personal Computer und Midrange-Systeme auf ihre Eignung für die Verwaltung der Daten in den Kommunen erkunden. Das Ergebnis dieser Studie betonte insbesondere die Eignung von Midrange-Systemen, da sie eine Verarbeitung der Daten vor Ort mit einer Integration von Großrechnerverfahren erlaubten. Da der Ruf der Kommunen nach Datenhaltung im eigenen Haus immer lauter wurde, beschloss man Ende 1988 ein Projekt (PML2), das die Umsetzung der Ergebnisse der Eignungsstudie PML für Land F vorsah.

Eine Besonderheit in Land F bestand im Vorhandensein landeseinheitlicher Verfahren, die man heute als landesweite Standardsoftware bezeichnen könnte, und die von der ZD entwickelt und vertrieben wurden. Dieses Konzept ermöglichte bspw., die Daten eines Bürgers auch nach einem Ortswechsel innerhalb des Landes F problemlos verwalten zu können und den Datenaustausch sämtlicher Kommunen untereinander problemlos zu gewährleisten. Diese landeseinheitlichen Verfahren waren nur durch einen starken DV-

Verbund der Kommunen möglich. Gerade diese Einheit stand angesichts der Wünsche nach mehr Datenverarbeitung seitens der Kommunen auf dem Spiel. Während die Fraktion der „Zentralisten", mehrheitlich die Mitarbeiter der regionalen Rechenzentren, weiterhin auf zentrale DV setzten, wollte die „Vor-Ort-Fraktion" so viele Daten wie möglich in der Kommune halten.

Bereits Ende der achtziger Jahre begann eine größere Kommune, mit der Begründung, als ehemalige freie Reichsstadt Herr über die eigenen Daten sein zu wollen, aus dem Verbund auszuscheren, und investierte in ein eigenes Rechenzentrum mit Arbeitsplatzrechnern. Angesichts der Gefahr eines sich schleichend auflösenden DV-Verbundes war es „politische Vorgabe" und wesentliches Ziel des PML2-Projektes, landeseinheitliche Verfahren auch auf Midrange-Systemen zu realisieren und somit den Rathausrechner Realität werden zu lassen.

Zu diesem Zweck wurde von der ZD eine öffentliche Ausschreibung gemacht, an der sich die Firmen KLP, UNA, EAR und GFA beteiligten. Die Idee dieser Ausschreibung war, wie der Vorstand in einem Interview mitteilte, ein „schottisches Projekt" zu machen und unter Verwendung geringster Mittel die höchste Wirkung zu erzielen. Vor diesem Hintergrund spielte man die Karte „Leitrechner" aus. Diese Konstellation sah vor, dass man, von einer Plattform ausgehend, Verfahren (Software) auf andere Rechner portierte.

Als Ergebnis der Ausschreibung fiel die Entscheidung für die damals noch nicht auf dem Markt befindliche IR60 als Leitrechner. Man hatte sich für die UNA deshalb als Leitrechner entschieden, weil die UNA finanzielle Zusagen in Millionenhöhe machte und sich auf dem kommunalen Sektor in einer Entwicklungspartnerschaft mit der ZD stark engagieren wollte. Die UNA und die ZD taten sich daraufhin zur Entwicklungskooperation PML-2 zusammen und planten in einer ersten Phase die Verwirklichung folgender landeseinheitlicher Verfahren:

- Kommunaler Sitzungsdienst (KSD)
- Baugenehmigungsverfahren (BGV)
- Gewerberegisterverfahren (GWR)
- Wahlauswertungsverfahren (WAV)

Hinsichtlich ihrer Vorgehensweise war die UNA laut Vertrag angehalten, diese Verfahren zuerst auf der IR60 zu entwickeln, um sie dann auf die anderen Plattformen zu portieren. In Land F durften die Versionen gemäß Vertragsabschluß erst dann an die Rechenzentren ausgeliefert werden, wenn sie auf den Zielplattformen RAP und EAR ebenfalls zeitnah (ohne große Verzögerung gegenüber der IR60) lauffähig waren. Vom Verwaltungsrat, dem obersten Entscheidungsgremium der ZD, wurde ein entsprechender Beschluss gefasst:

88   4 Fallstudien – „Escalation of Commitment" in gescheiterten DV-Projekten

---

II. Beschlussantrag

Der ALV empfiehlt dem Verwaltungsrat

1.   a)   Das System IR60 der Firma UNA wird PML-Leitsystem der ZD

b)   Die ZD wird mit der Firma UNA eine Entwicklungskooperation für landeseinheitliche Verfahren abschließen

c)   Nach Ablauf von ca. 3 Jahren soll die Frage des PML-Leitsystems der ZD in Anbetracht der dann von den 3 Anbietern (UNA,KLP,EAR) erreichten Verbreitung neu geprüft werden.

2.) Die ZD ist bereit, sich im angemessenen Umfang an der Portierung landeseinheitlicher Verfahren auf die Systeme EAR und KLP zu beteiligen.

3.) Die ZD erwartet eine weitere Beteiligung an den Verhandlungen zwischen den kommunalen Rechenzentren und den Herstellern EAR und KLP (...)

Hinsichtlich des Prüfungsauftrags des Verwaltungsrats, ob und inwieweit Entwicklungskooperationen von Rechenzentren mit den beiden nicht in die Entwicklungskooperation der ZD einbezogenen Herstellern unterstützt werden können, ist folgendes festzustellen:

Projektträger landeseinheitlicher Verfahren (Rechnerebenen 1,2,3) ist nach dem DZG die ZD; die zentrale Projektentwicklung bei landesweitem Bedarf ist auch vom Organisationsgutachten der Firma Sellmann und Partner, Schritt II, als die gebotene Lösung bekräftigt worden. Soweit Bedarf zur Übertragung von auf IR60 entwickelten landeseinheitlichen Ebene-2-Verfahren auf KLP oder/und EAR besteht, könnte diese im Auftrag der ZD unter einheitlicher Entwicklungsumgebung im Rahmen von Entwicklungskooperationen zwischen Rechenzentren und bei den Herstellern erfolgen.

Um wirtschaftliche Doppelarbeiten im kommunalen DV-Verbund zu vermeiden, ist ein gemeinsames Verständnis über Ziel, Gegenstand, Inhalte und Abgrenzungen der künftigen Entwicklungskooperationen von ZD und KRZ mit PML-2-Herstellern herbeizuführen. ZD und KRZ sind übereingekommen, die Entwürfe ihrer Kooperationsverträge abzugleichen. (Drucksache 1/1989, S.3)

4.3.2   Projektverlauf

Die beschriebenen Rahmenbedingungen,

- die nach mehr Autonomie strebenden Kommunen,
- die Entscheidung für die IR60, da deren Hersteller zu höchsten Investitionen bereit war,
- die Arbeitsteilung im Projekt in technisches „Know-how" und Kapital auf der einen Seite (UNA) und Fach-Know-how und fragiles organisationales Umfeld auf der anderen Seite (ZD),

- die Tatsache, dass die UNA die Vertriebsrechte für das Verfahren in anderen Ländern erhält,
- die Tatsache, dass nach weiteren drei Jahren über eine Portierung auf die Systeme EAR bzw. KLP neu verhandelt werden soll,
- die ZD, welche die Kosten für die Portierung zu tragen hatte,

verwiesen schon zu Beginn des Kooperationsprojekts auf die Frage nach dem Sinn und Zweck der Partnerschaft.

Nachdem am 16. Dezember 1988 beschlossen wurde, sich für die IR60 als Leitrechner auszusprechen, wurde das Kooperationsprojekt zwischen der UNA und der ZD in zwei Phasen aufgeteilt. In einer ersten Phase von Januar 1989 bis April 1991 sollten die Verfahren KSD, BGV, GWR und WAV umgesetzt werden. In einer zweiten bis Mitte 1992 dauernden Phase die Verfahren Sonderabfall, Sozialverwaltung, Grundbuch, Adresswesen, Aktenplan und Kanaldatenverwaltung. Nach Vertragslage hatte die ZD dabei die Gesamtprojektleitung, die UNA die Projektleitung Entwicklung. Die Kooperation sah dabei vor, dass die ZD die alleinigen Rechte zum Vertrieb der landeseinheitlichen Verfahren in Land F erhielt, die UNA die Rechte zum Vertrieb weltweit, ausgenommen Land F. Im Jahre 1989 begann man mit der Erstellung der Pflichtenhefte für die zu programmierenden Anwendungen. Dabei ging man zwei unterschiedliche Wege: zum einen erarbeiteten Mitarbeiter der ZD und der UNA in mehreren Arbeitsgruppen gemeinsam mit Experten verschiedenster Kommunen äußerst umfangreiche Pflichtenhefte; zum anderen kaufte man bereits existierende Prototypen der Verfahren von einzelnen Kommunen auf, so z.B. das Wahlverfahren von T-Stadt.

Aufgrund des guten Projektfortschritts auf Konzeptebene und dem immensen Druck, dem die ZD ausgesetzt war, gab man bereits Mitte 1989 die ersten vorläufigen Endtermine bei den Rechenzentren bekannt. Diese Schätzungen gingen davon aus, dass bereits bis März 1990 die ersten Verfahren vorliegen würden. Sie wurden wohlgemerkt zu einem Zeitpunkt nach außen getragen, zudem noch kein IR60-Verfahren programmiert, geschweige denn portiert war. Die ZD hatte die Programmierung an die UNA übertragen und war der Meinung, die Entwicklung mit einem Projektleiter und drei Teilprojektkoordinatoren, die Juni 1989 zum Projekt stießen, voranzutreiben zu können. Die UNA finanzierte den neuen ZD Mitarbeitern vier Monate eine IR60-Entwickler-Ausbildung zum Einstieg. Die Euphorie war sehr groß, da das PML-2 Projekt zu dieser Zeit das weltweit größte Projekt der UNA im Bereich der öffentlichen Verwaltung war.

Die ersten Probleme tauchten Anfang 1990 auf, als man probeweise versuchte, die ersten Verfahrensprototypen von der IR60 auf die KLP/RAP zu portieren. Eine Portierung mit dem von der ZD eingesetzten Tool OREGA setzte eine gewisse Art der Programmierung voraus, welche die UNA-Businesspartner z.T. nicht einhielten oder nur mangelhaft umsetzten. Hinzu kam, dass die IR60 damals kein SQL kannte, was für eine Portierung auf andere Systeme mit dem OREGA-Tool notwendig gewesen wäre. Diese Schwierigkeiten eskalierten zur Bundestagswahl im Dezember 1990. Zu diesem Termin hatte man sich mit dem Ersteinsatz des Wahlverfahrens verpflichtet. Dieses Commitment beinhaltete auch, dass man das Verfahren Anfang Oktober an die Kommunen auslieferte, damit diese die Möglichkeit zum

Test vor dem Wahleinsatz hatten. Dies gelang nicht. Die landeseinheitlichen Verfahren konnten erst zwei Wochen vor der Wahl ausgeliefert werden, die letzten Patches wurden zwei Tage vor der Wahl auf die Rechner gespielt. Wegen mehrerer Unterbrechungen der Online-Verbindungen zum Großrechner mussten die Wahlergebnisse am Wahlabend auf Diskette gespeichert und zu den Landratsämtern gebracht werden. Dies ließ die Kommunen Sturm laufen.

Ab diesem Zeitpunkt geriet die ZD landesweit erheblich in die Kritik. Die Frustration, im vierten Quartal 1990 entgegen den Ankündigungen des ZD-Vorstandes von 1989 noch immer keine lauffähigen Verfahren zu haben, wurde dadurch deutlich, dass beim Vorstand der ZD reihenweise Beschwerdebriefe der Landräte und der Bürgermeister eintrafen. Der ZD-Vorstand beschwerte sich nach der Wahl zwar heftig über den Verzug der Entwicklungsarbeiten bei der UNA und erkannte dabei die starke Abhängigkeit, in die man sich begeben hatte. Die letztliche Tragweite dieses Problems erkannte man aber zu dieser Zeit noch nicht.

Als im April 1991 eine Verlängerung der Kooperation in Phase zwei anstand, schrieb der Vorstand der ZD nochmals mit der Bitte an die UNA, folgende Bedingungen für eine weitere Kooperation zu erfüllen:

1.) Weitere Programmentwicklungen sollten nur noch in der ZD durchgeführt werden.

2.) Die Doppelstrategie, native Verfahren und portierte Verfahren parallel zu entwickeln, sollte deutlich gemacht werden.

3.) Die Qualität der UNA-Softwareentwicklungspartner sollte verbessert werden.

4.) PML-2 Werbemaßnahmen, in denen die ZD nicht erwähnt wird, sollten eingestellt werden.

Als Antwort erhielt der ZD-Vorstand vom Geschäftsführer der UNA Deutschland Mitte Mai einen Brief, in dem dieser beteuerte, er werde in der nächsten Zeit verschärft ein Auge auf die „Ungereimtheiten" werfen und zu diesem Thema mit dem Verwaltungsratsvorsitzenden (entspricht dem Aufsichtsratsvorsitzenden) der ZD in ständigem Kontakt sein.

Im folgenden erhielt die ZD von der UNA wieder Rückendeckung gegenüber den Kunden (Kommunen), die sich über noch immer ausstehende Software beklagten. Die UNA vereinbarte zusammen mit der ZD und dem Gemeindetag eine Informationsveranstaltung, auf der die Hintergründe der Verzögerung und deren Folgen mit den Kommunen diskutiert werden sollten. Derlei Aktivitäten als „Guten Willen" wertend, willigte der Vorstand der ZD Mitte Mai 1991 ein, im Januar 92 in die zweite Phase der Kooperation überzugehen. Gleichzeitig fing er angesichts der immer deutlicher werdenden Schwierigkeiten bei der Portierung von nativen IR60-Verfahren mittels OREGA auf landeseigene Verfahren und der Kritik über die Ressourcensituation aus dem eigenen Projektteam an, den Personalbestand an Entwicklern bei der ZD deutlich aufzustocken.

Die CEBIT 1992 bildete den nächsten wichtigen Einschnitt in das Klima der Kooperation zwischen UNA und ZD. Die Strategie der UNA wurde nun noch offensichtlicher. Die von der

UNA beauftragten Business-Partner entwickelten weiterhin alle Verfahren zuerst auf der IR60-native und vertrieben diese sofort außerhalb Land F. Auf die portierte Version ließen sie die ZD warten oder programmierten sie so fehlerhaft, dass die ZD fast 60 Prozent der Aufwände zusätzlich selbst aufbringen musste, um das Verfahren zu portieren. Selbst mit dem nun erweiterten Personalstand war es nicht möglich, die Verfahren termingerecht zu portieren.

Der für das Sonderabfallverfahren zuständige UNA-Partner hatte der ZD bis zuletzt die Lieferung der Software zugesagt, sie dann aber kurz vor der Messe so fehlerhaft ausgeliefert, dass man trotz Nachtschichten letztlich auf eine Präsentation vor den Kommunen verzichten musste. Die oben bereits erwähnten Business-Partner der UNA stellten am Stand gegenüber dann genau diese Software vor und hatten zusätzlich noch ein paar Funktionalitäten mehr eingebaut. Die Täuschung wurde jetzt offensichtlich.

Dies stellte die Kooperation erneut auf eine harte Probe, zumal die ersten UNA-Vertriebspartner zu dieser Zeit begannen, den Rechenzentren in Land F unter der Hand direkt IR60-native Verfahren anzubieten. Im April und Mai 1992 kam es zu einer Reihe von Krisensitzungen. Die UNA versprach Besserung und wechselte einen Teil des unmittelbaren Führungsstabs im Projekt aus[30].

Zum großen Krach kam es dann jedoch über das Verfahren RAPORTA. Während die ZD bei den Herstellern von RAPORTA um den Quellcode verhandelte, verhandelte die UNA gleichzeitig über die Exklusivrechte. Ihr Ziel war es, ein reines IR60-Verfahren zu etablieren – ohne die ZD davon zu informieren. Als es der ZD gelang, sich die Rechte für Land F zu sichern, und sie den Quellcode auf KLP und RAP portiert haben wollte, legte die UNA in einer Krisensitzung am 11.5.1992 die Karten auf den Tisch. Sie gab zu, dass sie nicht daran dachte, das Verfahren RAPORTA zu portieren, und dass sie auch keine anderen Verfahren mehr mit dem OREGA-Tool portieren würde. Begründet wurde dies mit dem erheblichen Aufwand, den man für die andersgeartete IR60-native Programmierung betreiben müsse, damit die Programme portierungsfähig würden. Ferner setzte der Chef Öffentliche Dienste in dieser Sitzung den künftigen Aufwand für eine Portierung auf max. 10 Prozent der native-Programmierung fest. Damit war mehr oder minder jede weitere Diskussion über die Portierung von IR60-Anwendungen in landeseinheitliche Verfahren erledigt.

Nach dieser Sitzung wurden die technischen Konzepte der gemeinsam angefangenen native-Verfahren weitergeführt, als wäre nichts passiert. Im Juni 1992 kam es durch den Rechenschaftsbericht von 1991 zum landespolitischen Eklat, als die Fehlbeträge der ZD von 1991, die aufgrund des PML-2-Projekts im mehrfachen Millionenbereich lagen, öffentlich wurden. In der Presse wurde zu dieser Zeit die Auflösung der ZD diskutiert.

Im August wurde der bisherige Projektleiter PML-2 bei der ZD aus psychischen Gründen in den Vorruhestand versetzt. Er hatte sich in dem andauernden Konflikten zwischen UNA und

---

[30] Was jedoch nicht mit dem Verlauf des Projektes zu tun hatte, sondern mit unmittelbar im Unternehmen anstehenden internen Umstrukturierungen.

ZD aufgerieben. Gleichzeitig wurde der PML-2-Bereich aufgelöst und das Projekt an den Technischen Leiter der ZD übergeben. Dieser versuchte mit hohem Engagement nochmals, die vorhandenen IR60-Verfahren mit dem OREGA-Tool in landeseinheitliche Verfahren zu portieren. Das gelang zwar Mitte 93 bei einigen Verfahren, doch da war das Projekt bei den Endkunden bereits diskreditiert.

Die Bitte der ZD, das Wahlverfahren WAV-K (Kommunalwahlverfahren) möglichst schnell zu portieren, da die ZD als Organisation vom gesetzesgemäßen Gelingen dieser Wahl abhängig war, wurde im November 92 von der UNA erfüllt. Der verantwortliche Geschäftsstellenleiter der UNA sagte eine termingerechte Lieferung zu und bestätigte, dass man die ZD nicht hängen lassen wolle: "Wir wissen, wie wichtig unsere Anwendung für Sie ist, und werden uns bemühen, hohe Qualität zu liefern." Die Portierung war keinerlei Problem und ging dieses Mal fristgerecht vonstatten.

Nachdem die Kooperation für die zweite Phase von Ende 92, wie ursprünglich geplant, auf Mitte 93 verlängert wurde, ging es nur noch um die Vervollständigung der native-Verfahren. Die portierten landeseinheitlichen Verfahren wurden mit dem neuen Projektleiter zwar teilweise noch abgeschlossen, waren allerdings nicht mehr finanzierbar, da die potentiellen Kunden meist schon mit IR60-native-Verfahren arbeiteten. 1993 verschärfte die UNA noch massiver ihr Engagement auf dem Markt von Land F. Den schnelleren und billigeren native-Lösungen für die IR60, die zusätzlich erweiterte Funktionen enthielten und von professionellen UNA-Vertriebsleuten angeboten wurden, konnten die Sachbearbeiter in den Kommunen nicht widerstehen. Da halfen auch keine Durchhalteparolen mehr, wie sie z.B. das Rechenzentrum Lanau zur Solidarisierung an seine Mitglieder weitergab.

Ihren endgültigen Höhepunkt erreichte die vertragswidrige Marketingstrategie der UNA Ende 93, kurz nachdem die Kooperation zwischen UNA und ZD offiziell beendet worden war. Das Justizministerium schrieb ein Projekt zur Implementierung eines Grundbuchverfahrens in Millionenhöhe aus, und die ZD beabsichtigte, mit einem UNA-Entwicklungspartner als Subunternehmer sich auf dieses Projekt zu bewerben. Der Subunternehmer hatte sich jedoch hinter dem Rücken der ZD direkt beim Ministerium um das Projekt beworben. Da er die Kalkulationen der ZD kannte, blieb er in allen Posten konsequent unter den Preisen und erhielt den Zuschlag.

Das Resümee aus Sicht der ZD ist, dass die gesamte Entwicklungskooperation 385 Prozent der veranschlagten Kosten verursachte, für die meisten Verfahren 357 Prozent der veranschlagten Zeit benötigt und lediglich 22 Prozent der veranschlagten Funktionalitäten umgesetzt wurden. Für die UNA liest sich die Bilanz schon etwas besser. Sie verwirklichte 90 Prozent der angestrebten Funktionalitäten in 132 Prozent der Zeit zu ca. 250 Prozent der Kosten (in Land F). Sowohl außerhalb von Land F als auch innerhalb rollte sie außerdem den Markt für Midrange-Systeme und Kommunalrechner nahezu komplett auf.

Der jahrelange Kraftakt der Portierung hatte letztlich bei der ZD einen Schuldenberg von nahezu 20 Mio. DM hinterlassen. Die ZD war genötigt, 50 Mitarbeiter zu entlassen, schon 1992 wurde zeitweise sogar ernsthaft die Auflösung der Dachorganisation diskutiert. Letztlich viel schlimmer und nicht zu vergessen dürfte aber wohl der Schaden wiegen, den der Projektleiter mit seiner Gesundheit davontrug, und die Jahre vergeblicher Mühe, welche die Mitarbeiter in das Projekt investierten.

4.3.3 Projektwahrnehmung der Beteiligten – Woran scheiterte das Projekt?

Bedingt durch die heikle Situation war es schwierig, mehrere Interviews mit Beteiligten zu führen. Ein Interview mit dem Assistenten des Projektleiters, der von Beginn an dem Projekt angehörte, und dem Vorstand des Unternehmens ermöglichte es, einen realistischen Einblick in den Verlauf des Projektes zu erhalten. Zusätzlich zu diesen hochwertigen Informanten konnte bei Unklarheiten oder Widersprüchlichkeiten auf eine umfangreiche Dokumentation, die Sitzungsprotokolle, Projektstatusberichte und Vertragswerke beinhaltete, zurückgegriffen werden. Diese Interviews und Schriftwerke bildeten die Grundlage, auf der der Autor eine Rekonstruktion der wesentlichen Projektphasen und Wendepunkte aus Sicht der Betroffenen vornahm:

Identifizierte Projektphasen	Schlüsselsituationen (Nr.)		Datum
Vertragsvorbereitung	Vertragsabschluß Leitrechnersuche (Projekt-Kickoff Sommer 89)	S1	12/88
Beginn der Entwicklung Euphorie	Pflichtenhefte begonnen, Kostenlose Schulung auf IR60 (8/89), Wahl- und Baugenehmigungsverfahren werden als erste Verfahren für Mitte 1990 angekündigt.	S2	7/89 bis 07/90
Problemerkennung	Probleme bei der Portierung der Wahlverfahrenssoftware zur Bundestagswahl 12/90	S3	Mai 90
Beginn des Misstrauens	Sitzung Verwaltungsrat		Mitte 90
Mit neuem Schwung in Phase 2	Aufbau einer eigenen Entwicklungsabteilung bei der ZD	S4	07/91
Eskalation der Konflikte	CEBIT 92, RAPORTA-Verhand-lungen, Jahresbericht ZD, Entlassung des Projektleiters bei ZD	S5	03/92
Commitment – mit dem letzten Aufgebot	Kampf gegen UNA-Vertrieb, CEBIT 93	S5	08/92
Abbruch der Entwicklung der meisten Verfahren	Aufwandsschätzung zur Produktisierung der CEBIT Prototypen	S6	04/93

Tabelle 8: Schlüsselsituationen und Projektphasen in Fallstudie B

Da das Projekt keinem festgeschriebenen Phasenmodell der Entwicklung folgte, traten in der Wahrnehmung der Beteiligten zwar identische Schlüsselerlebnisse, jedoch mit teilweise zeitlich divergierenden Projektphasen auf. Diese liegen den nachfolgenden Ausführungen zugrunde und werden beschrieben.

4.3.3.1 Januar 1989 bis April 1990: Die Phase endloser Euphorie

Diese Phase wird von allen Betroffenen bis heute als Phase der Euphorie bezeichnet. Man war darauf stolz, am damals weltweit größten Projekt im Bereich Öffentlicher Dienst zu arbeiten. Man begann mit der Erstellung des Pflichtenheftes und ersten Entwicklungen. Die Mitarbeiter der ZD erhielten eine viermonatige Schulung in den USA auf der IR60, bei Problemen mit dem System wurden sofort die besten Entwickler aus den Vereinigten Staaten eingeflogen, alle waren voller Optimismus. Für die Mitarbeiter der UNA war der Zugang zu den Nutzern in den Kommunen und das gemeinsame Erarbeiten von Spezifikationen von oberstem Interesse. Der Vorstandsvorsitzende der ZD, Aust, beschreibt diese Zeit wie folgt:

> *Da war eine ungeheuere Euphorie war da ausgebrochen. Also es war .....so etwas wie ein Welterlebnis, da war so eine Begeisterung da, die sicherlich dazu geführt hat, bestimmte Dinge zu übersehen. Zumindest am Anfang war man da euphorisch, gut gestimmt. Man hatte die Ausschreibung gemacht, man hatte ein tolles System ausgewählt. Da waren die Entwickler aus USA bei mir, da war Begeisterung.*

Ausdruck dieser Euphorie waren zu dieser Zeit sicherlich auch die Verlautbarungen an die Kommunen über Endtermine, an denen die ersten Verfahren ausgeliefert werden sollten. Rönnfeldt beschreibt den Projektbeginn allerdings auch vor dem Hintergrund der ökonomischen Erwartungen seitens der UNA:

> *...weil die eben gemeint hätten, wir machen da, fangen an, Beginn im Sommer 89, und Anfang Januar, äh-äh, haben wir schon so und so viele Kisten verkauft, weil ja die Rechenzentren ja auch mit diesen Firmen dann Rahmenverträge gehabt haben, wenn dann 30 Kisten im Bereich von, vom, von der vom Rechenzentrum, Region D-Stadt verkauft wurden, haben die so und so viel Geldrückflüsse gekriegt, gell. Hätten die ja dran <u>verdient</u>, aber es <u>lief</u> halt nichts, ne. Weil ja wir keine Verfahren geliefert haben. Wir haben, und unser Management oben hat halt gemeint, ha, Mitte 89, äh, wo die Projektverträge abgeschlossen sind, für die Verfahren, ha, die UNA macht das, und, ha, jetzt sind wir schon im Januar fertig mit den ersten Verfahren, gell, also, <u>überhaupt unseriöse</u> Zeitpläne gebracht, und nach denen bist du immer gemessen worden, ja. Obwohl nichts gestanden ist, keine Systeme waren bekannt, keine Entwicklungsumgebung,((dc)) <nichts> war bekannt, da wurden Zeitpläne gemacht.*

Die Rechenzentren schlossen daraufhin schon Rahmenverträge mit den Rechnerherstellern ab, die ihnen eine Provision beim Verkauf von Rechnern und der Pflege der Verfahren gewährten.

4.3.3.2 Mai 1990 bis Dezember 1990: Erste Probleme und das Debakel mit der Bundestagswahl

Als man im Mai 1990 damit begann, die ersten Verfahren zu portieren, erlebte man eine böse Überraschung: insbesondere die EAR Targo legte den Entwicklern einen Aufwand auf, der nirgends kalkuliert worden war. Noch schlimmer erging es ihnen mit dem Leitrechner, der IR60, der mit SQL-Zugriffen riesige Probleme hatte. Dabei war SQL für die Portierung auf KLP und EAR essentiell. Rönnfeldt erzählt dies in einer Sequenz eindringlich:

> *Und wir haben halt damals Konventionen gehabt, die, okay, das war Cobol 85, das war ja kein Problem. Aber da war halt SQL, ganz klar. SQL, und das waren die, die Zeiten,*

4.3 Fallstudie B: Ein „Spiel", das man nicht gewinnen kann

da war ein bestimmtes SQL auf der RAP wunderbar, auf der EAR war's dann ganz bescheiden, haben wir ja festgestellt. Aber jetzt von der Performance am bescheidensten war's auf der IR60. (.) SQL, das war also eine Katastrophe, deswegen hat auch MKR, äh, bis, äh, jetzt, jetzt erst übergekommen. (unverständlich) MKR bei der IR60 rausgefallen, wegen dem SQL. Zugriff. So, jetzt waren ja aber überall in unseren Programmen SQL, oder <u>sollten</u> SQL-Zugriffe rein.
H: Mhm.
R: Auf der IR60 haben die Kunden gesagt, das Programm nehmen wir euch nicht ab.
H: Ja.
R: Minutenweise, äh-äh, Zugriff auf die Datenbank. Heute ist ja... Jetzt hat man Read-Write gemacht. IR60-Zugriffe, ja. Bum-bum, flutsch, wunderbar, ja. So. Und du konntest jetzt auch nicht sagen, (--). äh tust du jetzt noch einmal dreißig oder fünfzig MB Hauptspeicher mehr rein. Das hat damals eine Menge Geld gekostet, da hast du dann ordentlich da rangelangt, das waren gleich zwanzig-, dreißigtausend Mark und mehr, gell. Haben die nicht mitgemacht. Also, wir haben Riesenprobleme gehabt

Nachdem der Vorstand 1990 über diese Probleme unterrichtet worden war, versuchte die ZD durch Kontaktaufnahmen mit KLP und EAR, die die Entwicklung ebenfalls stark unterstützten, Abhilfe zu schaffen. Für das Wahlverfahren gelang dies auch, kostete allerdings viel Zeit. Genau diese Kontakte machten die UNA misstrauisch. Sie mutmaßte, dass die ZD mit den anderen Rechnerherstellern Verfahren aushandelte, die über die hinausgingen, die im Kooperationsvertrag festgeschrieben worden waren. Dazu ein Auszug aus dem Schreiben des Geschäftsstellenleiters an den Vorstand der ZD vom 29.3.1990:

Auszug:

Es handelt sich um die Kooperationsverträge, die Ihr Haus mit den zwei anderen PML-2 Herstellern abgeschlossen hat und von denen Sie uns in Kenntnis gesetzt haben.

Um Missverständnissen vorzubeugen, hier noch einmal das Verständnis der UNA zur Entwicklung landeseinheitlicher Verfahren für Land F:

In unserer Kooperation ist festgelegt, dass das Leitsystem für diese Entwicklung das UNA System IR60 ist und dass sich die Vertragspartner rechtzeitig über die Entwicklung weiterer Verfahren, die im Vertrag noch nicht benannt wurden, abstimmen. (...)

Sollte die ZD daher wie bereits angedeutet und in der Zwischenzeit auch außerhalb Ihres Hauses als Alternative angeboten, die Entwicklung landeseinheitlicher Verfahren mit anderen PML-2 Herstellern beginnen, ohne dies mit der UNA abgestimmt zu haben, werden wir unsere Position überprüfen, um im Interesse unserer Kunden zu entscheiden, ob wir solche Verfahren portieren oder eigene Verfahren oder die unserer Vertriebspartner anbieten. Wir haben aufgrund der klärenden Gespräche in der letzten Zeit jedoch die Hoffnung, die Kooperation im Geiste guter Zusammenarbeit fortsetzen zu können.

Dieses Schreiben diente vermutlich v.a. dazu, die eigene Strategie, nämlich zuerst IR60-native-Verfahren zu entwickeln, um dann mit den portierbaren Verfahren auf sich warten zu lassen, zu überdecken. Den Entwicklern wurde diese Strategie mit der Bundestagswahl im Dezember 1990 bewusst. Damals lieferte die UNA erst sehr spät ein portierbares Verfahren, was die ZD erheblich in Verzug brachte. Das Verfahren war auf Oktober zugesagt worden, konnte allerdings erst zwei Wochen vor der Wahl an die Kommunen ausgeliefert werden. Grund des Verzugs war, dass die Programmierung des gesamten Wahlverfahrens mitsamt den Modulen (Kommunalwahl, Landtagswahl, Bundestagswahl) bei der UNA Vorrang vor der Portierung des Moduls Bundestagswahl hatte. Zur damaligen Situation äußerte sich Rönnfeldt wie folgt:

> ...Da war dann das Wahlverfahren und da hatten wir Termin gehabt. Und da hatten wir das Problem gehabt, wir haben da gearbeitet auf den Wahltermin, ein Wahlverfahren muss ja stehen ne, und dann haben wir das ganze Verfahren überarbeitet und dann hänn die erscht zwei Wochen vor der Wahl das Verfahren ausgeliefert, da waren die alle unsicher gell. Nicht dass es da Fehler gibt am Wahlabend und dann haben es zur Sicherheit ein paar nicht eingesetzt und da aaah waren böse Briefe. Im Endeffekt hats dann wie üblich immer geklappt. Man hatte ihnen versprochen ein bis zwei Monate vorher zum Testen und im Endeffekt hat man dann zwei Wochen vorher ausgeliefert und drei Tage vor der Wahl hat man dann die letzten Patches draufgespielt – ja haaaa haaa, da wars Chaos natürlich, weil die aus allen Wolken gefallen sind, weil wir meinten wenn das auf der RAP läuft dann läufts auch auf der EAR und EAR wusste selber nicht wo die Probleme waren, also das war, das war gewaltig, ja.

Im Nachhinein meinte der stellvertretende Projektleiter bei der ZD, Rönnfeldt, dass dies der beste Zeitpunkt für einen Projektabbruch sowie einer Redefinition des Vertragswerkes gewesen wäre:

> ... Da war das Problem. Ab Mitte 1990 haben wir dem Verwaltungsrat das klipp und klar gesagt, das sind die Probleme, das ist die Situation, dann hat die UNA damals hoch und heilig versprochen, sie würde das ändern, sie würde sich jetzt bessern, das würde anders laufen, und so weiter. (.)Und dann hat man weiterhin vertraut. Und das war der Zeitpunkt, wo man (--)das Projekt entweder total gecancelled hätte oder auf <u>ganz andere</u> Füße gestellt hätte. Also praktisch gesagt hätte, okay, ihr seid eurer vertraglichen Vereinbarung, oder die Rahmen-äh,äh, -vorgaben für das Konzept müssen <u>völlig überarbeitet</u> werden, ((ac)) <und dann machen wir weiter>.

4.3.3.3 Januar 1991 bis Juli 1991: Eskalation der Konflikte und Vorbereitung der zweiten Phase der Kooperation

Nach dem misslungenen Bundestagswahlauftritt und der sich nachziehenden massiven Kritik an der ZD eskalierten die Konflikte erneut. In einem Brief an den Geschäftsführer des UNA-Vertriebs beschwert sich die ZD über unbefriedigende Ergebnisse und forderte die UNA auf, sich ihre Entwicklungspartner besser auszusuchen.

Auszug aus dem Brief:

Dr. R/tm   204   20.12.1990

Zusammenarbeit im Rahmen unseres Kooperationsvertrages UNA/ZD Land F

4.3 Fallstudie B: Ein „Spiel", das man nicht gewinnen kann

Anlagen

Sehr geehrter Herr Schupp,

Sehr geehrter Herr Koch,

wie bei unserem letzten Projektgespräch am 5.12.1990 diskutiert, ist der Projektstand der Verfahrensentwicklungen, die wir im Rahmen unseres Kooperationsvertrages angegangen sind, augenblicklich sehr unbefriedigend. In den letzten Wochen ist an die Adresse der ZD Land F massive Kritik geäußert worden, die uns veranlasst hat, unseren Partnern und Kunden eine aktuelle Information in Form eines ausführlichen Schreibens zu geben. Wir legen diesen Brief vom 18.12.1990 in Kopie bei.

Besonders peinlich sind die Beschwerden über die Verfahrensentwicklung Bundestagswahl 1990. Der Gang der Dinge und die Tatsache, dass es bis zuletzt nicht gelungen ist, den Kunden ein fehlerfreies Programm auszuliefern, welches von der ZD ausgetestet, abgenommen und freigegeben war, hat uns Prestige gekostet. Hieraus werden für die künftige Zusammenarbeit und insbesondere für den Einsatz Ihrer Software-Partner Konsequenzen zu ziehen sein. Eine kleine Auswahl der Briefe, die uns zur Zeit erreichen, füge ich zu Ihrer Orientierung bei.

Wir waren uns in dem Gespräch am 5.12.1990 einig, dass die jetzt laufenden Projekte Bundestagswahl 1990, Gewerberegister, Baugenehmigung, Kommunaler Sitzungsdienst und RAPORTA (Serverlösung) inhaltlich und formal einwandfrei abgeschlossen werden müssen, bevor Weiteres angegangen wird. Es wird jetzt zunächst darauf ankommen, den beträchtlichen Flurschaden zu beseitigen. (...)

Kurz danach entschuldigte und rechtfertigte sich die ZD mit einem offenen Brief gegenüber den Rechenzentren.

Auszug:

1. PML-II-Projekte, UNA-Kooperation

Die ZD konnte leider ihre Ankündigung, rechtzeitig in 1990 die Verfahren Bundestagswahl, Gewerberegister, Baugenehmigung und kommunaler Sitzungsdienst als landeseinheitliche Verfahren der Ebene 2 IR60 bereitzustellen und auf KLP-RAP und EAR 3000 zu portieren, nicht wie beabsichtigt verwirklichen. Die Zusammenarbeit mit unserem Kooperationspartner UNA und die interne Projektarbeit der ZD sind im Verlauf des Projektes auf so große Schwierigkeiten gestoßen, dass der in Aussicht genommene Zeitplan trotz größter Anstrengungen und trotz des außergewöhnlich persönlichen Engagements unserer Mitarbeiter nicht eingehalten werden konnte. Auch mussten Erfahrungen mit dem Einsatz des Portierungsmoduls OREGA erst gewonnen werden. Auch dabei traten Probleme auf, die wir so nicht vorhersehen konnten. Wir bedauern sehr, dass durch die erhebliche zeitliche Verzögerung zwangsläufig ein Vertrauensverlust bei unseren Kunden eingetreten ist. Wir werden alles daran setzen, um dieses verlorene Vertrauen durch präzise und termintreue Arbeit und durch baldmöglichste Bereitstellung der Verfahren wieder zu gewinnen.

Was im Brief bereits vorsichtig angesprochen wurde und sich mehr und mehr zur Kritik an der ZD ausweitete, war die Unfähigkeit des Projektleiters der ZD, realistische Entwicklungszeiten zu nennen. Seine Unzulänglichkeit lag darin begründet, dass er selbst in Sachen Programmierung nicht bewandert war, und dass durch die Verzögerungstaktik der Entwicklungspartner Zeitschätzungen nur schwer durchzuführen waren. Ersteres wurde ihm von der UNA als Ursache für die Verzögerungen angelastet, wie die Reaktion der UNA vom 11.01.1991 zeigt:

Auszug aus dem Antwortbrief an den Vorstandsvorsitzenden der ZD vom 11.01.1991

Sehr geehrter Herr Dr. Aust,

Sehr geehrter Herr Dr. Daum,

Vielen Dank für die zur Kenntnisgabe ihres Briefes vom 18.12.90, in dem Sie Stellung zum Status der einzelnen PML-2 Projekte nehmen.

Diese Vorgehensweise, auch wenn der Inhalt des Statusberichtes, wie es in Kooperationen üblich ist, nicht mit uns, dem Partner, besprochen oder abgestimmt wurde, könnten wir akzeptieren. Was uns jedoch enttäuscht hat, ist die Einseitigkeit, mit der Sie die Schuld an der Verzögerung der Auslieferung der Verfahren der UNA und ihren Partnern versuchen zuzuweisen. Das können wir nicht akzeptieren, da der Brief sich auch an einen Teil unserer Kunden wendet, die ebenfalls auf bestimmten Gebieten mit den gleichen UN-Partnern zusammenarbeiten und damit sehr zufrieden sind.

Wir sehen uns daher veranlasst, einige wesentliche Punkte zurechtzurücken. Ihrem Beispiel folgend haben wir dieses Schreiben in Mehrfertigung dem in Ihrem Projektstandsbericht aufgeführten Verteiler zur Kenntnis gegeben. Es würde zu umfangreich werden, würden wir an dieser Stelle alle Details, die zur Verzögerung der Auslieferung der PML-2 Verfahren als landeseinheitliche Verfahren beigetragen haben, aufführen. Wir wollen uns daher auf die wesentlichen Punkte beschränken.

Zum Generellen ist zu sagen, dass nicht nur im Vertrag festgelegt, sondern auch in den diversen Gesprächen mit der ZD großer Wert darauf gelegt wurde, dass die Projektleitung und -verantwortung für die Entwicklung landeseinheitlicher Verfahren in den Händen der ZD liegt.

Zur Projektleitung gehören z. B. Aufgaben wie das Erstellen von Sollkonzepten und Pflichtenheften, das Erstellen von Zeitplänen für die Entwicklung, der Test und die Pilotierung sowie deren Überwachung, die fachliche Betreuung eines Projektes und der Verfahren.

Unseren Entwicklungspartnern standen bei den Verfahren Gewerberegister und Sonderabfallverfahren weder Sollkonzept noch Pflichtenheft zur Verfügung. Für das Thema Wahlen war zwar ein "Sollkonzept" verfügbar, hier fehlte jedoch die fachliche Absegnung von kompetenten Personen wie z.B. die des Landeswahlleiters, der wenige Tage vor der Bundestagswahl noch zur Klärung verschiedener Punkte eingeschaltet werden musste. (...)

4.3 Fallstudie B: Ein „Spiel", das man nicht gewinnen kann

Nach Meinung des Vorstandes waren insbesondere die unrealistischen Statusberichte, die der Projektleiter an die Vorstände lieferte, in dieser Zeit das Problem. Sie überdeckten die eigentliche Dimension des Problems. Im Interview äußert sich der ZD-Vorsitzende Aust dazu:

Der Projektleiter war rhetorisch brillant, und mit dieser Fähigkeit vernebelt er lange Zeit die Dimension des Problems. (...) Was wirklich schlecht war, war die ZD-interne Transparenz, da ich ständig dachte wir sind wesentlich weiter als wir tatsächlich waren.

In gleicher Weise äußert sich der stellvertretende Projektleiter Rönnfeldt:

Ja, er hat immer das letzte Wort gehabt, weil er war rhetorisch einmal-, einmalig, ja. Das heißt, er hat, er kam mit (.)nichts an und kam als Sieger raus, nachher. Mit der reinen Rhetorik. Ja. Und dann hat er halt immer wieder gesagt, ja, in Ordnung, ja, wir haben das jetzt, und die ZD wird in den nächsten drei Wochen, drei Wochen die Lösung bringen. Wobei jeder gewusst hat, in drei Wochen schafft sie das nie. Er konnte ja immer noch das bringen, ja, ja. Und im Endeffekt war immer diese Zeitschere. So Zusagen gemacht, ja, und da war halt nichts fertig. Oder vielmehr, waren Fragmente von Produkten fertig, die nie einsatzfähig waren. Und dann gab's dieses absolute Chaos, ne, das, das man sehr unzuverlässig war, ja. Äh, und auf der anderen Seite hätten wir aber auch keine Chance gehabt, äh-äh, hätte er jetzt andere Zeitaussagen gemacht, wären wir da durchgefallen.

4.3.3.4 Juli 1991 bis März 1992: Der große Knall – die CEBIT 1992

Die Episode des Projektes zwischen Juli 1991 und März 1992 kann als eine Zeit der Vorbereitung zur zweiten Phase der Kooperation bezeichnet werden. In dieser Phase will die ZD die Entwicklungshoheit über das Projekt zurückgewinnen, um künftig bessere Aussagen über Auslieferungstermine der Anwendungen machen zu können.

In diesem Zusammenhang wuchs der Druck auf den Projektmanager zunehmend auch ZD-intern, da sein Verhalten, andere Abteilungen dem Projekt einverleiben zu wollen, nicht von den Mitarbeitern unterstützt wurde. Dazu Rönnfeldt:

H: Wann war der Zeitpunkt, an dem Ihr intuitiv bemerktet, dass die Sache in einer Katastrophe enden könnte?
R: Wir haben angefangen, in unserer Fachbereichsleiterrunde, in der Besprechung der Abteilungsleiter, ähm, massiv ab 91 darüber.
H: Ab 91
R: Ab 91 zu diskutieren. Gesagt, also, wir müssen doch agreement, wir müssen doch, so können wir doch nicht schaffen, und so weiter. Aber im Endeffekt hat er es immer wieder geschafft, uns alle, (-)äh, da auf eine Linie einzuschwören, wir als Abteilung gegen alle, mehr oder weniger. Also das kam dann mit dazu, weil einfach die Rahmenumgebung in der ZD da nicht gestimmt hat.
H: Wie ist das dann in Sitzungen vonstatten gegangen? Hat er am Schluss dann so das letzte Wort behalten?
R: Ja, er hat immer das letzte Wort gehabt, weil er war rhetorisch einmal-, einmalig, ja. Das heißt, er hat, er kam mit (.)nichts an und kam als Sieger raus, nachher. Mit der reinen Rhetorik. Ja.

Zu den Maßnahmen, die nach März 1991 ergriffen wurden, gehörte die Ausbildung und Einstellung von Informatikern bei der ZD. Das war das letzte Mal, dass dem Leiter des Projektes Personal zugebilligt wurde. Der gewünschte Effekt einer besseren Kontrolle der Entwicklungsarbeiten stellte sich allerdings nur sehr langsam ein, da im laufenden Projekt vier neue Mitarbeiter integriert und gleichzeitig die Alltagsarbeiten bewältigt werden mussten. Im Laufe des Projekts gab es zwischen den neuen und alten Entwicklern Streitigkeiten über die Art und Weise, wie die Software zu entwickeln sei. Der Druck auf die Projektgruppe wurde enorm. Im eigenen Hause wurde sie nicht unterstützt, von den UNA-Entwicklern fühlten sie sich hintergangen, und das Produkt war bereits vor der Auslieferung beim Kunden diskreditiert. Rönnfeldt dazu:

> *R: Alles was nicht Großrechner war, war PML-2 und das war ganz schlecht. Und alles was Großrechner war, war Entwicklung 1, das waren drei Abteilungen. Ja. Und er hat gesagt, er will Entwicklung 2 zu der Entwicklungsabteilung machen und Entwicklung 1 schnappen. Und deswegen mussten wir zehnmal besser sein als alle anderen, wir durften aber nichts an Wissen an andere weitergeben.*

Dieser Druck verschärft sich durch die Einstellung des Projektleiters. Nach dem Motto: „und wir schaffen es doch", oder „wir gegen den Rest der Welt", trieb er das Projekt voran. Aber auch einige Projektmitglieder profitierten von dem Projekt und unterstützen es. So sieht Rönnfeldt auch positive Seiten an seinem Projektleiter:

> *R: Weber als Mensch war super – wir haben mit dem tolle Zeiten erlebt, da gibt's nix also er als Mensch und der war auch z.B. er konnte brutal motivieren. Was der in zwei Jahren aus mir gemacht hat, das war toll, super, aber im Nachhinein muss ich sagen, für mich muss ein Manager einfach auch erkennen wo man einen Schnitt machen muss, und sagen es lohnt sich nicht.*

Obwohl der Druck von allen Seiten zunahm, wurde mit der Planung der zweiten Phase der Entwicklung begonnen. Die ZD beteuerte, dass sie das Projektmanagement zu verbessern gedenke, die UNA versprach, dass sie die durch OREGA portierten Verfahren mit gleicher Sorgfalt behandeln würde wie die native-Verfahren. Siehe dazu das Sitzungsprotokoll der Sitzung vom 23. August 1992:

4.3 Fallstudie B: Ein „Spiel", das man nicht gewinnen kann

ZD	Entwicklungskooperation PML 2 ZD/UNA	
Land F	Ergebnisprotokoll	

Fachbereich   am 23.8.91 bei der ZD

18.09.1991

K/K.5   Seite 1

	Teilnehmer/Verteiler:	**UNA**	**DZ**
		Herr Kosmahl	Herr Dr. Aust
		Herr Schmittke	Herr Dr. Daum
		Herr Koch	Herr Weber
	Interner Verteiler:	L,PQM,T	

Tagesordnungspunkte:

1. Begrüßung

2. Diskussion/Briefwechsel DZ/Geschäftsführer UNA, Herr Klein - Räumliche Präsens

    - Vertriebsaktivitäten

    - Fragen zu Copyright

3. Entwicklungskooperation Teil II

4. Laufzeit der Entwicklungskooperation

5. Einbindung grafischer Systeme in 1.e. Verfahren

Nr Art* Vortragende(r)/ Text / Zeitrahmen für Erledigung **Betroffen**

zur

TOP 1: Nach der Begrüßung durch Herrn Dr. Aust wurde seitens der ZD festgestellt, dass der Teil I der Entwicklungskooperation trotz einiger Friktionen zufriedenstellend abgeschlossen werden konnte. Es herrschte Einvernehmen darüber, dass sowohl im Hause UNA als auch bei der ZD für die 2. Hälfte der Kooperation bessere Voraussetzungen in personeller und organisatorischer Hinsicht aufgebaut werden konnten. Herr Dr. Aust wies insbesondere darauf hin, dass die Entscheidung, die IR60 als Entwicklungsleitrechner auszuwählen, zu einer sehr hohen Akzeptanz dieses Rechnersystems bei den Kunden geführt hat und zweifellos ein erheblicher Vertriebsvorteil für die UNA ist. Herr Kosmahl, UNA, bestätigte dies, teilte hierzu jedoch mit, dass aus Sicht der UNA noch keine "schwarze Zahlen" erreicht seien, und gab der Hoffnung Ausdruck, dass sich dies in '92 ändern würde.

Nr Art*	Vortragende(r)/ Text / Zeitrahmen für Erledigung **Betroffen**
zu	
TOP 2:	In abschließender Diskussion zum Briefwechsel ZD/Geschäftsführer UNA, Herrn Klein wurde durch UNA erbeten, in der Phase 2 eindeutige Arbeitsunterlagen, Pflichtenhefte und Konzeptionen mit eindeutigen Terminvereinbarungen vorzubereiten, die entsprechenden technischen Standards in einem Entwicklungshandbuch vorzubereiten und die räumliche Präsens der Entwicklungspartner im Sinne der Tabelle (Anlage 1) zu regeln. Die ZD stimmt dem zu, wies jedoch beispielhaft daraufhin, dass Programm-Bibliotheken ausschließlich bei der ZD geführt werden. Es wurde darüber hinaus Einvernehmen erzielt, eine TP-Verbindung zwischen der ZD und der UNA/Partner über das Produkt UNA-Connect noch in 1991 aufzubauen. Seitens der ZD wurde mitgeteilt, dass noch immer durch Mitarbeiter von UNA und Partnern "native" Verfahren begünstigt dargestellt werden. UNA, Herr Schmittke, sagte umgehend Abhilfe zu und bestätigte ausdrücklich, dass UNA ausschließlich 1.e. Verfahren unterstütze.

Abbildung 13: Protokollauszug der Sitzung zum Beschluss der Weiterführung der Entwicklungskooperation

Dass das Projekt in dieser Phase nicht abgebrochen wurde, obwohl es sich bereits in einem besorgniserregenden Zustand befand, wurde von Seiten der Mitarbeiter und des Vorstandes erneut den rhetorischen Fähigkeiten des Projektleiters zugeschrieben. Dieser hatte sich massiv für eine Fortführung des Projektes auch bei der eigenen Geschäftsleitung eingesetzt. Dabei schienen bereits zu diesem Zeitpunkt die unterschiedlichen Auffassungen über die Fragen, wie der Begriff landeseinheitliches Verfahren auszulegen sei, und wie streng man sich an Vertriebsregeln innerhalb Land F zu halten habe, unüberwindlich. Nach Aussage von Rönnfeldt hoffte Projektleiter Weber, dass bis zum Jahr 1992 eine Entscheidung nur für native IR60 fallen würde, da die Konkurrenz KLP und EAR bis dorthin sowenig Rechner verkauft haben würde, dass für diese Rechner keine Software mehr entwickelt werden müsse.

Die Vorbereitung des zweiten Teils der Entwicklungskooperation wurde mit der CEBIT 1992, welche die Strategie der UNA offenbarte, beendet. Der Entwicklungspartner für das Schadensabfallverfahren der UNA blockierte die Entwicklung eines landeseinheitlichen Verfahrens bis zuletzt, so dass die ZD nicht in der Lage war, das Verfahren termingerecht auf der CEBIT vorzuführen, um dann selbst eben diese Verfahren am Stand nebenan vorzustellen. Die Projektgruppe der ZD brachte danach dem Entwicklungspartner nur mehr Verbitterung und tiefes Misstrauen entgegen. Dennoch sollte man weiterhin noch zusammenarbeiten.

Dieses Misstrauen zwischen beiden Institutionen ließ sich bis zum Projektende nicht mehr zerstreuen. Zwar hatte sich die UNA mit einem Brief an den Entwicklungspartner und in gemeinsamen Krisensitzungen für die Vorgehensweise bei der ZD entschuldigt, andererseits beschwerte sich die UNA im selben Brief über die Handlungsweise der ZD. Auch glaubte auf Seiten der ZD aufgrund der Dimension des Geschehens niemand mehr an die Aufrichtigkeit der UNA.

Weshalb man nach der CEBIT 92 die Entwicklungskooperation nicht abgebrochen hat, konnte weder der interviewte Vorstand noch der Mitarbeiter aus der Projektgruppe begründen. Eine Vermutung ist, dass es mit am Commitment zum Personal lag, in das man viel investiert hatte.

4.3.3.5 Die Eskalation der Probleme: RAPORTA-Jahresbericht 1991, Ablösung des Projektleiters im August 1992

Den wesentlichen Wendepunkt stellte schließlich die Sitzung am 11. Mai 1992 bei der UNA-Niederlassung dar. Der Deutschland-Chef Öffentliche Dienste brachte auf der Sitzung nochmals sein Bedauern über den CEBIT-Auftritt zum Ausdruck, stellte zur gleichen Zeit aber klar, dass die UNA künftig höchstens 10 Prozent der Entwicklungskosten für die Portierung eines Verfahrens von IR60 native ausgeben wolle:

Auszug aus dem Protokoll vom 11.5.92:

Herr Schupp:

- Das bei der Messe spez. Sonderabfall als native-Version von Partnern gezeigt wurde, wird bedauert, wurde durch Mitwirken der UNA auch zurückgezogen. Liegt aber auch daran, dass Portierung zu EAR/KLP Probleme machte und daher bei ZD bis zur Messe nicht abgeschlossen war. Die native-Version war nicht eher fertig als die IR60-OREGA-Version! Nativ-Versionen sind in den letzten 9 Monaten nicht mehr installiert worden.

- Wir haben Vertrag nicht verletzt, wir liefern portierungsfähige Programme

- neues Design wird abgelehnt, da erheblicher Mehraufwand für native-Versionen, die für UNA wesentlich sind außerhalb LAND F, zudem Bindung an OREGA-Lizenz, was nicht akzeptierbar ist.

Bis zu 10% Mehraufwand wird akzeptiert, mehr auf keinen Fall, gar keine Einwände gegen OREGA, nur Thema Aufwendungen

   Wenn wir uns nicht einigen können, muss notfalls ein Schlussstrich gezogen werden".

- *Beschlossen: dass die Experten unter Führung der Herren Rowedder/Moldt mit Schmidt sofort eine Detailprüfung durchführen. Ergebnis ist Basis einer weiteren Besprechung.*

schlechte SQL-Performance wird bedauert, es gibt partielle Verbesserungen, z.B. in Vers:Pers5. Im Labor wird dran gearbeitet, da allgemeines Thema. Wir haben eine schnellere Version, die die spätere problemloseUmschaltung" auf SQL ermöglicht.

Diese Diskussion brachte das Thema auch auf RAPORTA. Der Entwicklungsleiter der ZD, Herr Seidel, präsentierte ein verbessertes Portierungstool und berichtete von den damit erfolgreich abgeschlossenen ersten Portierungen. Damit hoffte, er eine Mittelzusage von Seiten der UNA zu erreichen. Zum offenen Eklat kam es daraufhin mit den Worten Rönnfeldts, der an der Sitzung teilgenommen hatte:

> R: . Ja, wo dann die die Hosen mal richtig runtergelassen haben, die haben also unser Entwicklungshandbuch, der Herr Seidel hat Entwicklungsumgebung präsentiert, und alle haben gesagt: <u>super.</u> Aber das machen wir nicht, na. Und <u>das</u> war damals, da

kam's wirklich raus. Da hat die UNA richtig die Hosen runtergelassen und gesagt, wir haben nie vorgehabt, überhaupt ((dc)) <je portierbare Software> zu machen.

(...)

Und dann haben sie die Hosen runtergelassen, dass sie nie und nimmer je ein Interesse haben, das zu machen, sondern dass sie parallel mit Soka[31] verhandelt haben, nur eine reine IR60-Lösung zu machen. Dann ist das ganze Ding gestorben. Und dann ist unseren großen Herren auch mal richtig die Schublade runtergefallen, weil die einfach gesagt hat, (--) wir entwickeln nicht mit dieser Entwicklung von denen, wir entwickeln nur auf der IR60.

Die ZD hatte damit endgültig Gewissheit, dass die schlechte Programmierung und die Verzögerungen durch die Entwicklungspartner kein Zufall waren. Anfang Juni, wenige Tage nach dieser Krisensitzung, kam es aufgrund des ZD-Jahresabschlussberichtes für 1991 erneut zur Eskalation. Dadurch, dass im Jahre 1991 in Land F keine Verfahren an die Kommunen verkauft werden konnten, diese aber seit drei Jahren das Projekt und die Entwickler mitfinanziert hatten, musste die ZD Fehlbeträge im zweistelligen Millionenbereich verzeichnen. Dies setzte eine anhaltende Diskussion um die Auflösung der ZD in Gang. Der Projektleiter geriet noch weiter unter Druck; mit seiner Parole „in drei Wochen haben wir die Lösung" konnte er das Management nicht mehr überzeugen. Die Sitzungen zwischen ihm und dem hausinternen Management wurden nach Aussagen von Mitarbeitern nur noch im „Schreiton" geführt. Ein Nervenzusammenbruch machte es ihm unmöglich, weiterzuarbeiten. Im August 1992 wurde er als Projektleiter schließlich abgelöst und wegen einer Nervenkrankheit später in den Vorruhestand geschickt.

Auch nach dieser dramatischen Wendung wurde die Kooperation nicht abgebrochen. Einerseits hatte der ehemalige Projektleiter nach Aussagen des Vorstandes derart als Filter gewirkt, dass man noch immer dachte, man wäre mit der Portierung der Verfahren wesentlich weiter als man tatsächlich war, andererseits wurde nach seiner Ablösung der Bereich PML-2 in den Bereich Systemtechnik integriert, dessen Fachbereichsleiter, ein exzellenter Techniker und Programmierer, hochmotiviert war, das kurz vor dem Scheitern stehende Projekt mit harter Arbeit doch noch zu retten. Für den Vorstandsvorsitzenden der ZD, Herrn Aust, ist im Nachhinein die Unfähigkeit, das Projekt abzubrechen, das Faszinierenste an diesem Projekt:

Es war ja das Kennzeichen von diesem Projekt, das hörte ja nie auf, da kam immer noch was dazu, das war das größte Projekt der UNA im Öffentlichen Bereich. Das Projekt ist ja immer noch weitergelaufen und wurde immer komplizierter, ja bis dann in einigen Bereichen das Projekt wirtschaftlich gegen die Wand gefahren ist.

4.3.3.6 September 1992 bis CEBIT 1993: ... und wir schaffen es doch?!

Nachdem der Leiter des Fachbereichs 2 der ZD das Projekt übernahm, waren schon nahezu alle UNA-native-Verfahren bereits außerhalb Land F erfolgreich im Einsatz. Entgegen ihrer Zusage begannen die UNA-Partner nun, die Verfahren innerhalb Land F anzubieten. In der Grenzregion des L-Kreises wurde das Verfahren einer Gemeinde für 20 000 DM günstiger anboten, als sonst für das landeseinheitliche Verfahren verlangt wurde. Bürgermeister aus

---

[31] Hersteller von RAPORTA.

Land F machten daraufhin über den Gemeindetag Druck auf die ZD. Das zuständige Rechenzentrum wurde zu einer Darstellung des Sachverhaltes gezwungen:

Auszug des Rundschreibens des regionalen Rechenzentrums an die Kommunen:

*An alle **PML-2** Anwender mit UNA-IR60 Anlagen*

20.11.92

PML-2 Verfahren oder native-Versionen

Sehr geehrte Damen und Herren,

in den vergangenen Wochen hat sich bei den IR60-Kunden, exemplarisch am Verfahren Baugenehmigung, die Frage "native-Verfahren" oder portable "OREGAII-Anwendung" zugespitzt.

Hauptsächlich verursacht durch die schlechten Antwortzeiten der OREGA-Versionen, wurde damit auch die PML-2 Portierungsstrategie in Frage gestellt. Die Firma UNA mit ihren Software-Vertragspartnern sehen die PML-2 Strategie, die eine Portierung auf andere Rechnersysteme (KLP, EAR, UNIX) erlaubt, als gescheitert an und beginnen die native-Versionen direkt zu vermarkten. Auch Sie als IR60-Kunde werden wohl schon Angebote erhalten haben.

Wir betrachten diese Entwicklung mit Sorge. Auch wir waren mit dem Antwortzeitverhalten der OREGA-Verfahren auf der IR60 nicht zufrieden, zumal auf den anderen PML-2 Systemen die gleichen Verfahren gute Antwortzeiten bringen. Eine Analyse ergab, dass die Laufzeitprobleme nicht aus der OREGA-Umgebung resultieren, wie immer wieder behauptet wird, sondern hauptsächlich aus der Verwendung von SQL-Datenbankzugriffen in den Anwendungen. Diese weltweit standardisierte und heute zum Stand der Technik gehörende Datenbankzugriffssprache ist Teil der PML-2 Strategie und wurde der Verfahrensentwicklung zugrunde gelegt. Wie sich nachträglich zeigte, tut sich die IR60 noch schwer (soll in späteren Releases verbessert werden) mit dieser Zugriffstechnik. Der Firma UNA war allerdings diese Softwareentwicklungsstrategie bekannt, als sie bei der PML-2 Ausschreibung das System IR60 angeboten hat.

Die ZD hat sich in den letzten Monaten verstärkt der Optimierung der PML-2 Anwendungen, speziell der Zugriffstechniken, gewidmet. So wurden für die IR60-Systeme die SQL-Zugriffe durch einfache Index-Zugriffe ersetzt, wie sie auch in den native-Verfahren Verwendung finden. Damit wurden, nachgewiesen am Verfahren Baugenehmigung, Laufzeiten erzielt, die nur unwesentlich über denen der native-Versionen liegen. Dies wurde bei einer Vergleichsmessung am 11.11.92 in Freiburg nachgewiesen. Zwangsläufig musste wegen dieser Sanierungsarbeiten, die von der ZD mit bisher nicht gewohntem Engagement durchgeführt wurden und noch nicht beendet sind, die funktionale Weiterentwicklung der Verfahren zurückgestellt werden.

LPMR hält aus strategischen Gründen (Herstellerneutralität und damit Offenheit für weitere Hersteller und Betriebssystemkonzepte) und als Vertrauensschutz gegenüber den Nicht-UNA-Anwendern an der PML-2-Portierungsstrategie fest. Nach unserer derzeitigen Beschlusslage können native-Versionen von uns nicht unterstützt werden. Prüfen Sie daher bitte vor einer Entscheidung, ob Sie nicht mit einer optimierten "landeseinheitlichen" OREGA-Version arbeiten können, zumal die native-Versionen nicht kostenlos abgegeben werden.

Diese Strategie wurde von Seiten der UNA-Entwicklungspartner noch weitergetrieben, indem sie IR60 native-Verfahren als landeseinheitliche Verfahren definierte und sie für einen befristeten Zeitraum kostenlos in Land F pflegte und wartete. Offiziell geschah dies als Dank für die von den Kommunen erbrachten Leistungen in der Konzeptionsphase des PML-Verbunds, wie aus einem Schreiben der UNA an eine Kommune hervorgeht:

Auszug aus dem Schreiben:

Betr.: PML-2 Verfahren/native-Verfahren

Sehr geehrter Herr Fuchs,

am 19. Nov. konnten wir im Arbeitskreis Geschäftsführer in E-Stadt unser Angebot im PML-2-Bereich darstellen. Dafür bedanken wir uns auch auf diesem Wege noch einmal ganz herzlich. Eine Vielzahl von Fragen aus dem Kreis der Herrn Geschäftsführer und der Kommunen veranlasst uns, unser derzeitiges Angebot detaillierter vorzustellen. Wir wären Ihnen dankbar, wenn Sie die in diesem Schreiben dargestellten Punkte im AKGF am 16. Dezember diskutieren würden.

Die native-Verfahren sind außerhalb Land F ein großer Erfolg. <u>Deshalb</u> haben wir uns, um Wartung und Pflege zu sichern, entschlossen, aus diesen Verfahren UNA Produkte zu machen. Die Produkte werden nur über UNA Vertriebsbeauftragte vertrieben.

Für Wartung und Pflege empfehlen wir den Abschluss eines Wartungsvertrages mit unserem jeweiligen Partner. Nur für Land F machen wir im Bereich der Wartung ein spezielles Wartungsangebot. Für alle Installationen dieser Programme bieten wir einen kostenfreien Wartungsvertrag über 48 Monate durch unsere Partner an. Die kostenfreie Wartung endet für alle Programme spätestens am 31.12.1996. Dieses Angebot ist unser Dank an die für die von allen kommunalen Gremien geleistete Hilfe bei der Erstellung dieser Programme.

Unser Angebot gilt für die IR60 Versionen folgender Programme

- *Baugenehmigungsverfahren*
- *Gewerberegister*
- *Sonderabfall (mit Begleitschein, Landesabfallabgabe, Wasserentnahme-Entgelt)*
- *Wahlauswertung*
- *Adressverfahren*
- *Kommunaler Sitzungsdienst*

Dieser kostenlose Pflege- und Wartungsservice für vier Jahre gab für viele Kommunen den Ausschlag, die Verfahren bei der UNA zu kaufen. Dazu der Vorstand der ZD:

Ich hätte eventuell früher den Vertrieb schulen sollen, dann hätten wir vielleicht noch den cleveren Kerlchen von der UNA Paroli bieten können. Zunächst brachten die zuerst einmal eine Testversion. Und wenn das funktioniert hat, dann hat der das Geschäft gemacht. Und da waren die Kunden natürlich auf uns sauer, wenn die früher dran waren und dann immer mehr Funktionalitäten hatten.

Wie in der Wahrnehmung der Mitarbeiter der smarte UNA-Vertriebsmensch aussah, zeigt folgende in den Unterlagen der ZD gefundene Abbildung 14 vom September 1992.

Abbildung 14: UNA-Vertriebsmitarbeiter in der Wahrnehmung der ZD-Mitarbeiter

Von diesem Vertragsbruch angespornt, versuchte man unter der Leitung der Systemtechnik nochmals mit letzter Kraftanstrengung bis zur CEBIT 93 die Verfahren landeseinheitlich fertig zu stellen. Nach Meinung der Mitarbeiter wurde dies in Prototypenform auch weitgehend erreicht, wie Rönnfeldt schildert:

> ...wir haben solche API's gemacht...die laufen auch heute noch. Das Baugenehmigungsverfahren läuft ja noch auf dem System. Auf KLP-RAP, EAR und IR60, das BGV läuft ja noch, unser damaliges Verfahren...wir haben unser Baugenehmigungsverfahren damals auf der CeBit, das ist <u>absolut das beste</u> gewesen, was es je gegeben hat, ja. Und das ist für uns, (.)Junge, (.)ich habe (-)solche <u>Berge</u> von Anfragen , Verkauf von Verfahren haben wir damals gehabt, ja. Da durften wir nicht mehr, wir haben ein <u>Verbot</u> gekriegt, mit den Kunden noch mal Kontakt zu machen.....Das Problem war folgendes. ÄH, wir haben das gebracht,(--) und ich muss natürlich sagen, dass wir natürlich (--)für die CeBit schon teilweise türken müssen haben, ja. Weil für eine Messe, es ging halt im Endeffekt nicht mehr so. Und dann waren die Verfahren da, (-)die haben aber jetzt von der Optik, das hat <u>kein Mensch</u> gemerkt, ja, einwandfrei gelaufen, ja, so. Für einen <u>Produktionsbetrieb</u>, haben wir aber gesagt, um die lauffähig zu machen, brauche ich so und so viel Aufwand, und das (unverständlich).
> (...)
> Das heißt, wir waren ja (--)1993 auf der CeBit soweit, dass das alles gelaufen ist, ja. Wir haben ein Verfahren unter Windows mit drei Fenstern gehabt, dann haben wir drei unterschiedliche Systeme, das völlig gleich ausgesehen hat. Wir haben das alles fertig gehabt. Nur dann war das Projekt schon kaputt. Da war zuviel Geld ausgegeben, dann

ist das gecancelled worden. Zum *Schluss* haben wir es geschafft. Wir haben dann auch ab 91 zwischen 15 bis 20 *Leute dafür eingestellt, ja*. Wir haben gepumpt die Leute ohne Ende rein, ja. Aber da war's *politisch* dann (.)schon kaputt.

Der zusätzliche finanzielle Aufwand, der benötigt wurde, um aus diesen Prototypen Produkte zu machen, konnte nicht sichergestellt werden. Dies lag einerseits daran, dass der Großteil der potentiellen Kunden, die eine Weiterentwicklung hätten finanzieren können, schon bei UNA eingekauft hatten, andrerseits aber auch daran, dass die aufkommende UNIX und PC-Welt die Midrange-Systeme abzulösen begonnen hatte. Nach der CEBIT 93 wurde zwar der KSD noch auf den PC portiert, ansonsten wurde aber die Entwicklungsarbeit nach und nach eingestellt. In Folge der durch das Projekt verursachten hohen Fehlbeträge mussten in den kommenden Jahren 50 Mitarbeiter entlassen werden.

4.3.4 Die Konstruktion des Scheiterns

In der ersten Phase des Projektes, der Euphorie (89-3/90), war bei allen Beteiligten ein außerordentlich hohes Maß an Commitment zu diesem Projekt zu erkennen. Der Vorstand der ZD war durch die Millionen geblendet, die die UNA für das Projekt ausgeben wollte und ließ deshalb im Zulassungsverfahren die Rechnerplattform der UNA nicht auf ihre SQL-Fähigkeit überprüfen. Ferner stellte er in dem Irrglauben, die UNA werde auch für EAR und KLP die Entwicklung übernehmen, kein eigenes Entwicklungspersonal ein und verlor damit die Kontrolle über das Projekt, obwohl ihm die Gesamtleitung unterlag.

Der wohl schwerwiegendste Fehler waren die vollkommen unrealistischen Zeitvorgaben zu Beginn des Projektes. Der Vorstand wollte damit verhindern, dass der DV-Verbund im Bundesland auseinander bricht und seine Organisation in eine Legitimationskrise kommt.

Der Projektmanager machte den Fehler, dass er nicht von Anfang an auf die exemplarische Portierung eines Testverfahrens bestand und zuließ, dass man alle Verfahren zuerst auf IR60 entwickelte, um sie dann auf die anderen Plattformen zu portieren. Auch konnte aufgrund seiner früheren Zusammenarbeit mit der UNA nie geklärt werden, ob er nicht auch bei der ZD strategisch für die UNA handelte.

Als die ersten Portierungsprobleme zwischen 4/90-3/91 offensichtlich wurden, hätte das Projekt sofort überdacht werden sollen. Risk-Management-Pläne lagen keine vor. Der Vorstand hätte spätestens nach den Bundestagswahlen das Projekt neu aufsetzen müssen. Da die Strategie zu diesem Zeitpunkt zum ersten Male deutlich wurde, hätte eine Risikoabwägung für den Rest des Projektes stattfinden müssen, durch die er eventuell auf Alternativen hinsichtlich der Weiterführung gekommen wäre. Denkbar wäre z.B. der Aufbau eines Entwicklerpools im Hause der ZD unter der Beteiligung von UNA, ZD und EAR gewesen, die exemplarisch an einem größeren und vom Kunden gewünschten Verfahren entwickeln hätten können. Der Aufbau eigener Entwicklungskapazitäten am Ende dieser Phase war von der Überlegung her richtig, kam aber angesichts der schon existierenden Probleme zu spät.

In der Phase von Motivation und Misstrauen bestätigte sich der Verdacht, dass die UNA die Strategie verfolgte, erst IR60-Verfahren zu entwickeln und sich mit der Portierung Zeit zu lassen bzw. sie in schlechter Qualität abzuliefern. Stutzig gemacht durch eine Schulung der UNA für Rechenzentren, bei der das Portierungstool OREGA falsch vermittelt wurde, warnte der Entwicklungsleiter Seidel detailliert vor der Strategie der UNA. In einem Brief an den Vorstand der ZD erklärt er, dass er nicht mehr bereit sei, den eingeschlagenen Weg mitzugehen. Der damalige stellvertretende Projektleiter und der Vorstand stimmten allerdings darin überein, dass sich zu diesem Zeitpunkt niemand vorstellen konnte, was die Strategie der UNA in letzter Konsequenz bedeuten würde. Vor allem der Vorstand hätte angesichts solcher Warnungen nochmals über den Sinn einer Weiterführung des Projektes nachdenken müssen, zumal das Projekt an dieser Stelle eine eingearbeitete Sollbruchstelle hatte. Andrerseits hatte der Vorstand zu dieser Zeit einen Vielfrontenkrieg zu führen: Der PML-Projektleiter erzeugte mit seiner Angewohnheit, Leute aus anderen Projekten in seinen Fachbereich abzuziehen, großen Ärger innerhalb der Organisation. Zur selben Zeit brachte der Verwaltungsausschuss die Bitte vor, die PML-2 Verfahren nach UNIX zu portieren, was eine weitere Vervielfachung der Zielplattformen bedeutete. Die Zahl der Zielsysteme hatte sich damit auf acht erhöht. Dass der Vorstand in dieser Phase nochmals

- eine eigene Entwicklung im Hause der ZD aufbaute,
- seinen Projektleiter auf ein Projektmanagement- und Zeitschätzseminar schickte,
- die Haltung der Programmbibliotheken bei der ZD einforderte,
- einen Online-Zugriff für die UNA-Entwicklungspartner forderte,
- die UNA erneut ein Bekenntnis zu den landeseinheitlichen Verfahren unterschreiben ließ,

zeigte das richtige Gespür für die Situation. Die Bemühungen kamen allerdings mindestens sechs Monate zu spät. Mit dem Erkennen der feindlichen Strategie des Partners hätte das Projekt abgebrochen werden müssen. Dies hätte zwar kurzfristig dem Ruf der ZD geschadet, aber sehr viel Geld gespart, und vielleicht einen Aufbruch unter neuen Vorzeichen ermöglicht.

4.3.4.1 Schock und Eskalation, Offenlegung der Strategie (3/92-8/92)

Warum weder nach der CEBIT 92 noch nach dem Bekenntnis der UNA, dass sie nie beabsichtigt hatte, lauffähige native-Versionen zu entwickeln, die Kooperation nicht unmittelbar aufgelöst wurde, kann nur vor dem Hintergrund verstanden werden, dass die von der UNA noch zugesagten Entwicklungsgelder zum Tilgen der horrenden Rechnungen benötigt wurden. Die Fehlbeträge aus dem Jahr 1991 standen noch aus, auch mussten die seit sechs Monaten eingestellten neuen Mitarbeiter bezahlt werden. Aus Vernunftgründen hätte man, allen Beteuerungen der UNA, sie würde sich bessern, zum Trotz, spätestens im April, nach der denkwürdigen RAPORTA-Sitzung, die Zusammenarbeit kündigen müssen. Dass trotzdem weitergemacht wurde, wird wieder und wieder der unglaublichen rhetorischen Überzeugungskraft des Projektleiters zugeschrieben. Nach Meinung des Autors war auch auf Seiten des Vorstands vor allem das „sunk-cost-Phänomen", insbesondere nach dem katastrophalen Geschäftsbericht von Juni 1992, eine große Motivation, das Projekt zu Ende zu führen. Das Verfahren fertigzustellen war wichtig, um angesichts der enormen Ausgaben wenigstens ein Produkt vorweisen zu können und somit die Chancen auf einen finanziellen Rückfluss zu wahren.

4.3.4.2 Es sind noch Gelder da, Bringen wir es mit Anstand zu Ende (8/92- 3/93)

Nur vor dem Hintergrund der Self-Justification gegenüber den Kommunen, dem Hass auf den erfolgreichen Entwicklungspartner, den getätigten „sunk costs" und zum Teil dem Profilierungswillen des Abteilungsleiters des Fachbereichs Systemtechnik ist es zu verstehen, dass man das Projekt in einer wirklich aussichtslosen Situation mit solch einer Vehemenz weitergeführt hat. Bis zur CEBIT 1993 arbeitete jeder, der programmieren konnte, unter Hochdruck. Technisch wurden wesentliche Verbesserungen erzielt, allerdings waren wesentliche zu Beginn des Projektes spezifizierte Funktionalitäten und Kompatibilitäten noch immer nicht umgesetzt, und ein weiterer Kraftakt wie dieser war danach nicht mehr finanzierbar. Den letzten Todesstoß bekam das Projekt von einem Fachbereichsleiter, der nach der Begutachtung der Prototypen, die mit großem Erfolg auf der CEBIT gelaufen waren, gegenüber dem Vorstand konstatierte, dass diese verheerend programmiert und weit entfernt von einem Produkt seien. Daraufhin wurde der Fachbereichsleiter aufgefordert, eine Kalkulation zur Produktisierung abzugeben. Die notwendigen Kosten konnte niemand übernehmen. Ohne den Bericht des Fachbereichsleiters wäre das Projekt wahrscheinlich noch einige Zeit weiter gelaufen.

4.3.5 Resümee – Was lässt sich aus dem Fall für das Design des Experimentes lernen?

Wie in vielen Fällen beginnt auch diese Katastrophe mit einer Erfolgsstory: Die erfolgreiche Tradition landeseinheitlicher Verfahren soll fortgesetzt werden. Konflikte zwischen Abteilungen und unterschiedlichen Kommunikationskulturen kommen in unrealistischen Zeitplänen zum Ausdruck. Die Konkurrenzsituation zum Mitbewerber und kleine Erfolge in Zwischenschritten motivieren zum weiteren Engagement im Projekt und erschweren gleichzeitig das Erkennen der Gesamtlage. Zu einem möglichen Abbruchzeitpunkt wird das Projekt daher dennoch weitergeführt und „alles auf eine Karte gesetzt". Unter den gegebenen Abhängigkeiten war ein Projektteilnehmer von vornherein zum Scheitern verurteilt.

Für das Laborexperiment können aus dem vorliegenden Fall einige Schlussfolgerungen gezogen werden:

- Das Spiel beginnt mit einem Erfolg.
- Es müssen mindestens zwei Hierarchien von Spielern im Experiment vorhanden sein, die in zwei Kulturen, der eines Vorstandes und der der Projektgruppe, leben sollten.
- Eine dritte Hierarchie, wie sie ein Projektleiter zwischen einer Projektgruppe und einem Vorstand darstellt, könnte im Experiment zusätzlich für die „Vernebelung" des Projektstandes sorgen.
- Um Konflikte zwischen Abteilungen zu simulieren und Gruppenkohäsion erzeugende Konkurrenz zu ermöglichen, sollen die Spielgruppen miteinander konkurrieren.
- Regelmäßige kleine Belohnungen sollen zum Weitermachen motivieren und im Spielverlauf die eigentliche Krise verschleiern.

- Um eine Eskalation zu ermöglichen, soll in der größten Krise eine Situation geschaffen werden, in der nochmals alles auf eine Karte gesetzt werden kann.
- Das Experimentalspiel soll nicht zu gewinnen sein und diese Unmöglichkeit muss im Verlauf erkennbar werden.

4.4 Fallstudie C: Bis ein unbedeutendes Projekt Aufmerksamkeit erhält...

4.4.1 Ausgangssituation

In Fallstudie C geht es um ein Projekt zur Entwicklung und Einführung eines Projektmanagement- und -controllingsystems für die Entwicklungsabteilung eines mittelständischen Elektrounternehmens (kurz EWE). Der Protagonist dieses Systems war der Entwicklungsleiter selbst, der sich von einem solchen System ein optimiertes Projektcontrolling für zahlreiche simultan ablaufende Projekte versprach.

Hatten wir es in den beiden Fallstudien A und B eher mit Projekten mittleren bzw. größeren Umfangs zu tun, so ist Fallstudie C ein Beispiel dafür, dass sich auch kleinere Projekte zu größeren Problemfällen entwickeln können, wenn sich die Akteure in „Wartekonflikten" verfangen und die Situationen um sie eskalieren. Nach Staw und Ross (1987, 40) sind dies Entscheidungssituationen in Projekten, in die man bereits vergebens Geld, Zeit oder Mühe investiert hat und deren Fortsetzung oder Abbruch trotz eines ungewissen Ausgangs erneut zur Entscheidung steht.

Der Entwicklungsleiter hatte bereits einen misslungenen Anlauf zur Umsetzung eines solchen Systems bei seinen Mitarbeitern unternommen. Diese akzeptierten das System nicht, da es ihnen zu rigide erschien. Aus dieser Erfahrung heraus wandte er sich an ein großes Forschungsinstitut (kurz FI), das gerade ein F&E-Managementzentrum ins Leben gerufen hatte. Nach ersten Analysen bei EWE wurde klar, dass das bisherige System tatsächlich zu rigide und administrationslastig war und deshalb nicht den Nutzen stiftete, den man sich davon erhoffte. Man entschloss sich daher, zunächst neue Projektmanagementprozesse zu entwerfen und diese in die laufende Entwicklung zu integrieren. Dies geschah mit großem Erfolg und sehr zur Zufriedenheit aller Beteiligten. Parallel wurde mit dem Entwicklungsleiter, Herrn Huber, und seinen Mitarbeitern eine Sammlung von Projektmanagementdokumenttypen, genannt Projektmanagementhandbuch (kurz PHB), entwickelt, das die neu definierten Abläufe unterstützte und dokumentierte. Nach erfolgreicher Anwendung des PHB in den Entwicklungsprojekten signalisierte der Entwicklungsleiter großes Interesse an das FI, das nun vorhandene Projektmanagementhandbuch mit all seinen Funktionalitäten als „Client-Server-System" zur Verfügung zu stellen. Mark Mattis, Projektleiter am FI, schildert dies so:

> M: ... Und dann war die Phase, wo's dann drum ging, okay, die hatten Interesse signalisiert, wir müssen das jetzt elektronisch machen. Wir haben dann nur vom elektronischen Projekthandbuch gesprochen.
> H: Mhm.

M: *Also auf Rechner.*

Dies korrespondierte mit der intrinsischen Motivation des damaligen Projektleiters Mattis, der sich in seiner gerade erst einen Monat zurückliegenden Diplomarbeit intensiv mit Expertensystem-gestützten Projektmanagement-Umgebungen auseinandergesetzt hatte. Allerdings war er kein Informatiker und hatte keinerlei Know-how auf dem Gebiet der Softwareentwicklung. Ferner kam hinzu, dass das F&E-Managementzentrum (kurz FEMZ) und eine neue Forschungsinitiative, das „Lean Management Centrum" (kurz LMC) am Anlaufen waren. Waren im FEMZ mittels zeitlich befristet beschäftigter Externer noch kleinere Informationssysteme entwickelt und programmiert worden, so war das LMC lediglich produktionsorientiert organisatorisch ausgerichtet. Als EWE das elektronische PHB entwickeln wollte, betreute Mattis bereits vier LMC-Projekte, was für ihn als Berufseinsteiger eine absolute Überforderung darstellte.

4.4.2 Projektverlauf

Bevor der Projektverlauf chronologisch dargestellt wird, sollen nochmals die Rahmenbedingungen aufgezeigt werden, unter denen das Projekt „elektronisches PHB" seinen Anfang nahm:

- Der Entwicklungsleiter von EWE stand unter Druck, nach einem ersten Fehlschlag ein elektronisch gestütztes Projektmanagement- und -controllingsystem zu präsentieren.
- Der Erfolg der papiergestützten Variante des PHB commitete den Entwicklungsleiter wie den Projektleiter Mattes auf eine 1:1–Implementierung der Vorgabe.
- Eine Systementwicklung passte nicht mehr ins organisatorische Umfeld des LMC, wo Mattis arbeitete; deshalb wurde das elektronische PHB als „FEMZ-Altlast" betrachtet.
- Mattis hatte keinerlei Erfahrung auf dem Gebiet der Systementwicklung.
- Mattis konnte dem elektronischen PHB nicht genügend Aufmerksamkeit schenken, da er mit dem Managen dreier weiterer wesentlich größerer Projekte beschäftigt war.

Unter diesen Bedingungen wurde im Januar 1992 am FI damit begonnen, das Projekt zu planen. Im Rahmen der Vorbereitungen wurden folgende Dokumente erarbeitet:

1.) eine fünf Seiten starke Beschreibung der Funktionalitäten des PHB, die von einer möglichen 1:1-Portierung in die Systemwelt ausging,

2.) eine zweiseitige Beschreibung von Ausbaustufen des PHB:

- Stufe 1: ein netzwerkfähiges System,
- Stufe 2: ein netzwerk- und gruppenfähiges System für den Entwicklungsbereich,
- Stufe 3: ein netzwerk- und gruppenfähiges Projektcontrolling-System für den Gesamtkonzern von EWE,

3.) ein Projektplan bestehend aus sieben Zeilen mit folgenden Informationen:
- Implementierung von Stufe 1 in 9/92, (Kosten 45.000 DM),
- Testphase in 10-11/92

4.4 Fallstudie C: Bis ein unbedeutendes Projekt Aufmerksamkeit erhält...

- Implementierung Stufe 2 in 12/92 (weitere Kosten von 15.000 DM),
- Ausbaustufe 3 wird nach erfolgreicher Implementierung von Stufe 2 beschlossen.

Auf der Basis dieser Planung wurde im Februar 1992 ein Vertrag zwischen EWE und FI über die Implementierung des PHB abgeschlossen. Die unrealistisch niedrigen Projektkosten von 60.000 DM für ein verteiltes Projektmanagement-System (basierend auf einer verteilten Datenbank mit Lock-Mechanismus) waren dadurch zustande gekommen, dass der Leiter des LMC, „Gregor"[32], genauso wenig Ahnung von Softwareentwicklung hatte wie Mattis selbst. Ferner wurde das Gesamtprojekt nicht in einzelne Arbeitspakete, die mit Zeiteinheiten versehen wurden, heruntergebrochen, sondern ohne jede Erfahrung und Methoden die oben genannten Termine und Kosten geschätzt. Mattis, als zuständiger Leiter des Projektes, schildert dies in einer Sequenz so:

M: Wir haben gesagt, okay, wir konzipieren, wir machen ein Konzept für die und bieten denen das an. Und dieses Konzept ist natürlich entstanden stark aus einer anwendungsorientierten Sicht. Das Angebot, was dann erstellt wurde, da war kein Softwareentwickler dabei. Da hat man eigentlich keine konkrete Vorstellung gehabt, wie das überhaupt softwaretechnisch zu lösen ist... (...) So. Und dann war eine gewisse Naivität vorhanden
H: Mhm.
M: Bei mir. Äh, beim Uwe Schmidt[33], ja. Und die, die das Konzept gemacht haben,..
H: Mhm.
M: ...die haben diesen Axel Mühlbach, der damals als Hiwi noch das, das mehr organisatorische Projekt gemacht hat, der hat uns ein bisschen unterstützt. Aber er war BWLer, der hat noch viel weniger von einer Datenstruktur Ahnung gehabt.
H: Mhm.
M: Ähm, und vor allem von der Softwarerealisierung, ja.
H: Ja.
M: Der kam aus ganz anderen Feldern. So, dann hat man da ein Angebot gemacht. Und, äh, daran hat der Gregor gesagt, na ja, strategischer Preis 40.000, ja. Und dann habe ich immerhin Gregor noch überwinden kö-, äh überreden können, daß wir 60-, es für 60.000 anbieten.

Mit Beginn der LMC-Initiative erwies sich die Personalpolitik als ein weiteres Problem. Zwar waren zu Projektbeginn zwei studentische Hilfskräfte eingestellt worden, die als Studienarbeit u.a. einen objektorientierten multiuserfähigen Datenbankprototypen entwickelt hatten; als es aber darum ging, diese Hilfskräfte mit einer interessanten Diplomarbeit an das FI zu binden, hatte der Gruppenleiter (Gregor) des FEMZ aufgrund der neuen thematischen Ausrichtung das Interesse an den Leuten verloren. Dies führte dazu, dass die Diplomarbeitsvorhaben der Studenten von ihren Universitätsinstituten nicht anerkannt wurden. Der Gruppenleiter machte sich allerdings auch nicht für eine Anerkennung stark. Einer dieser Studenten arbeitete an der Weiterentwicklung des Datenbankprototypen, der andere programmierte einen Oberflächenprototypen, bevor er im Sommer 1992 das FI enttäuscht verließ. Dieser Prototyp

---

[32] Der Gruppenleiter am FI und Leiter des LMC wurde von allen Beschäftigten nur beim Vornamen genannt.

[33] Uwe Schmidt war zuerst Hiwi von Mattis und wurde später Mitarbeiter im Projekt.

wurde im Juli 1992 dem Kunden präsentiert und vom Kunden angenommen. Dass hinter diesem Oberflächenprototypen keinerlei Funktionalität bzw. keine Datenbank lag, wurde vom Kunden nicht realisiert. Er überwies daher eine erste Rate von 20.000 DM an das FI.

Der mit der Datenbankentwicklung betraute Student erkannte seine Machtposition und forderte einen Werkvertrag in Höhe von 20.000 DM. Nach einer längeren Diskussion zwischen Mattis und seinem Gruppenleiter wurde dieser Forderung in der Hoffnung, dass der Oktober/November-Termin für die Implementierung zu halten war, nachgegeben. Da dies bis Ende November nicht möglich war, wurde die Präsentation des Prototypen der Stufe 1 auf Ende Dezember 1992 angesetzt. Die Präsentation geriet zum Debakel, und der mit der Datenbankentwicklung betraute Programmierer weigerte sich, zur Präsentation überhaupt zu erscheinen. Weder funktionierte die Oberflächennavigation, noch konnten rudimentäre Funktionalitäten aufgerufen werden. Nach der Präsentation wurden deshalb zwei weitere neue Hilfskräfte auf das Projekt angesetzt. Der eine – ein Freund des Chef-Programmierers – wurde mit der Anbindung einer Standardprojektmanagementsoftware an das Datenbanksystem beauftragt, der andere – ein Kybernetiker – wurde mit der Leitung des Projektes betraut. Diesem fiel irgendwann auf, dass die Datenbank über keinerlei Abfrageroutinen verfügte. Da diese aber nicht Bestandteil des Werkvertrages waren, stellte sich der Chef-Programmierer auf den Standpunkt, dass er seine Arbeit getan hatte und alle weiteren Funktionalitäten zusätzlich zu honorieren wären. In dieser Situation ließ Mattis das Projekt „ruhen", da er Ende 1992 jede Menge andere Projekte zu managen hatte, die für ihn weit wichtiger waren. Anfang 93 wurde noch einmal versucht, mit dem Chef-Programmierer zu verhandeln und Druck auf ihn auszuüben, doch dieser tauchte unvermittelt unter, vermutlich da ihm aus Versehen zuviel Geld (mehr als die 20.000 DM) überwiesen worden war, das nun zurückgefordert wurde.

Anfang Januar 1993 erhielt Mattis vom Entwicklungsleiter der EWE, Huber, eine Aufforderung, sie über die weitere Vorgehensweise im Projekt so schnell wie möglich schriftlich zu informieren. Der noch verbliebene Softwareentwickler beendete zu dieser Zeit aus Studiengründen die Zusammenarbeit. Auch der mit dem Projekt betraute Kybernetiker schied aus privaten Gründen im Februar 1993 aus dem Projekt aus. Zum Zustand des Projektes äußert sich Mattis wie folgt:

> *Na ja, auf jeden Fall, wir hatten eine Datenbank in der Schublade, mit Disketten, und mit so einer Dokumentation. Mit der man nichts anfangen konnte.*

Eine Wende nahm das Projekt im April 1993, als bei der Institutsleitung wieder ein Schreiben der Firma EWE eintraf, in dem Prof. Marius aufgefordert wurde, sich des Projektes persönlich anzunehmen. Huber setzte dem FI ein Ultimatum bis 30.6.1993 und überwies als Zeichen des „good will" die zweite Rate von 20.000 DM, gleichzeitig drohte er jedoch, dieses Geld am 30.6.1993 zurückzufordern, falls das PHB bis dorthin nicht funktionieren sollte.

Mattis, sein Gruppen- sowie sein Abteilungsleiter, wurden daraufhin zu Prof. Marius zitiert, der darauf drängte, das Problem in Ordnung zu bringen. Das Projekt wurde nach diesem Gespräch an einen technisch versierten Mitarbeiter einer anderen Gruppe, der sich in Fragen Softwareentwicklung auskannte, übergeben. Nach einem eingehenden Review der Datenbank und der Oberflächengenerierungssoftware kam dieser zu dem Schluss, dass die Datenbank unbrauchbar sei und das Generierungswerkzeug in Bezug auf die Anforderungen des Kunden an seine Grenze gestoßen war. Ferner kam er zu der Erkenntnis, dass es auf dem Markt noch keine Datenbank gab, die in der Lag wäre, die zugesagten Funktionalitäten zu liefern.

Nichtsdestotrotz wurde die Arbeit erneut aufgenommen. Diesmal gingen alle Beteiligten auf FI-Seite wesentlich systematischer vor, erstellten zuerst ein Datenmodell und versuchten dieses dann Schritt für Schritt zu implementieren. Mit der Programmierung wurden zwei wissenschaftliche Hilfskräfte von extern sowie ein BWL-Student für das Projektmanagement beauftragt. Letzterer arbeitete sehr unmotiviert an dem Projekt, da er von Softwareentwicklung ebenfalls keine Ahnung hatte.

In dieser Zeit ging es innerhalb des LMC sehr turbulent zu, weshalb Mattis immer weniger Zeit hatte, sich um die verschiedenen Projekte zu kümmern. Das ungeliebte PHB wurde daher weit hintenan gestellt. Gleichzeitig konnte man bei EWE eine weitere Verschiebung des Präsentationstermins auf den Dezember 1993 erreichen. Die Hilfskraft, die mit der Oberflächenprogrammierung beschäftigt gewesen war, war im Herbst 1993, als das FI mit der Bezahlung in Verzug geriet, aus dem Projekt ausgeschieden. Das FI hatte bis zu diesem Zeitpunkt bereits ca. 150.000 DM, statt der geplanten 60.000 DM in die Entwicklung gesteckt. Es musste, um das PHB weiter finanzieren zu können, Gelder von anderen Projekten abziehen. Der einzige, der weiterhin mit vollem Engagement an der Software arbeitete, war der Datenbankentwickler. Letztlich blieb aber auch ihm nicht verborgen, dass das Projekt mit „Priorität acht" behandelt wurde und er faktisch allein gelassen wurde. Ferner kam hinzu, dass der Programmierer nicht beim Kunden gewesen war und die Anforderungen, die an das System gestellt wurden, alle nicht kannte.

Im Dezember 1993 wurde das System erneut präsentiert. Beim Kunden wurden durch die neu gestaltete Oberfläche und erste rudimentäre Funktionalitäten wieder Hoffnung auf ein gutes Ende geweckt. In der ersten Hälfte 1994 verließ die mit dem Management des Projektes betraute Hilfskraft das FI. Das Projekt war damit wieder ohne Führung und „tröpfelte" nach Aussagen von Mitarbeitern vor sich hin. Bezeichnend ist, dass sich im Nachhinein niemand mehr daran erinnern konnte, was sich im Jahre 1994 sonst noch innerhalb des Projektes ereignete. Erst nach längerem Überlegen erinnerte er sich, dass im Juli 94 nach einer Präsentation bei EWE die Abnahme des Meilensteins Phase 1 (wofür man das Geld schon im April 93 erhalten hatte) vorgenommen wurde. Im Dezember 1994 wurde die Phase 2 des Systems präsentiert. Auch diese Vorstellung verlief desaströs. Nichts funktionierte. Ab Januar 1995 wurde wieder eine Hilfskraft mit der Aufgabe betraut, das Projekt zu managen. Diese erwies sich als sehr proaktiv und schaffte es, ein Vertrauensklima zwischen dem Kunden und den Entwicklern des FI herzustellen. Ferner begann er ab Januar 95 damit, Handbücher für das System zu schreiben. Die Kooperationsbereitschaft des Kunden beruhte mit darauf – wie man später erfuhr – dass Huber als Entwicklungsleiter von EWE aufgrund des Verzugs des Projektes stark ins Kreuzfeuer der Kritik seitens seiner Vorgesetzten geraten war. Eine erfolgreiche Beendigung wurde in seine Zielvereinbarungen des Jahres 1995 aufgenommen. Vor diesem Hintergrund wurde die Phase 2 im Dezember 1995 erneut beim Kunden vorgestellt. Den Ablauf der Präsentation schildert Mattis nachdrücklich:

M: Gut. Bin also 95, da kann ich mich noch gut dran erinnern, war also geplant, jetzt ist alles soweit mal, jetzt stellen wir das vor.
H: Mhm.
M: In der Nacht vorher hat natürlich, wie immer, der Software-Entwickler noch rumgebastelt.
H: (lacht)
M: Der hat dann immer tagelang vorher gesagt, ja, läuft alles, läuft alles. Dann hat er in der Nacht vorher rumgebastelt. Und dann war also auch die Vorführung beim, mit dem Entwicklungsleiter.
H: Mhm.
M: Für den das Projekt eigentlich unglaublich wichtig war. Weil beim ersten Mal hat er's schon in den Sand gesetzt. Dieses, also dieses erste Informationssystem. Dieses zweite, ja, schien jetzt auch zu scheitern. Ich weiß nicht, ob's den Mann heute noch gibt.
H: Wir kommen nachher gleich noch dazu.
M: Mhm. Ich mei-, ja, dann sind wir also dorthin. 95.
H: Mhm.
M: Kurz vor Weihnachten. So. Und dann lief, hat halt nichts geklappt.
H: Mhm.-
M: Also, es war unglaublich.
H: (lacht)
M: Eigentlich alles abgestürzt. Na ja, und dann hinterher auf der Rückfahrt hat der bloß, ja, es lag wohl daran, lag wohl daran. Ja. Anstelle, einfach das mal zu lassen...
(...)
M: Und dann ist das wieder schiefgegangen.
H: Mhm.
M: Übrigens kurz danach musste eben der Entwicklungsleiter zu seinem Geschäftsführer, und da haben die Zielvereinbarungsgespräch gehabt. Und im Zielplan von 6-, von 95 stand drin, für den Huber, für den Entwicklungsleiter, dass er das Projekt fertiggebracht kriegt.
H: Mhm.
M: Der ist also etwas demotiviert dann von dannen gezogen, zu seinem Mitarbeitergespräch, und zu seinem Gespräch mit seinem Vorgesetzten. So, und dann hieß es, okay, wir haben noch eine Chance. Wir müssen aufzeigen, also kurz über Weihnachten und so, daß wir das noch hinkriegen. Und dann war also noch mal Zug dahinter.

Mit einer schriftlichen Zusage im Rücken wurde nach der Präsentation im Dezember 1995 nochmals mit letzter Kraftanstrengung versucht, das System in Phase 2 bis 30.6.1996 fertigzustellen. Der Programmierer forderte für seine Arbeit einen Werkvertrag in Höhe von weiteren 23.000 DM, den er auch erhielt. Im April wurde das System zum Test an den Kunden ausgeliefert. Das Projekt hatte inzwischen weit über 250.000 DM verschlungen. Erst nach längerer Zeit kam der Kunde dazu, das Programm zu testen. Als Ergebnis dieser Tests stellte die EWE weitere Funktionalitätsanforderungen, die bereitwillig implementiert wurden. Im Mai erhielt das FI einen Brief von der EWE, dass sie das Projekt abbrechen wollten, da wesentliche vereinbarte Funktionalitäten, wie etwa die Frühwarnfunktion nicht aufzufinden seien und das System inakzeptabel langsam sei. Im Antwortschreiben drückte das FI sein Bedauern über diese Entscheidung aus. Das Projekt hatte statt der geplanten 10 Monate 52 Monate gedauert, statt der geplanten 60.000 DM ca. 300.000 DM verschlungen.

4.4.3 Projektwahrnehmung der Beteiligten – Woran scheiterte das Projekt?

Ein wesentliches Kennzeichen dieses Projektes ist, daß sehr viele verschiedene Personen in das Projekt involviert waren. Eine einheitliche Sichtweise ist daher schwer zu rekonstruieren. Die hohe Fluktuation an wissenschaftlichen Hilfskräften wurde größtenteils durch den Preis des Projektes, der viel zu niedrig angesetzt war, bedingt. Die Preisvorstellung kam dadurch zustande, dass die Verantwortlichen glaubten, das erfolgreich konzipierte und eingeführte PHB in Papierform mit am Markt vorhandenen Softwarelösungen schnell und unkompliziert einführen zu können. Erschwerend kam hinzu, dass mit vermeintlich professionellen Softwareentwicklern bereits zu Beginn des Projektes schlechte Erfahrungen gemacht wurden. Gleichzeitig erlaubte der Kunde durch seine rücksichtsvolle Verhaltensweise ein derart „verantwortungsloses Verhalten" seitens des Projektleiters Mattis und seiner Vorgesetzten, für die das Projekt den „hässliche Entlein" war. Es stammte aus einer vergangenen Projektinitiative, die man thematisch bereits hinter sich gelassen hatte. Ein Beweis für die mangelhafte Aufmerksamkeit, die dem Projekt entgegengebracht wurde, ist auch die Tatsache, dass der Projektleiter Mattis nicht in der Lage war, zu reproduzieren, was im Jahre 1994 an dem Projekt gearbeitet wurde. Er hatte nur die Dinge wahrgenommen, für die er nach außen die Verantwortung trug. So ließen sich im Nachhinein folgende Projektphasen ausmachen, die nachfolgend ausführlich betrachtet werden:

t:	Identifizierte Projektphase	Schlüsselsituationen	Nr.	Datum
1	Vertragsvorbereitung	Kalkulation des Projekts	S1	02/92
2	Verhandlungen mit Chef-programmierer	Werkvertrag mit „Erpresser"- Programmierer	S2	03/92
3	Erster Erfolg	Abnahme Prototyp	S3	07/92
	„Ruhe vor dem Sturm"	Präsentation Dezember 92	S4	12/92
4	Stillstand	Kündigung aller Projektmitarbeiter	S5	12/92
	Der „Sturm"	Brief an die Institutsleitung	S6	04/93
		Projektreview	S7	04/93
5	Projektneuanfang	Kostenkontrolle 93	S8	06/93
	Kunde sieht Fortschritte	Präsentation 93 mit neuer Oberfläche	S9	12/93
6	Das Projekt „tröpfelt"	Präsentation 94	S10	12/94
7	Letzte Chance	Präsentation 95	S11	12/95
8	Wir schaffen es doch	Review 96	S12	01/96
		Test des Systems	S13	04/96
9	Unerwarteter Abbruch	Abbruch durch den Kunden	S14	05/96

Tabelle 9: Schlüsselsituationen und Projektphasen in Fallstudie

4.4.3.1 Phase 1: Vertragsvorbereitung

In dieser Phase wurde nach Meinung des Projektleiters vor allem der Fehler gemacht, daß kein Fachmann für Softwareentwicklung an der Preisfindung beteiligt wurde.

> M: ...die haben diesen Manuel Messmer, der damals als Hiwi noch das, das mehr organisatorische Projekt gemacht hat, der hat uns ein bisschen unterstützt. Aber er war BWLer, der hat noch viel weniger von einer Datenstruktur Ahnung gehabt.
> H: Mhm.
> M: Ähm, und vor allem von der Softwarerealisierung, ja.
> H: Ja.

> *M: Der kam aus ganz anderen Feldern. So, dann hat man da ein Angebot gemacht. Und, äh, daran hat der Gregor gesagt, na ja, strategischer Preis 40.000, ja. Und dann habe ich immerhin Gregor noch überwinden kö-, äh überreden können, dass wir 60-, es für 60.000 anbieten.*

Hätte man bspw. den SE-Fachmann der Nachbargruppe, welcher 1994 das Coaching übernahm, in die Preiskalkulation miteingebunden, wäre es ganz sicher nicht zu der extremen Fehlkalkulation gekommen. Die Fehlkalkulation beruhte vor allem auf der Illusion des Gruppenleiters, dass das bereits existierende „Papier-PHB" problemlos umzusetzen sein müsste. In der Umbruchphase, in der das FEMZ endete und das LMC organisiert wurde, kam ihm die Aussicht auf eine schnelle Zwischenfinanzierung sehr gelegen. Aus diesem Grunde plädierte er wohl auch für den strategischen Preis von zunächst 40.000 DM. Mattis war vermutlich v.a. auch deshalb am Projekt interessiert, da er sich in seiner Diplomarbeit mit dem Themengebiet „expertensystemgestütztes Projektcontrolling" beschäftigt hatte.

> *M: Ich bin damals, Status: Diplomarbeit fertig gewesen, weil ich dann sowieso versucht habe, so Projektmanagementsysteme expertenbasiert mal zu konzipieren, als Mitarbeiter angefangen. Neben den Projekten, die ich sonst dann hatte, habe ich hier auch selber Eigeninitiative getrieben, zusammen mit dem Uwe Schmidt, der damals auch noch Hiwi war. Wir haben gesagt, okay, wir konzipieren, wir machen ein Konzept für die und bieten denen das an. Und dieses Konzept ist natürlich entstanden stark aus einer anwendungsorientierten Sicht. Das Angebot, was dann erstellt wurde, da war kein Softwareentwickler dabei. Da hat man eigentlich keine konkrete Vorstellung gehabt, wie das überhaupt softwaretechnisch zu lösen ist.*

Sein Interesse ging allerdings nicht so weit, daß er ein detailliertes Lasten- oder Pflichtenheft für das System formulierte. Ein weiterer wichtiger Schritt, nämlich einen Projektplan aufzusetzen, in dem den Lasten Zeiträume, kalkuliert auf Tagessatzbasis, zugeordnet wurden, unterblieb ebenfalls.

> *M: So. Also konzeptionell, glaube ich, eine ganz pfiffige Idee, aber eher auf einer Ebene einer grob, einer, eines Szenarios, würde ich heute sagen,..*
> *H: Ja, mhm.*
> *M: Äh, in keinstem Fall ein Pflichtenheft. Wobei wir gesagt haben, die erste Phase ist im Prinzip ein detailliert beschriebenes Konzept.*

4.4.3.2 Phase 2: Verhandlung mit dem Chef-Programmierer

Die nächste Phase, war, nach Mattis, geprägt von permanenten Auseinandersetzungen mit dem Programmierer, der das System umsetzen sollte. Mattis befand sich während des Projekts in der Zwickmühle, den Preis niedrig halten zu müssen; gleichzeitig aber benötigte er professionelle Programmierer, deren Bezahlung den finanziellen Rahmen sprengen würde. Wichtig wäre gewesen, Referenzprojekte bzw. -arbeiten einzuholen und diese durch einen Dritten bewerten zu lassen, bevor man sich zum Abschluss eines Vertrags entschloss. Mattis nannte seine Unfähigkeit, die Programmierer wirklich unter Druck setzen zu können, ein wesentliches Problem bei der Entwicklung des Systems.

> *M: Und das (Projekt), äh, lag so etwas brach zwischen uns. Wir haben auch eigentlich echt ein bisschen gehofft, die Programmierer machen weiter. So. Und dann gab's Ärger mit dem, unserem Freund Erpresser. Wir haben dann natürlich versucht, dann mit dem darüber zu reden, da war der Gregor dabei, dann hat man dann richtig Druck gemacht*

4.4 Fallstudie C: Bis ein unbedeutendes Projekt Aufmerksamkeit erhält... 119

> bei dem. Und irgendwann mal gab's dann auch sogar, es ging soweit, daß es gerichtliche Probleme gab, zwischen FI und dem. Weil, dem hat man aus Versehen zu viel ausbezahlt, und dann hat man die Nachforderung wieder reinholen wollen, kam noch dazu.
> H: (lacht)
> M: Ähm, und der war dann eben untergetaucht.
> M: Ja. Also, ich habe inzwischen übrigens gelernt, auch jetzt schon ein Resümee, weil wir haben nachher noch mal einen Informatiker gehabt, da gab's auch wieder Theater, ähm, ich sage, die Leute musst du einfach erpressbar in der Hand halten, sonst funktioniert das nicht.
> H: Mhm, mhm.
> M: Ja. Wenn du denen zuviel Freiraum gibst, dann wirst du selber erpresst. Weil du einfach keine Chance hast, du als Auftraggeber, oder auch als Konzipierer, ähm, irgendwas, wenn der, die können dann am Code irgendwas ändern, oder irgendwas. Du musst also immer im Prinzip ein dickes Beil im Hintergrund haben.

Auch wurde der notwendige Aufwand maßlos unterschätzt. Die Fehler, die bei der Projektkalkulation durch das renommierte FI begangen wurden und für den engen finanziellen Rahmen verantwortlich waren, bewirkten zusammen mit der mangelnden Betreuung der Programmierer, dass kein attraktives Arbeitsumfeld gegeben war. So beschreibt der Programmierer, der im Oktober 1993 mit viel Engagement die Datenbankprogrammierung übernommen hatte, seine Arbeitssituation wie folgt:

> T: Das Projekt lief bereits seit zwei Jahren. Von Informatikstudenten wurde ein Prototyp auf Tool-Book-Basis entwickelt. Dieser Prototyp wurde von der Oberflächengestaltung 1 zu 1 aus der Papierversion übernommen. Es fehlte eine Datenbankanbindung zum Speichern von eingegebenen Daten. Diese Anbindung war in der zu diesem Zeitpunkt aktuellen Tool-Book-Version gar nicht möglich.
> ... Ich wurde angesprochen, ob ich nicht ein wenig C/C++ programmieren könnte. Die Programmspezifizierung , sowie die Funktionsbeschreibungen wären schon vorhanden und müssten nur noch in C/C++ umgesetzt werden.
> Die Spezifizierung war für jede Eingabemaske ein Screenshot der Tool-Book-Version bzw. eine Handskizze, in der handschriftlich kleine Anmerkungen zur Funktionsweise eingetragen waren.
> Zu Beginn des Projektes wurde ich als Hiwi mit 60 Stunden pro Monat eingestellt. Der von mir zu leistende Aufwand wuchs auf 300 Stunden pro Monat an. Ab November 1994 erhielt ich einen Werkvertrag, der die Aufgaben und den zugehörigen Aufwand umfasste. Als ich um eine Aufstockung meines Vertrages nachfragte, erhielt ich eine negative Antwort.

4.4.3.3 Phase 3: Erster Teilerfolg – die Ruhe vor dem Sturm

Von Drummond (Drummond,1996) wurde immer wieder die fatale Wirkung eines frühen Erfolges in Projekten beschrieben. Dies trifft insbesondere für dieses Projekt zu. Im Juli 92 wurde mittels Toolbox ein erster Prototyp problemlos entwickelt. Diese Software suggerierte dem Kunden aufgrund ihres „Look-and-Feel" und der ersten kleinen Funktionen, die keiner Datenspeicherung bedurften, einen klaren Projektfortschritt. Wäre der Kunde selbst auf dem Gebiet der Systementwicklung kundig gewesen, hätte er zu diesem Zeitpunkt bereits das Datenmodell bzw. die Architektur der späteren Anwendung erwartet. Die trügerische

Präsentation durch das FI verschaffte andererseits dem Projektleiter Mattis wieder dringend benötigte Ruhe, weshalb er vergleichsweise unkritisch den aktuellen Stand akzeptierte:

> *M: Die erste Präsentation war Juli 92. Die lief ganz anständig. Ja, mit der schönen Peepshow, die wir da geleistet haben. Ähm, und dem Konzept, was man gemacht hat.*
> *H: Mhm.*
> *M: Das ich bis heute nicht mehr finde. Aber das suche ich eigentlich jetzt auch praktisch, sagen wir, ein Jahr danach habe ich schon angefangen, das zu suchen. So. Und dann, von Juli war dann anberaumt, und das war praktisch die erste Projektphase, dafür gab's 20.000 Mark, ...*

Erstes Unbehagen stellte sich bei Mattis im Vorfeld der Präsentation Dezember 92 ein, als er vom Programmierer zu einem Werkvertrag „erpresst" wurde bzw. ihm nach und nach klar wurde, daß dieser (für 20.000 DM) ein unbrauchbares Zwischenprodukt abgeliefert hatte, das eine Datenbankanbindung unmöglich machte. Bezeichnenderweise befand sich Mattis zu dieser Zeit im Winterurlaub.

> *M: Da war ich im Urlaub. Der arme Uwe Schmidt musste das allein tun. Und es ging also hin und her. Die Oberfläche hat nicht ganz geklappt. Also, das war auf jeden Fall im Dezember, das war eine Katastrophe. Ähm, man musste sogar die Leute, also gerade der Datenbankprogrammierer hat sich geweigert, mit zur Präsentation zu gehen und das, sein Teil vorzustellen. Wir haben dann in der Zwischenzeit noch einen dritten und einen vierten Mann dazu genommen.*
> *H: Mhm.*

4.4.3.4 Phase 4: Stillstand

Als Mattis aus dem Winterurlaub zurückgekehrte, war der Chef-Entwickler bereits untergetaucht. Klar war auch, daß die noch an der Entwicklung arbeitende Hilfskraft die Arbeit in absehbarer Zeit einstellen würde. Mattis stand nun ohne Entwickler und mit einer nachweislich unbrauchbaren Datenbank da. Der Entwicklungsleiter von EWE versuchte mehrmals mit Mattis in Kontakt zu treten, doch dieser ließ sich verleugnen.

> *H: Und daß die zum Beispiel da drei Monate gewartet haben, und dann den Brief geschrieben haben.*
> *M: Ich glaube, die haben schon kommuniziert. Ich glaube, die haben schon ein paar mal angerufen, und wir haben sie vertröstet.*
> *H: Ahm.*
> *M: Aber das weiß ich jetzt nicht mehr so genau.*

Mattis unternahm in Sachen PHB keinerlei Anstrengungen mehr. Schließlich sah sich der Justiziar von EWE gezwungen, einen Beschwerdebrief an die Institutsleitung zu schreiben:

Beschwerdebrief der Firma EWE an das FI:

Sehr geehrter Herr Prof. Dr. Marius,

wie erinnerlich, haben wir mit Ihrem Institut eine Vereinbarung geschlossen, nach der sich das FI verpflichtet hat, ein auf unsere Betriebsbedürfnisse hin zugeschnittenes rechnergestütztes Projekthandbuch zu entwickeln.

4.4 Fallstudie C: Bis ein unbedeutendes Projekt Aufmerksamkeit erhält...

Im Rahmen der Auftragserteilung ist von Ihrem Institut eine klare Aussage dazu gemacht worden, wann die einzelnen Fortschrittsergebnisse präsentiert werden. Gemäß dem Zeitplan unter Ziffer 5 des Angebotes hätten die Arbeiten an dem rechnergestützten Projekthandbuch bereits zum Ende 1992 abgeschlossen sein müssen.

Am 10.12.92 haben Ihre Herren Schmidt, Messmer, Siegel, Bartel ein vorläufiges Modell vorgestellt.

Bei der Präsentation mussten wir nun feststellen, dass die Einzelplatzversion nur in Fragmenten gearbeitet hat und in keiner Weise einsetzbar war. Wir haben dies Herrn Mattis mit Schreiben vom 13.01.1993 mitgeteilt und auch ein gewisses Verständnis dafür gezeigt, dass eine Verzögerung in der Durchführung des Projektes aufgetreten ist. Da aber bis heute auf unser Schreiben vom 13.01.1993, von dem wir Ihnen eine Abschrift beifügen, keine Antwort vorliegt und auch eine vervollständigte Einzelplatzversion zwischenzeitlich nicht präsentiert worden ist, ebenso wenig eine Mehrplatzversion, bitten wir Sie, sich der Angelegenheit direkt anzunehmen, und uns über den Stand der Arbeiten zu unterrichten.

Wir haben weiterhin, entgegen den üblichen Gepflogenheiten, Ihnen die 2. Rate überwiesen, die sich aus dem geschlossenen Vertrag ergibt, obwohl hierzu keinerlei Verpflichtung bestand. Wir sind von unserer Debitorenabteilung aufgefordert, den Abschluss der Arbeiten anzuzeigen; anderenfalls müssen wir die bereits geleisteten Zahlungen zurückfordern. Auch im Hinblick darauf bitten wir Sie, die Arbeiten an dem Projekt zu überprüfen.

Aus organisatorischen Gründen in unserem Hause ist es unerlässlich, dass das im Rahmen des Projektes zu erstellende elektronische Projekthandbuch nunmehr auch eingeführt wird. Weiteren Verzug können wir uns nicht mehr erlauben und hinnehmen. Wir geben deshalb Ihrem Haus Gelegenheit, die Arbeiten an dem Projekthandbuch bis zum 30.6.1993 abzuschließen, zumal wir erwarten, daß in der Zwischenzeit, also nach dem 10.12.1992, von Ihren Mitarbeitern das Projekthandbuch vervollständigt worden ist und es lediglich versäumt wurde, dieses in unserem Hause zu präsentieren.

Mit freundlichen Grüßen

EWE GmbH

Abbildung 15: Beschwerdebrief des EWE Justiziar bezüglich des Antwortverhaltens des FI-Projektleiters vom 27.5.1993

Nach Eingang des Schreibens wurde Mattis zu Prof. Marius zitiert, der ihn aufforderte, die Sache unverzüglich in Ordnung zu bringen. Aus der Sicht von Mattis wäre zu diesem Zeitpunkt ein Projektabbruch sinnvoll gewesen:

> M: Ja. Dass das einfach implementiert war. Sagen wir mal, irgendwann mal, als ich die Verantwortung für die Gruppe hier hatte, und als ich das noch mehr steuern konnte, war's einfach so weit, daß es einfach, daß ich auch optimistischer war. Ich hätte es gern abgebrochen 93.
> H: Mhm.
> M: Aber da ging's nicht.

H: Das war eben die Situation, wo die nachher bei...
M: Und die... (unverständlich)...Gregor seine, da ging's, glaube ich, nicht. An so einem Tag wird das nicht diskutiert, ne.
H: Mhm.
M: Und ich hatte, gebe ich auch offen zu, den Überblick nicht.
H: Inwiefern jetzt den Überblick?
M: Ja, Überblick, Konsequenzen abzuschätzen, strategisch abzuwägen, ja, macht nicht ein Abbruch mehr Sinn. Und dann, mit der Argumentation hier das im Haus zu besprechen.
H: Ja, hat da überhaupt irgendjemand den Überblick gehabt, oder hat sich da gar niemand für verantwortlich gefühlt?
M: Ich würde eher die, das zweite. Also, sagen wir mal, wenn sich vielleicht auch jemand hätte verantwortlich fühlen müssen, folgt, hätt's ich sein müssen, ja.
H: Mhm.
M: Ich meine, ich seh das ja jetzt selber aus eigener Erfahrung, das kann man dem Gregor nicht anlasten, ne. Äh, dass, hm, die Leute haben ja auch ihre Projekte, da überlege ich auch nicht, also, da gucke ich zwar ein bisschen, ich beobachte zwar immer, aber letztendlich ist es die Verantwortung dessen, der 's macht, und das muss man auch tun, da muss man sich als Führungskraft raushalten, ja, sonst habe ich den Effekt, dass es eine Redelegation von Verantwortung gibt plötzlich. Insofern war an der Stelle Zweifel (??) vom Gregor bedingt...
H: Mhm.
M: ...richtig.
H: Mhm.
M: Sicherlich da, wo's die Krise gab, ich meine, da gibt's halt einen Brief, ich meine, so was kommt immer wieder mal vor, im, hier im Haus. So Vergangenheit, mit, bei uns in der Gruppe, und sonst, so ein Brief. Kunde ist unzufrieden. Also muss man was machen, muss man sich anstrengen. Bisschen mehr Power rein.
H: Hm.
M: Den Überblick hätte ich von ihm erwartet, als wir das Projekt gestartet haben. Dass er sagt, Leute, also 40.000 Mark, unrealistisch, oder, äh, oder, irgendwo, sagen wir mal, stärker hätte abschätzen müssen, ja, was das Projekt eigentlich heißt.
H: Mhm, mhm. Ja, so hört sich's auch ein Stück weit an. Also, von dem, was Ihr da machen wollt, ist eigentlich 40.000 Mark, finde ich, schon ziemlich illusionär.
M: E-, überhaupt, äh, mit einer naiven Infrastruktur das machen wo-, zu wollen.
H: Ja.
M: Also mit Unprofessionellen.
H: Mhm. Und Du glaubst aber, daß zu einem gewissen Zeitpunkt hier einfach, sagen wir mal, eine offene Diskussion mit den Leuten, die's mitbetroffen hätte, vielleicht nützlich gewesen wäre?
M: Ich hab's mit dem Schmidt diskutiert.
H: Ja.
M: Und er wäre, glaube ich, sogar eher jemand gewesen, der dann gesagt hat, wir brechen's ab.
H: Mhm.
M: Weil der irgendwie auf einem Seminar war, wo's um Projektmanagement ging, und einer der Vorträge, da ging's drum, wann breche ich ein Projekt rechtzeitig ab. Wir hatten uns die Folien sogar angeschaut.
H: Mhm.
(...)

4.4 Fallstudie C: Bis ein unbedeutendes Projekt Aufmerksamkeit erhält... 123

M: Klar. Das (Motivation zum Projektabbruch) ist, wie gesagt, das Eine ist in der eigenen Persönlichkeitsstruktur zu suchen...
H: Mhm.
M: Ja. Wie man Dinge angeht. Und, und an der Randbedingung, an der Kultur hier, ja, und einfach an, an Handlungszwängen. Wobei, die Frage ist natürlich immer, daß ich's im Nachhinein, äh, diskutiere, wie stark die Kultur war...
H: Mhm.
M: Ja? Ja.
H: Ja.
M: Man hätte das auch am Prof. Marius vorbei machen können. Ja, der kriegt das immer nur mit, wenn, wenn die Scheiße am Dampfen ist. Ja.
H: Klar.
M: Hätte man im Prinzip in einem Gespräch mit dem Wenzel (Abteilungsleiter) machen können, der, wo man dann meinetwegen zu denen hinfährt...
H: Hm.
M: Ja. Und dann sagt, okay, wir stecken die Aufwände noch in ein sauberes Konzept rein und suchen jetzt einen professionellen Partner.
H: Mhm.
M: Ja. Wir haben uns verhoben.
H: Ha ja, gut.
M: Das hätte man...
H: Ja, ja.
M: Also, wenn ich ganz ehrlich bin, hätte man das, die Chance wäre idealerweise gewesen...
H: 93.
M: 93, bevor der Brief kommt. Und da war natürlich mein Fehler, ich weiß bis heute nicht, wo ich dortmals war,...(unverständlich) Der Brief kam erst April rum, wo der sich beschwert hat. Also, die haben schon mal drei Monate gewartet, ne, und passiert nichts.
H: Mhm. Mhm.
M: Also war völlige Passivität auch meinerseits, weil ich mich...
H: Gut, die waren ja auch mit anderen Sachen...
M: Weil, da muss man auch dazusagen, ich hatte zu dem Zeitpunkt grundsätzlich meine, meine Schwierigkeiten hier. Ja, da hatte ich meinen Trouble mit dem Gregor, mit dem LMC, ja.
H: Ha, ja.
M: Also, da kam das noch dazu. Ja, das ich, sagen wir mal, einfach Identifikationsprobleme im Gesamten hatte.
H: Mhm. Ja, klar.
M: Ja. Und, Motivationsprobleme. Dann, die Scheiße, wo andere Projekte viel interessanter waren, ja,..
H: Ha ja, klar, da hat man auch keinen Bock gehabt, sich mit rumzuärgern.
M: Es war einfach weit weg, ja. Da-, der Spagat wurde immer größer für mich.
H: Mhm.
M: Einerseits das Softwareentwicklungsprojekt leiten, ohne professioneller Programmierer mal gewesen zu sein, muss man auch dazu sagen.
H: Ja.
M: Ja.
H: Ja.
M: Ich habe das immer mal ein bisschen programmiert, mal ein bisschen Fortran, mal ein bisschen C, aber nicht so ein Projekt...

> *H: Mhm.*
> *M: ...leiten zu können.*
> *H: Mhm.*
> *...*
> *M: Aber dann, das war 93, hatte ich neun Projekte. Oder acht Projekte.*
> *H: Ja. (unverständlich)*

Interessanterweise hatte Mattis zu diesem Zeitpunkt eine Diskussion mit seinem Projektleiter (Hilfswissenschaftler) über einen möglichen Abbruch geführt. Dass er einen Abbruch letztlich nicht vorgeschlagen hat, wird seitens seiner Mitarbeiter mehrheitlich seiner Persönlichkeitsstruktur, insbesondere seinem Lebensmotto „man muss angefangene Dinge, für die man die Verantwortung hat, zu Ende bringen", zugeschrieben. Mitschuld sei aber auch die beim FI herrschende Kultur gewesen, Verantwortung für Fehlschläge von sich zu weisen, anstatt sich zu ihnen zu bekennen.

> *H: Das war eben die Situation, wo die nachher bei...*
> *M: Und auch seine, ja, also, der macht lieber 5 Knickse, anstelle, dass er gerade vor den Kunden hinsteht und sagt, es geht nicht.*
> *H: Mhm.*
> *M: Vor allem, er hat ja eigentlich das Problem nicht, ne. Sondern das ist ja unser Problem, wie wir das hinkriegen. Also zu dem Zeitpunkt hätte man nicht mehr schreiben können, wir tun was. Und dann haben wir geschrieben, wir tun was und haben angefangen. Und dann sah das ja, es gab immer wieder Phasen, wo's gut aussieht.*

Diese Aussagen von Mattis sind aber angesichts des Briefes, den der Entwicklungsleiter der EWE an Prof. Marius schrieb (siehe oben), zu relativieren. In seinem Schlusssatz übte er großen Druck auf das FI aus: „Aus organisatorischen Gründen in unserem Hause ist es unerlässlich, dass das im Rahmen des Projektes zu erstellende elektronische Projekthandbuch nunmehr auch eingeführt wird. Weiteren Verzug können wir uns nicht mehr erlauben und hinnehmen." Von Prof. Marius wäre zu erwarten gewesen, dass er sich tiefergehend über den Stand des Projektes informierte und z.B. EWE einen Handel vorschlägt. So hätte er 10.000 der 20.000 DM zurücküberweisen und ein Pflichtenheft inkl. Datenmodell, das von einem professionellen IT- Unternehmen programmiert wurde, ausliefern können. Die Strategie, von Mattis lediglich zu verlangen, einen Antwortbrief zu formulieren, und ihn zu ermahnen, war sicherlich nicht die beste aller möglichen Handlungsalternativen.

Die Tatsache, dass Mattis nach drei Monaten diesen Antwortbrief immer noch nicht abgeschickt hatte und sich am Telefon verleugnen ließ, hätte bei Marius, ganz sicher aber bei Wenzel alle Alarmglocken schrillen lassen müssen.

4.4.3.5 Phase 5: Der Projektneuanfang

Nachdem Prof. Marius dem Kunden einen Antwortbrief gesandt hatte, in dem er eine sofortige Wiederaufnahme und weitere Überwachung des Projektes versprach, wurde mit zwei neuen Programmierern und unter der Aufsicht eines erfahrenen (aber ebenfalls überlasteten) Softwareentwicklers ein Projektreview veranlasst. Dieser brachte in der Erinnerung von Mattis zwei Punkte zu Tage:

1.) die bisher programmierte Datenbank war für die geforderten Funktionalitäten unbrauchbar,
2.) es existiert für das Projekt keine Datenbank auf dem Markt, die den geforderten Funktionalitäten gerecht geworden wäre und die hätte bezahlt werden können.

Trotz dieser Erkenntnisse kehrte Mattis, aufgrund des immensen Druckes, der auch durch die anderen Projekte auf ihm lastete, dem Projekt den Rücken zu. Er hoffte auf die Arbeit der Programmierer. Interessanterweise maß er die Qualität der an dem Projekt Mitarbeitenden immer daran, wie viel „Verantwortung" sie für das Projekt übernahmen.

> M: ...Und dann war das auch wiederum so eine Oberfläche da, so ein Konstrukt, wo dann eigentlich derjenige, der die Datenbank und die Anbindung an die Oberfläche gemacht hat, festgestellt hat, die Oberfläche stimmt, das stimmt alles nicht. Und das war, der hat über Hiwi-Vertrag gearbeitet, und mit unglaublichem Eigenengagement und natürlich einer ganz eigenen Informatikerseele.
> H: Mhm.
> M: Ähm. Hat der also losgelegt und hat unglaublich viel gemacht. Aber ist letztendlich auch unbetreut, unbegleitet, weil ja damals, 1993, die Hektik immer größer wurde, mit den ganzen Projekten, allein rumgewurschtelt hat.
> (...)
> M: Dazwischen war der Till Mischke (geprüfte Hilfskraft am FI) dann mal mit dem Programmieren unten, dann hat der sich aber abgeseilt, weil der natürlich auch keinen Bezug zu hatte und sich da auch nicht mehr verantwortlich für fühlte, ja. Er wurde ja auch im Prinzip so mal reingestoßen. Also, er hatte, aus dem Projekt heraus hat dann keiner, kein anderer für sich, das ist jetzt mein Kind, das treibe ich jetzt voran.

Dass die Arbeit doch nicht so schlecht sein konnte, entnahm Mattis der Tatsache, dass nach der Präsentation im Dezember 1993 der Kunde bereit war, die Version 1 des Systems abzunehmen. Der Kunde gewann dagegen Zuversicht aus der Präsentation einer neuen Oberfläche, sowie aus den wenigen Gruppenfunktionalitäten, die bereits liefen. Die im Januar 1993 im voraus überwiesenen 20.000 DM wurden offiziell freigegeben. Für Mattis war dies kein Grund zur Freude, da er die Projektkosten bereits im Sommer 93 auf 120.000 DM veranschlagt hatte.

4.4.3.6 Phase 6: Das Projekt „tröpfelt" vor sich hin

Auffallend ist, dass Mattis im Zusammenhang mit dem Projekt keinerlei Erinnerungen an das Jahr 1994 hatte. Das erste, woran er sich spontan wieder erinnerte, war die Präsentation des Projektes im Dezember 1995:

> M: Gut. So, und jetzt ist irgendwie ein Abriss, jetzt tröpfelt das irgendwie so vor sich hin. Man geht immer wieder mal beim Kunden vorbei. Ich war dann auch mal dort. Ja, genau, dann war Weihnachten 95 ...
> H: Ja.
> M: ...war dann vorläufige Abschlusspräsentation. Also, war ich wieder mit dabei.
> H: Und was lief dazwischen?
> M: Dazwischen war der Marcel Tenner dann mal mit dem Programmieren unten, dann hat der sich aber abgeseilt, weil der natürlich auch keinen Bezug zu hatte und sich da auch nicht mehr verantwortlich für fühlte, ja. Er wurde ja auch im Prinzip so mal

reingestoßen. Also, er hatte, aus dem Projekt heraus hat dann keiner, kein anderer für sich, das ist jetzt mein Kind, das treibe ich jetzt voran.
H: Mhm.
M: Ja, dann war also,...
H: Warte mal, ich muss bloß kurz mal Notizen machen.
M: Ja. Stimmt eigentlich. Jetzt sind wir von Ende 93, was 94 war, weiß ich nicht. Es lief halt immer mal vor sich hin, so.
H: Mhm.
M: Da gab's m-, zwischendurch mal sogar die zweite Freigabe Meilenstein. Und dann war irgendwie geplant...
H: Zweite Freigabe heißt ja...
M: Einplatzversion. Ein-, Einplatzversion.
H: Ah, Einplatzversion dann, aha, klar.
M: Weitere 20.000 DMark.
H: Mhm.
M: So. Mm. Im übrigen hatte ich mal eine Kalkulation gemacht, die war so Mitte 93. Da waren wir schon über 120.000 Mark, was wir reingesteckt haben.
H: Mhm.

In der Wahrnehmung des Programmierers, der an der Datenbank gearbeitet hatte, war dagegen dieselbe Phase von harter Arbeit geprägt, da er mit Hilfe des neu erschienenen Visual C/C++-Compilers die gesamte Anwendung in ein objektorientiertes Modell implementierte. Dies machte ihn von der sehr umständlichen Windows-Programmierung unabhängig und erhöhte die Qualität des vorhandenen Systems.

4.4.3.7 Phase 7: Letzte Chance – die Präsentation im Dezember 1995

Das nächste Ereignis, an das sich Mattis im Interview wieder aktiv erinnern konnte, war die Präsentation des Projekts im Dezember 1995. Zu diesem Zeitpunkt hatte sich die Lage dramatisch zugespitzt, da der erfolgreiche Projektabschluss für 1995 in die Zielvereinbarungen des Entwicklungsleiters von EWE (Huber) aufgenommen worden war. Zudem hatte Mattis ihn immer wieder ermutigt, das Projekt weiterzuführen.

M: Die haben dran, dran gedacht. Die hätten's wahrscheinlich auch angebrochen, abgebrochen, wenn der Huber sich nicht so weit aus dem Fenster gelehnt hätte. Da wurde immer wieder drüber diskutiert, und's gab immer wieder Phasen, wo man sagte: jetzt muss man's lassen, jetzt können wir drüber nachdenken. Also, es gab jede Menge Krisensitzungen, auch bei denen, wo ich sie wieder überzeugen konnte, wir machen weiter.

Doch auch im Dezember 1995 konnte keine lauffähige Version PHB Stufe 2 vorgestellt werden. Mattis war bei der Präsentation zugegen, weil der davon ausgegangen war, dass das Programm funktionierte.

M: Der hat dann immer tagelang vorher gesagt, ja, läuft alles, läuft alles. Dann hat er in der Nacht vorher rumgebastelt. Und dann war also auch die Vorführung beim, mit dem Entwicklungsleiter
(...)
M: Kurz vor Weihnachten. So. Und dann lief, hat halt nichts geklappt.
M: Eigentlich alles abgestürzt. Na ja, und dann hinterher auf der Rückfahrt hat der bloß, ja, es lag wohl daran, lag wohl daran. Ja. Anstelle, einfach das mal zu lassen...

H: Ja.

Bezeichnend ist auch hier, dass die Verantwortung für den Fehlschlag beim Softwareentwickler gesucht wird, der die Nacht zuvor noch an der Software „herumgebastelt" hatte. Es war weder ein von Mattis beaufsichtigter Test durchgeführt worden, noch war das gesamte Projekt abgenommen und der Releasestand eingefroren worden, bevor man zum Kunden fuhr. Die Reaktion von Huber nach der misslungenen Präsentation im Dezember 1995 war sehr heftig. Mit den Worten von Mattis:

> *„...Wir müssen aufzeigen, also kurz über Weihnachten und so, dass wir das noch hinkriegen. Und dann war also noch mal Zug dahinter."*

4.4.3.8 Phase 8: Wir schaffen es doch noch!

Nachdem der Zug nochmals ins Projekt gekommen war, war S auch bereit, noch mal weiteres Geld für eine forcierte Arbeit an den Entwickler zu bezahlen, dessen Aufwände sich weit jenseits seines 60-Stunden-HiWi-Vertrages bewegten. Insbesondere auch deshalb, weil der Kunde erstmals den Eindruck hatte, das Projekt kann tatsächlich zu Ende gebracht werden.

> *H: Mhm.*
> *M: Und dann haben die uns geschrieben, also im Januar letzten Jahres, okay, ihr kriegt das hin. 96. War's dann schon.*
> *H: Mhm.*
> *M: Ja, und von da an, ähm, war halt unser Informatiker immer wieder mal unten und hatte wieder den nächsten Stand vorgestellt. Und dann hieß es, jetzt ist wirklich im Juli ein Abschlussgespräch...*

Mattis witterte ebenfalls erstmals die Chance, das Projekt doch noch zu Ende zu bringen. Nach massiven Anstrengungen wurde das System zum Testen installiert. Diese Tests riefen eine Flut von Anforderungen an das FI hervor, die nicht neu vergütet werden mussten, da sie dem Kunden von Anfang an versprochen worden waren.

Im Frühjahr 1995 machte sich der Oberflächenprogrammierer selbständig und verließ das Projekt. Der Datenbankprogrammierer war bereit, die Mehraufwände, die nun auf ihn zukamen, auf sich zu nehmen, allerdings nur unter der Voraussetzung, dass sein Werkvertrag aufgestockt wurde. Die Diskussionen um eine Aufstockung wurden durch die überraschende Entscheidung der EWE, das Projekt abzubrechen, beendet.

4.4.3.9 Phase 9: unerwarteter Projektabbruch

> *M: Wir waren zum Schluss auch von dem Abbruch völlig überrascht, weil dann waren wir eigentlich der Meinung, jetzt läuft's.*
> *(...)*
> *M: Ja, und von da an, ähm, war halt unser Informatiker immer wieder mal unten und hatte wieder den nächsten Stand vorgestellt. Und dann hieß es, jetzt ist wirklich im Juli ein Abschlussgespräch...*
> *H: Hm.*
> *M: ...gibt der das nur noch ab. Die hatten das dann, genau, die hatten das dann auch zum Testen. Und kamen dann, im April rum, kamen dann lange Zeit nicht zum Testen.*

H: Mhm.
M: Öhm, dann hat sich das verschoben, und dann gab's noch mal Anforderungen, und auch neue Anforderungen. Dann hat der die noch eingebaut. Und plötzlich kam der Brief, daß die das so nicht akzeptieren. Die Oberfläche sei zu langsam. Die Frühwarnfunktion sei nicht drin.
H: Mhm.
M: Äh, und sie möchten das jetzt abbrechen.
H: Mhm.
M: Ich habe seit, also wir haben dann einen Brief zurückgeschrieben, dass es uns leid tut, und dass wir uns, äh, wir der Meinung sind, dass die Oberflächen nach den neuesten Standards gemacht sind,...
H: Mhm, mhm.
M: ...und bedauern das natürlich sehr. Aber eigentlich da nach guter Überzeugung gearbeitet haben.
H: Ja.
M: Im übrigen würde das FI sowieso nur Prototypen liefern.
H: Mhm.
M: Keine (unverständlich)-marktfähigen Produkte.
H: Mhm.
M: Ja.
H: Mhm. Und das war's dann?
M: So. Seither habe ich, äh, nicht mehr mit denen telefoniert. Ich habe momentan auch keinen Kontakt mehr mit denen.
H: Mhm, mhm.
M: Äh, ich muss ganz ehrlich sagen, ich habe dann irgendwann mal geguckt, dass ich meinen Kopf aus der Schlinge rausziehe.
H: Ja, ist ja klar.

Überraschend an der Reaktion von Mattis war sein Unverständnis für die Entscheidung der EWE. V.a. auch, da ihn der Abbruch vor einer neuerlichen Schwierigkeit bewahrte: Der Datenbankprogrammierer dachte zu diesem Zeitpunkt bereits daran, wegen den Entlohnungsfragen das Projekt zu verlassen. Anzunehmen ist, dass das System nach den ersten Tests einen derart schlechten Eindruck auf den Kunden machte, dass er einen Erfolg nicht mehr für möglich hielt. Denkbar ist auch, dass das Projekt abgebrochen wurde, da der Entwicklungsleiter aufgrund seiner Position sich zum Abbruch gezwungen sah.

Es bleibt zu vermerken, dass das Projekt mit einem formalen Schreiben beendet wurde. Damit wurde ein klares Signal gesetzt. In vielen anderen Fällen ist dies nicht der Fall und die Projekte, um im Fachjargon zu sprechen, „schlafen ein".

4.4.4 Die Konstruktion des Scheiterns

Bei den Verhaltensweisen, die letztlich zum Scheitern des Projektes beitrugen, handelt es sich v.a. um Unterlassungen. Im Dezember 1993 gab es einen Zeitpunkt, zu dem ein Abbruch des Projekts sinnvoll gewesen wäre. Danach wurde es zunehmend schwieriger, da sich Prof. Marius zu einer Weiterführung des Projektes commitet hatte und da der Entwicklungsleiter Huber von seinen Vorgesetzten zur Arbeit am Projekt verpflichtet wurde. Maßnahmen, die das Projekt in andere Bahnen hätten lenken können, sind folgende:

1.) eine vernünftige Projektkalkulation auf Basis einer Funktions- und Leistungsbeschreibung im Beisein eines erfahrenen Informatikers,

2.) die Anfertigung eines detaillierten Pflichtenheftes mit Datenmodell und Architekturkonzept bis zu einem Meilenstein 1,

3.) nach Freigabe von Meilenstein 1 Einstieg in das Hauptprojekt,

4.) dem Programmierer nur dann einen Werkvertrag anzubieten, wenn man die zu verrichtende Arbeit sehr präzise beschreiben kann – was nur mit einem Pflichtenheft möglich gewesen wäre,

5.) Abnahme von Prototyp 1 im Sommer 92 durch einen Sachverständigen beim Kunden (dabei wäre die „Peepshow" aufgeflogen).

6.) Die Maßnahmen 1-5 hätten spätestens im April 1993, als der Projektreview vom Abteilungsleiter angeordnet wurde, zum Projektabbruch geführt. Die bisher gelieferte Software hatte sich als wertlos herausgestellt, das Personal hatte das Projekt verlassen und der Kunde hatte auf seinen Statusbrief vom Projektleiter drei Monate lang keine Antwort erhalten. Zudem war das ursprünglich eingeplante Projektbudget zu diesem Zeitpunkt bereits aufgebraucht. Angebracht wäre gewesen, die Probleme offen zu legen und dem Kunden das Angebot zu machen, die abschließende Feinspezifikation des Systems zur Programmierung an ein fachkundiges Unternehmen weiterzugeben. Damit hätte wenigstens der Ruf, gute Konzepte zu produzieren, gerettet werden können.

7.) Spätestens ab Juni 1993 hätte die Abteilungsleitung dem Projekt erhöhte Aufmerksamkeit schenken müssen. Dies hätte die Untätigkeit von Mattis verhindert. Ein detaillierter Projektplan mit regelmäßigen Projektkosten und Projektfortschrittsberichten wäre unerlässlich gewesen. Die Vernachlässigung seines Kunden, wie sie durch den nichtgeschriebenen Brief offenkundig wurde, hätte für Mattis eine formale Rüge nach sich ziehen müssen. Die Systemtests hätten lange vor der Präsentation im Dezember 1995 gemäß eines Testplans anberaumt und dokumentiert werden müssen. Ein Einfrieren des Releasestandes vor der Präsentation hätte vor bösen Überraschungen während der Präsentation schützen können.

8.) Ein fehlendes Change-Management-Konzept, welches auf einem gut ausgearbeiteten Pflichtenheft basiert, hätte auf alle Fälle die zunehmenden Forderungen des Kunden gegen Projektende beschränken können.

Die oben genannten Unterlassungen trugen letztlich zum Scheitern des Projektes bei. Zurückzuführen sind die Unterlassungen auf eine Reihe von psychologischen, sozialen, organisationalen und kontextuellen Determinanten. In Anlehnung an das Escalation-Determinantenmodell von Staw waren dies (Tabelle 10):

Determinanten-ebene	Determinanten-klasse	Beispiel
Mikroebene	projektbezogene	- kleines, unscheinbares Projekt - viel zu niedrig kalkulierter Projektpreis - Projekt mit hoher Wichtigkeit für den Kunden
	psychologische	- „Was man anfängt muss man zu Ende bringen"-Einstellung des Projektleiters. - Projekt wird vom Projektleiter als „Altlast" empfunden. - Projektleiter zeigt keinerlei Engagement für das Projekt. - Problem des Institutleiters, die Nichtdurchführbarkeit überhaupt in Betracht zu ziehen.
	soziale	- Projektleiter wurde von seinem Gruppenleiter an der Masse der akquirierten und zu betreuenden Projekte und nicht an der Masse zufriedener Kunden gemessen. - Dem Projektleiter wurde vom Gruppenleiter vorgehalten, er hätte das PHB wesentlich einfacher mit MS-Word und dbase umsetzen können.
Makroebene	organisationale	- Es war kein (verfügbares) Know-how für das Projekt innerhalb der Organisation vorhanden - Die Nichtmachbarkeit gegenüber einem Kunden einzugestehen hatte im FI keine Kultur. - „Verantwortlichkeit" als Wert hatte keinerlei Kultur innerhalb des FI, weder auf Gruppenleiter noch auf Abteilungsleiterebene.
	Kontextuelle	- Der Auftraggeber hatte sich intern auf eine Fertigstellung des Projektes commitet. - Der Auftraggeber hatte irgendwann in gleicher Weise seine sunk costs, vor allem aber seine sunk time zu rechtfertigen.

Tabelle 10: Eskalationsdeterminanten in Fallstudie C

Zusammenfassend ist festzuhalten, dass das PHB-Projekt von keinem der Verantwortlichen im FI eine echte Unterstützung erfuhr. Für den offiziellen Projektmanager war es eine abzuwickelnde Altlast, die wenig zu seinem Return on Invest (ROI) beitrug, jedoch viel Arbeit und Ärger kostete. Für die ständig wechselnden Projektbetreuer, die vom Projektmanager zur operativen Abwicklung eingesetzt wurden (insgesamt vier), war es in der Regel ein Projekt, zu dem sie gedrängt wurden, und für das sie genauso wenig wie Mattis qualifiziert waren. Für den Gruppenleiter war es ein Projekt, das Ressourcen verbrauchte und keinen Gewinn einbrachte, und von dem er von Anfang an überzeugt war – obgleich er in technischen Fragen genauso wenig bewandert war wie Mattis – dass man es technisch hätte viel einfacher lösen können (mit dbase und Word). Für den Abteilungsleiter wie für den Institutsleiter war das Projekt zum ersten Mal im April 93 ein Thema. Der Abteilungsleiter stand zu diesem Zeitpunkt unter starkem Druck, da sein Gruppenleiter Gregor doppelt so viele Projekte akquiriert hatte, wie in der gesamten Abteilung, die aus zwei weiteren Gruppen bestand, am laufen waren. Gregors Misserfolg kam ihm daher nicht ungelegen.

Selbst für den Kunden, den Entwicklungsleiter Huber, war das Projekt ab 1995 ein „anstrengendes Kind", da es ein wesentlicher Mosaikstein in der Verwirklichung eines Projektcontrollingkonzeptes darstellte, für das er sich schon vor Beginn des PHB-Projektes stark gemacht hatte. Da er bereits vor dem PHB-Projekt einen Anlauf in diese Richtung gewagt hatte, der nicht erfolgreich war, stand aus seiner Sicht ab 1994 seine Glaubwürdigkeit als Führungskraft auf dem Spiel. Dies wiederum war Mattis nicht entgangen, der darauf baute. Dies machte es irgendwann unmöglich für Huber, einen Rückzieher zu machen, was das Projekt immens verlängerte.

> M: *Letztendlich hat irgendeinem der Mut gefehlt, zu sagen, wir ziehen das jetzt durch, meinetwegen ohne Wissen von Marius, ja. Wir gehen dort und machen einen sauberen C-, äh, Schnitt. Denn das hat sich ja bei denen auch hingezogen.*
> *Und irgendwann mal haben die's so lange laufen lassen, daß die's sich auch nicht mehr leisten konnten, abzubrechen.*
> H: *Mhm.*
> M: *Das wusste ich irgendwann mal auch. Auf das habe ich auch gepokert.*
> H: *Mhm.*
> M: *Das hat ja auch genutzt, ja. Wusste, der Huber kann nicht einfach so leicht abbrechen, bloß weil er jetzt sauer auf mich ist.*

4.4.5 Resümee – Was lässt sich aus dem Fall für das Design des Experimentes lernen?

Die wichtigsten Lehren, die man aus Fallstudie C für ein Laborexperiment ziehen kann, sind folgende:

- Das Laborexperiment soll ein frühes Erfolgserlebnis beinhalten.
- Der Projektleiter sollte sich öffentlich auf ein Projektziel commitet haben.
- Verschiedene Hierarchien (Mitarbeiter, Projektleiter, Vorstände) mit der Chance unterschiedlicher Zielsysteme sollten im Experiment vorhanden sein. Damit würde es möglich, die in Fallstudie C vorhandenen unterschiedlichen Wahrnehmungsräume des Projektes abzubilden.
- Es muss ähnlich dem Projektreview Möglichkeiten für die Projektmitglieder geben, über den Status des Projektes zu diskutieren – ob sie sich den Abbruch dann trauen oder (wie in Fallstudie C) nicht.
- Das Experimentalspiel sollte mit einem niedrigen Einsatz gefahren werden, der sich über die Zeit zu einem ansehnlichen Verlust aufbaut (Prinzip der sunk costs).
- Die Aufgaben im Experimentalspiel sollten nach Möglichkeit nicht zu lösen sein (wie die 1993 nicht lösbare Aufgabe, eine Multiuserfähige, relationale Datenbank mit Workflow-Elementen auf Windows-Basis für 60.000 DM zu realisieren).
- Das Experimentalspiel sollte die Möglichkeit zur Diskussion um die Weiterführung in einem sehr späten Stadium (Projektreview im Januar 96) geben.
- Um politische Konstellationen (im Hause FI über Gruppen und Abteilungsebene hinweg) zu simulieren, sollten die Experimentalprojektgruppen zueinander in Konkurrenz und auf ein gemeinsam angestrebtes Ziel gesetzt werden.

4.5 Ursachen für das Scheitern von Projekten

Fast alle interviewten Personen, die von Beginn an im Projekt mitgearbeitet hatten und der Meinung waren, dass ihr Projekt ein großer Fehlschlag war, haben auch eine Ethnotheorie über das Scheitern. D.h. sie haben für sich Erklärungen gefunden, z.b. weshalb das Projekt fünfmal länger dauerte als geplant, oder warum der Kunde gegen Projektende mit immer neuen Anforderungen an das System kam. Die meisten Projektbeteiligten können sogar ein Datum benennen, wann sie das aufkommende Problem bzw. die sich anbahnende Katastrophe zuerst bemerkten. Bei allen Aussagen handelt es sich um Ex-Post-Erkenntnisse. Diese Ex-Post-Erkenntnisse sind die Folge fehlerhafter Projektvorbereitung. Die in Tabelle 11 aufgelisteten häufig auftretenden Fehler gelten als Indikatoren für das Scheitern von Projekten:

Indikator	Ursache
- Keine saubere Bedarfsanalyse - Unklar formulierte Verträge - Fehlendes Risk Management - Kein handlungsfähiger Lenkungsausschuss	Mangelnde Abstimmung zwischen Kunde, Senior Management des Produzenten und dessen Projektmanagement
- Unrealistische Aufwandsschätzung - Festpreisprojekte ohne Erfahrungswissen bei den Entwicklern - Projektleitung mit zu wenig operativem Entwicklungs-Know-how - Keine ganz dem Projekt zugeordneten Mitarbeiter	Überforderung des Projektmanagements
- Unsystematische, fehlerhafte Codierung Ersteinsatz neuer Systemkomponenten	Überforderung der Entwickler, Unzulänglichkeit der Programmiersprache
- Extrem unterschiedlich Informationsstände zum Stand des Projektes	Verteilte Zusammenarbeit in der Kreativphase
- Kein oder kein brauchbares Pflichtenheft	Verteilte Zusammenarbeit in der Planungsphase einer technologischen Innovation
- Kein sauberes Phasenmodell der Entwicklung - Keine institutionalisierten Meilensteine - Fehlender Mut zum Projektabbruch	Unkundiges Projektmanagement
- Mangelnde Qualitätssicherung im Projekt, d.h. fehlende Integrationstests, fehlende Audits, fehlende Reviews	Fehlen von Kontrollinstanzen im Projekt, Fehlen eines Qualitätsmanagements
- Projekte werden zu billig kalkuliert, um noch einen Bonus für den Vertrieb zu erhalten - Ein Entwicklungspartner versucht das Projekt auf Kosten des anderen ganz an sich zu reißen	Stark arbeitsteilige Organisationsstrukturen bei der Entwicklung (z.B.: Vertrieb von Einheit A verkauft das Projekt, die Entwicklung von Bereich B setzt es um; Organisation A entwickelt die Software und finanziert das Projekt, Organisation B hat das Projektmanagement und bringt die Inhalte ein)

Tabelle 11: Indikatoren und Ursachen des Scheiterns in DV-Projekten (eigene Darstellung)

Diese Indikatoren wiederum sind die Folge spezifischer Verhaltensweisen und kontextueller Rahmenbedingungen, so z.B. dass das Projektmanagement aufgrund mangelnder Qualifikation überfordert ist, der Auftraggeber unklare Vorstellungen hat, oder sich das Seniormanagement bei den Projektkosten verkalkuliert hat. In den Fallstudien wurden diese

Beispiele detailliert beschrieben. Ziel war, die Ethnotheorien der Interviewten zeitlich zu strukturieren und durch ergänzendes Material so zum Leben zu erwecken, dass die inhaltlichen Quellen von „Escalation of Commitment" für den Leser nachvollziehbar sind.

In allen drei Fallstudien zeigte sich aus der Vorgeschichte und den Rahmenbedingungen, dass das Projekt Restriktionen unterlag, die eskalationsfördernd auf das Handeln der am Projekt beteiligten Individuen wirkten:

In Fallstudie A) handelte es sich um das erste Entwicklungsprojekt einer ehemaligen Infrastrukturabteilung für einen externen Kunden. Zudem wurde von den Beteiligten geäußert, dass der Vertrieb das Projekt am Ende des Kalenderjahres zu billig an den langjährigen Kunden verkauft hatte. Eine von der Entwicklung geforderte Nachbesserung des Projektbudgets wurde vom Vertrieb dem Kunden gegenüber neuerlich klein gehalten. Das Projektteam sollte somit eine innovative Software mit Arbeitskräften, die der Entwicklungssprache nicht mächtig waren, sowie zu einem Preis, der 20 Prozent unter dem lag, den erfahrene Programmierer aus dem gleichen Hause dafür verlangt hätten, entwickeln.

Die Ausgangssituation in Fallstudie B) war, dass ein öffentliches Softwarehaus an der Leitidee landeseinheitlicher Software aus dem Großrechnerzeitalter festhielt und diese, zu einer Zeit, als die ersten PCs bereits auf dem Markt waren, in die Bereiche Midrange-Systeme herüberretten wollte. Nach dem Ausschreibungsverfahren erhielt derjenige den Zuschlag für das Leitsystem (Rechnersystem, auf dem die Software zuerst entwickelt wurde, um sie dann auf die andere Systeme zu portieren), der am meisten Geld in die Entwicklungskooperation einbrachte. Die Folge war, dass der Partner vom Softwarehaus die Pflichtenhefte bekam und damit das gesamte Konsortium ausbremste. Innerhalb der Partnerschaft baute das öffentliche Softwarehaus eine „Gegenentwicklungsabteilung" auf und setzte diese in Konkurrenz zu dem privatwirtschaftlichen Systemhaus. Bei den Mitgliedern der „Gegenentwicklungsabteilung" führte dies zu extremem Escalation of Commitment, um das Ziel vor oder kurz nach der Partnerschaftsinternen Konkurrenz zu erreichen; dieses Konkurrenzverhalten trieb die Projektkosten ins Unermessliche.

Bei der Fallstudie C) handelte es sich um ein Projekt, bei dem man versuchte, ein in Papierform erfolgreich eingeführtes System 1:1 auf eine Software zu portieren. Dass wesentliche, dazu notwendige Funktionalitäten 1992 datenbanktechnisch noch nicht umsetzbar waren, war weder dem DV-unerfahrenen Projektmanager des softwareentwickelnden Forschungsinstituts noch dem Kunden klar. Der Kunde hatte sich aber im eigenen Haus so stark für das System eingesetzt, dass ein Abbruch für ihn nicht ohne erheblichen Gesichtsverlust geblieben wäre.

Somit kann festgehalten werden, dass viele wesentliche Schwierigkeiten bereits zu Projektanfang strukturell festgelegt werden (Weltz/Ortmann, 1992, 19ff.) Zudem belegt eine Analyse der Fallstudien die These „When success breeds desaster" (Drummond, 9f.) .In Fallstudie A bestand zwischen dem Systemhaus und dem Kunden eine langjährige, sehr erfolgreiche Beziehung; in Fallstudie B war das öffentliche Softwarehaus aufgrund seiner Leitidee „landeseinheitlicher Verfahren" über Jahrzehnte führend. Das erfolgreiche Vorgängersystem in Fallstudie C war beim Kunden vom gleichen Forschungsinstitut eingeführt worden, welches mit der Erstellung der Software beauftragt worden war.

Die Abschnitte „Projektwahrnehmung der Beteiligten" lieferten detaillierte Schilderungen zum sequentiellen Ablauf des Projektes. Die von den Beteiligten wahrgenommenen zeitlichen Verdichtungen der Schlüsselsituationen und Wendepunkte einschließlich der darin getroffenen Entscheidungen verdeutlichen im Projektverlauf durch diese Form der Analyse die Phasen übertriebenen Commitments seitens der Projektgruppe, die meist durch von außen auferlegte Restriktionen verursacht wurden. Escalation of Commitment stellt sich somit nicht als permanentes Phänomen dar, sondern als in eine oder mehrere Phasen des Projekts eingebettete Verhaltensweise.

Jeden Fall resümierend wurden weitere Verdichtungen der Scheiternsgründe zu Scheiternsregeln vorgenommen und diese zeitlichen Sequenzen zugeordnet, in denen sie im qualitativen Experiment das Handeln der Beteiligten beeinflussen sollen. Eine Erkenntnis aus den Fällen war z.B., dass Gruppen, die während des Projekts frühzeitig ein Erfolgsgefühl verspürten, aufkommende Probleme später wahrnahmen und weniger flexibel in der Wahl von Alternativen reagierten. Für das qualitative Experiment sollte daher gelten, dass die Gruppen zu einer frühen Phase des Experimentalspiels ein Erfolgserlebnis benötigten, um die Wahrscheinlichkeit für eine später einsetzende Eskalation zu erhöhen.

4.6 Konsequenzen für die Entwicklung des Experimentes

Für die Entwicklung eines Experimentalspieles, das die Teilnehmer systematisch in eine Krise führen soll und die von uns beobachteten Scheiternsprozesse abbildet, bedeutet dies zusammenfassend:

1.) Das Spiel darf in seinem Verlauf nicht zu gewinnen sein.

2.) Das Projektteam sollte unlösbaren Aufgaben ausgesetzt sein.

3.) Das Spiel sollte mit einer Phase des Erfolges und der Euphorie für die Projektgruppe starten (Fall A in der Phase, als die Zeitpläne für 1990 verkündet wurden, in Fall B in der bisherigen Kooperation des Unternehmens A mit Unternehmen K, in Fall C die erfolgreiche PHB in Papierform).

4.) Es sollte im Spielverlauf „kleine Belohnungen" geben, die im Gesamtzusammenhang wertlos sind, an die sich die Teilnehmer aber klammern können. (Projekt A Einbezug der Programmierer im Osten, in Projekt B die Schulung auf der IR60 , In Projekt C die Genugtuung, nach drei Jahren Fragmente einen laufenden Prototypen gehabt zu haben).

5.) Es muss einen frühen Projektabbruch in Folge der Kommunikation der Unlösbarkeit der Aufgabe belohnen (wurde in keinem der Projekte wahrgenommen).

6.) Es muss eine notwendige Kooperation verschiedener Hierarchien und Erlebniswelten beinhalten (Arbeitsteilung zwischen operativer Ausführung und dem finanziellen Management des Projektes in Fall A, B und C).

7.) Es muss mindestens zwei Hierarchien von Spielern im Experiment geben, die in zwei Kulturen, der eines Vorstandes und der der Projektgruppe, leben sollten. Dies entspricht der Umsetzung des Unverständnisses zweier unterschiedlicher Kulturen, welche sich z.B. im Projekt in unrealistischen Zeitplänen ausdrückt. (das Awareness-Problem des Projektes in Fall A bzgl. Projektmanager und VL).

4.6 Konsequenzen für die Entwicklung des Experimentes

8.) Es sollte eine dritte Hierarchie im Sinne eines Projektleiters zwischen einer Projektgruppe und einem Vorstand haben, um „Vernebelung" und „Informationsfiltereffekte" zu garantieren. (untätiger Projektleiter in Projekt A und C und framender übermotivierter Projektleiter in Projekt B).

9.) Das Projektteam sollte von Zeit zu Zeit Möglichkeiten zur Reflexion seiner Lage erhalten (z.B. Debakel mit der Bundestagswahl in Fall B, oder den Review in Fall A, Kundenpräsentationen im Fall C).

10.) Um Konflikte zwischen Abteilungen zu simulieren und Gruppenkohäsion erzeugende Konkurrenz zu ermöglichen, sollte das Experiment die Spielgruppen zueinander in Konkurrenz setzen (Konflikte zwischen den Fachbereichen in Fall B).

11.) Es sollte eine Möglichkeit geben, am Ende des Misserfolgs nochmals alles auf eine Karte zu setzen und eine gegenüber dem Gegner höchst riskante Entscheidung zu treffen (so z.B. nach der PROSOZ-Sitzung nochmals eine gesamte Entwicklungsabteilung bis zur CEBIT 93 mit der Fertigstellung zu betrauen).

5 ESCALAT-Experiment

5.1 Vorgaben der Fallstudien für das Experiment ESCALAT

Soll im Experiment Escalation of Commitment in Krisensitzungen erzeugt werden, muss ein Prozess gestaltet werden, der den Teilnehmern im Projektgruppenspiel das Gefühl einer Krise vermittelt. Das Problem der experimentellen Sitzungsforschung im CSCW-Bereich bestand bisher darin, die Sitzung als solche überzubewerten und nicht das Eingebundensein einer Sitzung in den Prozess zu betrachten. Die Untersuchung der Fallstudien zeigte jedoch gerade, in welcher Abhängigkeit Sitzungen vom Prozess stehen, in den sie eingebunden sind. Die Simulation einer Krisensitzung kann deshalb nur gelingen, wenn die Experimentalteilnehmer sich selbst in eine Krise hineinmanövriert haben und plötzlich vor einer wichtigen Entscheidung stehen, die angesichts der sie umgebenden Ungewissheit Probleme bereitet.

Entsprechend der forschungsstrategischen Vorgabe dieser Arbeit, die wesentlichen Erkenntnisse gescheiterter Projekte in einem Laborexperiment umzusetzen, wurde für das Experiment zuerst das Regelwerk festgelegt, das zur Umsetzung der Erkenntnisse notwendig war, um dann die Umsetzung dieser Regeln mit den räumlichen und zeitlichen Gegebenheiten des Labors in Einklang zu bringen.

Aus den sozialen Gegebenheiten der Fallstudien ergaben sich kontextuelle Bedingungen, die in den Regeln des Experimentalspiels abgebildet sein mussten, um die spezifische Wirklichkeit der Fälle im Experiment wiederzufinden. Diese Regeln für das Design des Spiels waren folgende:

- Das Spiel darf von vornherein nicht zu gewinnen sein; damit steht das Projektteam vor einer unlösbaren Aufgabe.
- Der Gewinn des Experimentalspiels soll für die Teilnehmer ein lohnenswertes Ziel sein.
- Ein früher Erfolg im Experimentalspiel fördert die Bereitschaft zur Eskalation.
- Um Konflikte zwischen Abteilungen zu simulieren und Gruppenkohäsion zu fördern, soll ein Experimentalspiel mehrere Spielgruppen zueinander in Konkurrenz setzen.
- Der Spielverlauf soll „kleine Belohnungen" bereithalten, die im Gesamtzusammenhang wertlos sind, mit denen sich die Spielteilnehmer aber gegenseitig motivieren können.
- Das Spiel muss eine notwendige Kooperation verschiedener Hierarchien, Erlebniswelten und Verantwortlichkeiten beinhalten Dies wurde mit unterschiedlichen Rollen wie Vorstand, Projektleiter, Mitarbeiter[34], räumlich verteilter Arbeit und anfallenden Kommunikationskosten simuliert.

---

[34] Die Begriffe sind abstrakt zu verstehen. Der Begriff Vorstand steht stellvertretend für die Rolle, für das Projekt das oberste Entscheidungsorgan darzustellen. Diese Rolle kann in der Praxis ein Geschäftsführer, ein

5.1 Vorgaben der Fallstudien für das Experiment ESCALAT

- Das Experiment soll eine intermediäre Hierarchie zwischen Projektmitarbeitern und Vorstand in Form eines Projektleiters vorsehen, um „Framing" von Information anzuregen und zu ermöglichen.
- Die Spielgruppe soll die Möglichkeit zur Reflexion der eigenen Lage und zum Treffen von Folgeentscheidungen in Form eines Statusmeetings erhalten.
- Das Projektteam wie der Vorstand im Spiel müssen in der Lage sein, sich über den Projektstatus zu informieren.
- Das Spiel muss einen frühen Projektabbruch als Folge der Gruppeneinsicht in die Unlösbarkeit der Aufgabe belohnen.
- Zum Ende des Experiments muss immer offensichtlicher werden, dass das Spiel nicht zu gewinnen ist.
- Gegen Ende soll das Spiel nochmals eine hochriskante Option für die Gruppe bieten. Sie muss mit geringster Wahrscheinlichkeit zu einem mittleren Gewinn, mit höchster Wahrscheinlichkeit aber zu einem hohen Verlust führen.

Daraus ergibt sich ein Regelset (Tabelle 12) für das Experimentalspiel, dass auf verschiedenen Ebenen angewandt und umgesetzt werden muss.

Senior Manager oder Abteilungsleiter sein. Die Begriffe Projektleiter und Projektmanager werden gelegentlich synonym verwendet, ebenso wie der Begriff Projektmitarbeiter und Projektmitglied.

Ebene des Spiels:	Die umzusetzenden Regeln:	Operationale Umsetzung:
Gruppe	Soll aus drei Hierarchien bestehen (Vorstand, Projektleiter, Gruppe).	Wurde durch Wahl eines Projektmanagers und eines Projektvorstandes zu Beginn des Projektes erreicht.
	Hierarchien soll in verschiedenen Erlebniswelten leben.	Vorstand, Projektleiter und Gruppenmitglieder erhielten unterschiedliche Aufgaben in verschiedenen Spielen. Der Vorstand erhielt zusätzlich ein anderes räumliches Umfeld.
Kooperation	Die Gruppe kann nur als Ganzes gewinnen, d.h. die Hierarchien müssen miteinander auf ein Ziel hin kooperieren und ihre jeweiligen Gewinne addieren.	Das Ergebnis des Vorstands, in Raum A in seinem Spiel (Sp1) erwirtschaftet, wird mit dem Ergebnis der Gruppe, in Raum B in ihrem Spiel (Sp2) erwirtschaftet, addiert. Die zu erreichenden Gewinne sind bei optimalem Verhalten beim Vorstand um etwa 20% höher.
Organisation	Die Konkurrenzsituation zu anderen Gruppen besteht und verschärft die Krise.	Drei Gruppen werden zusammen in einem großen Raum einer Konkurrenzsituation ausgesetzt: Jede Gruppe spielt für sich und kann von der anderen nicht beeinflusst werden, jedoch besteht Transparenz über den Spielstand der anderen Gruppen.
Prozess	Das Spiel soll ohne einen Abbruch durch den Vorstand nicht zu gewinnen sein.	Die Gruppen spielen eine Art Quiz mit insgesamt 13 Fragerunden, wovon die letzten 10 Fragerunden (ausgenommen Runde 5) aus unlösbaren Fragen bestehen. Der Vorstand spielt mit Fragen normaler Gewinnchance. Wird das Gruppenspiel nicht abgebrochen, verliert auch der Vorstand.
	Nach einer erfolgreichen Anfangsphase bekommt die Gruppe ein Problem.	Die ersten 3 (Vorrunden) von 13 Runden im Gruppenspiel werden problemlos gewonnen. Die Belohnung dafür ist hoch und gilt als Start- und Spielkapital der Gruppe für die Runden 4 bis 13 (Hauptrunden).
	Die Aufgaben in der Problemphase sind für die Gruppe mit vorhandenen Mitteln unlösbar.	Es wurden für die Hauptrunden (ausser Runde 5) im Gruppenspiel nur Fragen ausgesucht, die im Pretest unter Kollegen keiner annähernd beantworten konnte.
Sitzung (Statusbericht)	Die Problemphase wird für eine Projektstatussitzung unterbrochen, bei der die richtige Spielstrategie der Abbruch wäre.	Nach der 8. Runde (Hauptrunde 5) kommt der Vorstand von Raum A nach B, um vom Projektleiter einen Statusbericht zum Spiel zu erhalten. Danach soll zwischen Gruppe und Vorstand die weitere Vorgehensweise diskutiert werden.
Sitzung (Krisendiskussion)	EMS-Sitzung	Die Sitzung nach Hauptrunde 5 wird mit Hilfe eines EMS und der Anonymität zwischen Vorstand, Projektleiter und Gruppenmitgliedern durchgeführt.
	CMC-Setting	Die Sitzung nach Hauptrunde 5 wird, nach kurzer mündlicher Diskussion aller, verteilt weitergeführt. Dabei ist der Projektleiter angehalten, mit dem Vorstand per Emailähnlichem System zu diskutieren.

Tabelle 12: Operationalisierung der aus den Fallstudien gewonnenen Erkenntnisse im Experimentalspiel

5.2 Aufbau und Durchführung des Escalat-Spiels

Das Projektspiel der Gruppe ist so ausgelegt, dass eine Zielerreichung unmöglich ist und ein früher Projektabbruch maximalen Gewinn erbringt. Durch frühe Punktgewinne können sich die Teilnehmer in der Sicherheit wiegen, ihr Ziel zu erreichen. Doch die Regeln sind so konzipiert, dass bei fortschreitendem Spielverlauf immer weniger, meistens gar keine Punkte gewonnen werden. Somit ist interessant festzustellen, ab wann das Problem der Unerreichbarkeit des Ziels erkannt und zum erstenmal in der Gruppe thematisiert wird. Beim Thematisieren der Krise wird darauf geachtet, wie dies über die Hierarchiestufen hinweg geschieht.

Im Experimentalspiel werden mit einem kleinen Projekt beauftragte Gruppen zueinander in Konkurrenz gesetzt und systematisch in eine Krise geführt. Dabei spielen zwei oder drei Projektgruppen, bestehend aus drei bis sechs Projektmitgliedern (M) und einem Projektleiter (PL) in einem Raum sitzend gegeneinander. Im Nebenraum sitzen die Vorstände (V) der jeweiligen Projektgruppen und spielen gemeinsam ein Spiel mit „normaler" Gewinnchance gegeneinander. Der Gewinn der Vorstände wird am Ende des Spieles jeweils zu dem der Projektgruppe addiert. Die Gruppe – V, PL und M – mit den meisten Punkten erhält einen attraktiven Preis.

5.2.1 Räumliches Experimentallayout und Datenerhebung

Gespielt wird das Escalat-Spiel in zwei getrennten Räumen, dem Hohenheimer TeleTeam-Raum, einem Experimentallabor zur Optimierung von Sitzungen mit Hilfe modernster IT, und einem Vorraum zu diesem Raum (Abbildung 16). Im TeleTeam-Raum sitzen zur gleichen Zeit die Experimentalgruppen 1, 2 und 3 mit ihren Projektleitern (im Bild unter dem Projektmanager) und Mitgliedern (Mitarbeitern) der Projektgruppe und versuchen die Fragerunden erfolgreich zu absolvieren.

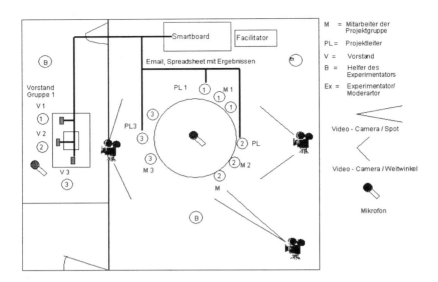

Abbildung 16: Räumliches Experimentallayout mit Datenerhebungstechnologie (Eigene Darstellung)

Ihre jeweiligen Vorstände sitzen im Vorraum, der durch Wand und Tür von der übrigen Gruppe getrennt ist und verbale Kommunikation während des Spiels unmöglich macht. Um zwischen den beiden Räumen trotzdem eine Kommunikationsverbindung herzustellen, wurde für jeden Gruppenvorstand ein Laptop installiert, auf dem die Sitzungssoftware Group Systems for windows lief. Auf dieser Software war für die Gesamtzeit des Spiels ein emailartiger Kommunikationskanal eingerichtet, mit dem sich die Vorstände beim Projektleiter über den Spielverlauf der Gruppe erkundigen konnten. Zudem wurde der Punktestand der Gruppe nach jeder Fragerunde übermittelt.

Da technisch ein Großteil der Kommunikation über Group Systems for windows abgewickelt wurde, diente insbesondere das Logfile des Servers als Grundlage zur Erhebung und Auswertung der Daten. Ließen sich aus den Aussagen im Logfile keine Erkenntnisse bezüglich einer spezifischen Situation ziehen, standen Tonband- und Videoaufnahmen der Sequenzen zur Analyse zur Verfügung.

Für die Beobachtung des Experiments wurden im TeleTeam-Raum drei Videokameras angebracht. Die Kameras 1 und 2, die jeweils an den Seiten des Experimentalraumes standen, waren Weitwinkelkameras und konnten wechselseitig geschaltet werden. Sie dienten dazu, insbesondere wenn das Spiel zu eskalieren drohte und die Krise um sich griff, einen Eindruck von der Stimmung im Raum zu erhalten. Da es es sich bei diesen Kameras um Überwachungskameras ohne Ton handelte, mussten zusätzliche Mikrophone im Bereich der jeweiligen Gruppen platziert werden. In der rechten unteren Ecke des Raumes stand als

5.2 Aufbau und Durchführung des Escalat-Spiels

Kamera 3 eine Spotkamera. Sie hatte im Experimentalverlauf die Aufgabe, einzelne interessante Szenen aus dem Versuch herauszulösen, und war zudem mit einem sehr guten Mikrophon ausgestattet, so dass besonders interessante Sequenzen tatsächlich aus der räumlichen Umgebung herauszulösen waren.

Um den Vergleich zwischen den unterschiedlichen Settings messen zu können, kam ein Electronic Survey zum Einsatz, den die Experimentalteilnehmer unmittelbar nach Beendigung des Spieles ausfüllten. Mit diesem Survey wurden vor allem Fragen der Problemerkennung, Problemkommunikation, des Strategiewechsels, des Beharrens auf einer anfangs abgesprochenen Strategie, des Führens einer Abbruchdiskussion und des Spielabbruchs erfragt. Das folgende Bild ist dafür ein Beispiel (Abbildung 17):

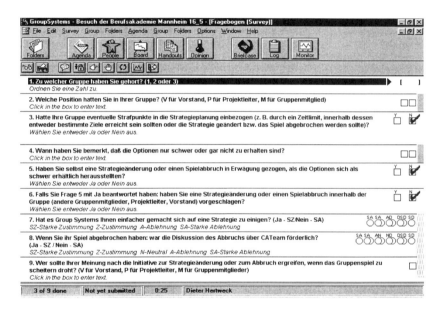

Abbildung 17: An die Gruppen ausgegebener Kurzfragebogen

5.2.2 Inhaltlicher Aufbau des Experimentalspiels

Im Experimentalspiel (ESCALAT) versuchen mindestens zwei Gruppen, den Gesamtsieg des Spieles gegeneinander zu erringen. Der Gesamtsieg wird nach Definition durch den Experimentator mit der Maximierung des Gewinns erreicht. Dabei kann eine Gruppe die andere nicht beeinflussen. Da aber auf den höchsten Gewinn (Gesamtsieg) ein attraktiver Preis ausgesetzt wurde, trat in den meisten Gruppen das vom Experimentator formulierte Ziel „Maximierung des Gewinns der eigenen Gruppe" oft in den Hintergrund vor dem Ziel „Gewinn des attraktiven Preises". Dieses insgeheim geführte neue Projektziel beeinflusste die Wahl der Fortführungsstrategie des Spiels der Gruppen wesentlich.

Eine Gruppe besteht aus Projektmitarbeitern, dem Projektleiter, sowie einem Vorstand. Die Vorstände werden von der Gruppe zu Beginn des Projekts bestimmt oder demokratisch gewählt und dann von der Gruppe getrennt. Sie spielen, räumlich von ihrer Gruppe getrennt, das sogenannte Vorstandsspiel[35]. Um die Parallelen zur Realität fortzuschreiben, erhielten die handelnden Akteure ähnliche Aufgaben und Rollen (Vorstände, Projektleiter, Mitarbeiter). So ist der Vorstand der zuständige für die Finanzen der Gruppe und hat in letzter Instanz sowohl die Entscheidung über strategische Fragen als auch über Spielabbruch bzw. -weiterführung. Der Projektleiter ist das Sprachrohr der Gruppe zum Vorstand und umgekehrt; er ist für den Projekterfolg der Gruppe verantwortlich. Die Mitarbeiter schließlich tragen mit ihrem Wissen wesentlich zum Projekterfolg oder Misserfolg bei und unterstützen den Projektleiter in seiner Entscheidungsfindung über den Fortgang des Projektes bzw. bei der Feststellung des Projektstatus.

5.2.2.1 Ziel: die Knobellösung

Oberstes Ziel ist die Erreichung einer maximalen Punktezahl, mit der die Lösung einer von drei Knobelaufgaben ermöglicht wird. Die Gruppe, die das schafft, erhält einen Preis (eine Kiste Sekt). Die drei auswählbaren Knobelmodelle unterscheiden sich in ihrer Komplexität und der Menge der Streichhölzer (gewonnene Fragerunden), die man zu ihrer Lösung benötigt. Das Knobelspiel darf erst gelöst werden, wenn die Gruppe die zur Lösung benötigten Streichhölzer beisammen hat. Vor Beginn der Hauptrunde legt sich jede Gruppe auf ein zu lösendes Knobelspiel fest (Abbildung 18).

---

[35] Die Trennung sorgt dafür, dass die Vorstände dem Projektspiel der Gruppe nicht permanente Aufmerksamkeit widmen können, ein Problem, das in den untersuchten Fallstudien als zentrale Herausforderung erschien.

5.2 Aufbau und Durchführung des Escalat-Spiels

Schwierigkeitsgrad 1	Schwierigkeitsgrad 2	Schwierigkeitsgrad 3
Durch das Umlegen von 2 Hölzern erhält man 3 Dreiecke 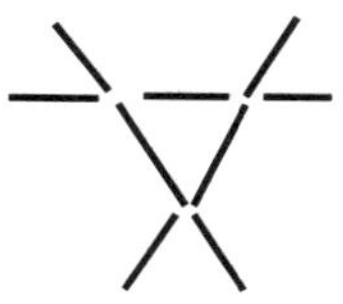	Der Fisch schwimmt in die entgegengesetzte Richtung, wenn man 3 Streichhölzer und das Auge verlegt. 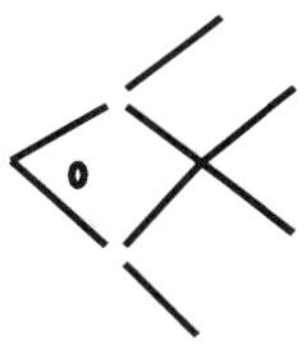	Ein Würfel aus acht kleinen Würfeln. Wieviel Hölzer muß man wenigstens wegnehmen, um den Eindruck zu erwecken, es gäbe nur sechs kleine Würfel? 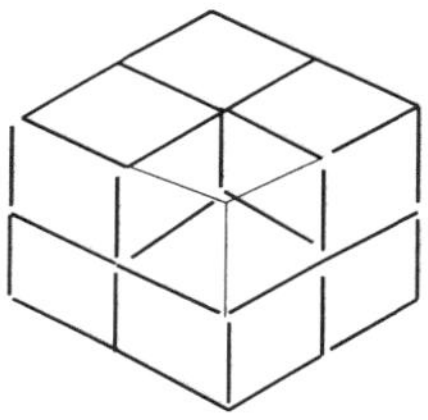

Abbildung 18: Die den Gruppen zur Lösung vorgelegten Knobelmodelle unterschiedlicher Schwierigkeitsgrade

Die Wahl des Knobelmodells symbolisiert den Grad des Projektrisikos,[36] dass man zu wählen bereit ist (2, 3 oder 4 Streichhölzer zur Lösung). Dem Grad des Risikos entgegen steht der zu erwartende Gewinn im Knobelspiel, der mit 400, 600, 800 Punkten weit über dem liegt, was durch das richtige Beantworten einzelner Fragen in der Fragerunde zu gewinnen ist. Sollte die Gruppe während des Spiels zur Auffassung gelangen, dass sie sich mit dem Projektrisiko verschätzt hat,[37] kann sie zu einem Preis von 100 P ihre Strategie wechseln. Wird dann das Gruppenziel nicht erreicht, erhält die Gruppe Strafpunkte in Höhe des ursprünglich anvisierten Gewinns (-400P,-600P,-800P). Ohne Punktverlust kann der Spielabbruch erfolgen, wenn die Gruppe der Meinung ist, dass sie ihr Ziel (Maximierung des Gewinns) nicht mehr sinnvoll erreichen kann. Die bisher entstandenen Projektkosten werden eingefroren[38].

---

[36] Dies entspricht in den beobachteten IS-Entwicklungsprojekten der Fallstudien dem Grad der technologischen oder organisatorischen Innovation, mit der noch keine Erfahrungen vorliegen.

[37] Hier soll der Effekt simuliert werden, dass während der Entwicklung plötzlich festgestellt wird, eine wesentliche Komponente des Systems fehle (Fallstudie A). Dies führt im fortgeschrittenen Entwicklungsstadium zur Redesign der Architektur, was den bisher programmierten Code meist unbrauchbar macht. Deshalb wird ein Kurswechsel während des Projektspiels „wie im richtigen Leben" mit Kosten (hier 100 Punkte) belastet.

[38] Mit dieser Maßnahme wird der Abbruch attraktiver gemacht als in der Praxis üblich, wo die Nichterfüllung von Verträgen oft mit Schadensersatzforderungen verbunden ist. Auch in den Fallstudien A und B wurde deutlich, dass ein rechtzeitiger Projektabbruch viel Geld gespart hätte. Wird ein rechtzeitiger Abbruch mit einem Meilenstein verbunden, ist auch in der Praxis meist ein kostengünstiger Ausstieg möglich.

5.2.2.2 Punktgewinnmöglichkeiten und Spieloptionen

Die Regeln sind für die gewünschte Dramaturgie bewusst komplex gewählt und werden der besseren Übersicht wegen in Tabelle 13 zusammengefasst:

Details zum Spielplan		
	Vorrunde	Hauptrunde
Anzahl der Fragen	5	3
Anzahl der Spielrunden	3	10
Fragen aus unterschiedlichen Wissensgebieten	Ja	Nein
Zu erwartender Gewinn je Spielrunde	10 Punkte jede richtige Antwort	- Option auf ein Streichholz (nur bei 3 richtigen Antworten je Runde) - oder 5 Punkte für jede richtige Antwort
Schwierigkeitsgrad / Bestrafung beim Knobelspiel		
Schwierigkeitsgrad	Benötigte Anzahl Hölzchen	Punkte
1	2	+/- 400 Punkte
2	3	+/- 600 Punkte
3	3	+/- 800 Punkte
Übersicht der strategischen Optionen und Kosten		
Option	wann möglich	Kosten
Wechsel des Wissensgebietes	2. – 9. Hauptspielrunde	100 Punkte
Wechsel des Knobelspiels	2. – 9. Hauptspielrunde	100 Punkte
Spielabbruch	2. – 9. Hauptspielrunde	+/- 0 Punkte

Tabelle 13: Übersicht zu den im Spiel verwandten Spielregeln

5.2.2.3 Gruppenspiel

Das Projektgruppenspiel besteht aus einer Vor- und einer Hauptrunde. Die Vorrunde dient zur Gewöhnung an die Spielregeln und zum Sammeln des Spielpunktekapitals für die Hauptrunde. Die Vorrunde besteht aus drei Fragerunden mit je fünf Trivial-Pursuit-Fragen aus fünf verschiedenen Wissensgebieten. Die Fragen sind in 5 Minuten pro Runde zu beantworten. Für jede richtige Antwort gewinnt die Gruppe 10 Punkte. Beantwortet sie alle Fragen richtig, was möglich ist, kann sie am Ende der Vorrunde 150 Punkte Spielkapital erreichen.[39]

Die Hauptrunde besteht aus der Kombination zweier Spiele: dem der Vorrunde ähnlichen Ratespiel und dem davon abhängig zu lösenden Knobelspiel. Das Fragespiel besteht aus 10 Spielrunden, mit drei Fragen je Spielrunde, aus einem Wissensgebiet, auf das sich die Gruppe zu Beginn der Hauptrunde geeinigt (committet) hat. Jede Frage muss in einer Minute beantwortet werden; eine Spielrunde ist nur dann gewonnen, wenn alle drei Fragen richtig beantwortet sind.

Können nicht alle Fragen einer Spielrunde beantwortet werden, erhält die Gruppe 5 Punkte für jede richtige Antwort, bestenfalls 10 Punkte je Runde. Da die Fragerunden den

---

[39] Dies entspricht dem Modell des frühen Erfolges vgl. Drummond (1996,9)

Projektfortschritt symbolisieren, muss jede Gruppe für jede neue Fragerunde 10 Punkte von ihrem Kapital investieren. Somit bedeutet eine Spielrunde mit zwei richtig beantworteten Fragen bestenfalls Stagnation des Projektes. Mehrere solcher Runden bedeuten sinkende Chancen zur Lösung des Knobelspiels, da nur komplett beantwortete Fragerunden eine Option auf Umlegen oder Wegnehmen eines Streichholzes bieten.

5.2.2.4 Vorstandsspiel

Beim Vorstandsspiel handelt es sich um das Gesellschaftsspiel Trivial Pursuit. Ziel des Spiels ist es, sechs Wissenssteine verschiedener Farben zu sammeln und diese in die Mitte des Spielbretts zu bringen. Für die Mobilität sorgt ein Würfel, der jeden Spieler seine Figur so viele Felder ziehen lässt, wie der Würfel Punkte zeigt. Jeder Spieler würfelt so lange, wie er die Frage, die mit dem Feld verbunden ist, auf das er zieht, beantworten kann. Die Fragen kommen aus den Wissensgebieten Erdkunde (blau), Unterhaltung (pink), Geschichte (gelb), Kunst und Literatur (braun), Wissenschaft und Technik (grün) sowie Sport und Vergnügen (orange). Kann ein Spieler die Frage des Feldes, auf dem seine Spielfigur sitzt, nicht beantworten, ist der nächste Spieler mit Würfeln am Zuge. Der nächste Spieler kommt ebenfalls zum Zuge, wenn der Vorstand, der gerade dran wäre, durch die Kommunikation mit seiner Projektgruppe sein Spielrecht nicht wahrnehmen kann. Für jeden errungenem Wissensstein bekommt der Vorstand 50 Punkte gutgeschrieben.

5.2.2.5 Kommunikation zwischen Gruppe und Vorstand

Über Email können Vorstand und Gruppe miteinander kommunizieren. Um diese Kommunikation immer wieder anzustoßen, wird nach jeder Spielrunde der Gruppe ihr aktueller Punktestand über ein Spreadsheet auf dem Laptop zum Vorstand übermittelt, so dass dieser über die Lage seiner Gruppe im Bilde ist. Informiert über die Gruppensituation, kann er mittels Email zum Projektleiter die Gesamtlage des Spiels kontrollieren bzw. steuern und weitere Vorgehensweisen mit ihm diskutieren. Eine Kommunikation direkt zwischen Gruppenmitgliedern und Vorstand war zwar über das System möglich, sollte jedoch nur im äußersten Notfall stattfinden. Die Gruppe wurde instruiert, im Regelfall über den Projektleiter zum Vorstand zu kommunizieren und nur in Ausnahmesituationen vom Recht einer Email Gebrauch zu machen.

Der Betreuer der Vorstandsgruppe achtete darauf, dass das Spielrecht an den nächsten Vorstand weiterging, sobald ein Vorstand, der gerade am Zug war, mit seiner Gruppe kommunizierte. Dadurch entstanden für den Vorstand Kommunikationskosten. An mindestens zwei Stellen im Spiel ist die Kommunikation zwischen Vorstand und Gruppe zwingend vorgesehen: nach der Vorrunde zur Entscheidung über die weitere Spielstrategie und nach der 5. Hauptrunde über den Stand des Projektes (Zwischenbericht).

5.2.2.6 Settings

Nach der Vorrunde wurde der im Nebenraum spielende Vorstand zur Gruppe geholt. Der Projektleiter der Gruppe hatte öffentlich zu verkünden, welche Strategie, d.h. welches Knobelmodell und welches Wissensgebiet in der Hauptrunde gespielt werden soll. Die Gruppe hatte nach dem Vortrag des Projektleiters nochmals die Möglichkeit, die Strategie mit dem Projektleiter und dem Vorstand mittels einer anonymen Elektronischen Sitzung zu diskutieren und einen Beschluss zu fassen.

Anders sah es nach Hauptrunde fünf aus, als ein Statusbericht (im folgenden Zwischenbericht genannt) des Projektleiters vor dem Vorstand durchgeführt wurde. Zu diesem Zweck kam der Vorstand neuerlich in den Raum, in dem die Gruppe spielte, und wurde vom Projektleiter in Form einer Präsentation über den aktuellen Spielstand informiert. Für die Diskussion über die weitere Vorgehensweise im und nach dem Zwischenbericht standen Mitarbeitern, Projektleiter und Vorstand zwei verschiedene Versuchsanordnungen zur Verfügung, die für alle Gruppen eines Tagesversuchs identisch vorgegeben wurden, um die Vergleichbarkeit zu gewährleisten. So wurden vom 29.4.1997 bis zum 19.11.1997 vier Experimente mit jeweils drei Versuchsgruppen mit Setting CMC und vom 8.12.97 bis zum 2.3.98 vier Experimente mit jeweils zwei bis drei Versuchsgruppen im Setting EMS durchgeführt. Grundlage für diese beiden Settings waren folgende Überlegungen:

5.2.2.6.1 Setting I – CMC-orientiert:

In diesem Setting wird den Gruppenmitgliedern von der ersten Hauptrunde an eine E-Mailartige Nutzung des Systems im Sinne einer Computer Mediated Communication ermöglicht (kurz CMC-Setting). Das heißt, es gibt eine Vorstandsmailbox, in die technisch gesehen alle Gruppenmitglieder eine Nachricht an den Vorstand schreiben können. Allerdings wurden sie zuvor instruiert, dass eine direkte Kommunikation zum Vorstand nur vom Projektleiter vorgenommen werden sollte (Dienstwegprinzip).

Zum Zwischenbericht gibt der PL den Statusbericht über die bereits erlittenen, nicht unerheblichen Verluste mündlich vor Vorstand und Gruppe. Die meisten Projektmanager nutzten dieses Statusmeeting als Versuch, zu erklären, weshalb die Gruppe nach dem Erfolg der Vorrunde einen Einbruch erlitten hatte. Die Begründung lag manchmal in der Feststellung, dass die Fragen schwerer geworden wären; manchmal wurde versucht, die noch bessere Situation im Vergleich zur Konkurrenz als Entschuldigung und zum Verständnis für das Unerklärliche heranzuziehen.

Danach besprechen PL und V die weitere Vorgehensweise im Zwiegespräch mündlich und unter Zeitdruck. Der Experimentator achtet darauf, dass dieses Gespräch nicht länger als zwei Minuten dauert. Nach dieser Zeit wird der Vorstand vom Experimentator aufgefordert, wieder in seinen Raum zurückzugehen. Zur Klärung weiterer Fragen wird auf die verteilte Kommunikation mit dem Email-System verwiesen.

Diese etwas ungewöhnlich anmutende Konstellation im CMC-Setting war an ein Phänomen angelehnt, welches in Krisenmeetings immer wieder beobachtet werden konnte, nämlich dass die inhaltlichen Gründe meist viel zu kurz kommen. Im Vordergrund stehen eher Fragen der weiteren finanziellen Handhabung, aber auch der Schuldzuweisung. Die eigentliche Krisenursache tritt in den Hintergrund. Ein gut beschriebenes Beispiel für den Ablauf eines solchen Krisenmeetings in Fallstudie C findet sich bei Geib (1998, 88)

> *Schon beim Auflegen der ersten Folie durch den Projektleiter, die die aktuelle finanzielle Lage des Projektes zeigten, führten Nachfragen der Zugeschalteten zu einer*

5.2 Aufbau und Durchführung des Escalat-Spiels

Unterbrechung des Redeflusses des Vortragenden (...) So kamen die Teilnehmer sehr schnell von den eigentlich vorgesehenen weiteren Agendapunkten ab (...) Nach einer halben Stunde resümierte der Geschäftsführer die Notwendigkeit der Erstellung eines Aktionsplanes durch den Projektmanager.

5.2.2.6.2 Setting II – EMS-orientiert:

In Sachen Vorrundenentscheidung und Statusvortrag mit Begründung des Projektmanagers im Zwischenbericht läuft dieses Setting identisch zum ersten. Im Unterschied zu Setting I wurde nach dem Vortrag des Projektmanagers im Zwischenbericht der Vorstand gebeten, mit seinem Laptop im Projektraum Platz zu nehmen und mit dem Projektmanager und seinen Mitarbeitern ausführlich elektronisch über das EMS die weitere Vorgehensweise zu diskutieren. Dazu stand ein anonymes, elektronisches Brainstorming zur Verfügung. Die Diskussion wurde so lange geführt, bis eine Lösung im Sinne einer gemeinsamen Vorgehensweise absehbar war. War die strategische Ausrichtung der Gruppe für die letzten 5 Spielrunden festgelegt, verließ der Vorstand die Gruppe, und das Fragespiel wurde fortgesetzt. Die weitere Kommunikation zwischen Gruppe und Vorstand verlief dann wieder emailartig wie im CMC-Setting.

Ob die Mitarbeiter und der Projektmanager bei dieser EMS-gestützten Diskussion ihre Identität freigaben, wurde der Projektgruppe selbst überlassen. Beobachten ließ sich, dass man sich durchaus seiner Identität bediente, um den eigenen Aussagen Nachdruck zu verleihen.

5.2.3 Die Prozessdimension der Eskalation am Beispiel einer Spiel-Durchführung

Am Beispiel der Durchführung des folgenden Tagesexperimentes soll der Prozesscharakter der Eskalation veranschaulicht werden. Die Teilnehmer am Experiment wurden zu einem Tag der offenen Tür an den Lehrstuhl für Wirtschaftsinformatik eingeladen. Zu Beginn wurde eine allgemeine Einführung in das Thema Electronic Meeting Systems (EMS) vermittelt und dabei den späteren Probanden die Möglichkeit gegeben, sich spielerisch mit der Sitzungssoftware vertraut zu machen (s. Dokument)

Tagesordnung
15.12.1997
14:00 Begrüßung
Begrüßung der Studenten der BA-Stuttgart durch Herrn Dieter Hertweck
STAND DER ELEKTRONISCHEN SITZUNGSFORSCHUNG MIT ÜBUNG
14:05 Zur Forschung und Entwicklung des Lehrstuhls
Allgemeine Einführung in den Bereich TeleTeam Environments
14:20 Diskussion (Elektronisches Brainstorming)
Wo wäre Eurer Meinung nach das Studium an der BA-Stuttgart verbesserungswürdig?
14:35 Gebiete der Verbesserung (Kategorisierer)
Welchen Bereichen lassen sich Eure Verbesserungsvorschläge zuordnen?
14:55 Wo sind die größten Verbesserungspotentiale (Abstimmung)
Welche Bereiche sind Eurer Meinung nach
-am stärksten verbesserungsfähig (10P)
-am wenigsten verbesserungsfähig (1P)
EXPERIMETALTEIL
15:00 Vorstellung des Gruppenspiels
Erläuterung der Spielregeln
15:10 Beginn des Gruppenspiels
15:30 Präsentation der Knobelmodelle durch Herrn Hertweck
15:40 Diskussion der Strategie in der Gruppe (GR1)
Welcher Wissensbereich und welches Knobelmodell sollen in der Hauptrunde Verwendung finden?
15:50 Präsentation (GR1) (Gliederungsentwurf)
Präsentation der Strategie für die Hauptrunde durch den Projektleiter vor dem Vorstand
16:30 Zwischenpräsentation in Hauptrunde 5 (GR1) (Gliederungsentwurf)
Präsentation der Strategie für die Hauptrunde durch den Projektleiter vor dem Vorstand (wie wollen wir die letzten Runden weitermachen?)
17:00 Fragebogen (Umfrage)
Feedback zum Projektspiel

Um im Experiment hinsichtlich der Probanden eine realitätsnahe Auswahl zu erreichen, entschieden sich die Experimentatoren für eine sehr homogene Grundgesamtheit baden-württembergischer Berufsakademiestudenten der Fächer Wirtschaftsinformatik und Informatik im Abschlusssemester. Im Gegensatz zu anderen Probanden konnten diese Studenten bereits drei Jahre betriebliche Erfahrung und erste DV-Projekterfahrung vorweisen. Die Mitarbeit in IS-Projekten war bereits Bestandteil ihrer täglichen Lebenswelt. Vor Beginn der Erläuterungen wurden alle Teilnehmer durch den Experimentator mittels farbiger Karten in drei Gruppen eingeteilt. Einleitend zum Projektspiel wurden ihnen die Spielregeln, Rollen und Aufgaben erklärt, die jeder Teilnehmer im Experimentalspiel übernahm. Dabei wurden ihnen folgende Folien und Informationen vorgelegt (Abbildung 20 und Abbildung 21):

Spielregeln für die Gruppe

Die Gruppe, bestehend aus einem Vorstand, einem Projektleiter und mehreren Mitgliedern, absolviert ein kombiniertes Frage- und Knobelspiel. Das Spiel erstreckt sich über eine Vorrunde mit 3 Fragespielen und eine Hauptrunde mit Knobelspiel und 10 Fragespielen. Sieger ist die Gruppe, die am Schluß die meisten Punkte hat.

Vorrunde

Die Vorrunde besteht aus 3 Spielen a 5 Fragen, wobei es für jede richtige Antwort 10 Gewinnpunkte gibt. Die hier gesammelten Punkte werden in die Hauptrunde übernommen.

Hauptrunde

Vor Beginn der Hauptrunde legt sich die Gruppe eine Strategie zurecht. Der Projektleiter präsentiert diese Strategie seinem Vorstand. Der Vorstand übernimmt die Verwaltung des gemeinsamen Kapitals und erhält ein Vetorecht bei zukünftigen Entscheidungen. Im Gegenzug finanziert er die Hauptrundenspiele. Für das Ausarbeiten der Hauptrundenstrategie sind folgende Punkte zu berücksichtigen:

Ziel der Hauptrunde ist das Lösen eines Streichholzspiels, das aus 3 Schwierigkeitsgraden ausgesucht werden kann. Wenn die Gruppe dieses Spiel bis zum Ende der Hauptrunde erfolgreich bearbeitet hat, erhält sie einen Bonus. Hat sie es nicht geschafft, werden ihr Strafpunkte in gleicher Höhe abgezogen.

Schwierigkeitsgrad 1: 400 Punkte Bonus / 400 Punkte Strafe

Schwierigkeitsgrad 2: 600 Punkte Bonus / 600 Punkte Strafe

Schwierigkeitsgrad 3: 800 Punkte Bonus / 800 Punkte Strafe

Voraussetzung für das Bearbeiten des Streichhölzspiels ist das erfolgreiche Bestehen einer bestimmten Anzahl von Fragespielen. Die Gruppe muß so viele Spiele bestehen, wie sie Streichhölzer umlegen/wegnehmen muß. Je nach Schwierigkeitsgrad müssen gelöst werden

2 Fragespiele (bei Schwierigkeitsgrad 1)

3 Fragespiele (bei Schwierigkeitsgrad 2)

4 Fragespiele (bei Schwierigkeitsgrad 3)

Für die 10 Fragespiele spezialisiert sich die Gruppe auf eines der Wissensgebiete Erdkunde, Unterhaltung, Geschichte, Kunst und Literatur, Wissenschaft und Technik.

Ein **Fragespiel** besteht aus 3 Fragen, wobei im Gegensatz zur Vorrunde **alle Fragen** richtig beantwortet werden müssen, damit das Spiel als bestanden gilt. Werden 2 oder nur eine Frage richtig beantwortet gibt dies noch 5P pro richtig beantworteter Frage. Wenn die Gruppe ein Fragespiel bestanden hat, erhält sie die Option zum Umlegen bzw. Wegnehmen eines Streichholzes. Diese Optionen werden gesammelt, bis die erforderliche Anzahl erreicht ist. Dann kann das

Streichholzspiel gelöst werden. Nach Lösen des Streichholzspiels werden bestandene Fragespiele mit 20 Punkten vergütet. Der Einsatz für ein Fragespiel beträgt 10 Punkte, die vom Vorstand aufgebracht werden.In einer Zwischenbesprechung mit dem Vorstand nach dem fünften Spiel wird die weitere Vorgehensweise geplant. In Abstimmung mit dem Vorstand kann die Gruppe sich jederzeit ein anderes Wissensgebiet aussuchen oder das Spiel ganz abbrechen. Das Wechseln des Wissensbereichs kostet 100 Punke, der Abbruch ist kostenlos.

Abbildung 19: An die Experimentalgruppen ausgegebene Spielanleitung (Eigene Darstellung)

Rollenverteilung im Projektspiel

- **Vorstand:** ist oberster Herr über das Geld der Gruppe und verwaltet dieses. Er muß vor jeder wichtigen Entscheidung informiert werden

- **Projektleiter:** ist Sprecher der Gruppe und präsentiert deren Ergebnisse. Er ist für das Ergebnis der Gruppe verantwortlich

- **Projektmitarbeiter:** ist Mitglied der Projektgruppe

Abbildung 20: An die Experimentalgruppen ausgegebene Beschreibung der Rollen im Spiel (Eigene Darstellung)

Im Anschluss an die Übermittlung der Rollen von Mitarbeiter, Projektmanager und Vorstand wurde von der Gruppe ein Vorstand bestimmt und in den Nebenraum zum Vorstandsspiel

5.2 Aufbau und Durchführung des Escalat-Spiels 151

Im Anschluss an die Übermittlung der Rollen von Mitarbeiter, Projektmanager und Vorstand wurde von der Gruppe ein Vorstand bestimmt und in den Nebenraum zum Vorstandsspiel geleitet. Die Probanden erhielten eine Einführung in das Projektspiel anhand von Abbildung 21.

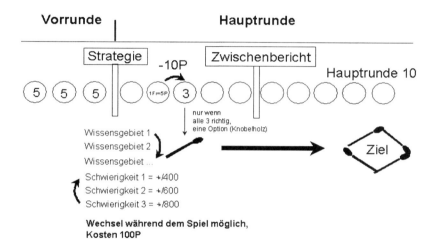

Abbildung 21: An die Experimentalgruppen ausgegebene Visualisierung der Abläufe des Spiels (Eigene Darstellung)

Das Projektspiel der Vorrunde wurde so durchgeführt, dass ein Betreuer (B) aus dem Team des Experimentators die Zettel mit den Trivial-Pursuit-Fragen an die Teilnehmer austeilte. Diese legten den Zettel in die Mitte ihrer Gruppe und berieten mögliche Lösungen der Fragen. Die Antworten wurden mit einem Stift unter die jeweiligen Fragen geschrieben. Nach Ablaufen einer Frist von 5 Minuten wurden die Lösungsblätter aller Gruppen von B eingesammelt und dem Experimentator zur Auswertung überlassen. Während B die richtigen Lösungen vortrug, womit die Gruppen eine Kontrolle ihrer Ergebnisse erhielten, übertrug der Experimentator die erreichte Punktezahl auf ein Excel-Spreadsheet mit Balkengrafik (Abbildung 22). Dieses wurde von Beginn der zweiten Fragerunde an dem Vorstand auf den Laptop übermittelt, so dass er die Möglichkeit zur Kontrolle des laufenden Spielstandes seiner Gruppe hatte.

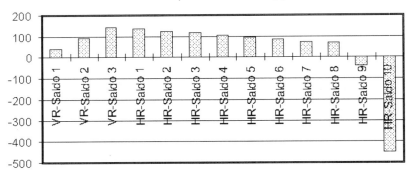

Abbildung 22: Visualisierung des Spielstands der Gruppen an den Vorstand - aktualisiert nach jeder Spielrunde (Eigene Darstellung)

Da die ersten drei Spielrunden relativ einfach zu bewältigen waren, erreichten die meisten Gruppen die möglichen 150 Punkte Startkapital für die Hauptrunde und waren guter Dinge. Nach der dritten Vorrunde wurden den Gruppen die verschiedenen Knobelmodelle für die Hauptrunde präsentiert, und sie hatten die Entscheidung zu treffen, welches der drei Modelle und Risikofaktoren sie für die anstehende Hauptrunde lösen wollten. Im Anschluss an diese Diskussion erfolgte eine Diskussion über die Auswahl des Wissensgebiets (aus fünf möglichen), welches die Gruppe für die Hauptrunde zur Beantwortung ihrer Fragen wählen wollte. Nach dem Einigungsprozess innerhalb der Gruppe, der in der Regel relativ schnell und konfliktfrei vonstatten ging, hatte der Projektleiter die Aufgabe, eine „Mini-Präsentation" vor seinem Vorstand zum Thema „welches Wissensgebiet und Knobelmodell wollen wir in der Hauptrunde wählen" zu halten.

Die Vorstände wurden zu diesem Zwecke aus dem Nebenraum in den Raum der Projektteams geholt; der Projektleiter musste sich aus dem Kreis seiner Mitarbeiter erheben und in wenigen Worten die Strategie für die Hauptrunde begründen. Da die Vorstände nicht über die Knobelmodelle im Bilde waren, beinhaltete die Präsentation des Projektleiters im wesentlichen drei Schritte: die Aufklärung des Vorstandes über den Sinn der Knobelmodelle, die Begründung, für welches Knobelmodell die Gruppe entschieden hat, und die Begründung, aus welchem Wissensgebiet in der Hauptrunde sämtliche Fragen kommen sollen. Die Argumentationsketten gingen in der Regel wie folgt: „Wir haben in der Vorrunde von 150 Punkten alle Punkte erreicht und hatten insbesondere im Wissensgebiet X keinerlei Probleme. Da sich die meisten von uns intensiv mit dem Wissensgebiet X beschäftigen, wollen wir dies für die Hauptrunde auswählen. Da wir mit den Fragen bisher keinerlei Probleme hatten, wählen wir für die Hauptrunde das Knobelspiel Nr.3 mit dem höchsten Risiko, da wir

5.2 Aufbau und Durchführung des Escalat-Spiels 153

glauben, bereits eine Lösung dafür zu haben"[40]. Nach dem der Vorstand diese Präsentation gehört hatte, musste er seine Zustimmung geben, damit die Gruppe die von ihr gewählte Strategie auch spielen konnte. Ab jetzt wurde zwischen Gruppe und Vorstand eine Email-Verbindung geschaltet, mit deren Hilfe der Projektmanager Fragen an den Vorstand richten konnte. Die Mitarbeiter wurden instruiert, nur in absoluten Ausnahmefällen mit dem Vorstand zu kommunizieren, woran sich manche Gruppen strikt, manche weniger strikt hielten. Mit der Schaltung der Email-Verbindung wurde die Hauptrunde eingeleitet.

In der Hauptrunde waren die vom Experimentator gestellten Fragen kaum zu lösen. Die Fragen waren vor der Experimentalreihe unter Kollegen der Fakultät auf ihre Unlösbarkeit getestet und ausgewählt worden. Ziel dieser Vorgehensweise war, den Gruppen, die sich auf die Lösung eines Knobelmodells „commitet" hatten, Schritt für Schritt die Möglichkeit, Streichholzoptionen zu erwerben, zu entziehen, um sie mit fortschreitender Spieldauer vor die Wahl eines Strategiewechsels oder des Spielabbruchs zu stellen. Der zusätzlich erzeugte Zeitdruck (die Gruppen hatten pro Frage eine Minute Zeit, bevor der Betreuer B die Fragebögen wieder einsammelte), ließ die Gruppen Stück für Stück in eine Krise geraten. Die Krise wurde jedoch in der zweiten Runde durch ein mögliches Erfolgserlebnis unterbrochen, da hier die Fragen absichtlich lösbar gestaltet waren, um ein Commitment zum vorhandenen Wissensgebiet und zum Glauben an die Lösbarkeit der Fragerunden bis weit in die Krise hinein (ab Runde 5) zu stärken. Dies entspricht dem Gesetz des „early success" von Commitment-Prozessen, wonach eine Gruppe, motiviert durch frühe Erfolge, in Krisensituationen lange Zeit am eingeschlagenen Weg festhält, auch wenn er erfolglos ist. Nach jeder Fragerunde wurde der Gruppe entsprechend der zuvor vereinbarten Kosten des Projektfortschritts, 10 Punkte von ihrem Konto abgezogen. War sie in der Lage, eine Frage richtig zu beantworten, was immer wieder gelang, bekam sie 5 Punkte gutgeschrieben, was in der Summe aber immer noch fünf Verlustpunkte und keine Option für das Knobelspiel bedeutete. Die Frustration bei den Experimentalteilnehmern wurde zusätzlich geschürt, indem Experimentator und Betreuer wiederholt den Anschein erweckten, als ob die Fragen zum Allgemeinwissen gehören. So kam von Zeit zu Zeit Betreuer B aus dem anderen Raum für kurze Zeit in den Experimentalraum und wurde vom Experimentator eine äußerst schwierige Frage gefragt, die in der Runde vorher eine Gruppe nicht beantwortet hatte. Da dieser aber die Antworten kannte, konnte er sie aus dem Stehgreif beantworten.

Die Experimentalgruppe war vor Beginn der Hauptrunde informiert worden, in Runde 5 die weitere Vorgehensweise nochmals mit ihrem Vorstand abzustimmen. Gefordert wurde ein Projektstatusbericht vom Projektleiter an den Vorstand, wie in der Vorrunde. Wieder kam der Vorstand in die Gruppe herüber und es bestand die Möglichkeit, sich über die weitere Vorgehensweise, d.h. die Frage des Wechsels des Wissensgebietes oder des angestrebten Knobelmodells, als auch eines Spielabbruchs zu einigen. Diese Einigung erfolgte über die oben geschilderten unterschiedlichen Settings, die hier jetzt nicht noch einmal geschildert werden. Die Gruppe an diesem Tag spielte nach dem EMS-Setting, in dem der Vorstand mit

---

[40] In der Tat hatten die meisten Gruppen eine Lösung, da das Knobelspiel Nr. 3 nicht wesentlich schwerer zu lösen ist als das Knobelspiel Nr. 2. Daran, dass die Schwierigkeit darin liegen könnte, in 10 Runden vier Streichholzoptionen zu gewinnen, dachte zu diesem Zeitpunkt niemand.

seinem Laptop im Projektgruppenraum an der elektronisch geführten Diskussion teilnahm. Nach Zwischenbericht und Einigung über die Spielstrategie gingen die Fragerunden wie gewohnt weiter, sank die Chance der Gruppen auf Erreichung ihres Ziels.

In manchen Gruppen machte sich mit zunehmender Rundenzahl Galgenhumor breit, andere Gruppen fingen etwa ab Runde 7 damit an, fieberhaft per Email mit dem Vorstand zu kommunizieren. Eine letzte Chance zum Spielabbruch ergab sich zum Ende der neunten Runde. Wer den Abbruch nach dieser Runde nicht vollzogen hatte, gehörte sicher zu den Verlierern. Dass nahezu vierzig Prozent aller beobachteten Experimentalgruppen diesen Weg gingen, ist durchaus bemerkenswert, zumal die vom Experimentator zu Beginn ausgegebene Devise, jeder wäre für die Gewinnmaximierung der eigenen Gruppe verantwortlich, längst einem unerschütterlichen Glauben an die eigene Strategie und Überlegenheit gegenüber den anderen Gruppen gewichen war. Das Motto „alles auf eine Karte setzen" machte bei diesen Gruppen die Runde oder die Einstellung „verloren haben wir eh." Welche Faktoren aber im Detail dafür verantwortlich sind, die Probanden in derartige Verhaltensweisen zu manövrieren, und wie solche Verhaltensweisen über den Ablauf eines Entscheidungsprozesses zustande kommen, wird im nächsten Kapitel über die Auswertungen und Ergebnisse des Experiments untersucht. Bei dieser Untersuchung sind vor allem Antworten auf folgende Fragen von Interesse:

- Lässt sich die These der Commitment-Theorie stützen, dass ein früher Projektgruppenerfolg der Eskalation zuträglich ist?
- Lässt sich die These stützen, dass die Fortführung oder der Abbruch eines Projekts von den finanziellen Mitteln des Senior Management abhängt?
- Wie unterscheiden sich die verschiedenen technologischen Unterstützungssettings in Bezug auf ihre Deeskalationswirkung?
- Gibt es Zusammenhänge zwischen dem Zeitpunkt der Problemwahrnehmung, der Kommunikation der Problemwahrnehmung und dem Projektabbruch?
- Wie bildet sich Commitment-Verhalten in Gruppen im Verlauf des Entscheidungsprozesses heraus?
- Wie baut sich eine Projektgruppe eine eigene Wirklichkeit innerhalb der Gruppe auf? (Framing)
- Wie erzeugt ein Projektleiter den notwendigen „Nebel", der den Vorstand erst spät den Ernst der Lage erkennen lässt?
- Welches sind allgemeine Hemmnisse in der offenen Kommunikation der Krise zwischen Vorstand, Projektmanager und Gruppe?
- Welche Werkzeuge zur Deeskalation von Commitment lassen sich aus den gemachten Erkenntnissen entwickeln?

5.3 Ergebnisse: ausgewählte Eskalationsdeterminanten über alle Experimentalgruppen

Der im qualitativen Experiment zusätzlich verwendete Kurzfragebogen hatte zwei wesentliche Aufgaben: Die erste war eine holzschnittartige Überprüfung der wichtigsten in das

Spiel implementierten Eskalationsförderer, die zweite war, eine Antwort darauf zu finden, ob die unterschiedlichen technologisch unterstützten Settings einen Einfluss auf das Eskalationsverhalten der Gruppen haben. Begonnen wird mit der Auswertung der in das Spiel integrierten Eskalationsförderer und ihrer Wirkung auf das Verhalten der Gruppen.

5.3.1 Quantitative Auswertung von Eskalationsförderern über beide Settings

Als eskalierend im Sinne des Experimentalspiels wurden jene Gruppen verstanden, die in den Fortgang des Spiels investierten und es über die neunte Runde hinaus fortsetzten, obwohl die Irrationalität einer solchen Handlung zu diesem Zeitpunkt offensichtlich sein musste und alle Projektgruppen zu Beginn die Devise erhalten hatten, so wirtschaftlich wie möglich zu agieren. Betrachtet man die Ergebnisse der Korrelationsanalysen über alle Gruppen hinweg, so ließen sich die nachfolgenden Eskalationsfaktoren und die durch sie gekennzeichneten Eskalationsdeterminanten wiederfinden:

5.3.1.1 Einfluss des Projektrisikolevels auf Escalation of Commitment
„Äh, und dann wurde das damalige System <u>IR60</u> als Entwicklungsleitrechner ausgesucht. <u>Wohlgemerkt (-),</u> zu einem Zeitpunkt, wo keiner die IR60 je gesehen hat und gekannt hat."

Die fatale Wirkung eines von Beginn an hohen Projektrisikos, oft verursacht durch Entscheidungen des Senior Management in der Startphase, fand ihre Bestätigung im Experiment. Das Projektrisiko wurde über die zu Beginn des Experimentalspiels wählbaren Risiko-/ bzw. Gewinnstufen in Form unterschiedlicher Knobelrätsel gesteuert, die es von den Gruppen am Ende des Spiels zu lösen galt. Eine Lösung durfte aber nur dann erfolgen, wenn man im Verlauf des Spiels alle Hölzchen erworben hatte, die es zur Lösung bedurfte. Die grosse Schwierigkeit war deshalb nicht die inhaltliche Lösung der Knobelrätsel sondern der Erwerb der zur Lösung des Rätsels notwendigen Knobelhölzchen (Optionen genannt). Das Commitment der Gruppen auf ein Risikolevel zu Beginn des Spiels bezog sich damit eher auf die eigene über den Gesamtverlauf des Spiels erwartbare Leistung. Zwischen dem zu Beginn des Spiels festgesetzten Risikolevel und einer Eskalation der Gruppen konnte eine hochsignifikante mittlere Korrelation von .569** festgestellt werden. D.h. je höher das eigene Risiko und Leistungsvermögen von den Gruppen eingeschätzt wurde, desto eher waren sie bereit an ihrem Kurs festzuhalten und das Spiel über die neunte Runde hinaus spielen, d.h. alles auf eine Karte zu setzen.

5.3.1.2 Einfluss eines frühen Erfolgs auf Escalation of Commitment
„Dadurch war das ein Transfer für EWW, eine Weiterentwicklung, und die waren sehr zufrieden. Im übrigen sind die mit dem Projektmanagement heute noch sehr zufrieden."
(Projektleiter Fallstudie C zum Erfolg des papierbasierten Projektmanagementsystems, das durch das zu entwickelnde System abgebildet werden sollte.)

Ein früher Erfolg wird in der Literatur (Drummond, 1996, 9f.) immer wieder für das Scheitern von Projekten mitverantwortlich gemacht, da sich Entscheider und Ausführende durch Erfolge beflügelt sehen, größere Wagnisse einzugehen. Bei häufigen Erfolgen kann dies zu einem Gefühl der Unverwundbarkeit führen. Gleiches konnte bei den von uns untersuchten eskalierenden Gruppen festgestellt werden. Die Korrelation zwischen dem Erreichen einer

Option in Hauptrunde 2 und der Fortführung des Spiels über die neunte Runde hinaus war hochsignifikant und betrug .394**. Verstärkt wird dieses Ergebnis ferner durch die hochsignifikante Korrelation von .444** zwischen dem Erreichen einer Option und der konkreten Runde, in der das Spiel abgebrochen wurde.

5.3.1.3 Framing und Escalation of Commitment

„Was nicht gut lief, war die interne Transparenz(-) da hat ich immer den Eindruck wir sind viel weiter, als wir wirklich waren(.), also bei den ganzen Dingen die im Hause mit den Rechenzentren bewegt werden mussten, da war mir das Berichtswesen nicht vollständig genug." (Interview mit Vorstand aus Fallstudie C)

Die Ursachen und Folgen von Framing auf Entscheidungen in eskalierenden Situationen wurden bereits im Theorieteil der Arbeit besprochen. Unter Framing wird eine Fehleinschätzung der Situation durch Entscheider auf Grund falscher Interpretationen der überbrachten Botschaften, aber auch durch das „Schönreden" des Überbringers verstanden. Framing konnte mit den an die Gruppen ausgeteilten Fragebögen zwar nicht erhoben werden, jedoch legt eine starke und hochsignifikante Korrelation von .703** zwischen Investitionen in einen Wechsel des Wissensgebiets und dem Zeitpunkt, zu dem das dem Projektspiel inhärente Problem der Nichterreichbarkeit der Hölzchen von der Gruppe erkannt wurde, einen Anfangsverdacht auf Framing-Handlungen nahe. Die Frage, ob Framing einen Beitrag zur Eskalation verschiedener Gruppen leistete, wird im Verlauf der weiteren Auswertungen weiter nachgegangen.

5.3.1.4 Einfluss von sunk costs auf Escalation of Commitment

S: Denn das hat sich ja bei denen auch hingezogen. Und irgendwann mal haben die's so lange laufen lassen, dass die's sich auch nicht mehr leisten konnten, abzubrechen.
H: Mhm.
S: Das wusste ich irgendwann mal auch. Auf das habe ich auch gepokert.

(Projektleiter S in Fallstudie C, über die eskalierende Wirkung von „Sunk Costs" beim Kunden)

Unter „Sunk Costs" wird das Phänomen verstanden, das Ausgaben in der Vergangenheit zu einer neuerlichen Investitionsentscheidung als Verluste betrachtet werden, die es mit erwarteten Gewinnen zu kompensieren gilt, was Akteure dazu veranlasst, das Projekt fortzusetzen. Dieses Verhalten konnte im Experiment in mehrfacher Hinsicht festgestellt werden. Es gab eine schwache Korrelation zwischen den insgesamt getätigten Investitionen (Wechsel des Wissensgebiets, Wechsel des Knobelmodells in Punkten) und der Eskalation im Spiel mit ,236*.

Hochsignifikant starke Korrelationen konnten zwischen der Eskalation im Spiel und dem für 100P erkauften Wechsel des Wissensgebiets (.532**) festgestellt werden. Dieser Wechsel schürte die Eskalation um so stärker, je früher er im Spiel vorgenommen wurde. Eine Korrelation von .661** zwischen der Variablen „Spiel wurde nicht beendet" und dem Zeitraum, der zwischen dem Wechsel des Wissensgebiets vergangen ist, belegt diese These.

5.3.1.5 Einfluss des finanziellen Projektmanagementsupports auf Escalation of Commitment

"Nein im Gegenteil, das war ja das Kennzeichen von dem Projekt, es kam ja immer noch mehr hinzu, es wurde ja nie richtig abgeschlossen, (...) Und in dieser Lage ist die Sache auch in finanzielle Not gekommen, das konnte keiner mehr finanzieren Und die Killerprojekte sind auch ausgeblieben, mit denen man hätte solche Projekte finanzieren können, (...)" (Vorstand Fallstudie C über das Verhältnis von finanziellen Mitteln und Abbruch)

Wie lange das Projekt aus Fallstudie C noch finanziert worden wäre, wären Killerprojekte verfügbar gewesen, ist ungewiss. Tatsache ist, dass das Senior Management aus einer „high responsibility"-Haltung heraus Projekte oft über den Punkt hinaus weiter unterstützt, der von Außenstehenden als verantwortungsvoll bezeichnet wird. Ein weiteres Beispiel war die Fortführung des Projekts in Fallstudie C zum Zeitpunkt, wo bereits alle Mittel aufgebraucht waren und weder ein System noch Personal zur Weiterführung vorhanden war. Nicht umsonst behaupten viele Scheiternsforscher, dass ein Projekt dann gescheitert ist, wenn es vom verantwortlichen Senior Manager keinen finanziellen Support mehr erfährt. Diese These eines Zusammenhangs zwischen den finanziellen Ressourcen des Vorstands und der Fortführung des Projekts ließ sich an folgenden Korrelationen belegen:

a.) Zwischen den Punkten des Vorstands und dem Einbeziehen von Strafpunkten durch Mitgliedern der Projektgruppe während des Spiels (ein Zeichen des Problembewusstseins) gab es eine hochsignifikante negative Korrelation von -.310**.

b.) Verfügte der Vorstand über hohe finanzielle Mittel, war es schwieriger, mit ihm – mediiert durch Kommunikationstechnologie (CMC oder EMS) – über einen Strategiewechsel (-.403**) oder einen Projektabbruch (-.309*) zu diskutieren.

5.3.1.6 Einfluss der Technologienutzung auf Escalation of Commitment

Da in der Eskalationstheorie immer wieder die herausgehobene Rolle der Projektkommunikation betont wurde (Sauer,1997, 360), war es ein Ziel der Arbeit, den Einfluss verschiedener Kommunikationssettings auf Eskalation zu untersuchen. Aus diesem Grund wurde im Fragebogen die Frage gestellt, ob das benutzte System einer Diskussion um Strategieänderungen als förderlich empfunden wurde. Diese Frage wurde von den Gruppen, die das Spiel weiterführten, verneint, von den Abbruchgruppen bejaht. Die Korrelation zwischen der Frage, ob das System die Einigung auf eine Strategie erleichterte, und der Weiterführung des Spiels über die neunte Runde hinaus betrug -.375**. Die Gruppen, die der Meinung waren, dass ihnen das System die Diskussion zu einem Strategiewechsel erleichterte, waren auch der Meinung, dass das angebotene System einer Abbruchdiskussion zuträglich war (.620**).

Diese Ergebnisse legen die Vermutung nahe, dass die beteiligten Gruppen eine sehr unterschiedliche Aneignung der Nutzung des Systems durchliefen, aber auch, dass die vorgegebenen Settings zur Lösung der Problemstellung zu unterschiedlichen Phasen im Spiel unterschiedlich geeignet waren. So waren die Teilnehmer im CMC-Setting der Meinung, dass sich das System eher zur Einigung über eine Strategie –.280**[41] oder zur Diskussion des Spielabbruchs -.401** eignet als das EMS-Setting.

Betrachtet man jedoch nicht die Wahrnehmung der befragten Personen, sondern die Korrelation der Setting-Variablen auf die Weiterführung des Spiels, so ließ sich keine signifikante Korrelation feststellen (Korrelationskoeffizient -.115, Signifikanzniveau 0,292). Beim Einfluss des Settings auf die Abbruchrunde ergab sich eine leichte Korrelation von – .238* mit einem Signifikanzniveau von 0,027 zu Gunsten des EMS-Settings, was bedeutet, dass die Gruppen im EMS-Setting zwar nicht häufiger, dafür aber etwas früher abbrachen, als die Gruppen im CMC-Setting.

5.3.1.7 Einfluss von Group-Think-Effekten auf die Eskalation

„*...wir selber untereinander waren auf das stolz, was wir eigentlich geschaffen haben, ja. Äh, dass das dann außenpolitisch kein Mensch mehr wollte, das war halt so.*" *(Projektmitarbeiter in Fallstudie B).*

„Group Think" gilt als eine der wesentlichen Escalation-of-Commitment-Quellen in Gruppen überhaupt. Dabei überwiegt das Streben nach einer einmütigen Meinung irgendwann die Motivation, sich nach Alternativen umzuschauen. Ist eine solche Einmütigkeit erreicht, verpflichten sich die Mitglieder mehr und mehr auf diese Gruppenmeinung. Diese Verpflichtung wird nach negativem Feedback von außen im Sinne einer Kohäsionskraft noch größer, da das Infragestellen der Gruppenmeinung das Ende der Einmütigkeit in der Gruppe bedeuten könnte (Bazerman/Guiliano/Appelman 1984, 143f). Folgen von Group Think sind: Überschätzung (Unverwundbarkeitsmythos), Engstirnigkeit, Uniformitätsdruck (Janis 1982, 174f). In unserem Experiment wurde ein Group-Think-Faktor für die Gruppen wie folgt operationalisiert:

Überschätzungsfaktor und Unverwundbarkeit wurden anhand der Frage operationalisiert, ob die Mitglieder der Gruppe – jeder für sich – überhaupt Strafpunkte in ihre Strategieüberlegungen mit einbezogen haben (Variable: Einbezug von Strafpunkten). Die Engstirnigkeit der Gruppe wurde mit der Standardabweichung der gegebenen Antworten zu der Frage nach der Unverwundbarkeit operationalisiert.

Eskalation auf Grund von Group Think lag in unserem Projektspiel dann vor, wenn:

- Gruppen eine Bestrafung nicht einkalkuliert hatten,
- alle Mitglieder homogen antworteten (geringe Standardabweichung),
- das Projektspiel von den Gruppen über die neunte Runde hinaus fortgesetzt wurde.

Der Eskalationswert einer Gruppe berechnete sich demnach aus dem Quotienten des Mittelwerts und der Standardabweichung von $V_{\text{Strafpunkte eingeplant}}$ * der Abbruchrunde.

---

[41] Die Setting-Variable war mit 1=CMC und 2=EMS, die Variable „das System war nützlich zur Diskussion des Strategiewechsels" war von 1=starke Ablehnung bis 4=starke Zustimmung codiert.

5.3 Ergebnisse: ausgewählte Eskalationsdeterminanten über alle Experimentalgruppen

$$\frac{\text{Mean } V_{\text{Strafpunkte eingeplant}}}{s\ V_{\text{Strafpunkte eingeplant}}} * Abbruchrunde$$

Gleichung 1: Berechnungsverfahren des Eskalationswertes einer Gruppe auf Basis des Group-Think-Phänomens

Entsprechend dieser Formel ergaben sich für die Gruppen eins bis zwanzig die in Tabelle 14 stehenden Group-Think-Werte[42].

Gruppe Nr.	Abbruchrunde	Mittelwert $V_{\text{Strafpunkte eingeplant}}$	Standardabweichung $V_{\text{Strafpunkte eingeplant}}$	Groupthink-Wert
1	9	1,75	0,5	31,5
2	8	1,5	0,58	20,69
3	9	1,25	0,5	22,5
4	50	1,5	0,58	129,31
5	9	1,25	5	2,25
6	50	2,00	0,01	10.000
7	9	1,5	0,58	23,28
8	50	1,4	0,55	127,27
9	50	1,25	0,5	125,00
10	50	1,2	0,45	133,33
11	9	1	0,01	900
12	9	1,25	0,5	22,50
13	9	1,75	0,5	31,5
14	50	1	0,1	5000
15	50	1,8	0,45	200
16	7	1,2	0,45	18,67
17	9	1,2	0,45	24
18	50	1	0,1	5000
19	9	1	0,1	900
20	9	1	0,1	900

Tabelle 14: Group-Think-Werte der Experimentalgruppen 1-20

Auf diese Werte wird in der anschließenden Extremgruppenanalyse näher Bezug genommen.

5.3.1.8 Zusammenfassung:

Die aus den Fallstudien erhobenen Regeln für das Experimentalspiel führten bei 9 von 20 Gruppen zu Escalation of Commitment, so dass sie über die neunte Hauptrunde hinaus spielten und ein Mehrfaches ihres Projektbudgets verloren. Wesentliche Eskalationsdeterminanten, unabhängig des Settings gemessen werden konnten, waren (Tabelle 15):

---

[42] Hatte eine Gruppe nicht abgebrochen, wurde ihr zu Rechenzwecken der Abbruchrundenwert 50 zugewiesen. Gleiches gilt für eine Standardabweichung von Null. Da man durch 0 nicht dividieren kann, wurde der Wert 0,01 an Stelle von Null gesetzt. Für die Dimensionierung des Group-Think-Wertes haben beide Operationen keine Auswirkung.

Variable	Korrelationskoeffizient
Hohes gewähltes Projektrisiko	.569**
Einfluss von „early success"	.394**
Einfluss von "Sunk Cost"-Effekten	.236*
Support durch das Senior Management	-.310**
Einfluss der Technologie (EMS)	-.238*

Tabelle 15: Zusammenfassung der Einflussfaktoren, die zu Escalation of Commitment führten

Die in Tabelle 13 aufgelisteten und errechneten Werte für Groupthink-Verhalten legen zudem einen engen Zusammenhang dieses Phänomens mit Escalation of Commitment nahe.

Ein direkter Einfluss von Framing auf Escalation of Commtiment konnte (da nicht abfragbar) nicht unmittelbar gemessen werden, jedoch legen hohe Korrelationen von .703** zwischen der Investition in ein neues Wissensgebiet und der späten Wahrnehmung des Problems bei diesen Gruppen, ein Information-Filtering Verhalten nahe. Ob dem so ist, wurde in der qualitativen Analyse der Kommunikation in den Exktremgruppen erhöhte Aufmerksamkeit gewidmet.

5.4 Ergebnisse: Eskalationsförderer im Unterschied zwischen CMC- und EMS-Setting

Nachdem die vorgefundenen eskalationsfördernden Determinanten für die Grundgesamtheit beschrieben wurden, soll im folgenden auf die Spezifika der einzelnen Settings näher eingegangen werden.

Im CMC-Setting war die Eskalation direkt von den Variablen abhängig:

- hohem gewählten Anfangsrisiko (.663**),
- früher Wahrnehmung des Problems (-.410**),
- frühen Wechsels des Wissensgebiets (.866**),
- Punktestand des Vorstands (.309*),
- Ansicht, das System erschwere die Durchführung einer Strategieänderung (-.665**),
- „Sunk Costs" (.663**).

Im EMS-Setting war die Eskalation des Projekts nur von zwei Variablen direkt abhängig:

- hohem gewählten Anfangsrisiko (.452**),
- Erreichen einer Option (.539**).

Vergleicht man beide Settings, fällt auf, dass die Eskalation im CMC-Setting durch wesentlich mehr und verschiedene Einflussfaktoren bestimmt wurde als im EMS-Setting. Deshalb wurden die Variablen, die indirekt auf die Eskalationsvariablen wirken, in einer umfangreichen Korrelationsanalyse erfasst und, wo notwendig, in ein Modell der Eskalation mit einbezogen.

5.4 Ergebnisse: Eskalationsförderer im Unterschied zwischen CMC- und EMS-Setting   161

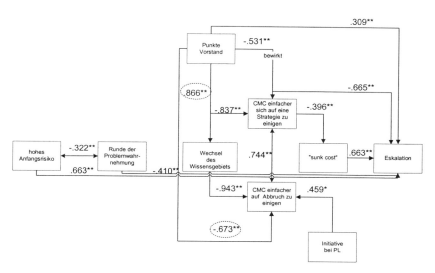

Abbildung 23: Eskalationsdeterminanten im CMC-Setting

Abbildung 23: Eskalationsdeterminanten im CMC-Settingzeigt, welche Variablen für die Eskalation der Gruppen im CMC-Setting zuständig sind und wie diese untereinander zusammenhängen. Wo eine zeitliche Reihenfolge oder eine Kausalität auf Grund des Experimentaldesigns angenommen werden konnte, wurden die Pfeile zwischen den Variablen in eine Richtung gezeichnet, wo eine zeitliche Abfolge des Auftretens der Variablen nicht bestimmbar war, erhielt die Kante einen Doppelpfeil.

Nach diesem Modell eskalieren Gruppen dadurch, dass sie zu Beginn des Experimentalspiels ein hohes Anfangsrisiko wählen (.665**). Dies führt im EMS-Setting zur frühen (-.322**) Wahrnehmung des Problems, dass es schwierig wird, mittels der gestellten Fragen das „informelle Ziel" des Spiels, die Hölzchen zu bekommen, zu erreichen. Ein Mittel, diesem Ziel näher zu kommen, sahen Eskalationsgruppen im Wechsel des Wissensgebiets, für den sie 100 Punkte ihres Guthabens investieren mussten. Diese Entscheidung wird den Eskalationsgruppen vom Vorstand dann schwer gemacht, wenn sie spät (.866*) gefällt wird und dieser über ein verhältnismäßig hohes Vermögen verfügt. Dabei wirkt auch die Nutzung des Systems wenig unterstützend. Bei den Gruppen, die das Wissensgebiet wechselten, erschwerten sowohl die Punkte des Vorstands eine Einigung mit dem System (-.531**) als auch die fortgeschrittene Spieldauer (-.837**).

Letzteres hängt mit den „Sunk Costs" zusammen, die von der Gruppe bis zu einem Wechsel des Wissensgebiets bereits investiert wurden. Eine nach der Fehlentscheidung mit dem Wechsel des Wissensgebiets zu fällende Abbruchentscheidung wird ebenfalls vom Vermögen des Vorstands erschwert (-.673**). Die Unfähigkeit, sich mittels dem System mit dem

Vorstand auf eine „Strategiealternative Abbruch" zu einigen (.744**), hat einen wesentlichen Einfluss auf die Eskalation der Gruppe (-.665**). Es wird auch bestätigt, dass sich Gruppen, die die Initiative für den Abbruch eher beim Projektleiter sahen, schwerer taten, eine Abbruchdiskussion über das System zu führen (.459*).

Für Eskalation im CMC-Setting kann interessanterweise festgehalten werden, dass ein hohes Anfangsrisiko die Gruppen die Schwierigkeit, Streichhölzchen zu erlangen, recht früh erkennen lässt. Nach schwierigen Diskussionen mit dem Vorstand entscheiden sich Eskalationsgruppen dann aber für einen relativ späten Wechsel des Wissensgebiets (Fehlentscheidung). Bei dieser Entscheidung wirkt sich das Guthaben des Vorstands eher hemmend auf den Erfolg der Diskussion eines Strategiewechsels aus. Wird der Wechsel des Wissensgebiets aber doch noch spät vollzogen (vielleicht ohne den Vorstand davon in Kenntnis zu setzen), ist eine Abbruchdiskussion über das System kaum mehr möglich. Die zur zehnten Runde hin höher werdenden „Sunk Costs" führen zu einer hochriskanten Handlung, mit der man versucht, verlorene Investitionen wieder reinzuholen – die Gruppe eskaliert.

5.4.1 Eskalationsförderer und -determinanten im EMS-Setting

Etwas anders stellt sich Escalation of Commitment zum eingeschlagenen Kurs bei den Gruppen im EMS-Setting dar. Im EMS-Setting ist Eskalation stark vom anfangs gewählten Risikoniveau abhängig (.452**). Kommt dazu noch ein früher Erfolg durch das Erreichen einer Option (.510**), führt dies zu einer äußerst späten Wahrnehmung des Problems (.521**) und zu einem späten Wechsel des Wissensgebiets (.701*), was einer Fehlentscheidung entspricht, da sich zwar die Fragebereiche für die Gruppen ändern, die Fragen selbst aber weiterhin unlösbar bleiben. Da beide Variablen, hohes Anfangsrisiko (.497**) und das Erreichen einer Option (.866**), einen starken direkten Einfluss auf den späten Wechsel des Wissensgebiets ausüben, muss bei den Eskalationsgruppen im EMS-Setting von einer langanhaltenden Euphorie im Spiel ausgegangen werden, die über den Zwischenbericht hinaus andauert und zudem eine Form von Group Think produziert, welche die hochsignifikante Korrelation zwischen den Punkten des Vorstands und dem Nichteinbeziehen von Strafpunkten (Unverletzlichkeitshypothese) erklären würde. Eine schwächst signifikante Korrelation von .500 zwischen den Punkten des Vorstands und der Runde, in der das Wissensgebiet gewechselt wurde, würde die Group-Think-These weiter stützen.

5.4 Ergebnisse: Eskalationsförderer im Unterschied zwischen CMC- und EMS-Setting

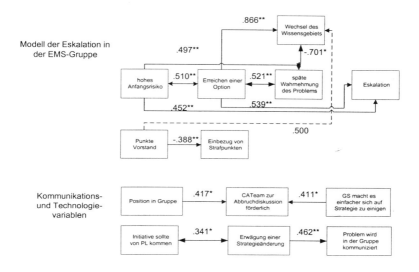

Abbildung 24: Eskalationsdeterminanten im EMS-Setting

Die Möglichkeit, einen Abbruch herbeizuführen, hängt im EMS-Setting ganz wesentlich von den Fähigkeiten des Projektleiters im Umgang mit dem System (.417*), ergo in seiner Kommunikationsfähigkeit zum Vorstand ab, der nach Spielregel das letzte Wort in Sachen Abbruch hat (Abbildung 24). Das Mandat, einen erkannten und kommunizierten Strategiewechsel (.462**) in einen Abbruch umzusetzen, erhält der Projektleiter aus den Reihen der Gruppenmitglieder selbst (.341*).

Für das EMS-Setting kann resümierend festgehalten werden, dass vor allem in Folge anfänglicher Erfolge und der darauf aufbauenden Euphorie Eskalation zustande kommt. Diese Euphorie äußert sich in der späten Wahrnehmung des Problems und dem Nichteinbeziehen von Strafpunkten. Die gefundenen Korrelationen bezüglich des Technikeinsatzes lassen sich so interpretieren, dass im EMS-Setting die erkannten Probleme wesentlich häufiger in die Gruppe kommuniziert werden (was auf die Wirkung des mit dem EMS durchgeführten Zwischenberichts schließen lässt). Die Frage, ob die erwogene Strategieänderung in einen Abbruch umgesetzt wird, hängt wesentlich von den Fähigkeiten des Projektmanagers ab, eine Abbruchdiskussion über das System zu initiieren. Da zwischen den Kommunikationsvariablen und der Eskalation der Projektgruppe keinerlei direkte Zusammenhänge bestehen, kann davon ausgegangen werden, dass bei den Eskalationsgruppen eine Thematisierung und Kommunikation des Problems zum Vorstand zu spät oder gar nicht stattfindet (möglicherweise in Folge geframter Informationen). Deshalb scheint die Eskalation von Gruppen im EMS-Setting stark von Group-Think-Phänomenen in

Folge eines frühen Erfolgs abhängig zu sein, die eine Wahrnehmung der Probleme weit über den Zwischenbericht hinaus nicht ermöglichen. Ein dann spät erfolgender Wechsel des Wissensgebiets (Fehlentscheidung) führt zur weiteren Eskalation.

Vergleicht man die Eskalationsförderer in beiden Settings und fokussiert auf die Unterschiede, so kann gesagt werden, dass die Gruppen im CMC-Setting eher an dem Konflikt scheitern, der sich aus der frühen Problemerkennung und der unterschiedlichen Einschätzung der Lage zwischen Projektleiter und Vorstand ergibt. Will ein Projektleiter gegen den Willen seines wohlhabenden Vorstands Strategie und Risiko des Spiels für teures Geld wechseln, steht er vor einem Konflikt, der mit dem System, insbesondere nach einem späten Wechsel des Wissensgebiets, nicht mehr gelöst werden kann. Im EMS-Setting wird Eskalation eher durch eine langanhaltende Euphorie bedingt, die die Gruppenmitglieder über Group Think miteinander verbindet, und die zu einer späten Problemwahrnehmung mit Fehlentscheidung (Wechsel des Wissensgebiets) führt.

Deeskalation würde im CMC-Setting deshalb eher die Deeskalation bestehender Konflikte, im EMS-Setting eher die Steigerung der Problemwahrnehmung und eine effizientere Kommunikation von Informationen zwischen Projektleiter und Vorstand zum Projektende hin bedeuten.

5.5 Extremfall-Analyse zum Verständnis der Grundgesamtheit

Folgt man dem methodologischen Ansatz von Bill Starbuck (Starbuck, 1998), dann sind Extremfälle in Statistiken ein äußerst wichtiger Bestandteil. Sie geben Rückschluss auf die Besonderheit einer Grundgesamtheit und stellen Quellen der Erklärung von Innovationen dar. Die folgenden Überlegungen gehen auf einen Vortrag (Abbildung 25) zurück, den Starbuck im Mai 1999 an der Australien Graduate School of Management gehalten hat.

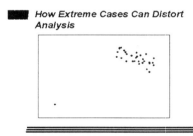

Abbildung 25: Warum Extremfälle wichtig sind. Präsentation von Bill Starbuck am 07.05.1999 an der Australien Graduate School of Management in Sidney

Demnach sind Extremfälle nicht Statistiken verfälschende Ausreißer, die es zu eliminieren gilt, sondern Forschungsgegenstände, an denen tiefergehende Analysen zum Einsatz kommen sollten. Solche Tiefenanalysen lassen oft Rückschlüsse darüber zu, was einen „Extrem Case" vom Rest des Settings unterscheidet, und was ihn im Vergleich zu anderen Fällen erfolgreich oder erfolglos macht.

Betrachtet man die Ergebnisse der per Fragebogen durchgeführten Messung, so fällt auf, dass die Setting-Variable selbst keinen wesentlichen Einfluss auf die Eskalation der Gruppen hat (Korrelationskoeffizient -.115, Signifikanzniveau .292). Einen geringen Einfluss zu Gunsten des EMS-Settings konnte bezüglich der früheren Abbruchrunde festgestellt werden (-.217*). D.h. im EMS-Setting wurde nicht häufiger, aber geringfügig früher abgebrochen. Umgekehrt betrachteten die Teilnehmer im EMS-Setting die ihnen zur Verfügung gestellte Technologie zur Diskussion eines Strategiewechsels (-.280**) oder eines Spielabbruchs (-.401**) eher als hinderlich. Da ein Abbruch bei allen EMS-Gruppen nach dem Zwischenbericht durchgeführt wurde, muss dieses Ergebnis aber als Kritik an der CMC-artigen Nutzung des Systems zur Abbruchdiskussion gesehen werden.

Darüber hinaus gab es in beiden Settings Extremgruppen, die in den nachfolgend beschriebenen Verfahren ermittelt wurden.

Ermittlung nach den eskalationsfördernden Determinanten im CMC-Setting:
- Gruppe hat hohes Anfangsrisiko gewählt,
- Gruppe hat das Problem früh wahrgenommen,
- Gruppe hat das Wissensgebiet relativ spät gewechselt,
- der Vorstand der Gruppe hatte ein relativ niedriges Vermögen,
- Gruppe hatte hohe „Sunk Costs" verursacht (Wechsel Wissensgebiet und Knobelmodell),
- Gruppe hat die Möglichkeit zum Abbruch mit dem System gering eingeschätzt,
- Gruppe hat das Spiel nicht abgebrochen.

Ermittlung nach eskalationsfördernden Determinanten im EMS-Setting:
- Gruppe hatte risikoreiches Anfangsknobelmodell,
- Gruppe hatte eine Option erreicht,
- Gruppe zeigte ein hohes Maß an Group Think, operationalisiert in
  - später Problemwahrnehmung und
  - dem Nichteinkalkulieren von Strafpunkten.

Operrationalisiert man die Ergebnisse der Korrelationsanalyse im CMC-Setting anhand der eskalationsfördernden Determinanten in einer Produktgleichung,

so wird folgende Gruppe als Extremgruppe sichtbar (Abbildung 26):

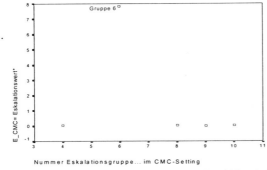

Abbildung 26: Extremgruppen im CMC-Setting, die nach Eskalationswert am stärksten eskalierten

In Gruppe 6 treten alle zuvor als eskalationsfördernd identifizierten Determinanten auf, sie wird deshalb einer weiteren Tiefenanalyse unterzogen.

Sucht man nach der Extremgruppe, die bezüglich der Eskalationsdeterminanten die niedrigsten Werten aufwies, erhält man Abbildung 27:

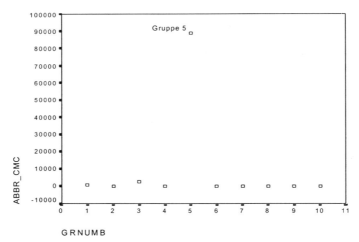

Abbildung 27: Extremgruppen im CMC-Setting, die am wenigsten für Eskalation anfällig waren

Die gegenüber den Eskalationsdeterminanten am wenigsten anfällige Extremgruppe im CMC-Setting ist Gruppe 5. Sie wird im Folgenden wie Gruppe 6 einer Tiefenanalyse unterzogen.

5.5 Extremfall-Analyse zum Verständnis der Grundgesamtheit 167

Im EMS-Setting definierten sich nach der Korrelationsanalyse die Extremgruppen in Sachen Eskalation über ein hohes Anfangsrisiko, das Erreichen einer Option und Group-Think-Verhalten (operationalisiert über das Nichteinbeziehen von Strafpunkten/Standardabweichung s.o.). Entsprechend dieser Operrationalisierung durch die Produktgleichung zeigt das Streudiagramm folgende Extremgruppen (Abbildung 28):

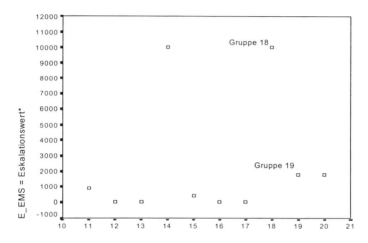

*E_EMS = Eskalationsextremwert nach dem Korrelationsmodell, der sich wie folgt berechnet: Knobelmodell*Erreichen Option*Groupthinkwert

Abbildung 28: Extremgruppen im EMS-Setting, die nach Eskalationswert am stärksten eskalierten

Bei der Analyse der Extremgruppen wurden die Gruppen 18 und 19 ausgewählt, da sie zur gleichen Zeit spielten, und das zur Tiefanalyse notwendige Material in besserer Qualität vorlag als bei den Gruppen 14 und 15. Entsprechend dieser Ergebnisse der Extremfallanalyse wurden zur weiteren Tiefanalyse folgende Gruppen in den beiden Settings ausgewählt, die besonders stark eskalierten oder bezüglich des jeweils erhobenen Korrelationsmodells besonders unanfällig waren. Der Einfachheit halber werden diese Gruppen im Folgenden mit Extremgruppe eins bis vier bezeichnet, s. Tabelle 16.

Setting	CMC	Name	EMS	Name
Abbruch	5	EG1	19	EG3
Eskalation	6	EG2	18	EG4

Tabelle 16: Untersuchte Extremgruppen

5.6 Genreanalyse der Extremfallgruppen

Fasst man die Ergebnisse der Korrelations- respektive der Extremfallanalyse zusammen, so müssen zur Verhinderung von Eskalation in beiden Settings kommunikative Probleme der besonderen Art gelöst werden. Im CMC-Setting eskalieren Gruppen, wenn es ihnen nicht gelingt, einen relativ früh erkannten Konflikt kommunikativ zu lösen; im EMS-Setting liegt die Herausforderung eher in der Problemerkennung und Kommunikation konträr zu sich aufbauenden Group-Think-Verhaltensweisen.

Da das Hinarbeiten auf eine Abbruchentscheidung in beiden Settings Kommunizieren bedeutet, ist es aus der Forschungsstrategie der Arbeit heraus interessant zu wissen, wie sich erfolgreiche kommunikative Praktiken von weniger erfolgreichen unterscheiden, oder was besonders erfolgreiche Gruppen über beide Settings hinweg von weniger erfolgreichen unterscheidet. Dass dies nicht die technologische Basis sein kann, konnte anhand des geringen Einflusses der Setting-Variablen und der Tatsache, dass in beiden Settings Gruppen das Spiel abbrachen oder eskalierten, gezeigt werden.

Ein für die Analyse kommunikativer Praktiken entwickelter Ansatz ist die Genreanalyse, mit der Differenzen zwischen den kommunikativen Praktiken der Extremgruppen und den über diese Differenzen zustande kommenden Entscheidungsprozesse und Ergebnisse erhoben und beschrieben werden können. Dazu führen Yates/Orlikowski (1995, 2) aus: *„Consider, for example, the communicative practices of two different organizations. In the first, decisions are made by organizational members discussing and voting on issues in open and participative meetings. In the second, decisions are made by the leader, who then broadcasts directives by memo to organizational members. An examination of the different genres routinely enacted in these two organizations would reveal two quite different organizing processes: a democratic and an autocratic one, respectively."*

5.6.1 Handwerkliche Durchführung der Genreanalyse

Um zu erheben, wie Entscheidungen der Gruppen zustande kamen, wurde die gesamte Kommunikation über das System im Logfile aufgezeichnet und ausgewertet. Dazu zählten sowohl die Phase der Diskussion über das zu wählende Anfangsknobelmodell und Wissensgebiet nach dem Ende der Vorrunde als auch die gesamten Hauptrundenspiele, die folgendermaßen unterteilt wurden:

1.) Vorbereitungsphase (Hauptrunde 1-4)

2.) Zwischenbericht bzw. Krisensitzung (Hauptrunde 5)

3.) Projektabbruch- oder -eskalationsphase (Hauptrunde 6-10)

In diesen Phasen war über alle Gruppen hinweg ein spezifischer Gebrauch kommunikativer Gattungen auf der binnen- und außenstrukturellen sowie der dialogischen Ebene festzustellen, die anhand einer Codeliste in den Text codiert wurden. Parallel zu den Genres wurden die markantesten Sequenzen und Inhalte des Projektspiels codiert, so dass eine Zuordnung der Phasen des Spiels zu den sie konstituierenden Genres möglich wurde.

5.6 Genreanalyse der Extremfallgruppen

Um codierte Textpassagen wiederzufinden, wurden die Zeilen des Logfiles nummeriert. Die Codierung erfolgte in einer relationalen Datenbank (MS-Access). Die Zeilennummern des Texts auf dem Logfile wurden zu Zeilen in der Datenbank, die Codes der Genres, Spielphasen und -inhalte zu Spalten. Die Codierung in MS-Access bot den Vorteil, eine Eingabemaske entwerfen zu können, die Eingabefehler zu unterdrücken half, die bei einer direkten Codierung in eine große Datenmatrix zustande kommen (Abbildung 29).

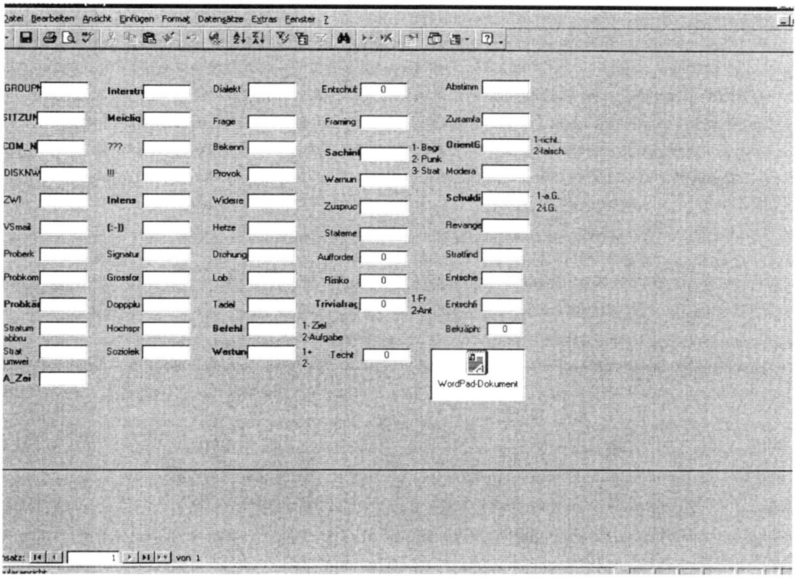

Abbildung 29: In MS-Access entworfene Eingabemaske zur Codierung unterschiedlicher Genre

Die codierte MS-Access-Datenbank wurde nach Fertigstellung in ein SPSS-File überführt, was eine durch die Mächtigkeit von SPSS ermöglichte Auswertung zuließ.[43]

Der Nachteil dieser Vorgehensweise, der im Vergleich zur Standardsoftware zur computerunterstützten Inhaltsanalyse in schlechteren Textretrievalfunktionalitäten liegt, wurde bewusst in Kauf genommen, da der Fokus dieser Arbeit stärker auf den statistischen Zusammenhängen der Codes untereinander als auf den geäußerten Inhalten lag.

---

[43] Diese Art der Codierung qualitativer Daten hatte am Beginn dieser Arbeit – im Vergleich zum Gebrauch von Standardpaketen zur elektronischen Inhaltsanalyse wie bspw. Atlas ti – den Vorteil, dass die erhobenen Daten in SPSS wesentlich flexibler und vielseitiger ausgewertet werden konnten. Beim derzeitigen Stand computerunterstützter Inhaltsanalysesoftware ist der Transfer von Codematrizen in SPSS aber bereits integraler Bestandteil, so dass aus heutiger Sicht, vor allem vor dem Hintergrund der Forschungsökonomie, eine Direkterfassung der Logfiles in Atlas ti vorzuziehen wäre.

Bei der Codierung der Genres wurde so vorgegangen, dass man wechselseitig über die verwendeten Stilmittel der binnenstrukturellen Ebene versuchte, auf die Art des Dialogs zu schließen. Setzte man Dialogsequenzen zu vor- und nachgelagerten Dialogen und deren Inhalten in Bezug, so ließen sich die Genres der außenstrukturellen Ebene erschließen. Reflexiv ermöglichen Genres der außenstrukturellen Ebene die Validierung der Konstruktion ihrer selbst. Ihre Form gibt eine Antwort auf die Frage, ob Dialoge mittels Binnenstrukturen situationsgerecht konstruiert wurden, und welche Stabilität Dialogsequenzen den außenstrukturellen Formen verleihen. (Abbildung 30)

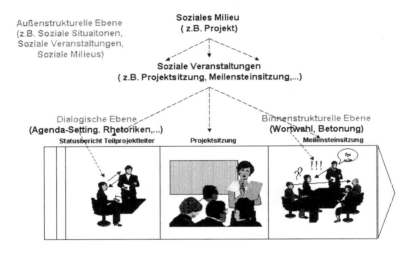

Abbildung 30: Beispiele codierter Genres auf den verschiedenen Ebenen und deren Zusammenhänge untereinander

Nachfolgend werden die Ergebnisse der Genreanalyse der Extremgruppen dargestellt. Zuerst werden die Abbruch- und Eskalationsgruppen im CMC- bzw. EMS-Setting mit den Besonderheiten im Genregebrauch in den verschiedenen Spielphasen der Hauptrunde (Vorbereitungsphase, Zwischenbericht, Abbruchphase) auf der binnenstrukturellen, dialogischen und außenstrukturellen Ebene beschrieben. Zusammenfassend folgt ein Vergleich und eine Verdichtung der Projektspielsequenzen mit dem Ziel, einen idealen Projektabbruch- und -eskalationsprozess und die dazu notwendigen kommunikativen Genres zu beschreiben.

5.6 Genreanalyse der Extremfallgruppen 171

5.6.2 Extremgruppen im CMC-Setting

In Kapitel 5.6.2 erfolgt eine Gegenüberstellung

5.6.2.1 Genreanalyse von Extremgruppe EG1

Die Gruppe EG1 bestand aus 5 Mitgliedern, einem Vorstand, einem Projektleiter und drei Mitarbeitern. Sie kann als diejenige Gruppe im CMC-Setting bezeichnet werden, deren Commitment am wenigsten eskalierte und die sehr früh die Notwendigkeit zum Projektabbruch erkannte.

5.6.2.1.1 Genrehaushalt in der Vorbereitungsphase

Die Vorbereitungsphase im Experimentalspiel kann mit der Phase des Projektbeginns verglichen werden, in der die Rollen auf dem Papier bereits verteilt sind und es darum geht sie entsprechend zu leben. Die Vorbereitungsphase im Experimentalspiel war so ausgelegt, dass sie in der zweiten von fünf Runden einen einen für die Gruppen erfahrbaren Erfolg erlaubte. Ein wesentliches kommunikatives Problem war es diesen Erfolg im Verlauf des weiteren Spiels nicht überzubewerten. EG1 viel bereits in der Vorbereitungsphase durch einen sehr rationalen Kommunikationsstil auf der dialogischen Ebene auf. Als Kennzeichen eines solchen Stils sind stetige Statusmeldungevon der Gruppe zum Vorstand oder dessen Mahnung zur Bescheidenheit nach einem Zwischenerfolg in der zweiten Runde zu werten.

- Ebene der situativen Realisierung (dialogische Ebene)

Auf der Ebene der situativen Realisierung wird eine Abfolge von Dialogen (Dialogkette) beschrieben, die zwischen dem Vorstand (V) dem Projektleiter (PL) und den drei Gruppenmitgliedern geführt wird. Die Dialogtypen werden optisch durch einen Pfeil voneinander getrennt, die interessanten Dialoge sind zusätzlich fett formatiert.

Dialogkette:

Techniktest-> Motivation von PL und M durch V-> **Problemmeldung PL an V-**> Meldung des Erfolgs in der zweiten Hauptrunde durch PL an V -> **Lob von V an PL und M und Mahnung, bescheiden zu bleiben** -> Problemmeldung PL -> Problemmeldung PL an V -> Motivation V an PL -> Statusmeldung von PL an V -> **Statusmeldung PL an V** vor dem Zwischenbericht

Die Charakteristika der Kommunikation zwischen Projektleiter und Vorstand ist durch Dialoge geprägt, die dem Ziel der Koordination dienen. Insbesondere die permanenten Problem- und Statusmeldungen des PL geben dem Vorstand ein recht gutes Bild davon, wo die Gruppe gerade steht. Umgekehrt führen gezielte Motivation, aber auch Aufforderungen zu Bescheidenheit dazu, dass die Gruppe sich nach dem Erreichen der Option in Hauptrunde zwei nicht überschätzt.

- *Binnenstrukturelle Ebene*

Auf der binnenstrukturellen Ebene fällt die Gruppe durch einen ausgesprochen sachlichen Sprachstil auf. Intentionale Zeichen wie etwa das Ausrufezeichen werden nur in zwei Dialogen und sehr gezielt eingesetzt. Der erste Einsatz erfolgt sehr früh und dient dem Projektleiter dazu, den Vorstand über die Schwierigkeiten der Fragenbeantwortung zu informieren: *„Keine richtigen Antworten....Ganz blöde Fragen!!!"*

Neben den drei Ausrufezeichen kommen als weitere Stilmittel vier Punkte zum Einsatz. Sie dienen dazu, den Statusbericht gut sichtbar von der Bewertung des Status abzutrennen.

Die zweite Stelle, in der drei Ausrufezeichen hintereinander zum Einsatz kommen, ist das Lob des Vorstands an die Gruppe, nachdem diese eine Option erreicht hat. Sie dienen einerseits der Betonung der Zufriedenheit mit der Leistung, trennen aber auch die Mahnung zur Vorsicht optisch ab: *„Gut weiter so!!! und nicht verrückt machen lassen".*

Die Tatsache, dass der Vorstand in späteren Lobsequenzen diese Form der Formatierung nicht mehr benutzt, zeigt, dass er sich der Bedeutung des Erreichens einer Option bei der Gruppe bewusst ist.

- *Außenstrukturelle Ebene*

Auf der außenstrukturellen Ebene bilden die Dialoge einen fortlaufenden Statusbericht zwischen Gruppe und Vorstand, in dem mittels der Punktemeldungen des Projektleiters und dem Feedback des Vorstands ein Höchstmaß koordinativer Arbeit verrichtet wird. Diese stark funktionale Art der Kommunikation setzt sich im Zwischenbericht fort.

5.6.2.1.2 Genrehaushalt in der Phase des Zwischenberichts (Krisensitzung)

Die Phase des Zwischenberichts ähnelt im Projekt der ersten großen Krise zur Halbzeit der Projektlaufzeit. Den Gruppen wurde in dieser Phase die Möglichkeit gegeben, eine Krisensitzung abzuhalten und die weitere Vorgehensweise ausführlicher zu diskutieren. Auf der dialogischen Ebene fällt neuerlich der sehr rationale Gebrauch kommunikativer Genre auf, die zur Bewältigung der Krise herangezogen werden, wie etwa Begründungen oder Zusammenfassungen.

- *Ebene der situativen Realisierung (dialogische Ebene)*

<u>Dialogkette:</u>

Vorschlag Strategie A durch M1 - **Begründung durch M1 an V** -> Bestätigung von Strategie A durch Projektleiter PL -> Bestätigung von Strategie A durch M2 -> Strategiebestätigung und Analyse durch PL -> **Zusammenfassung Status – Frage Zielerreichung und Machbarkeit von V an PL** -> Verneinung durch PL -> Vorschlag Strategie B von M2 an V -> Widerspruch und Ergänzung zu Strategie B durch P -> Bestätigung von PL durch V -> **Zusammenfassung durch V** -> Statusbericht und Aufforderung von M1 an V und PL -> Vorschlag Strategie C durch M1 -> Bestätigung Strategie C durch PL -> Bestätigung Strategie C durch V -> Rhetorische Frage V an PL zu Strategie C -> Bestätigung durch PL ->

Verkündigung weiterer Vorgehensweise durch PL -> Bestätigung von Strategie C durch V

Auf der dialogischen Ebene fällt auf, dass sich die Mitarbeiter der Gruppe nicht an die vom Eperimentator gemachte Vorgabe halten, dass nur der Projektleiter mit dem Vorstand zum Problem der Gruppe kommunizieren sollte. Die Mitarbeiter mischen sich in die per Email geführte Debatte ein. Es werden, ausgehend von dem Projektstatus, Schritt für Schritt verschiedene Strategien (A-C) gleichberechtigt diskutiert. Strategie B wird verworfen, Strategie C schließlich als die richtige anerkannt und zur Umsetzung beschlossen. Ein wesentliches Element der Dialogsteuerung sind die Initiativen des Projektleiters, aber auch des Vorstands, nach jeder Diskussion eine Zusammenfassung des Gesagten zur Zustimmung an die Gruppe zurückzugeben.

- *Binnenstrukturelle Ebene*

Auf der binnenstrukturellen Ebene fallen die bereits erwähnten Stilmittel auf, mit denen sich die Mitglieder der Gruppe in den entscheidenden Situationen koordinieren. So gebraucht Mitarbeiter M1 gerne doppelte Ausrufe- und Fragezeichen, um seinen Einsichten ein Gewicht zu verleihen. Mitarbeiter M2 signalisiert dem Projektleiter mit Kurzbestätigungen wie „o.k." oder „genau", dass er die Ausführungen verstanden hat und sie billigt. Beispiele hierfür sind:

> *M1: wir sollten das Sachgebiet beibehalten, die anderen Gebiete sind genauso Dooooof!*
> *Die Fragen sind unlösbar, z.T. nur durch Zufall beantwortbar....*
> *Der anderen Gruppe geht es genauso.....*
> *V: Wie sieht es aus, wir haben erst ein Hölzchen und benötigen 3, um die Knobelaufgabe zu lösen. Schaffen wir das????*
> *PL: nein*
> *wenn wir bis zum Ende der 9. Runde kein Hölzchen gewonnen haben, steigen wir aus*
> *M2: o.k.*
> *PL: wir sollten den Hölzchen-Wechsel erst kurz vor Schluss vollziehen, falls nötig*
> *M1: jep*
> *M2: o.k. wenn die Fragen nicht leichter werden können wir noch weiter in Stufe zwei bleiben und nur falls wir kein 3. Hölzchen bekommen wechseln.*

- *Außenstrukturelle Ebene*

Auf der außenstrukturellen Ebene hat die Phase des Zwischenberichtes bei dieser Gruppe den Charakter einer offenen Strategiediskussion, in der verschide Varianten einer Entscheidung vor dem Hintergrund unterschiedlicher möglicher Szenarien debattiert werden. Über die Debatte hinaus einigt man sich aber auch auf eine Entscheidung, hinter der die Gruppe als ganzes steht.

5.6.2.1.3 Genrehaushalt in der Phase der Abbruchentscheidung

Die Phase der Abbruchentscheidung ist jene Phase, in der es gilt, die Ergebnisse und Absprachen des Zwischenberichts in Handlung bzw. eine Entscheidung umzusetzen und das Spiel abzubrechen. Was in der Phase der Abbruchentscheidung abgetestet werden kann, ist, inwiefern die Gruppen ein Commitment zu der im Zwischenbericht getroffenen Entscheidung entwickeln, und wie geschickt sie sind, diese Entscheidung in aktives Handeln umzusetzen.

- Ebene der situativen Realisierung (dialogische Ebene)

Auf der dialogischen Ebene ist die Abbruchdiskussion geprägt vom Dialog zwischen dem Projektleiter und dem Vorstand. Gegenstand dieses Dialogs ist ein wechselseitiger Abgleich der Spielstände (Vorstandsspiel und Spiel der Projektgruppe) und die Bestimmung des Zeitpunkts, zu dem der in der Zwischendiskussion beschlossene Ausstieg durchgeführt werden soll.

Dialogkette:

Anfrage Spielstatus von PL an V -> Bewertung des eigenen Status durch V -> Statusmeldung V – PL -> Strategievorschlag -> Statusmeldung PL an V -> **Übermittlung Punktestand PL an V** -> Bitte zur Umsetzung der beschlossenen Strategie von PL an V-> Rückfrage nach Erfolgsaussichten und Commitment der Gruppe zum Abbruch von V an PL -> Aufschub der Entscheidung -> **Statusmeldung Konkurrenz von V an PL** -> Strategieumsetzung Aufschub von Projektleiter an Vorstand -> Begründung des Aufschubs – Rückfrage nach Zustimmung von PL an V-> Statusmeldung Gegner von Vorstand an PL -> Ankündigung der Umsetzung von Strategie C von PL an V -> **Widerspruch zu PL von M2 an V** -> Statusmeldung Punkte Gruppe von PL an V-> **zweite Ankündigung Umsetzung von Strategie C durch PL** – Rückfrage nach Zustimmung von PL an V -> Zustimmung zur Umsetzung von Strategie C von PL an V-> Trivialfrage von M1 an V -> Statusmeldung Trivialfrage von M1 an V -> Zustimmung zur Umsetzung von Strategie C mit Begründung von V an PL -> **Statusmeldung und Umsetzungsankündigung der Strategie C von PL an V** -> Frage nach Zustimmung zur Umsetzung von Strategie C von PL an V -> Zustimmung von V an PL -> **Abbruch des Projektspiels durch PL** -> Statusbericht PL an V -> Frage V an PL -> Statusbericht Konkurrenz von PL an V -> Jubelnachricht M1 an V -> Statusbericht V an PL-> **Bewertung Statusbericht von PL an V** -> Statusbericht Punkte Projektgruppe von PL an V

Auffällig bei diesem Dialog ist der permanente Abgleich zwischen dem Vorstands- und dem Gruppenspiel. Während der Vorstand den Einfluss der Konkurrenz auf das eigene Spiel überschätzt, hat der Projektleiter von Anfang an das Bestreben, das Spiel möglichst schnell zu einem Abbruch zu bringen, da er die Schwierigkeit, die Hölzchen zu erlangen, sehr früh bemerkt hat. Das hohe Einkommen des Vorstands erleichtert diesem zudem den Abbruch, da er nicht befürchten muss, von der Konkurrenz noch eingeholt zu werden.

- Binnenstrukturelle Ebene

Auf der binnenstrukturellen Ebene fällt auf, dass in der Abbruchphase so gut wie keine intentionalen Formatierungen vorgenommen werden. Das einzige kommunikative Problem, das es zu bewältigen gibt, ist das „ja" des Vorstandes zum Projektabbruch. Dabei unternimmt der Projektleiter mehrere Anläufe (insgesamt sieben), um ein „Ja" des Vorstands zum geplanten Abbruch nach der neunten Runde (in Zwischenbericht beschlossene Strategie C) zu

5.6 Genreanalyse der Extremfallgruppen

erhalten. Seine letzte Abbruchbitte formatiert er deshalb mit Hilfe von fünf fett formatierten Fragezeichen – der Vorstand stimmt zu.

PL zu Vorstand (sieben Anläufe):

1.) wenn wir jetzt schon aussteigen, dann haben wir nicht die Möglichkeit noch Punkte zu sammeln
2.) sollen wir aussteigen, denn die Wahrscheinlichkeit, dass eine Gruppe hier noch ein Hölzchen bekommt ist sehr gering.
3.) was meinen sie wir können nach der 9. Runde noch abbrechen, d.h. der Punktestand wird eingefroren
4.) wir wollen nach der 9. Runde aussteigen, wenn bis dahin kein weiterer Stein von uns gewonnen ist
5.) wir gehen jetzt in die 9. Runde entweder jetzt oder nach dieser Runde können wir noch aussteigen
6.) wir steigen nach dieser Runde aus, ist das o.k.
7.) wir haben noch einen Punkt gemacht und steigen aus, da wir keine Chance sehen noch ein Hölzchen zu holen
Ist das o.k.?????

Die fünf Fragezeichen, mit denen der Projektleiter seine letzte Frage formatiert, sind ein Hilfeschrei, der unter dem großen Zeitdruck zustande kommt, den das nahende Spielende in der neunten Runde erzeugt. Die Antwort des Vorstands kommt dann auch prompt:

V:„aus meiner sicht o.K."

Diese intentionale Formatierung zum Zwecke des Projektabbruchs bleibt die Ausnahme in den ansonsten sehr rational geführten Dialogen. Einen starken Anteil an der rationalen Kommunikationskultur trägt der Projektleiter, der stets versucht, verschiedene Argumente aufzunehmen, zu kommentieren und über sie abstimmen zu lassen. Diese Fähigkeit ermöglicht, insbesondere in der Phase des Zwischenberichts, dass Mitarbeiter 2, der zu riskanten Entscheidungsvorschlägen neigt, argumentativ in die Schranken gewiesen werden kann.

- Außenstrukturelle Ebene

Auf der außenstrukturellen Ebene gleicht die Projektabbruchphase einem länger andauernden Überzeugungsgespräch zwischen Projektleiter und Vorstand. Dabei nutzt der Projektleiter verschiedene Formen persuasiver Kommunikation wie etwa Ankündigungen, Rückfragen, Zuspruch und Begründungen, um eine Legitimation für den vom ihm für sinnvoll erachteten Projektabbruch zu erhalten.

5.6.2.2 Genreanalyse von Extremgruppe EG2

Extremgruppe 2 aus dem CMC-Setting bestand aus insgesamt 5 Mitgliedern (einem Vorstand, einem Projektleiter, drei Mitarbeiter) und zeigte in extremem Maße eskalierendes Commitment-Verhalten. Sie hielt lange am eingeschlagenen Kurs fest, riskierte einen Wechsel des Wissensgebiets und spielte über die neunte Runde hinaus. Wie es im einzelnen dazu kam, lässt sich anhand der Kommunikation in drei verschiedenen Phasen des Experiments, nämlich der:

- Vorbereitungsphase,
- Zwischenberichts,
- Abbruchsentscheidungsphas,e

zeigen

5.6.2.2.1 Genrehaushalt in der Vorbereitungsphase

Auf der Ebene der Dialoge konnte in Extremgruppe EG2 ein starker Konflikt zwischen dem Projektleiter und dem Vorstand festgestellt werden. Insbesondere der Vorstand produzierte mit ständigem Tadel, Ironie und Beschimpfungen eine Kommunikationskultur, in der der Projektleiter dazu überging, negative Nachrichten gegenüber dem Vorstand zurückzuhalten.

- Ebene der situativen Realisierung (dialogische Ebene)

Dialogkette:

Trivialfrage– Aufforderung PL an V -> Trivialfrage – PL an V -> **Anfrage Status V an PL** -> **Aufforderung -Wertung V an PL** -> **ausweichende Antwort PL an V** -> **Tadel V an PL** -> Entschuldigung PL an V -> **Beschimpfung V an PL** -> **Widerrede PL an V** -> **Ironie V an PL** -> Statusanfrage PL an V -> unpräzise Antwort PL an V -> Erklärung von PL an V-> Statusanfrage PL an V-> Antwort von V an PL -> Bekenntnis PL an V -> Statusmeldung PL an V -> Lob V an PL -> Frage Strategie von M1 an V – geframte Antwort PL auf Frage von M1 an V -> Statusfrage V an PL -> Antwort Punkte – Frage Strategie A von PL an V -> Framing PL an V -> Aufforderung zur Kommunikation von V an PL -> Trivialfrage von V an PL -> Aufforderung von V an PL -> Aufforderung von V an PL -> Wiederholung der Frage von V an PL -> Aufforderung von V an PL -> **unbrauchbare Antwort von PL an V** -> **Konterfrage von PL an V** -> unbrauchbare Antwort von V an PL -> Frage von V an PL -> Provokation V an PL -> Aufforderung von V an PL -> Befehl V an PL -> bestätigende Antwort – **Trivialfrage von PL an V** – Fluch PL an V -> Antwort auf Trivialfrage von V an PL-> Trivialfrage von V an PL -> Aufschub Antwort – Zu spät von PL an V und V an PL -> Antwort V an PL -> Feststellung -Begründung – **V an PL – Befehl** -> negatives Feedback zu Antwort auf Trivialfrage PL an V -> **Bestätigung PL an V** -> **Bestätigung von V an PL** -> Trivialfrage von V an PL -> Antwort Trivialfrage von PL an V -> Bewertung Antwort von PL an V -> Tadel von V an PL -> Rückfrage Ergebnis Trivialfrage von PL an V -> Antwort Trivialfrage von V an PL -> **Angebot Trivialfrage von PL an V**-> Antwort von V an PL -> Aufforderung von V an PL -> Trivialfrage von V an PL -> Antwort von PL an V -> Rückmeldung zur Antwort von V an PL -> Frage zur Trivialfrage von PL an V -> Antwort zur Trivialfrage von V an PL -> Statusmeldung Punkte von V an PL -> Rückantwort zur Trivialfrage von V an PL -> Kommentar zur Rückantwort von PL an V -> Entschuldigung von V an PL -> **Aufmunterung von V an PL** -> Statusfrage Projektspiel von PL an V -> Wertung negativ - Status Punkte von PL an V -> **Tadel von V an PL** -> **Statusbericht von V an PL** -> **Ablenkung -Anfrage Trivialfrage von PL an V** -> **Tadel Projektgruppe von V an PL** -> Antwort auf Anfrage Trivialfrage von V an PL -> Frage Status Trivialfrage von PL an V -> diffuse Antwort von V an PL -> Konkretisierung Status von V an PL -> Statusmeldung Punkte Gruppe von PL an V -> Tadel von V an PL -> „laute" Antwort–

5.6 Genreanalyse der Extremfallgruppen

Begründung von PL an V -> Antwort von V an PL -> Statusbericht Punkte von V an PL -> Hinweis von PL an V -> **Drohung von V an PL** -> Kommentar der Drohung von PL an V

In den Spielrunden vor dem Zwischenbericht sind die Dialoge zwischen dem Projektleiter und dem Vorstand von Beginn an von starken persönlichen Auseinandersetzungen geprägt, was sich in Genres wie Beschimpfungen, Tadel, Aufforderungen und Bekenntnissen widerspiegelt. Der Konflikt als dominierendes Genre verhindert im Vergleich zu EG1 die frühe Partizipation der anderen Projektgruppenmitglieder. Dass diese streng dialogische Interaktionsstruktur zwischen Projektleiter und Vorstand in der Projektanfangsphase sich auf die Eskalation in Gruppen auswirkt, konnte mit einer hochsignifikant negativen Korrelation von -.489** belegt werden, d.h. je mehr Dialoge zwischen dem Projektleiter und dem Vorstand unter Nichtbeteiligung der Projektmitarbeiter in der Projektanfangsphase geführt werden, desto eher handelt es sich um eine Eskalationsgruppe. (Tabelle 17)

Korrelation Kendall-Taub			ABBR_ESK	Dialog V_PL
	ABBR_ESK	Korrelationskoeffizient	1,000	-,489**
		Sig. (2-seitig)	,	,000
		N	154	154
	Dialog V_PL	Korrelationskoeffizient	-,489	1,000
		Sig. (2-seitig)	,000	,
		N	154	154

Tabelle 17: Signifikanter Zusammenhang zwischen Dialogischer Struktur (keine Beteiligung der Gruppe bei Diskussionen) und der Eskalation der Experimentalgruppen

Als typisches Beispiel einer Konfliktinteraktion kann folgende Sequenz betrachtet werden:

> *V: Wie läufts bei euch? antwort bitte! schwitz*
> *PL: weiss nicht*
> *V: gefeuert!!!*
> *PL: sorry!*
> *V: dein sekt kannst du dir in die haare reiben!!!*
> *PL: bin eh antialkoholiker*
> *V: toller trost!!*
> *PL: wie läufts bei dir!!*
> *V: schlecht! aber ich bin zäh*

Das CMC-System wird von beiden Parteien dazu benutzt, den jeweils anderen zur Lösung der eigenen Trivial-Fragen heranzuziehen, ohne dass es einen belegbaren Fall gibt, bei dem dies von Erfolg gekrönt ist. Die strategische Ebene der Koordination beider Spiele wird dagegen sehr vernachlässigt. Immer wenn der Vorstand versucht, eine Diskussion zum Spielstand oder zur weiteren Vorgehensweise zu initiieren, kontert der Projektleiter mit verhängnisvollen rhetorischen Figuren, wie

- Antworten, die nicht zur strategisch gestellten Frage des V nach dem Punktestand passen:
  > *V: welches Land in südamerika spricht englisch?*
  > *V: antwort?*
  > *PL: wir überlegen*
  > *V: warum habt ihr nur 115?*
  > *PL: neufundland*
  > *V: zu spät!*

> *V: ich brauche direkten kontakt zu euch!*
> *sonst läuft nichts! also, einer soll immer am pc sitzen!!!!! Befehl!*
> *V: neufundland war scheisse!*
> *PL: ok ich bin für dich da chris*
> *PL: gut! bleib dran!*

- positiv geframten Informationen zum Spielstand der Gruppe:
  > *PL: wir haben gerade 5 punkte*
  > *(Anmerkung: in Wirklichkeit sind dies 5 Punkte plus bei einem Abzug von 10 Punkten pro Spielrunde und einem Nichterreichen einer Option)*
  > *V: habt ihr gepunktet? ihr seid toll!*

Damit wird es dem Vorstand systematisch verunmöglicht, den wahren Status des Projektspiels zu ergründen. Im Extremfall mündet diese „Verschleierungstaktik" des Projektstatus im Verschweigen der Tatsache, dass die Gruppe gegen Zahlung von 100P das Wissensgebiet gewechselt hat. Dieser Wechsel wird dem Vorstand verschwiegen, obwohl er einen wesentlichen Eingriff in den Ablauf des Projektspiels bedeutet, und der Projektleiter gemäß den Spielregeln den Vorstand informieren müsste. Erst als der Vorstand den Projektleiter wegen des schlechten Spielstandes zur Rede stellt, gesteht dieser den Verlust, begründet allerdings nicht, wie er zustande kam.

> *PL: wir sind bei -5*
> *V:bitte????????????*
> *PL: null>-5!!!!!!!!!!!!!! wir haben 100 blechen müssen*
> *V: zieh ich euch vom taschengeld ab*

Eine weitere rhetorische Figur ist der Vergleich mit einer Gruppe, die man sich als Feindbild auserkoren hat, und der man unterstellt, dass sie nur leichte Fragen zu beantworten hätte. Wann immer Probleme auftauchen, werden sie als das Pech der eigenen und das unverdiente Glück der anderen Gruppe geschildert.

> *PL: welcher österreichische regisseur holte marlene dietrich nach hollywood*
> *V: keine ahnung*
> *PL: geht uns genauso*
> *das wüßte mela doch auch nicht!!! oder?*
> *richtig!*
> *V: stand 4 2 2*
> *PL: wir haben einfach pech*
> *V: meli hat wieder lockere fragen...*
> *PL: sauerei*

Dem Vorstand ist umgekehrt ein gewisses Desinteresse an dem Spiel der Gruppe nicht abzusprechen. Für ihn steht eindeutig sein Trivialspiel im Vordergrund. Zu diesem Zwecke beordert er auch den Projektleiter ans Email, damit er ihm seine Fragen beantworten kann.

Diese Beanspruchung der Aufmerksamkeit des Projektleiters verhindert die für die Gruppe notwendige weitere Koordinationsarbeit. Obgleich der Vorstand das Problem zum Ende der Vorbereitungsphase zu erkennen scheint, wird es von ihm im Zwischenbericht nicht adäquat thematisiert. Bemerkenswert ist die Häufigkeit, mit der in der Vorbereitungsphase widersprochen, getadelt, ja in einem Falle auch gedroht wird. Dies sind typische Kennzeichen für die Differenzen zwischen Vorstand und Projektleiter. Sie überdecken die Problemwahrnehmung der Entscheider; das entschuldigende, aber nicht aufklärende Feedback des Projektleiters tut sein Übriges dazu, dass das Problem der Unerreichbarkeit der Hölzchen vom Vorstand bis zum Zwischenbericht nicht erkannt wird.

- Binnenstrukturelle Ebene

Auf der binnenstrukturellen Ebene fällt der häufige Gebrauch intentionaler Formatierung im stetigen Streit zwischen Vorstand und Projektleiter auf. Die streng dialogische Auseinandersetzung, an der sich keines der Gruppenmitglieder beteiligt, wird „schreiend" ausgetragen, d.h. es werden häufig mehrere Ausrufe- und Fragezeichen oder Pausenpunkte hintereinander gebraucht. Der häufige Gebrauch Intentionaler Formatierung ließ sich über alle Phasen hinweg als hochsignifikant negativ zum Projektergebnis der Gruppe feststellen. In Tabelle 18 wird der Zusammenhang zwischen dem Maß Intentionaler Formatierung (Intensität Formatierung) und der Wahrscheinlichkeit zur Eskalation in den Gruppen (ABBR_ESK) auf höchstem Signifikanzniveau belegt. Das heißt, dass es einen positiven Zusammenhang von .338 zwischen den Gruppen gab, die häufig mehr als zwei oder drei Ausrufe-/Fragezeichen, Buchstabendoppelungen, usw. verwendeten, und der Tatsache dass diese Gruppen das Eskalationsexperiment nicht abbrachen.

Korrelation			ABBR_ESK	Intensität Formatierung
Kendall-Taub	ABBR_ESK	Korrelationskoeffizient	1,000	,338**
		Sig. (2-seitig)	,	,000
		N	154	154
	Intensität Formatierung	Korrelationskoeffizient	,338**	1,000
		Sig. (2-seitig)	,000	,
		N	154	154

Tabelle 18: Signifikanter Zusammenhang zwischen Intentionaler Formatierung und Eskalation der Experimentalgruppen

Die vom Vorstand in einer sehr frühen Phase des Spiels angewandte intentionale Formatierung verfehlt ihre Wirkung nicht; der Projektleiter nahm sich mehr und mehr zurück und fand sich schließlich in der Rolle des Fragenbeantworters für den Vorstand wieder. Ein Beispiel für eine zum Projektbeginn sehr konfliktreich geführte Zweierkommunikation unter Nichtbeteiligung der restlichen Gruppenmitglieder bietet folgende Sequenz:

V: wo wurde das erste deutsche fernsehbild gesendet, dh aus welcher stadt ? Wie läufts bei euch?
antwort bitte! schwitz
PL: weiss nicht
V: gefeuert!!!
PL: sorry!
V: dein sekt kannst du dir in die haare reiben!!!
PL: bin eh antialkoholiker
V: toller trost!!PL: wie läufts bei dir!!
V: schlecht! aber ich bin zäh
PL: wieviel geld hast du schon?
V: null, scheiss fragen

> PL: wir haben eine antwort richtig!!
> V: gut
> PL: sollen wir das dritte spiel wirklich machen?
> wir sind noch bei den ersten dabei
> V: seit ihr fit oder fett?
> PL: wir haben 135 punkte . sollen wir die schwierigkeit runterdrehen?
> PL: die zweite runde lief ganz gut!!1
> V: bist du tot???
> V: wie heisst das frühere belgisch kongo?
> jetzt kommts auf dich an, wir sind alle gleich gut!!
> V: anwort bitte!
> V: wie heisst das frühere belgisch kongo?
> antwort?
> PL: keine ahnung!!

Dass eine intentionale Formatierung grundsätzlich dazu eingesetzt werden kann, wichtige Entscheidungen zu initiieren, konnte in der Abbruchphase bei EG1 gezeigt werden. Der inflationäre Gebrauch der Formatierung bei EG2 führt in einer Vielzahl von Dialogen dazu, dass sich der Projektleiter letztlich den Vorgaben des Vorstands unterordnet und zu dessen persönlichem Fragebeantworter wird. In den Dialogen wird getadelt, befohlen, gerechtfertigt, Information geframt weitergegeben:

Tadel: *V: gefeuert!!!*

Befehlen: *V: also, einer soll immer am pc sitzen!!!!! Befehl!*

Unsicherheitsbekundungen: *PL: kein plan*

Vorwürfe: *PL: ok, du hast noch gar nichts beantwortet!!*

Rechtfertigungen: *PL: null>-5!!!!!!!!!!!!!!!*

Framing: *PL: wir haben eine antwort richtig!! PL: die zweite runde lief ganz gut!!1*

- *Außenstrukturelle Ebene*

Auf der außenstrukturellen Ebene stellt der Dialog eine Rollenfindungsdiskussion zwischen dem Projektleiter und dem Vorstand dar. Sie endet damit, dass der Projektleiter für den Vorstand inhaltliche Fragen beantwortet, darüber aber seine Kerntätigkeit, die Verantwortlichkeit für die Gruppe, vergisst. Im Vorfeld durch den Projektleiter erkannte Probleme werden dem Willen des Vorstands untergeordnet, so dass der Projektleiter und die Mitarbeiter seine Fragen mitbeantworten sollen.

5.6.2.2.2 Genrehaushalt in der Phase des Zwischenberichts (Krisensitzung)

Die Tatsache, dass zum Ende der Vorbereitungsphase das eigentliche Problem im Projektspiel weder in der Gruppe kommuniziert noch analysiert wird, spiegelt sich in der Kürze des Zwischenberichts wieder. Das einzige, worüber sich Vorstand und Projektleiter nach dem

Statusbericht des Projektleiters unterhalten, ist die Frage, ob sie weiter auf dem höchsten Risikolevel 3 bleiben sollten.

> PL: wir bleiben bei 3 ok
> V: Bin ich auch dafür
> PL: Mackerman wird geheuert
> M1: Nur noch Kommunikation übers Netz zwecks Datensicherheit!

Der Projektleiter schlägt zudem vor, weitere Diskussionen innerhalb der Gruppe zum Thema Strategie über das Email-System mit dem Vorstand zu diskutieren. Eine ernsthafte Diskussion allerdings unterbleibt.

- Ebene der situativen Realisierung (dialogische Ebene)

Dialogkette:

Strategiefestlegung von PL an V -> Zustimmung Vorstand -> Kommentar von PL an V -> Aufforderung Techniknutzung von MA an V und PL

Die Strategiediskussion beschränkt sich auf einen Satz des Projektleiters an den Vorstand:

> PL: Wir bleiben bei 3 ok {#24,15.10.1997,10:54}

Gemeint ist damit, dass man den höchsten Schwierigkeitsgrad, für den man drei Optionen benötigt, nach der fünften Runde nicht wechseln möchte. Interessant an der Diskussion im Zwischenbericht ist, dass eine Diskussion der Situation erst gar nicht stattfindet. Weder moniert der Vorstand die zu diesem Zeitpunkt schon sehr schlechte Situation der Gruppe, noch ist der Projektleiter in der Lage, echte Entscheidungsalternativen zum derzeitigen Kurs zu formulieren.

- Binnenstrukturelle Ebene

Auf der binnenstrukturellen Ebene lässt sich kein wesentliches Merkmal feststellen, außer der rhetorische Charakter der Frage „*Wir bleiben bei 3 ok*", die mit einer Aussage beginnt und eine Zustimmung vom Adressaten einfordert. Die Frage wird nicht offen („sollen wir bei 3 bleiben?"), sondern geschlossen formuliert – eine Kommunikationsform, die weiteren Diskussionen nicht sehr zuträglich ist.

- Außenstrukturelle Ebene

Auf der außenstrukturellen Ebene hat der Zwischenbericht den Charakter einer Legitimationssitzung. Das Ziel des Projektleiters ist es, nicht den Status des Projekts zu diskutieren, sondern sich beim Vorstand für seine weitere Vorgehensweise, die die Beibehaltung von Schwierigkeitsgrad drei erfordert, eine Legitimation einzuholen.

5.6.2.2.3 Genrehaushalt in der Phase der Abbruchentscheidung

In der Phase der Abbruchentscheidung, die Phase nach dem Zwischenbericht waren jene Gruppen im Vorteil, die das Spiel so schnell wie möglich abbrachen. Um einen Spielabbruch zu bewerkstelligen bedurfte es aber der kommunikativen Leistung eines einzelnen einen

Abbruch vorzuschlagen und die Zustimmung einer Mehrheit der Gruppenmitglieder bzw. des Vorstands für diesen Vorschlag zu erhalten.

- *Ebene der situativen Realisierung (dialogische Ebene)*

Dialogkette:

Aufforderung von V an PL -> Trivialfrage von V an PL -> Kommentar von PL an V -> Wiederholung Trivialfrage von V an PL -> Antwort Trivialfrage von PL an V -> Lob von V an PL -> Status Punktestand von V an PL -> Jubel von PL an V -> Statusrechnung Punkte (V+PL) von PL an V -> Statusmeldung V-Spiel von V an PL -> Statusmeldung von V an PL -> Bestätigung von PL an V -> Bewertung (negativ) Statusmeldung Projektspiel von PL an V -> Kommentar zur Bestätigung von PL an V durch V-> Trivialfrage von PL an V -> Trivialfrage von PL an V -> Trivialfrage von PL an V -> Kommentar (negativ) von V an PL -> Bestätigung von PL an V -> Vergleich mit PL Gruppe 2 von V an PL -> Statusbericht Punkte von V an PL -> Feststellung von PL an V -> Benennung eines Sündenbocks (VS2) durch V an PL -> Bestätigung von PL an V -> Trivialfrage von V an PL -> **Aufforderung - Statusbericht Punktestand von V an PL -> Antwort Trivialfrage von PL an V ->** Trivialfrage von V an PL -> Spezifizierung Status Punktefrage von V an PL -> Antwort von PL an V -> Lob V von an PL -> Bestätigung von PL an V -> Statusbericht von V an PL -> Trivialfrage von PL an V -> Antwort von PL an V -> Rückfrage Trivialfrage V an PL -> Bestätigung Antwort Trivialfrage von PL an V -> Trivialfrage von V an PL -> Aufforderung von V an PL -> Aufforderung von V an PL -> Antwort von PL an V -> Tadel von V an PL -> Entschuldigung von PL an V -> geframte Erfolgsmeldung von PL an V -> Lob von V an PL -> Trivialfrage von PL an V -> Trivialfrage von PL an V -> **Tadel zum Punktestand Gruppe von V an PL -> Entschuldigung von PL-> Frage nach Tauglichkeit der Strategie von V an PL -> Beschuldigung Sündenbock für eigene Leistung durch V zu PL-> Zustimmung von PL an V-> Negative Antwort Vorschlag Strategie A mit Rückfrage von PL an V -> Antwort auf Trivialfrage von V an PL -> Antwort Trivialfrage von PL an V ->** Antwortmöglichkeit Trivialfrage von V an PL -> Kommentar von PL zur Antwort von V -> Antwort auf Kommentar von V an PL -> Antwort Trivialfrage von PL an V -> Frage Strategie von V an PL -> Verneinung von PL an V -> Trivialfrage von V an PL -> Antwort Strategie von PL an V -> Strategievorschlag A von V an PL -> Verneinung (weil dies nicht mehr geht, und die Gruppe schon die 10. Runde spielt) von PL an V -> Strategievorschlag B -> Statusbericht Punkt von V an PL -> Trivialfrage von PL an V -> Antwort (negativ) auf Strategievorschlag B von PL an V

Auf der situativen Ebene fällt auf, dass die bereits eingangs erwähnten rhetorischen Figuren hier ihre Fortsetzung finden. Zwar mahnt der Vorstand mehrmals den schlechten Punktestand der Projektgruppe an, im nächsten Moment aber schwenkt er neuerlich auf die Sachebene, um sich vom Projektleiter seine eigenen Probleme (Beantwortung seiner Fragen) lösen zu lassen. Gelingt auch das nicht, wird mehrmals der Vorstand von Gruppe 2 als Sündenbock bemüht, weil er nur die leichten Fragen hat, und ihm alles zufällt. Mit dieser Art setzt der Vorstand gegenüber dem Projektleiter klare Prioritäten, die besagen, dass ihm das Vorstandsspiel wichtiger ist als das Spiel der Gruppe. So enden nahezu alle Dialoge zur Strategiefindung der Gruppe mit einer Antwortaufforderung zu Trivialfragen durch den Vorstand (s. fett markierte

5.6 Genreanalyse der Extremfallgruppen

Interaktionen in der Dialogkette oben). Die Projektgruppenmitglieder mischen sich in diese Diskussionen nicht ein. Es entsteht eine Anbindung des Projektleiters an das Spiel des Vorstands; die Verantwortlichkeit für das Spiel der Gruppe wird vom Projektleiter nicht in dem Maße wahrgenommen, dass er seine Bedenken zum Spiel gegenüber dem Vorstand in Handlungsweisen umsetzt. Umgekehrt unternimmt der Vorstand vier Anläufe, um sich mit dem Projektleiter über die Tauglichkeit der bisherigen Vorgehensweise zu unterhalten. Die ersten zwei Male erhält er vom Projektleiter die Antwort, dass die Strategie tatsächlich nicht mehr greift, ohne dass er aber Änderungen diskutiert oder anordnet. Die anderen zwei Male kann der Vorstand nichts mehr ändern, weil der Projektleiter sich – ohne Rückfrage mit dem Vorstand – zum Weiterspielen in der zehnten Runde entschlossen hat. Der Vorschlag des Vorstands, den Schwierigkeitsgrad noch einmal zu wechseln oder später sogar abzubrechen, kommt zu spät:

> *V: schafft ihr noch zwei hölzer?*
> *PL: nie*
> *PL: wie war die antwort von der broadway frage?*
> *PL: das spiel ist beschiß, wenn wir ausgestiegen wären, hätten wir 400 + gemacht*
> *V: also wechseln!*
> *PL: forget it*
> *V: also geht austeigen noch?*
> *V: endstand 200 150 100*
> *V: auf welcher Ranche lebt Fury*
> *PL: too late*

- *Binnenstrukturelle Ebene*

Auf der binnenstrukturellen Ebene fällt auf, dass sich mit der Findung der Rolle des Projektleiters als Vorstandsassistent auch die Konflikte und die damit verbundene intentionale Formatierung vermindert haben. Intentionale Formatierung wird vor allem dann benutzt, wenn der Vorstand Aufmerksamkeit für seine Fragen beim Projektleiter einfordert,

> *V: punktefrage!!!!!*
> *V: los!*
> *V: antwort*
> *V: chris!!!!*

dieser die Unsicherheit bei der von ihm angebotenen Lösungsalternative kommuniziert,

> *PL: dauerbrenner: west side story???*

oder wenn sich Vorstand und Projektleiter gemeinsam über den Sündenbock unterhalten:

> *V: meli hat wieder lockere fragen...*
> *PL: das wüßte mela doch auch nicht!!! oder?*

Im Gegenzug dazu wird weder vom Vorstand noch vom Projektleiter in der Abschlussphase eine intentionale Formatierung benutzt, wenn es darum geht, auf den Spielstand aufmerksam zu machen:

> *PL: wir haben gerade 5 punkte*
> *V: minus dreißig - seid ihr des Wahnes?*
> *V: klappt die strategie noch?*
> *V: schafft ihr noch zwei hölzer?*

> PL: *das spiel ist beschiß, wenn wir ausgestiegen wären, hätten wir 400 + gemacht*
> V: *also wechseln!*
> PL: *forget it*
> V: *also geht austeigen noch?*

- *Außenstrukturelle Ebene*

Auf der außenstrukturellen Ebene handelt es sich in der Phase der Abbruchentscheidung bzw. Eskalation um eine vom Gebrauch der Genres her der Vorbereitungsphase sehr ähnliche kommunikative Verhaltensweise. Was Vorstand und Projektleiter mit ihren Dialogen konstituieren, ist das um einen Teilnehmer (den Projektleiter) erweiterte Vorstandsspiel, das zwar von gelegentlichen Einwürfen des Projektleiters bezüglich des Gruppenspiels unterbrochen wird, jedoch über alle Phasen hinweg den Gang der Dinge bestimmt. Als der Vorstand gegen Ende des Spiels die Tragweite der Situation erkennt und mit seinen diversen Vorschlägen zur Strategieänderung eine gewisse Hartnäckigkeit symbolisiert, ist es zu spät, oder in den Worten des PL: *„too late"*.

5.6.2.2.4 Zusammenfassung

Die Kommunikation in Gruppe EG 2 war von Anfang an durch den Konflikt zwischen dem Projektleiter und dem Vorstand geprägt, den der Vorstand zu seinen Gunsten entschied; der Projektleiter ordnete sich der für ihn vom Vorstand vorgesehenen Rolle des Assistenten unter. Anfangs verschwieg er dem Vorstand die Probleme, die die Gruppe mit dem Spiel hatte. Als die ersten Probleme offensichtlich wurden, begann der Projektleiter, sich bei eher negativen Nachrichten in ein positives Licht zu rücken. Zusammen mit der ohnehin starken Fixierung des Vorstands auf sein eigenes Spiel gelang keine Kommunikation zwischen den Akteuren, die einen Abbruch zu Folge hätte haben können, auch wenn es von beiden Seiten mehrmals Anläufe in diese Richtung gab. Sie wurden dadurch zunichte gemacht, dass der Vorstand den Anfragen des Projektleiters seine eigenen Sachfragen überordnete. Fragte umgekehrt der Vorstand nach den Hintergründen des aktuellen Spielstands, erhielt er vom Projektleiter eher entschuldigende oder ausweichende Antworten. Entsprechend dieser Konstellation fiel der Zwischenbericht aus, der nicht zu einer intensiveren Abklärung des erkannten Problems zwischen Projektleiter und Vorstand führte. Der Projektleiter nützte diese Möglichkeit beim Vorstand lediglich zur Beschaffung der Legitimation zum bisher beschrittenen Kurs. Von einer Krisendiskussion wie etwa bei Gruppe EG1 kann in diesem Fall nicht die Rede sein.

Der Vorstand sieht den Projektleiter als seinen persönlichen Dienstleister zur Beantwortung von Trivialfragen. Sein oberstes kommunikatives Problem sieht er in der Aufrechterhaltung des Dialogs zu den Trivialfragen. Welches Spiel die Gruppe im Detail spielt, interessiert ihn weniger, da er auch bei negativen Statusberichten des Projektleiters kein zweites Mal nachhakt. Dies führt dazu, dass der Vorstand nach eigenen Angaben im Fragebogen das Problem der Gruppe erst in der neunten Runde erkennt.

5.6.3 Extremgruppen im EMS-Setting

5.6.3.1 Genreanalyse von Extremgruppe EG 3

Die Gruppe EG 3 bestand aus insgesamt 5 Mitgliedern, einem weiblichen Vorstand, einem Projektleiter und drei Mitarbeitern. Die Gruppe hatte immer wieder leichte Tendenzen zu eskalierendem Commitment. Dank guter Kommunikation und geschickter Moderation eines der Mitarbeiter in der Abbruchphase, gelang aber insgesamt noch rechtzeitig der Spielabbruch. Wie sich der Genregebrauch über die verschiednen Phasen hinweg gestaltete wird an hand der analysierten Dialogketten diskutiert.

5.6.3.1.1 Genrehaushalt in der Vorbereitungsphase

- Ebene der situativen Realisierung (dialogische Ebene)

Dialogkette:

Techniktest von V an PL-> Antwort - **Lob von M an V** -> „Geschäftsbrief" von PL an V -> Antwort von V an PL-> Frage nach Trivialfrage von PL an V -> Statusmeldung (un-klar) von M an V -> **Hilfeanforderung Trivialfrage von M1 an V** -> Antwort V an M1-> Aufforderung von M1 an V -> Antwort (negativ) von V an Gruppe -> Frage Status von M2 an V -> Aufforderung von M2 an V-> **Provokation (freundlich) von V an Gruppe**-> Trivialfrage von M1 an V L-> Antwort von M1 an V -> **Entschuldigung von V an M1**-> Aufforderung von V an PL-> Aufforderung von V an PL-> Trivialfrage von M1 an V -> Rückfrage von V an PL-> Trivialfrage von M1 an V-> Trivialfrage von M1 an V -> **Ironische Antwort von V an M1** -> Statusbericht (formal, unklar) von PL an V -> **Lob von V an PL**-> Statusmeldung (formal, negativ) von PL an V -> Aufforderung Wechsel von V an PL-> Antwort (negativ) von M2 an V -> Motivation (Aufforderung) von V an Gruppe-> Aufforderung von V an Gruppe.

Auf der dialogischen Ebene fällt auf, dass es in der Vorbereitungsphase der Hauptrunde keine stärkeren Konflikte zwischen dem Projektleiter und dem weiblichen Vorstand der Gruppe gibt, aber auch, dass sich die Projektmitarbeiter von Anfang an wesentlich stärker am Spiel beteiligen:

> *V: Bin nun zu erreichen!*
> *M1: Hi Pam - wir zählen jetzt ganz stark auf dich, sonst :-(*
> *PL:*
> *Sehr geehrte Frau Vorstand!*
> *Leider konnten wir in Runde 1 keine Frage beantworten.*
> *Ich hoffe, dass wir noch besser werden.*
> *Mfg*
> *Steffen Hanns*
> *Projektleiter {#101, 02.03.98, 15:31, p}*
> *V: Toll, Ihr Looser*

Interessant ist, dass den schon früh geäußerten Misserfolgsmeldungen von Seiten des PL und des M2 der Vorstand sein Feedback nicht schuldig bleibt, so dass die Gruppe stets weiß, welches Bild der Vorstand von der Qualität der Arbeit hat.

Insbesondere Mitarbeiter M1 und M2 brechen die Vorgabe des Experimentators und treten mit dem Vorstand in einen Dialog. Als sich die Fragen für P, M1und M2 als unlösbar herausstellen, beziehen sie den Vorstand aktiv in die Lösung der Fragen ein:

> *M1: der größte stichkanal*
> *V: Was?*
> *M1: und welche flüsse bilden das delta bei bangladesh*
> *PL: zwei Flüsse in Indien*
> *PL: größter Stichkanal?*
> *V: Prima! Tolle Fragen*

Als dieser ebenfalls keine der gestellten Fragen auch nur ansatzweise beantworten kann, wird ihm die Lage der Gruppe sehr früh bewusst. Mitarbeiter M1 ist es dann auch, der den vom Projektleiter positiv bewerteten Gewinn der zweiten Hauptrunde mit einer Gegenmeldung wenig später konterkariert. M1 ist damit derjenige, der den Haupt-Feedback-Kanal für den Vorstand wahrnimmt,

> *PL: Sir, vereinzelte Erfolge können gemeldet werden, Sir.*
> *V: Wunderbar!*
> *M1: Madam, wir verlieren den Überblick, Madam*
> *V: Wechselt in eine andere Sparte! Geht in Unterhaltung oder sonst irgendetwas!*
> *M1: Die Fragen sind genauso sch....*

und die von ihm unreflektiert vorgeschlagene Strategieänderung als nicht lohnend verwirft.

So bleibt festzuhalten, dass es neben dem Austausch von Trivialfragen dem Mitarbeiter M1 gelingt, dem Vorstand ein äußerst realistisches Bild der Problematik der Gruppe zu vermitteln. Ferner sorgen seine aktiv geäußerten Widersprüche zu den Strategievorschlägen des Vorstands für die Verhinderung einer Fehlentscheidung.

- Binnenstrukturelle Ebene

Auf der binnenstrukturellen Ebene des Genreeinsatzes gibt es drei interessante Eigenarten. Die erste ist der Gebrauch der formalen Form des „Geschäftsbriefs" zur Begrüßung des Vorstands durch den Projektleiter zum Spielbeginn, was eine Akzeptanz der Rollenverteilung signalisiert. Die zweite Besonderheit ist das kommunikative Verhalten des Vorstands, mit der sie auf die Fragen der Gruppe reagiert. Sie antwortet stets schnell, fordernd und manchmal etwas provozierend. Ein Mitarbeiter bezeichnet später die so aufgebaute Beziehung als „Häuptling-Indianer"-Verhältnis. Das dritte binnenstrukturell interessante Merkmal in der Kommunikation des Vorstandes ist die Art, wie sie mit wenigen Worten eine Wertung von Informationen vollzieht. Dabei setzt sie sowohl Lob als auch Tadel relativierend und mit Ironie sehr gezielt ein:

Kurze Wertung

> *PL: Sir, vereinzelte Erfolge können gemeldet werden, Sir.*
> *V: Wunderbar!*

Tadel mit Relativierung

> *V: Peinlich mit Euch! Ihr seid aber bis jetzt führend!*

Ironie

5.6 Genreanalyse der Extremfallgruppen

PL: größter Stichkanal ?
V: Prima! Tolle Fragen!

Ein letztes interessantes Merkmal im Kommunikationsverhalten des Vorstandes ist die stetige Aufforderung an die Gruppe, zu kommunizieren. Dies wird in einem Falle, als die Gruppe längere Zeit nichts mehr von sich hören lässt, auch mit einer starken Dopplung von Buchstaben zu einer Aufforderung unterstützt:

V: Fragt mal weiter!
V: Hallllooooo

- Außenstrukturelle Ebene

Auf der außenstrukturellen Ebene dient die Kommunikation in der Vorbereitungsphase vor allem zwei Zwecken: Erstens dem Austausch von Know-how zwischen Vorstand und Gruppe über die Trivialfragen, ohne allerdings soweit zu gehen wie Gruppe EG2, dass der Projektleiter in eine Assistentenrolle des Vorstandes gedrängt wird. Zweitens der Vermittlung der Grundproblematik des Gruppenspiels an den Vorstand. Insbesondere Mitarbeiter M1 erwirbt sich dabei große Verdienste, da er auch negatives Feedback an den Vorstand kommuniziert und diesen in die Beantwortung der unlösbaren Fragen einbezieht. So gelingt es ihm immer wieder, den Vorstand in seiner manchmal etwas euphorischen Art zu bremsen, und bis zum Zwischenbericht ein Problembewusstsein für die Unlösbarkeit der Fragen zu schaffen.

5.6.3.1.2 Genrehaushalt in der Phase des Zwischenberichts

- Ebene der situativen Realisierung (dialogische Ebene)

Dialogkette:

Gruß von M2 an V-> Rückfrage Status von V an PL-> Strategievorschlag A (Abbruch) von M2 an V -> Strategievorschlag B (Wechsel Wissensgebiet und weitermachen) von V an M2 -> Korrektur von Strategievorschlag B von M2 an V -> Wiederholung von Strategievorschlag A von M2 an V -> **Begründung von Strategie B von V an Gruppe-> Widerspruch zu Strategie B** – Begründung von M2 an V -> **Detaillierte Formulierung von Strategie C mit Elementen von Strategie A und B durch M1 an V und M2** -> Zustimmung von M2 – Unterschrift -> Detailliertes Hinterfragen von Strategie C von V -> **Formulieren von Entscheidungsalternativen zu Strategie C von V an M1 und M2** -> Präzisieren von Strategie C durch M2 -> Bekräftigung von Strategie C durch PL -> Widerspruch (richtig) von V zu einer Annahme von Strategie C an PL -> **Provokation der Gruppe bezüglich Annahme Strategie C durch V** -> Widerspruch M2-Unterschrift -> Begründung Strategie C durch M1 -> Aufforderung Strategie C von V an Gruppe -> **ablehnender Kommentar von M2 an V** -> Aufforderung zum Risiko von V an Gruppe -> **Widerspruch zur Aufforderung von M1** -> Provokation von M2 an V-> Provokation von M1 an V -> Antwort von V an M2 -> Antwort von M2 an V -> **Motivation und Aufforderung zum Risiko von V an Gruppe** -> Motivation zur Entscheidungsfindung von

M2 an M1 -> **Widerspruch zur Aufforderung Risiko von V** -> **Solidarisierung von M2 mit Strategie C von M1** -> Drängen Entscheidungsfindung von V an M2 -> **Aufforderung Abstimmung Strategie von V an Gruppe** -> Nachfrage von M2 an V -> Stimme für Strategie A von M2 – Unterschrift -> Stimme für Strategie C von M1 – Unterschrift -> Aufforderung Kontrolle zu Strategie C von V an Gruppe –Diffuse Zustimmung zu Strategie B von PL -> Aufforderung Entscheidung von V an Gruppe -> **Votum von M2 für Strategie B -> Scherz von M1 auf Votum von M2** -> Aufruf Risiko von V an Gruppe -> Widerspruch zu Aufruf von M2 -> Widerspruch zu M2 von V

Entsprechend der in der Vorbereitungsphase gelungenen Vermittlung des dem Spiel inhärenten Problems durch M1 an V und PL kann der Zwischenbericht durchaus als eine Strategiediskussionssitzung betrachtet werden. Sie wird eingeleitet von Mitarbeiter 2, der nach einer Begrüßungssequenz an den Vorstand und einer Entschuldigung für das, was er jetzt sagen wird, einen Spielabbruch (Strategie A) vorschlägt:

M2: Hi Pam!
V: Also, was geht?
M2: Ich habe zwar keinen Plan (schmeiß mich raus) aber wir sollten Abbrechen!

Damit signalisiert er, dass er die Autorität des Vorstands nicht in Frage stellt und zu dem steht, was er im folgenden sagt. Der Vorstand geht darauf ein und schlägt eine Gegenstrategie B vor, ohne die Person von M2 für dessen Vorstoß zu kritisieren. M2 ist mit dem Vorschlag von V (Strategie B) nicht einverstanden. Er begründet dies damit, dass mit einer Senkung des Risikoniveaus der Knobelmodelle nicht automatisch auch eine Senkung des Schwierigkeitslevels der Fragen selbst verbunden ist. Mitarbeiter M1 solidarisiert sich mit M2 und fasst die Strategie von M2 in eine brauchbare Handlungsanweisung (Strategie C) zusammen:

Vorschlag: Kein Wechsel und weiterspielen bis einschließlich Runde 9 - Punkte sammeln und dann raus! In 3 Spielen 2 Optionen ist unwahrscheinlich - deshalb kein Wechsel sondern hundert Punkte sparen!

M1 bestätigt daraufhin die Zusammenfassung von M2, und etwas später solidarisiert sich auch der Projektleiter mit dem Vorschlag. Dem Vorstand leuchtet der Vorschlag ein, allerdings nicht die Begründung, warum die Gruppe weiterspielen soll:

V: Entweder sparen oder raus![44]

---

[44] Der Vorstand thematisiert die richtige Strategie. Geht man davon aus, dass die folgenden Spiele ebenfalls nicht zu beantworten sind, worauf alle Zeichen hindeuten, ist die beste Strategie tatsächlich der Ausstieg. Um nämlich eine Stagnation des Punktestandes der Gruppe zu erreichen, muss man pro Fragerunde zwei Fragen richtig beantworten, um 10 Punkte zu erhalten. Da man aber pro Fragerunde 10 Punkte abgezogen bekommt (Spieleinsatz) kann pro Fragerunde maximal eine Stagnation erreicht werden. Da die Gruppen allerdings darüber informiert wurden, dass bei einem Spielabbruch das Kapital eingefroren wird (ebenfalls Stagnation) entspricht der Abbruch des Spieles exakt der Leistung zweier von drei richtig gelösten Fragen. Rein ökonomisch betrachtet würde man für einen Abbruch soviel Punkte erhalten wie für n = (10-n)*2 richtig beantworteter Fragen [n = Anzahl der Spielrunde in der Hauptrunde]. Beispiel: Spielrunde 6, Punktestand 90 P: Bei Abbruch behält die Gruppe 90 P. Wenn sie weiterspielt, muss sie pro Runde zwei von drei Fragen höchster Schwierigkeit richtig beantworten, um bei 90 P zu bleiben, und dies bis zur neunten Runde.

5.6 Genreanalyse der Extremfallgruppen

> *M2: 100 Punkte behalten oder 800 verlieren...*
> *PL: Genau so sehe ich es auch. Punkte sammeln und dann raus.*
> *V: Wie sammeln? Hö? Ihr bekommt doch eh keine Punkte!*
> *Ihr wißt doch nichts! :))*

Nachdem die Gruppe unentschlossen ist, ob sie weiterspielen soll, fordert der Vorstand sie auf, mit vollem Risiko weiterzuspielen, was M1 so nicht akzeptieren will, da ihm die Aufforderung zum Risiko nicht gefällt:

> *V: No risk no fun! Wir trinken unseren eigenen Sekt!*
> *M1: Ich bin dafür den Vorstand nicht zu entlasten, bei solchen Äußerungen!*
> *M1: Vorstand wird nicht entlastet!*

Auf diese Bemerkung hin solidarisiert sich M1 auch nochmals mit M2:

> *M2: Neee nicht volles Risiko, Abbruch!!!*

Daraufhin befiehlt V eine Abstimmung:

> *V: Also, bitte abstimmen da drüben! Wer ist für Abbruch?, Wer für weiter?*
> *M1: Wer hat sich das ausgedacht???????*
> *M2: Abbruch (Dirk)*
> *M1: Abbruch nach der neunten! (Steffen)*

und akzeptiert das Ergebnis mit der einschränkenden Bemerkung:

> *V: Überlegt Euch nach jedem Spiel ob aufgehört wird!*
> *V: Also und die anderen?*

Erst als der Projektleiter mit einer flapsigen Bemerkung nochmals für V Partei ergreift,

> *PL: Wir spielen, kriegen viele, viele, bunte Smarties und plündern unser Konto in der Schweiz.... also scheißt drauf.*

sieht der Vorstand seine Chance und ruft nochmals zur Entscheidung auf:

> *V: Entscheidet!*

Damit gelingt es ihr, die Projektgruppe zum weitermachen zu überreden, ohne allerdings alle davon zu überzeugen:

> *V: Wir können nichts verlieren... Also bis Ultimo!*
> *M2: Und dann gehts ab in die Karibik - Hullahulla*
> *V: OK! RISIKO*
> *M1: Na ihr seid Optimisten!*
> *V: Klar*

Was die Kommunikationskultur betrifft, so werden verschiedene Strategievarianten von nahezu allen Beteiligten kontrovers diskutiert. Auffällig bei dieser Diskussion sind folgende Phänomene:

- Die Solidarisierung von M1 und M2 bezüglich des Abbruchsvorschlag von M1.
- Die zeitweise Soldarisierung von PL mit der herrschenden Meinung.
- Die Fähigkeit von V, den Diskurs zu steuern.
- Das Interesse von V, ihre Ansicht gegenüber der Gruppe durchzusetzen.

Binnenstrukturelle Ebene

Auf der binnenstrukturellen Ebene, werden interessante Formatierungen oder besondere Stilmittel wie bspw. eine Unterschrift dann verwandt, wenn es darum geht, den jeweils anderen auf seine eigene Richtung einzustimmen. Dabei kann unterschieden werden in:

- Smilies beim Vorstand, um die Gruppe zu provozieren, ohne sie zu beleidigen:

    V: Ihr wißt doch nichts! :))

- Intensive Verwendung mehrfacher Zeichenformatierungen bei M2:

    M2: Neee nicht volles Risiko, Abbruch!!!
    M2: Wer hat sich das ausgedacht???????

- Verwendung von Begriffen aus dem betriebswirtschaftlichen Jargon von M1 und M2:

    *M1: Ich bin dafür den **Vorstand nicht zu entlasten**, bei solchen Äußerungen!*
    M2: Vorstand wird nicht entlastet!

- Verwendung von Überschriften in Kommentaren von M1, um das kontrovers Diskutierte in einen Handlungsvorschlag überzuführen:

    M1: Vorschlag: Kein Wechsel und weiterspielen bis einschließlich Runde 9 - Punkte sammeln und dann raus! In 3 Spielen 2 Optionen ist unwahrscheinlich - deshalb kein Wechsel sondern hundert Punkte sparen!

- Unterschriften, um dem Abgestimmten ein stärkeres Commitment zu verleihen:

    V: Wer ist für Abbruch?
    V: Wer für weiter?
    *M1: Abbruch **(Dirk)***
    M2: Abbruch nach der neunten! **(Steffen)**

- Außenstrukturelle Ebene

Auf der außenstrukturellen Ebene hat die Diskussion um den Zwischenbericht vier wesentliche kommunikative Handlungen:

1.) Problemschilderung von M2,

2.) kontroverse Diskussion mehrerer Strategievarianten durch alle Gruppenmitglieder,

3.) Abstimmung,

4.) halbherzige Überredung zum Gegenteil durch den Vorstand.

Insgesamt kann dem Zwischenbericht der Charakter einer Strategiediskussion in einer erkannten Problemsituation bescheinigt werden. Es werden drei Strategievarianten in die Gruppe kommuniziert und diskutiert (Variante A: sofortiger Spielabbruch, Variante B: weiterspielen bis zur neunten Runde und dann abbrechen, Variante C: weiterspielen mit vollem Risiko). Während Variante A vor allem von M1 und M2 vertreten werden, wird nach weiteren Diskussionen Variante B favorisiert, da sie einen probaten Kompromiss bietet. Variante C, die zum Ende des Zwischenberichts vom Vorstand propagiert wird, wird mit jeder weiteren Runde auf den Prüfstein gestellt.

5.6.3.1.3 Genrehaushalt in der Phase der Abbruchentscheidung

- *Ebene der situativen Realisierung (dialogische Ebene)*

Dialogkette:

Aufmerksamkeit sicherstellen von PL an V -> **Anfrage Status von V an PL** -> Rhetorische Antwort auf Anfrage von PL an V -> Trivialfrage von M1 an V -> **Aufforderung Strategie A (Projektabbruch) von P an V** -> **Befehl Strategie A von PL an V** – Hetze -> Statusmeldung (Runde) Bitte um Verwirklichung Strategie C -> **Abbruchbefehl von V an PL** -> Rückfrage des Vollzugs von V an Gruppe -> **Bestätigung Umsetzung Strategie C von M1 an V** -> Bestätigung von P an V -> Statusmeldung von V an Gruppe -> Statusmeldung Punkte von V an Gruppe -> **Lob von M1 an V** -> **Lob von PL an V** -> **Lob von M1 an V** -> Selbstdarstellung– Anfrage Status Punkte von V an Gruppe -> Statusmeldung von M1 an V -> Zusammenfassung Status von V an P -> Bewertung Endergebnis Gruppe von M1 -> Antwort von V an M1.

Nach dem Zwischenbericht meldet sich der Projektleiter sofort bei seinem Vorstand zurück, um zu signalisieren, dass er bereit ist. Danach stellt Mitarbeiter M2 noch eine Trivialfrage an den Vorstand, erhält darauf aber keine Antwort. Danach ruht die Kommunikation zwischen dem Vorstand und der Gruppe ein wenig,

PL: Sodala here we are
V: Also!
PL: Wie, also? Schaun ma mal
M2: welscher fluß fließt durch graz

bis die Situation in der neunten Runde brenzlig wird und die letzte Möglichkeit zum Abbruch besteht.

PL: Pam du mußt sagen, daß wir stoppen!!!! Schnellll
PL: Pam, sags sofort!
PL: Jetzt kommen wir in Runde 10. Sollen wir aussteigen?

Der Stopp-Wunsch kommt diesmal vom Projektleiter, der bisher eher auf Seiten des Vorstands argumentierte, jetzt jedoch auch die Auswegslosigkeit der Lage erkennt. Der zweimalige Befehl des PL an V, das Experimentalspiel abzubrechen, verfehlt seine Wirkung nicht, der Vorstand erkennt die Finalität der Entscheidung in Runde 9, er zögert nicht lange und stoppt das Projektspiel.

V: Stoppen!

Und kontrolliert, ob sein Stoppbefehl auch wirklich umgesetzt wurde, was er von der Gruppe bestätigt bekommt.

V: Gestoppt?
M1: Ja und raus!!
PL: Alles gestoppt.
V: Führe gerade noch!

Was dann folgt, ist lediglich ein Lob an den Vorstand, ein Lob an die Gruppe,

> V: Hab 200 Punkte für Euch!
> PL: Du bist ja auch eine Führungsperson.
> M1: super
> PL: Klar, was glaubt Ihr denn? Wie sind die Punkte nach Stop?

sowie die Freude über den Sieg.

> M1: wir haben 85 Punkte
> V: Also insgesamt 285 abzüglich der 800 Punkte? Wie sieht es mit den anderen aus?
> M1: NAch Stopp gibts heut abend sekt - rest hängt von dir ab
> V: OK!

Auf der dialogischen Ebene ist auffällig, dass nach der Bitte und dem Befehl des Projektleiters zum Abbruch keine Diskussion von Seiten des Vorstands mehr entsteht. Der Abbruch erfolgt sofort, als der Projektleiter meldet, dass die Gruppe sich bereits vor der 10. Runde befindet. Dies war der Punkt, den man sich im Zwischenbericht in Strategie C als Limit gesetzt hatte (Quelle: mental budget theory). Einen wesentlichen Verdienst an der Abbruchentscheidung in dieser Phase hatte der Projektleiter, der sich massiv für einen Abbruch gegenüber dem Vorstand einsetzte, während er in der Zwischenberichtsphase noch mit dem Vorstand koalierte.

- Binnenstrukturelle Ebene

Auf der binnenstrukturellen Ebene ist insbesondere die Formatierung um die Abbruchsentscheidung von zentralem Interesse. Hier verwendet der Projektleiter sowohl die Doppelung von Buchstaben als auch den vielfachen Gebrauch von Ausrufezeichen:

> PL: Pam du mußt sagen, daß wir stoppen!!!! Schnellll

Ferner verfällt er in einen Befehlston, den er sonst das ganze Spiel über noch nicht ins Spiel gebracht hatte:

> PL: Pam, sags sofort!

Zusammen mit der erneuten Frage, in der er nochmals das Limit von Strategie C erwähnt,

> PL: Jetzt kommen **wir in Runde 10**. Sollen wir aussteigen?

gelingt es ihm, den Vorstand zu einem zügigen Spielabbruch zu überreden.

- Außenstrukturelle Ebene

Auf der außenstrukturellen Ebene handelt es sich um ein Überzeugungsgespräch, bei dem der Vorstand neuerlich von der Richtigkeit einer Abbruchentscheidung überzeugt werden muss, was dem Projektleiter mit den oben beschriebenen sprachlichen Mitteln auf der binnenstrukturellen Ebene gelingt. Die daran anschließende gegenseitige Bestätigung der Richtigkeit der Entscheidung dient der Festigung des Commitments zur getroffenen Abbruchentscheidung, die für eine Experimentalgruppe, die sich auf das Spiel freute, und deren Vorstand sie am liebsten hätte weiterspielen sehen, keine leichte Entscheidung war.

5.6.3.2 Genreanalyse von Extremgruppe EG 4

Gruppe EG4 bestand aus einem Vorstand, einem Projektleiter und zwei Gruppenmitgliedern. Sie schnitt mit –460 Punkten von allen Vergleichsgruppen im EMS-Setting am schlechtesten ab; ferner war bei ihr ein für das EMS-Setting sehr hohes Maß an Group Think – Verhalten festzustellen. Im Folgenden wird der Gebrauch kommunikativer Genre über die drei Experimentalphasen der Hauptrunde auf den drei verschiedenen Dimensionen (Dialogische-, binnenstrukturelle-, außenstrukturelle Ebene) geschildert und diskutiert.

5.6.3.2.1 Genrehaushalt in der Vorbereitungsphase

- Ebene der situativen Realisierung (dialogische Ebene)

Dialogkette:

Beleidigung von PL an V -> Aufforderung von PL an V -> Aufforderung von PL an V -> Negativer Statusbericht Gruppenspiel - Trivialfrage von PL an V -> Trivialfrage von PL an V -> Trivialfrage mit Antwort von PL an V -> Feedback von V an PL -> Statusbericht Punkte von V an PL -> Trivialfrage - **Hetze von PL an V** -> Antwort Trivialfrage von V an PL -> Kommentar auf Antwort Trivialfrage von PL an V -> Frage zu Antwort Trivialfrage von PL an V -> Trivialfrage - **Hetze von PL an V** -> **Beleidigung von PL an V** -> Schuldzuweisung von PL an V -> Trivialfrage von PL an V -> Koordinationsfrage – Beleidigung von PL an V -> Trivialfrage von PL an V -> Antwort PL auf Trivialfrage -> Antwort auf Koordinationsanfrage von V an PL -> **Drohung von V an Gruppe**.

Auf der Ebene der situativen Realisierung steht von Beginn an der Konflikt zwischen Projektleiter und Vorstand. Der Projektleiter will sich mit seiner Rolle nicht abfinden und ist gleichzeitig mit der Besetzung der Vorstandsrolle nicht einverstanden. Die Trivialfragen dienen als Medium, sich wechselseitig Unfähigkeit vorzuwerfen. Dabei wird der jeweils andere zur schnellen Beantwortung der Frage gehetzt. Es wird beleidigt, beschuldigt, provoziert und getadelt. Ein konkreter Austausch über den Punktestand der jeweiligen Spiele erfolgt nicht. Die einzige Bemerkung, die den Vorstand zu Beginn des Spiels nachdenklich machen könnte,

PL: Übrigens: die ersten Fragen haben wir total versiebt, die zweiten liefen besser.
Oder weißt Du, was Stone erfand, als er 1886 parafiniertes Manilapapier zusammenrollte?!
Oder welche beiden Wissenschaftler die Differentialrechnung erfanden? Oder daß Yaks die zotteligen, gehörnten Huftiere waren, die sich in die Zone des ewigen Eises zurückzogen???

verknüpft der Projektleiter neuerlich mit der Frage nach den Fähigkeiten des Vorstands, und rückt diese Information somit in einen anderen Kontext, nämlich den des Konfliktgesprächs. Die Dialoge, die ein Konfliktgespräch konstituieren, haben aus Sicht des Projektleiters das Ziel, den Vorstand in seiner Rolle zu diskreditieren. Dazu wird:

- Beleidigt (schon bei der Begrüßung)
   PL: He, Du linke Bazille...läßt uns hier einfach sitzen und machst Dir 'nen schönen Nachmittag.

- Beschuldigt (Projektleiter an Vorstand)

> *PL: Zu spät, Du Zecke!!!*
> *PL: Wegen Dir verlieren wir hier, Du bist an allem Schuld und bist hiermit abgewählt!!!*

- Provoziert

> *PL: Bist Du noch da oder liegst Du auf der Pam?*

- Gehetzt

> *PL: Wo wurde 1992 in den NBL das erste Max-Planck-Institut eröffnet??? Schnell!!!*

Der Vorstand lässt sich vom Projektleiter lange provozieren, revanchiert sich jedoch vor dem Zwischenbericht, als er sieht, dass die Gruppe mehr und mehr an Punkten verliert.

> *V: Mensch macht Punkte sonst fliegt ihr alle*

Das Erkennen oder gar aktive Kommunizieren der Problematik kommt in der Vorbereitungsphase dabei viel zu kurz.

- Binnenstrukturelle Ebene

Hetzen, Beleidigen oder Beschuldigen erfordert über das Medium EMS ein hohes Maß an sprachlicher und stilistischer Geschicklichkeit, die der Projektleiter der Gruppe besaß. Eine Beleidigung konstruierte er über den Gebrauch von Metaphern (s. u. fett) und der Wortwahl (s.u. unterstrichen):

> *PL: He, Du linke Bazille...läßt uns hier einfach sitzen und machst Dir 'nen schönen Nachmittag.*

Eine Beschuldigung konstruierte er ebenfalls über die Wortwahl (fett und unterstrichen) und intentionale Formatierung (fett):

> *PL: Zu spät, **Du Zecke!!!***
> *PL: Wegen Dir verlieren wir hier, Du bist an allem Schuld und bist hiermit abgewählt!!!*

Zum Provozieren benutzt der Projektleiter zwei Metaphern, die er aneinander koppelt, die des „Lustvollen Lebens des Vorstands" und des daraus resultierenden „Im-Stich-Lassens" der Gruppe, wie auch die Sequenz „Beleidigung" zeigt.

> *PL: Bist Du noch da oder liegst Du auf der Pam?*

Gehetzt wird vom Projektleiter mittels intentionaler Formatierung (fett):

> *PL: Wo wurde 1992 in den NBL das erste Max-Planck-Institut eröffnet??? **Schnell!!!***

Die konflikthafte Kommunikation im Zwischenbericht zeichnet sich auf der binnenstrukturellen Ebene insbesondere durch die Benutzung von Metaphern, der besonderen Wortwahl und durch intentionale Formatierung aus.

- Außenstrukturelle Ebene

Auf der außenstrukturellen Ebene wird in der Vorbereitungsphase ein Rollenkonflikt zwischen dem Projektleiter und dem Vorstand um das Sagen in der Gruppe ausgetragen. Dabei wird der Rollenkonflikt sehr einseitig vom Projektleiter bestimmt, der durch permanente Erniedrigungen versucht, den Vorstand zu diskreditieren. Ziel des Projektleiters scheint es zu sein, den Vorstand zur Beantwortung der Fragen der Gruppe zu zwingen, was nicht gelingt.

5.6.3.2.2 Genrehaushalt in der Phase des Zwischenberichts (Krisensitzung)

- Ebene der situativen Realisierung (dialogische Ebene)

Dialogkette:

Vorschlag Strategie A (beibehalten des Wissensgebiets, Wechsel des Knobelmodells) von PL an V -> Bitte um Stellungnahme von PL an M1 -> M1 bejaht Strategie A -> M2 bejaht Strategie A gegenüber PL-> Frage nach Leistungsfähigkeit Gruppe von V an Gruppe -> Antwort PL an V -> Strategievorschlag A (weitermachen) von PL -> Zusammenfassung durch V -> Bestätigung durch Mitarbeiter -> Zusammenfassung– Bitte um Einverständnis von PL an V -> Bestätigung der Strategie durch Mitarbeiter -> Bestätigung der Strategie durch den V -> Aufforderung durch den V an die Gruppe-> Aufforderung durch den V an die Gruppe-> **Strategievorschlag B durch den PL** (Weitermachen und Abbruchbesprechung in der neunten Runde) -> Zuspruch von M1 an PL -> Verkündung von Strategie B mit Koordinationsvorgabe -> Zustimmung zu Strategie B von V -> **Provokation von V durch PL**

Der Zwischenbericht der Gruppe kann als konstruktiv betrachtet werden, wenngleich das eigentliche Problem, die Schwierigkeit der Hauptrundenfragen, nicht thematisiert wird. Lösungen werden vorgeschlagen, ohne die dahinter liegenden Prämissen zu begründen. Zuerst verständigt man sich auf den Strategievorschlag A, der später richtigerweise durch eine Erweiterung vom Projektleiter zu Strategie B ergänzt wird. Ein Abbruch des Spiels wird nicht in Betracht gezogen, weil man sich in der Lage hält, noch eine Fragerunde gänzlich richtig zu beantworten. Das heißt, man hat zu diesem Zeitpunkt die Notwendigkeit einer Strategieänderung verstanden, allerdings nicht die Ursachen analysiert, die hinter dem Zwang zur Strategieänderung liegen. Im Unterschied zu Gruppe EG1 wird in dieser Gruppe nur ein Limit gesetzt, bis zu dem man wieder über den Stand der Dinge diskutieren möchte, und nicht ein Limit, bis zu dem man das Spiel definitiv beendet.

PL: Wir bleiben so wie bisher und stimmen uns nach Runde neun noch mal ab.

Symptomatisch bei dieser letzen Handlungsanweisung ist erneut die Rhetorik, derer sich der Projektleiter bedient. Er wartet die positive Antwort des Vorstands auf seinen Vorschlag ab, um ihm dann zu verkünden, dass er ihn in der neunten Runde nicht informieren wird (was er trotz des Smilies in seiner Ankündigung später auch tut).

PL: Wir bleiben so wie bisher und stimmen uns nach Runde neun noch mal ab.
V: OK
PL: ...Ohne Dich zu fragen... ;-)

- Binnenstrukturelle Ebene

Auf der binnenstrukturellen Ebene hat der Zwischenbericht einen ganz anderen Charakter als die Vorbereitungsphase. Der Vorstand versucht im eher jovialen Soziolekt, seine Gruppenmitglieder zu weiteren Taten zu motivieren, was ihm auch gelingt.

> V: Meine Herren und Nadine es geht um die Firma
> M1: also gut, wir bemühen uns

Intentionale Formatierung kommt nur an einer entscheidenden Stelle zum Einsatz, wo er dem Vorstand androht, ihn nicht in die Entscheidung in der neunten Runde mit einzubeziehen. Diese Stelle markiert er entsprechend mit einem Smilie, der ein Auge zudrückt, und zwei Pausenzeichen, welche die Aussage, die von ihnen eingeschlossen wird, nochmals verstärkt und somit das große, zuvor vom Vorstand gegebene OK relativiert.

> PL: Wir bleiben so wie bisher und stimmen uns nach Runde neun noch mal ab.
> V: OK
> PL: ...Ohne Dich zu fragen... ;-)

- Außenstrukturelle Ebene

Auf der außenstrukturellen Ebene kann der Zwischenbericht als Strategiediskussion betrachtet werden, in der verschiedene Strategien vorgeschlagen werden, die Prämissen für die Strategien aber eher nicht diskutiert werden. Was ebenfalls unterbleibt, ist das Setzen eines Limits zur Umsetzung der Strategievorschläge in Handlungen. Das einzige Limit, das man sich setzt, ist, die neunte Runde, in der man sich nochmals absprechen möchte.

5.6.3.2.3 Genrehaushalt in der Phase der Abbruchentscheidung

- Ebene der situativen Realisierung (dialogische Ebene)

Rückmeldung V an PL -> **Drohung von V an Gruppe** -> Ankündigung Umsetzung Strategie A von PL an V-> **Erklärung der Strategieänderung von PL an V**-> PL fragt V nach seiner Meinung -> V bestätigt Strategie A ->PL begründet Strategie A erneut -> Statusabfrage von V an PL -> Negatives Feedback von PL an V -> **Beleidigung von PL durch V - Befehl** -> **PL verkündet Zweifel an Strategie A und Unsicherheit zu V** -> Frage Statusmeldung von V an PL -> Negativer Statusbericht von PL an V -> Anweisung von V an PL im Zweifel -> Anmeldung der Umsetzung von Strategie B von PL an V -> Statement zu Strategie A von V an PL -> Frage Strategie von V an PL -> Aufforderung zur Kommunikation von V an PL.

Zur Eskalation der Gruppe tragen im wesentlichen zwei Faktoren bei, erstens die wachsende Verunsicherung des Projektleiters bezüglich der Frage, ob Strategie A noch aufgehen kann, und zweitens der nun harsche Befehlston des Vorstands, der den Projektleiter weiter verunsichert:

> V: Wie sieht's aus
> PL: Leider kein Hölzchen!
> V: Penner, ab jetzt online Berichterstattung
> PL: Also, wir sind uns unsicher, ob alles richtig ist.

Die verunsicherten Gruppenmitglieder haben nun das Problem, dass sie keine Alternativstrategie zu der von ihnen im Zwischenbericht beschlossenen bedacht haben, und dass Strategie A nicht greift. Ein letzter Fingerzeig, der kostenfreie Ausstieg von Gruppe 2, wird ebenfalls nicht wahrgenommen. Die Gruppe zieht das letzte Spiel mit vollem Risiko durch und stuft für 100 Punkte den Schwierigkeitsgrad runter. Dem Vorstand erzählt sie davon nichts mehr. Er möchte nochmals eine Diskussion starten, seine Zustimmung wird allerdings nicht mehr eingeholt.

> PL: Gruppe 2 steigt aus. Ich glaube, wir sollten eine Runde zurückstufen.
> V: das heißt wir müssen das letzte Hölzchen holen
> V: Wieviel Punkte hat gruppe 2?
> V: Bitte medet euch

- Binnenstrukturelle Ebene

Auf der binnenstrukturellen Ebene ist während der Phase der Eskalation des Projektes ein Wendepunkt zu betrachten, an dem die Qualität der Kommunikation kippt. Es ist die Stelle, wo sich abzeichnet, dass das notwendige Hölzchen zur Umsetzung der Strategie B nicht mehr zu erhalten ist. Nun wechselt der Vorstand von der Hochsprache in den Soziolekt und bezeichnet den Projektleiter als Penner. Es folgt ein Dialog über die Unsicherheit des eingeschlagenen Handlungspfades. Dem Projektleiter wird bewusst, dass die geplante Strategie nicht aufgehen kann. Diese erschreckende Erkenntnis der Hilflosigkeit formatiert er mit drei Fragezeichen:

> Alles versiebt. Was nun???

In der nun eskalierenden Situation klammern sich sowohl der Vorstand als auch der Projektleiter an die in der Zwischenpräsentation beschlossene (falsche) Strategie. Der kostenlose Abbruch wird nicht in Erwägung gezogen.

- Außenstrukturelle Ebene

Auf der außenstrukturellen Ebene hat die Abschlussdiskussion den Charakter einer Krisendiskussion, die durch ein hohes Maß an Unsicherheit gekennzeichnet ist. Es werden schnelle Entscheidungen gefordert, zu denen die Protagonisten nicht in der Lage sind. Das vom Projektleiter bereits in der Projektanfangsphase gelegte kommunikative Muster der Beschuldigung des Gegenüber wird nun vom Vorstand aufgenommen und richtet sich gegen den Projektleiter selbst.

5.7 Ergebnisse der Genreanalyse

Ein wesentliches Ergebnis der Genreanalyse soll ein Modell sein, welches die von den Gruppenmitgliedern benutzten kommunikativen Handlungen in ihrem Ablauf beschreiben. Die Ergebnisse die mit dem jeweiligen Genre-Gebrauch einhergingen waren bei den Extremgruppen diametral entgegengesetzt. Unabhängig von der eingesetzten Technologie führte der spezifische Gebrauch kommunikativer Genre in zwei Fällen (EG 1 und EG3) zu einem rational reflektierten und herbeigeführten Spielabbruch, in zwei Fällen (EG2 und EG4) jedoch zu einem hohen Maß an eskalierendem Commitment. Die Gemeinsamkeiten und Unterschiede der jeweiligen Kommunikationsprozesse sollen in Tabelle 18 herausgearbeitet, und danach modelliert werden. Erst mit einem idealtypischen Projektabbruch- und Eskalationsprozessmodell können angemessene, prozessschrittbezogene

Deeskalationstechnologien erarbeitet und Zeitpunkte identifiziert werden, zu denen sie eingesetzt werden sollten.

5.7.1 Prozesse

Staw (1997) stellte 1997 fest, dass die von ihm 1987 aus positivistischen Laborexperimenten heraus modellierten Eskalationsprozesse nicht jenen entsprachen, wie er sie im Unternehmensalltag feststellen konnte. Seit dem wurde keine wesentlichen Versuche mehr unternommen, Eskalationsprozesse in Gruppen zu beschreiben. Auch die im folgenden modellierten Prozesse aus unseren Experimenten beanspruchen keine letzliche Vollständigkeit für die Erklärung von Escalation of Commitment. Allerdings basieren sie auf Experimenten, die aus der Unternehmenspraxis abgeleitet wurden und sind auf einer instrumentellen Ebene (Genre-Gebrauch) modelliert, welche eine Ableitung der Anforderungen an Deeskalationstechnologien ermöglicht.

5.7.1.1 Entscheidungsprozess zum Abbruch des Projektspiels (Deeskalation)

In Tabelle 19 sind noch einmal die wichtigsten kommunikativen Handlungen der Extremgruppen zusammengefasst, die das Experimentalspiel erfolgreich abbrachen.

Gruppe/Phase	Vorbereitungsphase	Zwischenbericht	Abschlussphase
EG 1			
Außenstruktur	Statusbericht Problemkommunikation	Problemanalyse Strategiediskussion	Überredung des Vorstandes zum Abbruch
Binnenstruktur	Hochsprache, Mehrfachformatierungen nur an Stellen mit strategischer Bedeutung	Doppelung von Buchstaben, Pausen..... Punkte nur an Stellen mit strategischer Bedeutung	Eine Fünffach ????? Formatierung der vierten Abbruchbitte an den Vorstand
Situative Elemente	-Wiederholung der Problemmeldung des PL an den V -stetige Statusberichte	- Dialogische Nutzung des Email-Systems - hohe Moderationsanteile von PL und Vorstand	Vierfache Wiederholung der Abbruchbitte
EG 3			
Außenstruktur	-Legitimation des weibl. V -Problemkommunikation (Schwere der Fragen)	- Problemanalyse - Strategiediskussion - Abstimmung - Überredung von Vorstand durch Gruppe	-Überredung des Vorstandes zum Abbruch - Solidarisierung der Gruppe mit der Entscheidung

5.7 Ergebnisse der Genreanalyse   199

Gruppe/Phase	Vorbereitungsphase	Zwischenbericht	Abschlussphase
Binnenstruktur	-Formale Anredeform -Kurze Befehle von V an Gruppe -Benutzung von !!!! zur Bekräftigung einer Aufforderung	- Intensive Formatierung !!!!! bei Widerspruch - Verwendung von Fachtermini zum Widerspruch - Smilies um Provokation zu relativieren - Unterschrift um eigene Meinung in Abstimmung zu belegen	- Intensive !!!! Formatierung und Dopplung von Buchstaben bei Abbruchaufforderung durch PL - Übergang in den Befehlston, den PL in der gesamten Zeit vorher nie benutzt hat
Situative Elemente	-Diskussionscharakter mit Vorstand, Projektleiter und Mitarbeiter als Akteure -Handlungsaufforderungen von V an PL -Lob von V an Gruppe -Austausch von Statusmeldungen	- Begrüßung - Diskussion unterschiedlicher Strategiealternativen zwischen V, M1, M2 und später PL mit den Mitteln: - Wiederholung, - Begründung, - Zusammenfassung - Abstimmung - Provokation, - Widerspruch - Kontrollvorgabe	- Begrüßung PL an V - Abbruchwunsch von PL an V - Wiederholung des Abbruchwunsches von PL - nennen des vereinbarten Ultimatums (Statusbericht) durch P - Abbruch durch V - Lob von V durch Gruppe - Bestätigender Austausch bzgl. Entscheidung

Tabelle 19:Kommunikative Handlungen der Projektabbruchgruppen in den jeweiligen Phasen

Grundmuster, die bei der Produktion von Abbruchentscheidungen immer wieder festgestellt werden konnten, waren – chronologisch geordnet nach

- Vorbereitungsphase,

- Zwischenbericht,

- Projetkabbruchphase,

folgende:

- Vorbereitungsphase (Diskussion mehrerer Beteiligter)

In einer Gruppe mit guter Kommunikationskultur stand zu Beginn meist ein Technik-Test oder eine *Begrüßung,* um zu sehen, ob der Gegenüber zur Kommunikation bereit ist. *Statusberichte* an den Vorstand wurden von Beginn bis Ende des Spiels *in regelmäßigen Abständen* mit der Nennung einer Punktezahl abgegeben. Nach einer relativ *frühen Wahrnehmung des Problems* durch ein Gruppenmitglied wird dieses in die Gruppe kommuniziert, die Ursachen analysiert und benannt. Weitere Gruppenmitglieder solidarisieren sich mit der Deutung der Ursachen oder verwerfen sie. Mit der *Solidarisierung* und Thematisierung in der starken Dyade ist das Problem ein offizielles Gesprächsthema geworden.

- Zwischenbericht

Der Zwischenbericht beginnt mit einer *kontroversen Diskussion* der Folgen des Problems für den weiteren Spielverlauf. An der Diskussion beteiligen sich mehrere Gruppenmitglieder, die mindestens zwei, besser *drei echte Strategiealternativen kontrovers diskutieren, für den Fall, dass das Problem weiter andauert.* Gefördert wird diese Kontroversität durch das in Frage stellen der Prämissen der verschiedenen Strategien, meist durch den Vorstand. Danach findet eine *Transformation der Strategievorschläge in konkrete Handlungsanweisungen* statt, was die Abbruchgruppen von Eskalationsgruppen unterscheidet, die zwar auch alternative Strategien diskutieren, es aber nicht soweit bringen, dass sie *Limit-Handlungskombinationen* für das weitere Spiel benennen. Nach der *Operationalisierung* der unterschiedlichen *Strategien* erfolgt eine *namentliche Abstimmung* über die beste der zu wählenden Alternativen. Namentlich bedeutet, die Gruppenmitglieder *unterschreiben* ihre Wahl, obwohl ihnen das System die Möglichkeit anonymer Abstimmungen offen lässt. Zum Abschluss des Zwischenberichts setzen sich die Gruppen *Limits*, bei deren Eintreten die beschlossenen Handlungsvorschläge umgesetzt werden sollen. Zu guter letzt fordert der Vorstand die Gruppenmitglieder auf, den weiteren Spielverlauf wachsam zu verfolgen.

Abschlussphase

Die Abschlussphase unterliegt einer *massiven Überwachung des Projektstatus bzw. Spielstatus* durch die Gruppe. Noch vor Erreichen des vereinbarten Limits und mit dem stückweisen Zurücktreten des Ziels erheben die Mitglieder erste *massive Abbruchaufforderungen an den Vorstand*. Wenn der Vorstand nicht reagiert, *werden diese mehrfach wiederholt und mit intentionalen und gedoppelten Zeichen* versehen. Reagiert er immer noch nicht, wird er massiv an die im Zwischenbericht *vereinbarten Limits erinnert* – der *Vorstand bricht das Spiel* daraufhin *schnell ab*.

Ein idealer Projektabbruchprozess lässt sich nach den Ergebnissen der Genreanalyse und der idealtypischen Beschreibung kommunikativer Handlungen in Extremgruppen also folgendermaßen skizzieren (Abbildung 31):

5.7 Ergebnisse der Genreanalyse

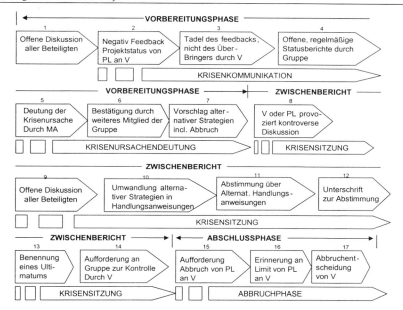

Abbildung 31: Morphologie eines typischen Projektabbruchsprozess

5.7.1.2 Entscheidungsprozess zur Projekteskalation

In Tabelle 19 sind daher die wichtigsten kommunikativen Handlungen der Extremgruppen EG2 und EG4 zusammengefasst, die im Experimentalspiel zur Eskalation führten (Tabelle 20):

EG 2				
Außenstruktur	Konfliktgespräch, Vorstandsupport		Kurze Rückversicherung PL beim Vorstand	Verschleierungsgespräch Eskalation
Binnenstruktur	Mehrfachformatierungen von ????? und !!!!! als Konfliktzeichen		Rückversicherung als rhetorische Figur am Ende des Befehls von PL an V	Mehrfachformatierung mit Ausrufezeichen zum provozieren, disziplinieren, ablenken
Situative Elemente	Dialogische Struktur von Projektleiter zum Vorstand, Positives Framing von Information verschweigen rhetorische Dialoge, die ablenken.		Kurzer Dialog mit Vorschlag, initiiert vom Projektleiter mit Zustimmung des Vorstandes, - Gruppe wird nicht in die Diskussion involviert.	Dialogische Struktur der Diskussion zwischen PL und V, - Punktestandübermittlung gegen Ende, - vier Erfolglose Versuche des V mit PL über Strategie zu diskutieren, - Verschweigen wesentlicher Informationen durch PL.
EG 4				
Außenstruktur	Konfliktgespräch, Supportdialog des V mit PL.		- Überzeugungsgespräch von V und PL für eine Strategie A bzw. B, - keine Problemanalyse, - keine echte Alternativstrategien in Diskussion.	Strategiediskussion, Eskalation.
Binnenstruktur	- Inflationärer Gebrauch von ??? und !!!! zum Hetzen und Beschuldigen, - Gebrauch von Jargon zur Beleidigung.		Benutzung betriebsinternen PR-Jargons zur Motivation der Gruppenmitglieder durch den Vorstand.	- Benutzung von Soziolekt durch den Vorstand um PL zu tadeln, - einige Benutzung dreifachen Fragezeichens, als PL das Spiel bereits verloren hat.
Situative Elemente	- dialogischer Aufbau zwischen PL und V, - keine Beteiligung von Gruppenmitglieder, - geprägt von Aufforderungen des Projektleiters.		- zwei Dialoge, die nie in einer Dreierdiskussion enden (V mit PL oder V mit m), - PL schlägt weitere Vorgehensweise vor, V darf zustimmen, - Motivation der Gruppe durch V, - Provokation des V durch PL am Ende des Zwischenberichts.	- strategischer Dialog von V mit PL, - Provokation von V an PL, - Eingeständnis der Unsicherheit von PL an V, - Problemdialog zwischen PL und V, der von PL nicht mehr fortgesetzt wird, weil es zu spät ist.

Tabelle 20: Kommunikative Handlungen der Projekteskalationsgruppen in den jeweiligen Phasen

Ein Grundmuster, das beim Zustandekommen von Eskalation in Extremgruppen immer wieder beobachtet werden konnte, war folgendes:

Vorbereitungsphase (Diskussion in streng dialogischer Struktur)

Bei den Eskalationsgruppen wird die Kommunikation zwischen Projektleiter und Vorstand meist mit einer *Beleidigung des Gegenüber* eingeleitet. Im Anschluss daran wird versucht, den jeweiligen *Gegenüber für die Beantwortung der eigenen Trivialfragen zu vereinnahmen*. Dieser Anspruch wird durch intentionale Formatierung (!!!!, ?????) unterstützt; man versucht, das Gegenüber in eine Assistentenrolle zu drängen. Meldet der Projektleiter *Probleme mit dem Spiel*, gehen diese meist im Tadel des Vorstands oder in dessen Desinteresse *unter*. Sehr schnell wird der Projektleiter wieder dazu bewegt, Trivialfragen zu beantworten. Ein solches Verhalten führt dazu, dass der Projektleiter das weiterhin bestehende *Problem verschweigt*, den spielinhärenten *Erfolg in Runde zwei* dagegen überschwänglich *kommuniziert*. Das eigentliche Problem wird weiter „unter der Decke" gehalten.

Zwischenbericht

Beim Zwischenbericht konnten zwei Varianten in den Eskalationsgruppen unterschieden werden. In der Variante der Extremgruppe EG 2 berichtet der Projektleiter, was er zu tun gedenkt. Danach wendet er sich an den Vorstand, mit der Bitte um dessen Zustimmung, die er erhält. Eine Diskussion verschiedener Strategien unterbleibt. In der Variante der Extremgruppe EG 4 schlägt der Projektleiter eine Strategie A vor, die von allen Mitarbeitern befürwortet wird; danach versucht er die Zustimmung des Vorstands der Strategie A nochmals zu hinterfragen. Man einigt sich auf Strategie B, und der Vorstand motiviert die Mitglieder der Gruppe zur Umsetzung von Strategie B. Der Projektleiter kündigt an, Strategie B auch ohne die Zustimmung von V umzusetzen.

Gemeinsam ist beiden Varianten, dass eine offene Diskussion verschiedener Alternativen inklusive ihrer Prämissen unterbleibt. Den Protagonisten, Projektleiter und Vorstand, geht es meist um die Umsetzung ihrer eigenen Vorstellungen. Was ebenfalls unterbleibt, ist eine Operationalisierung der beschlossenen Strategien und die Verbindung mit einem Limit, ab dem die beschlossene Strategie greifen soll.

Abschlussbericht

Auf Grund der latenten Konflikte zwischen Projektleiter und Vorstand hat der Projektleiter Probleme, negative Nachrichten an den Vorstand weiterzuleiten. Deshalb werden diese meist so lange verschwiegen, wie sie zu verschweigen sind. Fordert der Vorstand Rechenschaft über den schlechten Punktestand der Gruppe, werden entweder externe Sündenböcke zur Rechtfertigung herangezogen oder rhetorische Kniffe benutzt, um von der Frage abzulenken. Erst, wenn die im Zwischenbericht beschlossene Strategie absehbar nicht mehr greifen kann, thematisieren die Projektleiter das Problem und gestehen ihre Ohnmacht ein. In dieser Situation, kurz vor der Abschlussentscheidung, ist meistens sowohl der Vorstand als auch der Projektleiter mit einer Entscheidung überfordert. Da im Zwischenbericht keine ernsthaften Alternativen diskutiert wurden, halten die Gruppen am eingeschlagenen Kurs fest, wissend, dass dies ein höchstriskantes Unterfangen ist, und eskalieren. Der Vorstand erkennt den Ernst der Lage sehr spät und versucht eine Strategiedebatte zu initiieren, aber meist haben die Projektleiter – ohne den Vorstand wie vorgeschrieben um Erlaubnis zu fragen – in eigener Regie bereits die Fehlentscheidung getroffen.

Ein idealer Projekteskalationsprozess sieht nach den Ergebnissen der Genreanalyse und der idealtypischen Beschreibung kommunikativer Handlungen in Extremgruppen daher so aus (Abbildung 32):

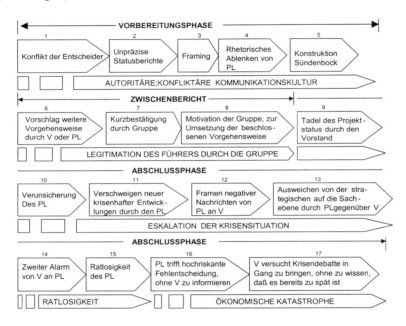

Abbildung 32: Morphologie eines typischen Projekteskalationsprozesses

5.7.2 Designrelevante Ethnomethoden der Deeskalation und ihre Verortung im Prozess

Aus dem im Theorieteil beschriebenen Technologieverständnis geht hervor, dass institutionelle Eigenschaften durch menschliche Handlungen und die dazu passende Technologie reflexiv verändert werden (s. Abbildung 33). Fragt man sich, wie die institutionellen Eigenschaften eines Projekts zu ändern sind (vom eskalierenden Projekt, zum Projektabbruch), dann muss zuerst die Frage beantwortet werden, welche kommunikativen Handlungen (Genre) der Handelnden geeignet wären, diesen Wandel herbeizuführen. Kommunikatives Handeln bedeutet Situationen zu strukturieren. Eine von den institutionellen Regeln des Projekts beeinflusste Ansammlung kommunikativer Handlungen (c) konstruiert, strukturiert und begrenzt die Situation der Sitzung.

5.7 Ergebnisse der Genreanalyse

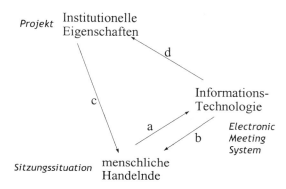

Abbildung 33: Bedingtheit der Sitzungssituation in Anlehnung an die Strukturationstheorie

Ein zentraler Fokus lag zunächst auf der Sitzungssituation in der Phase des Zwischenberichts, die entscheidenden Einfluss auf die Reproduktion der Regeln des Projektspiels ausübt. Allerdings konnte auch festgestellt werden, dass die institutionellen Einflüsse auf den Zwischenbericht wesentlich von den Handlungen der Akteure in der Vorbereitungsphase abhingen. Gab es dort, wie in den Gruppen EG2 und EG4, bereits starke Konflikte zwischen Projektleiter und Vorstand, diente der Projektzwischenbericht gar nicht dem Zweck, Lösungsalternativen zum bisherigen Kurs zu diskutieren, sondern der Legitimation der Ansichten des Projektleiters. Eine Technologie, die kontroverse Strategiediskussionen unterstützt (b), hätte dem Projektleiter in Eskalationsgruppe EG1 keinen Nutzen gebracht, da für ihn zu dem Zeitpunkt im Projektspiel kein Bedarf zur kontroversen Strategiediskussionen bestand.

Macht man sich über mögliche Deeskalationstechnologien im Experimentalspiel Gedanken, so muss man wissen, welche Handlungen in welchen Situationen unterstützt werden sollen. Da im Experiment alle mit den gleichen Rahmenbedingungen starteten, manche Gruppen aber zum Zwischenbericht bereits ganz andere institutionelle Eigenschaften produziert hatten, soll im folgenden der Produktionsprozess einer Abbruchentscheidung mit dem einer Eskalation verglichen werden. Ziel dieses Vergleiches ist eine Antwort auf die Frage, mit welchen Handlungen könnte (zunächst losgelöst von der verfügbaren Technologie) dafür gesorgt werden, dass die Situation einer Eskalationsextremgruppe zu einer der Abbruchgruppen ähnlichen überführt werden kann? Ein wichtiger Schritt in diese Richtung ist die Beobachtung des ethnomethodologischen Gebrauchs der kommunikativen Genres. Unter Ethnomethoden werden dabei an Akteure der Gruppe gebundene Fähigkeiten verstanden, die es diesen ermöglichen, das vorgegebene kommunikative Problem des Projektspiels (Diskussion alternativer Strategien, Überredung des Vorstands,...) zu lösen.

In Tabelle 21 werden die Ergebnisse aus Tabelle 19 und Tabelle 20 einander gegenübergestellt und um die Spalte Deeskalationsethnomethode ergänzt. Deeskalationsethnomethoden sind eine Aggregation mehrerer kommunikativer Genre, die eine Lösung der kommunikativen Probleme in der jeweiligen Eskalationssituation bieten. Die einzelnen Genre wurden aus der Gegenüberstellung der Projektabbruchgruppen mit den –eskalationsgruppen isoliert. Die Genreaggregationen haben ihre Grenzen in den jeweils von ihnen gelösten kommunikativen Problemen.

So setzt sich die Deeskalationsethnomethode „Verbesserte Darstellung negativen Feedback" bspw. aus der Kombination zahlreicher einzelner Genre, wie etwa offene Statusberichte, sachlicher Umgangston, Solidarisierung in der Deutung des Feedbacks zusammen. Die verbesserte Darstellung negativen Feedbacks sichert somit eine realistische und synchrone Einschätzung des Spielstands durch Vorstand und Gruppe. Gelöst wird damit das Problem des Informationsabgleichs über Räume, Rollen und Arbeitskontexte hinweg. Betrachtet man die Kommunikation in den Eskalationsgruppen zur gleichen Zeit (Diffuse Statusberichte, Framing, Ausweichen durch Rhetorik,...) so wird der technologische Charakter der Deeskalationsethnomethode „Verbesserte Darstellung negativen Feedbacks" offensichtlich.

Genre Phase	Im Eskalationsprozess benutzte Genres	Im Abbruchprozess benutzte Genres	Deeskalationsethnomethode
Vor- berei- tungs- phase	Konflikt zwischen V und PL mit dem Ziel, den anderen für eigene Interessen zu vereinnahmen.	Offene Diskussion des Spielverlaufs durch alle Beteiligte	Verbesserte Darstellung negativen Feed-backs
	Dialog mit Angriffe auf die Person des Gegenüber	Offenes negativ Feedback bezüglich des Spielverlaufs von PL an V	
	Intentionale Formatierung auf der Binnenstrukturellen Ebene	Tadel des negativ Feedbacks, nicht aber des Überbringers	
	Diffuse Statusberichte von PL an V nach Aufforderung von V	Offene, regelmäßige Statusberichte	
	Starkes Framing des Feedbacks von PL an V	Sachlicher Umgangston	
	Rhetorischer Wechsel von Strategie- auf Sachebene durch PL auf unangenehme Fragen von V	Solidarisierung in der Deutung des Feedbacks durch zwei Mitarbeiter	
	Suche nach Schuldigen für die Situation durch V und PL		
Zwi- schen- be- richt	Kurzer Strategiebefehl durch PL	Vorschlag verschiedener Strategien inklusive Abbruch	Devils Advocat
	„Abnicken" des Befehls durch Mitarbeiter und V	V oder PL provoziert zum diskutieren	
	Motivation der Mitarbeiter durch PL oder V	Beteiligung aller an der Diskussion	Strukturierter Moderations-prozess
	Aufforderung zum Weitermachen durch V	Formulierung der Strategien in Handlungsanweisungen	
	Aufforderung wird intentional formatiert	Abstimmung über Handlungsanweisungen	
		Bestimmen eines Ultimatums der Umsetzung	
		Aufforderung durch den Vorstand zur Kontrolle	Setzen von Meilensteinen

5.7 Ergebnisse der Genreanalyse

Genre Phase	Im Eskalationsprozess benutzte Genres	Im Abbruchprozess benutzte Genres	Deeskalations ethnomethode
Abbruchrunde	Entrüstung des Vorstandes über den Punktestand der Gruppe	Kommunikation weiterer Verluste von PL an V	
	Verunsicherung des PL	Aufforderung zum Abbruch von PL an V	
	Verschweigen neuerlichen negativen Feedbacks durch den PL	Erinnerung an (Zwischenpräsentation) beschlossenes Limit von PL an V	Devils Advocat
	Framing des Projektstatus durch PL	Abbruchentscheidung V	
	Ausweichen von Strategie- auf Sachebene durch PL		
	Zweiter Alarm des Vorstands bezüglich des Projektstatus		Strukturierter Moderationsprozess
	Ratlosigkeit bei PL		
	V versucht Strategiedebatte in Gang zu bringen		
	PL hat wissentlich falsche, ehemals abgenickte Strategieentscheidung getroffen und schweigt		Auswechseln des Projektleiters

Tabelle 21: Kommunikative Handlungen und von den Gruppen angewandte Deeskalationsmethoden

Ein Problem, das sich in den Eskalationsgruppen wiederholt einstellte, war die späte Thematisierung des Problems durch den Projektleiter in der Vorbereitungsphase der Hauptrunde. Die Übermittlung des negativen Feedbacks wurde von den Konflikten zwischen Projektleiter und Vorstand unterdrückt. Dies äußerte sich darin, dass der Projektleiter die gute Nachricht (Gewinn einer Option in der zweiten Hauptrunde) meist von sich aus dem Vorstand meldete, die Verluste aber verschwieg bzw. auf Nachfrage zum schlechten Spielstand meist unpräzise oder ausweichende Statements abgab. Weitere Mittel, den wahren Spielstand zu verschweigen, waren ablenkende Rhetoriken wie bspw. das Angebot an den Vorstand, weitere Fragen von ihm zu beantworten, oder die Konstruktion eines gemeinsamen Sündenbocks.

Die Projektabbruchgruppen verhielten sich in dieser Phase gänzlich anders. Negatives Feedback wurde in gleicher Weise an den Vorstand kommuniziert wie positives. Der Vorstand tadelte in diesen Gruppen den Inhalt der Nachricht, nicht aber die Person des Überbringers. Das aufkommende Problem wurde deshalb schon früh erkannt und sachlich diskutiert. Die erfolgreichste Gruppe zeichnete sich durch eine permanente Übermittlung des Spielstands aus.

Die erste Ethnomethode, die sich von den Abbruchgruppen für die Eskalationsgruppen übernehmen ließe, ist die des qualifizierteren Berichtens über negative Ereignisse. Der Vorstand muss beim geringsten Verdacht, dass der Projektleiter unpräzise Statusberichte abgibt, etwas verschweigt oder beschönigt, tätig werden, und den konkreten Status in Form der aktuellen Punktezahl einfordern. Die Erkenntnis, dass das Kommunikationsverhalten des Projektleiters die Folge eines laufenden Konflikts ist, den es zu Projektbeginn zu lösen gilt, wird dabei von Vorteil sein. Der Vorstand sollte darauf achten, seinen Kommunikationsstil zu versachlichen und so früh wie möglich die Diskussion über den Spielstand auch in die Gruppe hineinzutragen. Zur Versachlichung der Kommunikation kann er beitragen, indem er den

Projektleiter beim Überbringen negativen Feedbacks nicht kritisiert, sondern ständige Rückmeldung des Projektspielergebnisses animiert.

Die offene Diskussion von negativem Feedback und strategischen Alternativen zur bisherigen Vorgehensweise ist das Kennzeichen der Projektabbruchgruppen in der Zwischenberichtsphase. Die Ethnomethode der kontroversen Diskussion baut auf der offenen Kommunikationskultur der Vorbereitungsphase auf und folgt einem spezifischen Muster:

- Schritt 1: Vorschlag verschiedener Alternativen.
- Schritt 2: Provozierendes Hinterfragen der Prämissen der strategischen Vorschläge
- Schritt 3: Operationalisierung der Strategien in Handlungsweisen.
- Schritt 4: Abstimmung über die beste Handlungsweise.
- Schritt 5: Festlegung eines Ultimatums, zu dem die Strategie umgesetzt werden soll.
- Schritt 6: Aufforderung zur Wachsamkeit.

Mit welchen Ethnomethoden bringt man Projekteskalationsgruppen zu einer kontroversen Diskussion über verschiedene Strategiealternativen, wenn der Projektleiter die einzig richtige Alternative zu kennen glaubt, diese von der Gruppe legitimieren lässt und als einzig richtige Lösung gegenüber dem Vorstand vertritt? In dem Moment, wo alle Gruppenmitglieder der Lösung zustimmen, wird es für den Vorstand schwierig, eine gegenteilige Auffassung zu vertreten. Dennoch sollte er im Zweifel eine gegenteilige Meinung vertreten, die dazu notwendige Interaktionstechnik nennt sich „Devils Advocacy". Sie besteht aus dem Hinterfragen grundlegender Prämissen einer Entscheidung und dem Vertreten eines diametral entgegengesetzten Standpunkts (Schwenk, 1988, 774) Sinn dieser Rhetorik ist die Relativierung einer von allen für richtig gehaltenen Ansicht und das Initiieren einer kontroversen Diskussion. Diese sollte zu weiteren Alternativen führen, die es Schritt für Schritt zu operationalisieren bzw. zu planen gilt.

Mit der Planung beginnt die Ethnomethode des strukturierten Moderationsprozesses (Schritt 3 bis Schritt 6). Er beinhaltet eine namentliche Abstimmung über die beste Strategie (Schritt 4) und das Festsetzen eines Ultimatums, bei dessen Erreichen die Handlungsroutine umgesetzt wird. Gruppe EG4 machte z.B. den Fehler, keine der angesprochenen Alternativstrategien gedanklich in umsetzbare Handlungsschritte zu zerlegen. Ein weiterer Fehler war, das Limit mit einer neuerlichen Diskussion und nicht mit einer Handlungsroutine zu verbinden (Heath, 1995). Zum Ende der Strategiediskussion soll der Vorstand nochmals an die Wachsamkeit seiner Gruppenmitglieder appellieren, um die Richtigkeit der beschlossenen Handlungsalternative früh genug am Spielverlauf zu überprüfen. (Schritt 6).

Wurden all diese Schritte nicht beherzigt, gestaltet sich ein Spielabbruch in der Abbruchrunde extrem schwer, da die Zeit bis zur finalen Entscheidung durch die Begrenzung der Spielrunden immer enger, die Kosten für die Fortsetzung des Spiels immer höher werden. Bei den Abbruchgruppen führt die erste Kommunikation einer Verlustmeldung vom Projektleiter zum Vorstand zur Forderung der Gruppe, das Spiel abzubrechen. Allerdings dauerte es auch in den Abbruchgruppen eine gewisse Zeit (meist zwei weitere Runden), bis der Vorstand dem Abbruch zustimmt. Massive Aufforderungen durch die Projektgruppe und das Erinnern des

Vorstands an das im Zwischenbericht beschlossene Limit führen schließlich zur Zustimmung des Vorstands zum Abbruch.

Wurde, wie in den Eskalationsgruppen, eine Abbruchentscheidung im Zwischenbericht nicht diskutiert, sieht der Projektleiter sich einer laufend zuspitzenden Situation gegenüber. Der Vorstand beschwert sich über neuerliche Verluste; die in der Zwischenpräsentation beschlossene Strategie baut auf dem Erreichen einer weiteren Option auf, die in immer weitere Ferne rückt. Was nun eintritt, ist eine schwere Verunsicherung des Projektleiters; ein neuer Zyklus des Verschweigens und Framens von Informationen kommt in Gang. Sind die Verluste schließlich so deutlich, dass sie nicht länger zu verheimlichen sind, schlägt der Projektleiter ein zweites Mal Alarm beim Vorstand, die Situation eskaliert. Der Vorstand, der sich zuvor schon nicht intensiv mit dem Problem der Gruppe auseinander setzte, weil er sein eigenes Spiel für wichtiger hielt, rät zu einer ebenfalls nicht mehr umsetzbaren Strategie. In dieser Situation beschließen die Projektleiter der Eskalationsgruppen eigenhändig und ohne den Vorstand zu informieren, die Fortsetzung des Spiels und investieren dafür neuerlich 100P in der Hoffnung, doch noch die Option für das leichteste Knobelspiel zu erhalten. Meist versuchen die Vorstände dann eine letzte Strategiediskussion in die Wege zu leiten, für die es aber zu spät ist.

Um die Eskalation in den Eskalationsgruppen zu unterbinden, können die oben beschriebenen Ethnomethoden wie der Devils Advocat oder der strukturierte Moderationsprozess zur Anwendung kommen. Der Devils Advocat sollte spätestens nach der zweiten Verlustrunde, nach dem Zwischenbericht (Hauptrunde 7) zum Einsatz kommen, wenn der Projektleiter sich in der Phase der Unsicherheit befindet, da er nun leichter für alternative Lösungen zugänglich sein dürfte. D.h. was die Gruppe hier bräuchte, wäre eine Art Projektreview, ein echtes Krisenmeeting mit anschließendem strukturierten Moderationsprozess. Sollte nach einem solchen Review mit Krisendiskussion und Alternativenbeschluss der Projektleiter weiter negative Nachrichten unterdrücken, bleibt dem Vorstand nur das Auswechseln des Projektleiters übrig, was im Experimentalspiel jedoch nicht vorkam.

Wie diese entlang des Projektabbruchs- und Eskalationsprozesses beschriebenen Ethnomethoden wirkungsvoll mit Technologie unterstützt werden könnten, wird im Kapitel „Design von Werkzeugen zur Deeskalation im Commitmentprozess" erörtert. Zunächst sollen aus den Eindrücken des qualitativen Experiments und den zuvor behandelten Fallstudien einige Konsequenzen für die Praxis von DV-Projekten gezogen werden.

5.8 Empfehlungen für das Management von DV-Projekten in der Praxis

In Verbindung mit den Fallstudien lassen sich aus den Ergebnissen des Experimentes einige Schlüsse für die Praxis ziehen, die als Empfehlungen zur Vermeidung von Escalation of Commitment verstanden werden können:

1.) Abschätzen möglicher Konsequenzen von Vertragsinhalten zu Projektbeginn

> Verträge von DV-Projekten werden zwar nicht über die Eskalation oder den Abbruch von Projekten entscheiden, jedoch sollten sich die Entscheider über die Konsequenzen der Vertragsinhalte für die Projektarbeit im Klaren sein. Verträge sind vergleichbar mit den

Regeln des Experimentalspiels. Gewisse Vertragsinhalte (z.B. (k)eine Projektausstiegsklausel, wie in Fallstudie A) können zu ernsthaften Eskalationsförderern werden. Verträge nicht detailliert genug zu kennen und interpretieren zu können, kann in eskalierenden Situationen schnell zu Problemen oder Fehlentscheidungen führen, da man die noch bleibenden Freiräume für Alternativentscheidungen schwer einschätzen kann. Dazu meint Neubauer (1999, 151) als erfahrener Krisenmanager in DV-Projekten: *„Die Praxis zeigt, dass Projektmanager in den allermeisten Fällen nicht einmal über Basiskenntnisse verfügen. Die Auseinandersetzung mit juristischen Fragen und deren praktische Anwendung im kaufmännischen Umfeld ist die Basis für eine erfolgreiche Einschätzung der eigenen Position innerhalb der Krise."*

2.) Teamentwicklung zur frühen Offenlegung von Konflikten im Team

Sowohl in den Fallstudien (A und C) als auch in den Experimentalspielen konnte beobachtet werden, dass frühe Konflikte im Projekt ein erhebliches Gefahrenpotential in sich bergen, da sie ein sehr unproduktives Kommunikationsklima mit sich bringen, in dessen Umfeld die Erkennung von Krisen nahezu unmöglich wird. Eine Möglichkeit, dem entgegenzusteuern, ist eine Teamentwicklungsmaßnahme, wenngleich sie noch immer als etwas „exotisch" in der Branche gilt. Dies liegt wohl auch daran, dass in den letzten Jahren zunehmend kleinere Projekte etabliert wurden, bei denen der geringere finanzielle Rahmen solche Maßnahmen nicht mitfinanziert. Hat man allerdings mit einem mittleren oder großen Projekten zu tun, bei dem sich die Teammitglieder nicht kennen, kann es sinnvoll sein, 0,5-1 Prozent der veranschlagten Gesamtprojektkosten zu Projektbeginn in die Teamentwicklung zu investieren. Sie sollte Kenntnisse über das eigene Konflikt- und Kommunikationsverhalten und das Verhalten der anderen Teammitglieder in vergleichbaren Situationen vermitteln. Das Projektteam sollte einen Entwicklungsprozess durchlaufen, bei dem Kooperationsverhalten und dabei auftretende Besonderheiten spielerisch eingeübt werden können. Um die Ernsthaftigkeit solcher Maßnahmen zu unterstreichen, sollten zumindest bei Großprojekten die Mitglieder des Senior Managements in diese Maßnahmen einbezogen werden. (Kälin 1991, 130ff.)

3.) Klare Definition der Rollen und Arbeitsteilung aller Beteiligten im Projekt.

Die Erkenntnis, dass die Rollen der Beteiligten, sowie die Kommunikations- und Projekteskalationsprozesse in einem Projektmanagementplan dokumentiert sein sollten, klingt nicht revolutionär, wird in der Praxis aber selten berücksichtigt. Werden Rollen nicht vor Projektbeginn geplant, diskutiert und schriftlich dokumentiert (Quelle: Kotulla, 2001, 187) – was in keiner der drei Fallstudien gemacht wurde – kann dies dazu führen, dass der Management-Support des Projekts darunter leidet. In unseren Eskalationsexperimentalgruppen war es so, dass der Projektleiter in einem Fall zum Assistenten des Vorstands degradiert wurde und dessen Trivialfragen beantworten musste, oder dass der Vorstand zu stark in die operative Arbeit des Fragenbeantwortens der Gruppe involviert wurde. Beide Verstöße gegen das vom Experimentator vorgegebene Rollenkonzept hatten zur Folge, dass die strategische Steuerung der Gruppe entfiel. In Fallstudie A wurde der Projektmanager dem Kunden noch als Projektmanager präsentiert, obwohl der diese Aufgabe aufgrund seines Wechsels in einen anderen Unternehmensbereich schon längst nicht mehr wahrnehmen konnte. Dies war möglich, weil die wahrzunehmenden Aufgabengebiete nirgends schriftlich fixiert waren. In Fallstudie C war es die Rolle des Projektmanagements, die über den Zeitverlauf von verschiedenen Personen wahrgenommen wurde, während der offiziell zuständige Projektmanager sich nicht um das Projekt kümmerte.

5.8 Empfehlungen für das Management von DV-Projekten in der Praxis

4.) Frühes Setzen von Meilensteinen, mit Diskussionen über den Grad der Zielerreichung

Das Setzen von Meilensteinen in einem frühen Projektstadium – und vor allem die richtige Durchführung von Meilensteinsitzungen – fördern die frühzeitige Kontrolle zwischen dem geplanten und erreichten Status des Projekts (Krcmar ,2000, 294). Um die Vorgaben von Meilensteinen zu erreichen, ist ein hoher Kooperations- und Kommunikationsaufwand aller Projektbeteiligten im Vorfeld notwendig, wie Yates /Orlikowski (1994, 567) es in der Vorbereitung eines Face-to-Face-Meetings verteilter Entwickler zeigen konnten (s. auch erste Spitze in Abbildung 11). Wenn es bereits in frühen Phasen von DV-Projekten gelingt, eine rege und partizipative Kommunikationskultur zu etablieren, ist die Gefahr, dass wichtige Informationen „unter der Decke gehalten" oder Probleme nicht ausdiskutiert werden, gering.

5.) Implementierung eines Risk-Managementprozesses bereits zu Projektbeginn

Was von den Abbruchgruppen in der Phase des Zwischenberichts erarbeitet wurde, war vergleichbar mit einem Risk-Management-Plan, bestehend aus einer Risikoanalyse (Junginger/Krcmar,2001,7), der Definition von Gegenmaßnahmen und Risikoüberwachungsstrategien. Im Zwischenbericht wurde das Problem benannt, die Ursachen diskutiert und strategische Alternativen zur bisherigen Vorgehensweise erörtert, präzisiert, bewertet und mit Ultimaten versehen. Gruppen, die nur einen dieser Schritte nicht vollzogen, waren in der Krise nicht mehr reaktionsfähig und klammerten sich an die Vorgehensweise „weitermachen wie bisher". Besonders drastisch wirkte sich mangelndes Risk-Management bei EG2 aus. Weder Projektleiter noch Vorstand hatten eine Idee, wie sie der Krise Herr werden könnten. Sie wechselten, um das Spiel weiter fortsezen zu können, extrem spät das Wissensgebiet, was ein Höchstmaß an riskantem Verhalten bedeutete; ein Spielabbruch wurde zu keiner Zeit in Erwägung gezogen.

6.) Verweise auf frühere Erfolge, die Konstruktion von Sündenböcken, oder plötzlicher hoher Arbeitseinsatz der Mitarbeiter bei der Durchführung von Aufgaben mit anschließender Resignationsphase müssen als Alarmsignal betrachtet werden.

Die alte Erkenntnis der Escalation-of-Commitment-Forschung „when success breeds desaster"(Drummond,1996,9f.) fand sich auch im Experiment bestätigt. So hatte das Erreichen einer Option eine hochsignifikante Korrelation auf die spätere Eskalation der Gruppe. Für viele Gruppen bildete die erreichte Option so etwas wie einen mentalen Vorteil gegenüber den anderen Gruppen, die die Option nicht erreicht hatten, und behinderte eher die Diskussion um die Alternative „Spielabbruch". Dieser Effekt ließ sich auch in Fallstudie B feststellen. Dort war es die Euphorie, die alle zu Beginn des Projkts hatten, als die ersten Verfahren problemlos liefen. Selbst als man die Unmöglichkeit erkannte, die Verfahren auf andere Plattformen zu portieren, war man noch immer der Meinung, es irgendwie doch schaffen zu können. In Fallstudie C war es das bereits erfolgreich beim Kunden installierte papierbasierte Projektmanagementsystem, von dem man annahm, dass es mit der richtigen Technologie eins zu eins umsetzbar wäre, ohne zu wissen, dass die dazu notwendigen Funktionalitäten für PC's noch gar nicht bzw. nicht bezahlbar am Markt zur Verfügung standen. Den Kunden wiederum bestärkte der Erfolg des papierbasierten Systems in der Annahme, dass das FI in der Lage wäre, das bereits vorhandene System elektronisch zu implementieren.Wenn sich also Projektmitarbeiter in Problemsituationen auf frühere Erfolge berufen und einen riskanten Weg weiter beschreiten wollen, sollte man als verantwortlicher Manager selbstkritisch und sensibel reagieren. Gleiches gilt, wenn für aktuelle Probleme im Projekt Sündenböcke innerhalb oder außerhalb der Organisation bemüht werden. Beide Praktiken, das Berufen auf frühere Erfolge oder die Konstruktion von Sündenböcken in Krisensituationen, können ein Zeichen erhöhter Group-Think- oder Self-Justification-Effekte sein. Die Situation bedarf dann dringend einer Deeskalation und Versachlichung.

7.) Auch wenn Teile der Organisation einen Abbruch des Projektes für unmöglich erklären, so sollte er als mögliche Alternative immer in Erwägung gezogen werden.

Wie das Projektspiel zeigt, kann ein rechtzeitiger Projektabbruch durchaus als Gewinn gewertet werden, eine Einsicht, die in den Eskalationsgruppen EG 2 sehr spät erkannt wurde (*PL: das spiel ist beschiß, wenn wir ausgestiegen wären, hätten wir 400 + gemacht. VS: too late*). Bedenkt man die Investitionen, die die Fortführung eines Projekts mit geringer werdender Gewinnwahrscheinlichkeit verursacht, und wiegt sie gegen die Alternativen ab, die damit finanziert werden könnten, kann die ökonomisch richtige Entscheidung ab einem bestimmten Punkt nur Abbruch heißen. Welche Konsequenzen es haben kann, wenn man nicht bereit ist, ein Projekt abzubrechen, verdeutlicht Fallstudie C drastisch. Dort war nach deutlich überschrittener Projektlaufzeit keines der gesteckten Ziele verwirklicht, das Personal hatte komplett gekündigt, und man wusste, dass die verfügbaren Technologien nicht ausreichen, um das System zu programmieren; dennoch war man nicht bereit, einen Abbruch zu wagen, der zu diesem Zeitpunkt gegenüber dem Kunden vertretbar gewesen wäre. Aus den geplanten Einnahmen von 60.000 DM wurden zwei Jahre später Verluste in mindestens sechsfacher Höhe.

8.) Je später elementare Probleme (z.B. Architekturmängel, verschiedenste Releasestände unterschiedlicher Module bei der Systemintegration) auftreten, desto eher und konsequenter sollte ein Softwareentwicklungsprojekt abgebrochen werden.

So wie das Spiel aufgrund seiner Regeln nicht zu gewinnen war, so gibt es Projekte, die von Beginn an so große Widersprüche in sich tragen, dass eine erfolgreiche Beendigung unter gegebenen Rahmenbedingungen nicht möglich ist. Sei es das Projekt in Fallstudie A, das zum vereinbarten Fixpreis mit den zur Verfügung stehenden Ressourcen nicht zu bewerkstelligen war, oder das Projekt in Fallstudie B, in dem der „Kooperationspartner" zu keiner Zeit ein ernsthaftes Interesse an der Erreichung des gemeinsam vereinbarten Projektziels haben konnte. Fallstudie B ist ein Beispiel dafür, dass selbst das Erbringen immenser zusätzlicher Mittel und Ressourcen an der Lösung der zugrunde liegenden Problematik nichts ändern können. Wenn man in einem laufenden Projekt als Entscheider der Meinung ist, einen solchen Widerspruch gefunden zu haben, kann auf Grund unserer Ergebnisse nur geraten werden, das Projekt einem sofortigen Review zu unterziehen, da sonst „schlechtem" meist „gutes" Geld hinterher geworfen wird. Ein Review erzeugt zwar eine weitere zeitliche Verzögerung und kostet Geld, bringt dafür aber die Sicherheit, ob die Weiterführung unter anderen Bedingungen oder ein Abbruch die sinnvollere Alternative ist.

Im Falle des von Drummond (1996) beschriebenen Börsenprojekts brachte der Review zwar das Aus, aber immerhin die Gewissheit, dass das zu entwickelnde System nicht wie geplant hätte umgesetzt werden können, bzw. dass der Grad der Systemverwirklichung nach Jahren noch rudimentär war. In Fallstudie A brachte der Review und die darauf aufbauende Reorganisation des Gesamtprojekts ein erfolgreiches, wenngleich teuer bezahltes Ende mit sich.

5.8 Empfehlungen für das Management von DV-Projekten in der Praxis

Empfehlungen für das Management, die eine Eskalation eschweren und einen Projektabbruch erleichtern.	in Zusammenhang mit Escalation of Commitment beschrieben in
1.) Abschätzen möglicher Konsequenzen von Vertragsinhalten zu Projektbeginn	Neubauer 1999
2.) Teamentwicklung zur frühen Offenlegung von Konflikten im Team	--
3.) Klare und frühe Definition der Rollen und Arbeitsteilung aller Beteiligten im Projekt	--
4.) Frühes Setzen von Meilensteinen, mit Diskussionen über den Grad der Zielerreichung	Heath 1995
5.) Implementierung eines Risk-Managementprozesses bereits zu Projektbeginn	Keil et. al. 1995
6.) Verweise auf frühere Erfolge, die Konstruktion von Sündenböcken, oder plötzlicher hoher Arbeitseinsatz der Mitarbeiter bei der Durchführung von Aufgaben mit anschließender Resignationsphase müssen als Alarmsignal betrachtet werden	Drummond 1996
7.) Auch wenn Teile der Organisation einen Abbruch des Projektes für unmöglich erklären, so sollte er als mögliche Alternative immer in Erwägung gezogen werden.	Keil 1995
8.) Je später elementare Probleme (z.B. Architekturmängel, verschiedenste Releasestände unterschiedlicher Module bei der Systemintegration) auftreten, desto eher und konsequenter sollte ein Softwareentwicklungsprojekt abgebrochen werden.	Drummond 1996

Tabelle 22: Empfehlungen aus den Experimenten für das Management von DV-Projekten

Vergleicht man diese Maßnahmen mit den von Kotulla (Kotulla,2001,121f.) zusammengefassten Faktoren klassischer Scheiternsforschung, so fällt auf, dass die Empfehlungen eins bis acht (Tabelle 22) wesentlich stärker auf der Handlungsebene angesiedelt sind und einen Bezug zu in bestimmten Phasen (Projektbeginn, -ende) des Projekts auftretenden Ereignissen haben. Den klassischen Faktoren der Scheiternsforschung fehlt dieser prozessuale Bezug häufig, da sie das Ergebnis von ex post Betrachtungen sind. Umgekehrt gewährt der Abgleich der kontextvermittelnden Erfahrungen aus den Fallstudien und deren prozessuales Auftreten in den Experimenten ein hohes Maß an Validität und praxistauglichkeit für die Empfehlungen an das Management

6 Designvorschlag für Deeskalationswerkzeuge

Escalation of Commitment in Projektgruppen resultiert aus einem fortdauernden Mangel an echten Entscheidungsalternativen, der das gemeinsam erzeugte Produkt einer schlechten, aber dennoch anhaltenden Kooperations- und Kommunikationskultur ist. Dieser Mangel führt dazu, dass in einer von Unsicherheit geprägten Entscheidungssituation wissentlich auf die unbrauchbare, aber bekannte und damit teure Handlungsstrategie zurückgegriffen wird. Für die erfolgreiche Deeskalation von Commitment in Projektgruppen bedeutet dies:

Alternativen zum bisherigen Kurs der Gruppe aktiv zu diskutieren, zu operationalisieren, zu legitimieren und bei zuvor definierten Ereignissen umzusetzen.

Durch den prozesshaften Charakter der Eskalation ist es sinnvoll, für die verschiedenen Projektphasen die Abfolgen unterschiedlicher kommunikativer Handlungen zu betrachten, und vor dem Hintergrund der bereits entwickelten Strukturebenen der Genreanalyse Werkzeuge der Deeskalation zu entwickeln.

6.1 Deeskalation von Commitment zu Projektbeginn

Wie in der Gegenüberstellung der Extremgruppen gezeigt werden konnte, tritt Escalation of Commitment in späteren Projektphasen dann gehäuft auf, wenn zu Beginn ein existentieller Konflikt zwischen Projektsponsor (Vorstand im Spiel bzw. Senior Manager oder generell Auftraggeber), dem Projektleiter bzw. den Projektmitarbeitern besteht.

In Fallstudie A war dies der Konflikt zwischen dem Vertriebsbeauftragten, der das Projekt zu einem unrealistischen Preis verkauft hatte, und dem Projektleiter. In Fallstudie B waren es Ambitionen, die der Projektleiter innerhalb der Organisation auf höhere Führungsämter hatte, was ihn zu einem permanenten Konflikt gegenüber den Nachbarabteilungen veranlasste. In Fallstudie C war es der Konflikt zwischen den Programmierern, die eine höhere Entlohnung einforderten, und dem Projektleiter, der diese nicht geben konnte, da sein Projektsponsor das Projekt ebenfalls zu billig verkauft hatte.

Ein weiteres Beispiel, welche Konsequenzen unproduktive Konflikte haben können, beschreibt Kälin (1992,151) wie folgt: „Jedem Leser werden wohl Beispiele auftauchen für Situationen, in welchen Menschen wegen grundsätzlich gestörter Beziehungen ihre Fähigkeiten, ihre ganze Intelligenz sogar zu destruktiven Zwecken einsetzen und damit hohe menschliche und materielle Kosten verursachen. Als Beispiel sei hier der Fall eines Vorgesetzten erwähnt, welcher seinen Stellvertreter, zu welchem er keine positive Beziehung fand, den er aber nicht auswechseln konnte, monatelang mit gezielten Fehlinformationen versorgte, auf welchen dieser seine ganze Arbeit aufbaute, und damit bewies, dass sein

Stellvertreter unfähig war. Er tat dies mit einer solchen Geschicklichkeit, dass die Geschäftsleitung erst nach langer Zeit das Spiel durchschaute."

Konflikte dieser Art schlagen sich in einer typischen Kommunikationskultur nieder, die es bereits zu Beginn des Projektes zu identifizieren gilt. Werden stabile, kreative, leistungsfähige Beziehungen mit gegenteiligen verglichen, fällt auf, dass Erscheinungen wie gegenseitige Achtung, Anerkennung und Zuneigung weniger oft durch die Inhalte dieser Beziehungen, nicht durch völlige Übereinstimmung ihrer Ansichten, Urteile, Bedürfnisse, Ziele, Verhaltensweisen, bestimmt sind – häufig sogar sind produktive Beziehungen durch große markante inhaltliche Unterschiede zwischen den Parteien gekennzeichnet. „Der Schlüssel liegt vielmehr in ihrem Verhalten, in der Art und Weise, wie sich die Menschen gegenseitig behandeln. Hier sind vor allem zwei Fähigkeiten erkennbar: Erstens die Fähigkeit jedes Partners, dem Anderen klare, verständliche Botschaften seiner Sicht, seiner Lage zu senden, ohne dabei sofort eine Wertung, einen Versuch der Belehrung oder Bekehrung automatisch einzuschließen, und zweitens das dauernde Bemühen, die Botschaft des Anderen zu verstehen, ohne damit bereits Einverständnis auszudrücken, um auf der Basis dieses gegenseitigen Verstehens mit Vernunft dort gemeinsame Problemlösungen in Gang zu setzen, wo sie sich schließlich für eine Zusammenarbeit als notwendig erweisen" (Kälin,1992,165).

Konflikte im Projekt sind nicht grundsätzlich schlecht und in manchen Phasen sogar dringend notwendig. Negativ wirken sie jedoch dann, wenn sie von Beginn an wesentlichen Leistungsträgern und Entscheidern die Sensibilität für das Projektgeschehen rauben und es keiner konstruktiven Lösung zuführen können (Kälin,1992, 149). In diesem Fall ist eine Aufarbeitung oder Schlichtung durch Externe (Teamentwickler, Coach, ...) nötig.

Doch wie kann ein Externer, z.B. ein Senior Manager im Lenkungsteam oder Vertreter der Qualitätssicherungsabteilung – die oft tätig wird, wenn das Projekt in Schieflage geraten ist – auf solche Konflikte aufmerksam gemacht werden? Eine technische Lösung ist mit dem nachfolgend beschriebenen „Communication Thermostat" denkbar, der die Konflikthaltigkeit der Kommunikationskultur messen und das Ergebnis bei Überschreitung eines Grenzwertes an einen Projektcoach meldet. Zum erfolgreichen Einsatz dieses Werkzeuges sind zwei Maßnahmen notwendig: erstens eine hohe Frequenz geplanter Kommunikationsgelegenheiten in der Projektanfangsphase, und zweitens der Einsatz eines EMS oder Chat-Tools.

Die erste Maßnahme kann dadurch gewährleistet werden, indem die Zahl regelmäßiger Projektmeetings erhöht und dort sowohl Status als auch denkbare Projektrisiken diskutiert werden. Die Diskussionen sollten infrastrukturell mit einem EMS durchgeführt werden, da dies den Vorteil hat, im Projekt anstehende heiße Themen anonym diskutieren und auf den Logfiles des EMS dokumentieren zu können. Anonyme Diskussionen können in konfliktären Situationen zur machtbezogenen Egalisierung der Teilnehmer führen, da Äußerungen und Lösungsvorschläge nicht mit der Person gleichgesetzt werden. Dies gilt insbesondere für die Identität hierarchisch höherstehender Gruppenmitglieder. Die in konventionellen Sitzungen übliche, meist wenig bewusste Einflussnahme einzelner Gruppenmitglieder durch den Zeitpunkt ihrer Intervention wird dadurch ebenfalls aufgehoben. „Neben der formellen Führung wird dadurch auch die informelle Führung erschwert. Die Homogenisierung der

Interaktionskontexte aller Beteiligten wirkt also tendenziell so, dass auch die zurückhaltenden Persönlichkeiten in einer Gruppe leicht partizipieren können. Weil prinzipiell alle beitragen und beurteilen können, jedoch niemand sanktioniert, also Zugriff auf die normregulierenden Ressourcen hat, wirkt das anonyme Verhalten demokratisch und machtnivellierend." (Gräslund,1998,14)

Findet z.B. ein Teil der Softwareentwicklung verteilt statt, ermöglicht ein EMS außerdem, nicht anwesende Teilnehmer an der Diskussion zu beteiligen. In einem verteilten Szenario wäre zudem der permanente Einsatz eines Chat Tools zu überlegen. Dieses Genre hat den Vorteil, dass die soziale Veranstaltung der „synchronen Diskussion Vieler" unterstützt und ebenfalls mehr Projektgruppenmitglieder an wichtigen Diskussionen im Projekt beteiligt werden. Im Einzelfall finden solche Techniken bereits Anwendung.[45]

Sind in einen Softwareentwicklungsprojekt die oben beschriebenen Vorraussetzungen gegeben, könnten konfliktäre Kommunikationsmuster mit Hilfe eines Communication Thermostats analysiert und bei der Überschreitung eines Grenzwertes an einen Projekt-Coach gemeldet werden. Wie der Communication Thermostat funktioniert und zum Einsatz kommt, wird im folgenden näher beschrieben.

6.1.1 Communication Thermostat als Frühwarnsystem

Der Communication Thermostat (Abbildung 34 ist eine Software, mit deren Hilfe konfliktreiche Kommunikation in einer Frühphase des Projektes gemessen und sichtbar gemacht werden kann. Er soll einem externen Projektcoach dazu dienen, unproduktive Konflikte beim Projektstart zu identifizieren und konstruktiv zu lösen. Die Auflösung solcher Konflikte ist ein erster Schritt zur präventiven Projektdeeskalation, um projektimanente Risiken zu identifizieren und vor allem offen zu diskutieren. Diese Unfähigkeit zur offenen Diskussion in der Projektgruppe ist meist eine Folge des Konflikts, der eine unproduktive Kommunikationskultur im Projekt etabliert. Ist eine solche Kultur bereits erkennbar, drückt sie sich im Maß der an Diskussionen aktiv beteiligten Personen und an der Maßzahl der dabei verwendeten intentionalen Formatierung aus. Diese Maßzahlen misst der Communication Thermostat.

---

[45] Ein Unternehmen der Multimedia-Brache, welches als der Prototyp virtueller Organisationen bekannt wurde (Quelle: Weigle/Krcmar,2000), nutzt diese Kommunikationstechnologie recht erfolgreich, wenn es darum geht, mit einer Vielzahl von Freelancern ein gemeinsames Produkt zu entwickeln.

6.1 Deeskalation von Commitment zu Projektbeginn 217

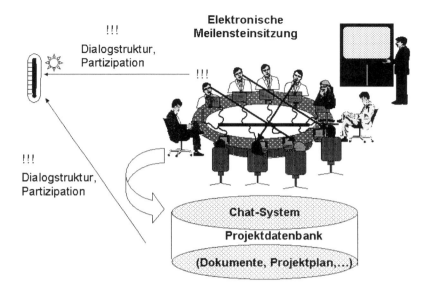

Abbildung 34: Design-Entwurf und Anwendungsszenario für den Communication Thermostat, ein Werkzeug zur Messung des Konfliktpotentials in der Projektkommunikation(Eigene Darstellung)

6.1.1.1 Implementierung

Die EMS Software Group Systems for Windows Version 1.1 d verfügt bereits über ein einfaches Instrument zur Messung der Stimmung innerhalb der Diskussionsgruppe. Dabei gibt jeder Diskussionsteilnehmer manuell eine Zahl zwischen 1 und 10 (sehr gut – sehr schlecht) ein. Daraus wird der Durchschnitt gebildet und angezeigt.

Der im folgenden vorgeschlagene Communication Thermostat geht noch einen Schritt weiter: Er misst die Anzahl aller intentionaler Formatierungen (z.B. aller doppelten Ausrufezeichen, Fragezeichen oder doppelt verwendeten Buchstaben). In Group Systems, das in der Paradox Application Language (PAL) programmiert ist, kann man eine Zählung mit den Befehlen *Ccount (tabelle,feld)* mit dem Feldwert (!!+n) oder (??+n) bewerkstelligen. Mit dem Befehl *CSUM records* lässt sich die Summe aller records errechnen, die mit zwei oder mehr Ausrufe- bzw. Fragezeichen vom Nutzer formatiert wurden (Konstanty, Rosenkind, Stiml, 1991, 576). Teilt man die Summe der records mit Doppelformatierung durch die Anzahl der Records bis zur Messung *(Ccount(tabelle,feld) (!!+n) + (??+n) / CSUM)* , so erhält man einen Wert <= 1, den der Autor als K_{intent} bezeichnet. Er ist die Maßzahl für die intentionale Formatierung.

$$K_{intent} = \frac{\text{Anzahl Kommentare mit intentionaler Formatierung}}{\text{Anzahl aller Kommentare in einer Diskussion}}$$

Gleichung 2: Kennzahl intentionaler Formatierung

Die zweite Maßzahl, die den dialogischen Charakter der Diskussion misst, bildet sich als Quotient aus allen an einem Projekt beteiligten Personen durch die Anzahl aller an einer Diskussion beteiligten Projektteilnehmer:

$$N_{Partizipation} = \frac{N_{Pr\,ojektteilnehmer}}{N_{Beteiligte\;(an\;Diskussion)}}$$

Gleichung 3: Kennzahl für die an einer Diskussion beteiligten Projektteilnehmer

Der Grad der intentionalen Kommunikation K_{intent} ist umso größer, je größer die Zahl intentionaler Kommentare im Verhältnis zu allen abgegebenen Kommentaren ist. Die Diskussion ist um so dialogischer gestaltet, je weniger weitere Personen sich an der Diskussion beteiligen und schweigen. Die Werte von Q_{KK} sind um so höher, je intentionaler die Kommunikation geführt wird und je weniger Gruppenmitglieder sich an der Diskussion beteiligen:

$$Q_{KK} = \frac{K_{intent}}{N_{Partizipation}}$$

Gleichung 4: Quotient für das Konfliktpotential in der Gruppenkommunikation

Um die so erhaltenen Q_{KK}-Werte anschaulicher auf einen „Thermometer" abzubilden, können sie mit 100 multipliziert zum „Temperaturwert", im folgenden T-Wert genannt, werden (Tabelle 23).

Gruppe	Kommentare intentional v. Kommentare gesamt	K_{intent}	$N_{Projektteilnehmer}$ $N_{Diskutierende}$	$N_{Partizipation}$	Q_{KK}	$T = Q_{KK} \cdot 100$
EG1	2 von 11	0,18	2 von 4	2	0,36	36
EG2	16 von 85	0,188	2 von 5	2,5	0,47	47
EG3	3 von 31	0,097	4 von 4	1	0,097	9,7
EG4	8 von 19	0,421	2 von 4	2	0,84	84

Tabelle 23: Temperaturwerte der Meetings $T = Q_{KK} \cdot 100$

Kritisch muss der Einsatz des Messgerätes betrachtet werden, wenn die Anzahl gewechselter Interaktionen wie bei Extremgruppe 2 so gering ist, dass die Signifikanz des T-Werts relativiert werden muss. Auch hier wird gelten, dass vor allem hohe Interaktionswerte für valide T-Werte sorgen können. Sind aber ausreichend viele Interaktionen in der

Projektvorrunde vorhanden und steigt der T-Wert über 70, wie bei EG4, so ist dies ein Schwellenwert, der an einen Coach weitergemeldet werden sollte.

Sicher bedarf es bei dieser Näherungsformel weiterer Validierung. So sollten nochmals die Gewichtungen der beiden Koeffizienten zueinander geprüft werden. Für die von uns im Laborexperiment erhobene Kommunikation konnte der T-Wert zu Aussagen über den Konfliktgehalt in der Projektanfangsphase herangezogen werden.

6.1.1.2 Einsatz

Der Einsatz des Communication Thermostats kann dazu beitragen, den richtigen Zeitpunkt für Teamentwicklungsmaßnahmen nach dem Projekt-Kickoff zu identifizieren. Eine Teamentwicklungsmaßnahme, die zweierlei erreichen soll, erstens eine konstruktive Bewältigung des Konflikts und zweitens den Wechsel von konfliktärer zur partizipativen Kommunikationskultur, in der die Lösung von Problemen bei unterschiedlichen Auffassungen der Kooperierenden im Zentrum steht. Im Rahmen einer solchen Teamentwicklung werden die individuellen Erwartungen, die jeder an das Projekt hat, mit den Rollen und Restriktionen diskutiert, die jedem einzelnen im Projekt auferlegt werden. Ergebnis der Teamentwicklung können neue Rollenbilder oder Prioritätshierarchien sein, die von den Gruppenmitglieder zu diskutieren, zu bestätigen und umzusetzen sind.

Ziel der Teamentwicklung ist eine offene Kommunikationskultur, in der von Mitarbeitern erkannte Probleme „auf den Tisch", in den Chatroom oder die Mailbox mit Dialogfunktion gelangen. Die Anonymität der elektronischen Medien soll im weiteren Verlauf die anfangs bestehende Angst vor Sanktionen beim Überbringen schlechter Nachrichten, den „kill the messenger"-Effekt (Drummond, 1996, 6) nehmen; so kann sich die Sachdiskussion entfalten, was mehr Gruppenmitglieder veranlasst, aufkommende Probleme in der Gruppe zu thematisieren. Je mehr Know-how-Träger im Projekt diese Form des offenen Austausches pflegen, desto geringer ist die Wahrscheinlichkeit, dass die Projektgruppe eskaliert. Wird eine Teamentwicklung aufgrund des T-Werts nicht angestoßen, wird sich in eskalierenden Kontexten (Beispiel Experimentalspiel) die Gefahr eines zunehmenden Commitments auf die getroffene Erstentscheidung wesentlich erhöhen (da zu einer offenen Alternativendiskussion keine kommunikativen Mittel zur Verfügung stehen).

Die letzte zur Verfügung stehende Technologie zur massiven Änderung der Kommunikationskultur zu einem späteren Zeitpunkt ist der Virtual Devil's Advocat, ein Technologievorschlag, der später noch beschrieben wird. Zuvor wird ein Genredesign auf der Mikroebene vorgeschlagen, die einem begegnen soll, wenn Framing der Information von Seiten des Projektleiters erkennbar wird.

6.1.2 Feedback-Gestaltung und Verfügbarkeit

Das Framing der Information über den Spielstand vom Projektleiter an den Vorstand war ein immer wieder auftretendes Problem. Framing trat meist dann auf, wenn nach einem gerade ausgetragenen Konflikt zwischen Vorstand und Projektleiter der Projektleiter ein negatives

Feedback über den Projektverlauf (in Form entstandener Kosten und Verluste) erhielt, und er gleich darauf beim Vorstand den Statusbericht abliefern musste. In solchen Situationen wurde bei den Eskalationsgruppen entweder der „kleine Erfolg" (eine von drei richtigen Antworten) durch den Vergleich zu Konkurrenzgruppen, die noch schlechter waren, beim Vorstand als großer Erfolg verkauft, oder aber ein Sündenbock bei der Konkurrenz gesucht und dem Vorstand als „Entschuldigung" für den Spielverlauf geliefert. Ein weiteres Merkmal der Eskalationsgruppen war der selten „freiwillig" vom Projektleiter erbrachte Statusbericht.

Dagegen gelang es den Abbruchgruppen, den Status ihres Spiels regelmäßig, zügig und in einer guten Form zu übermitteln. Davon profitierte insbesondere der Vorstand, der im eigenen Spiel ebenfalls stark beansprucht war. Was erfolgreiche Projektgruppen zusätzlich auszeichnete, war ein gekonntes Awareness-management – sie wussten, wann eine Information für den Vorstand wichtig war, und welche Form sie ihr geben mussten. Sie kündigten eine Information zum Projektstatus an und stellten den Informationsteil vor den Bewertungsteil.

Im Vergleich dazu war der Projektleiter einer extrem eskalierenden Gruppe nicht in der Lage, dem Vorstand ein klares Feedback zur Situation der Gruppe zu geben, oder zögerte bei seinen Antworten. Auffällig oft wurden operative Fragen strategisch benutzt, um von den Fragen des Vorstands zum Projektstatus abzulenken, was dem Vorstand wiederum eine Analyse und Interpretation der Gruppenspiellage unmöglich macht.

In den erfolgreichen Abbruchgruppen signalisierte der Vorstand sein Interesse am Gruppenergebnis mit Lob und einem positiven Feedback. In der Eskalationsgruppe dagegen benutzt der Vorstand Ironie und Drohung, um den Projektleiter (erfolglos) zum Statusbericht zu animieren. Für das Genredesign stellt sich angesichts dieser unterschiedlichen Qualitäten von Feedback die Frage, wie ein Genre aussehen müsste, das eine optimale Wahrnehmung der schleichenden Krise durch den Vorstand ermöglicht. Die nachfolgende Tabelle 24 verdeutlicht die Unterschiede der untersuchten Extremgruppen:

Genre-Ebene	Gruppe A Abbruch	Gruppe B Escalation	Vorgaben für Genre-Design
dialogische Ebene	Technik-Test, um Awarenessfähigkeit des V zu testen	V wird mit Trivialfragen „abgelenkt"	permanente Verfügbarkeit von Feedback für V
	Trennung von Inhalts- und Bewertungsebene im Feedback	Feedback bleibt diffus, es wird keine Punktzahl genannt	Trennung von Inhalts- und Bewertungsebene im Feedback

binnen-strukturelle Ebene	Einmaliger Gebrauch intentionaler Formatierung beim ersten Feedback, um V auf das Problem (Inhalt u. Bewertung) aufmerksam zu machen	Inflationärer Gebrauch intentionaler Formatierung in fast jedem Statement	Möglichkeit zur Intentionalen Formatierung sollte nur an wenigen inhaltlich zentralen Stellen im Genre gegeben sein
	V signalisiert durch Lob Interesse am Spielergebnis	V signalisiert durch Drohungen und Ironie, dass er von der Projektgruppe nicht viel hält	Rückmeldung des Projektsupports vom Vorstand an Gruppe

Tabelle 24: Unterschiede im Genre-Gebrauch zwischen den Projektabbruch und den Projekteskalationsgruppen

6.1.2.1 Grundlagen für das Feedback

Die Grundlage für ein gutes Feedback von der Projektgruppe zum Senior Management bildet ein guter Statusbericht im Projekt. Die in Tabelle 19 aufgeführten Vorgaben für ein Genredesign stimmen mit Erkenntnissen überein, die im Situation-Awareness-Approach (Bass/Zenyuh/Small/Fortin, 1996) beschrieben werden. Danach hängt die Frage der Krisenwahrnehmung durch den Entscheider von folgenden Faktoren ab :

1.) Der Form der vorliegenden Daten

- Werden inhaltlich wichtige Daten von anderen, eher weniger relevanten Daten überdeckt?
- Sind die zur Entscheidung notwendigen Daten verteilt oder an einem Ort?
- Sind die zur Verfügung stehenden Daten zu abstrakt?

2.) Der konkreten Entscheidungssituation der Akteure

- Arbeitsbelastung
- Unterbrechungen im Arbeitsablauf
- Routinisierung von Verhaltensweisen

3.) von zeitbezogenen Wahrnehmungsbarrieren

- Der Verlust von Gefahrenbewusstsein, wenn permanent eine Kontrolle von Gefahren praktiziert wird
- Schwierigkeit, Daten über alle Prozessschritte hinweg zu interpretieren

Die Überlegungen des Situation-Awareness-Approach und die Vorgaben für ein Genredesign zeigen, dass eine frühzeitige Deeskalation von Commitment stark von der Qualität der Übermittlung negativem Feedbacks abhängt. Ein qualitativ hochwertiges Feedback des Projektstatus bedeutet, dass für die jeweiligen Projektmitglieder relevante Daten in einer ihrer Rolle angemessenen Form permanent und aktuell zur Verfügung stehen. So betrachtet könnte ein optimierter Projektstatusbericht für das von uns durchgeführte Experimentalspiel wie in Abbildung 35 aussehen:

222 6 Designvorschlag für Deeskalationswerkzeuge

Vorher	Verbesserungsvorschlag
Im Escalat- Experiment gewählte Variante • Punkte des Projektspiels	Information on Demand und permanente Kommunikationsmöglichkeit für den Vorstand • Punkte des Projektspiels • Unterstützung durch Vorstand • Gewinnwahrscheinlichkeit

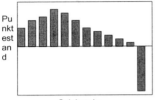

Spielrunde

wurde nach jeder Spielrunde aktualisiert und den Vorständen eingeblendet

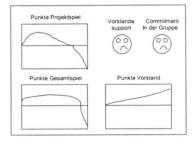

Abbildung 35: Vorschlag für die Gestaltung eines optimalen Feedbacks am Beispiel des Feedbacks im Experimentalspiel

In der obigen Abbildung links sieht man die im Experimentalspiel ursprünglich benutzte Darstellung des Projektstatusberichts, auf der rechten Seite ein nach den Genredesign-Vorgaben und dem Situation-Awareness-Approach optimierten Entwurf. Er erfüllt folgende Forderungen:

- **Permanente Verfügbarkeit** der Statusinformation „Projektspiel". Der Statusbericht steht dem Vorstand als Website zur Verfügung . Weitere Nachfragen bezüglich des Punktestands beim Projektleiter erübrigen sich (Zusammenführung der vormals verteilten Daten)

- **Präsentation der Daten**. Über das Experimentalspiel hinaus werden durch Visualisierung des Gesamtpunktestands der Organisation (Punkte Vorstand, Punkte Gesamtspiel) dem Projektleiter wertvolle Kontextinformationen vermittelt, die er in seine Entscheidungen einbeziehen sollte. Denkbar wäre auch ein Vergleich zwischen den Punkten, die der Vorstand außerhalb des Projektspiels erhält, mit denen, die das Projekt zur Rentabilität erbringen muss (im Sinne eines Deckungsbeitrags).

- **Bewertung des Projektspiels durch die Gruppe.** Die Projektgruppenmitglieder sollten bei zu Projektbeginn definierten Meilensteinen ein anonymes Voting zum Projekt abgeben, das in Form eines Smilies visualisierbar wäre. Diese Visualisierung entspräche den wenigen vorzuhaltenden intentionalen Formatierungen. Die Gesichtszüge des Smilies könnten dem Vorstand veranschaulichen, wie hoch das Commitment der Gruppe zum Experimentalspiel ist. Zudem könnte er über einen Abgleich weiterer Daten, wie etwa

Spielstand im Verhältnis zum von der Gruppe gegebenen Commitment, Widersprüche oder Konsistenzen aufdecken.

- **Visualisierung der Unterstützungsbereitschaft des Projektspiels durch den Vorstand.** Der Support durch das Senior Management ist nach neueren Erkenntnissen (Yetton, 2000) ein wesentlicher (Miß-) Erfolgsfaktor für DV-Projekte. Mit dem Commitment des Senior Managments stehen und fallen die Chancen zur weiteren finanziellen oder politischen Unterstützung des Projekts im Unternehmen. Aus diesem Grund kann es für Projektgruppen von grösster Wichtigkeit sein zu sehen, wie groß die Unterstützung des Senior Managements für das Projekt tatsächlich noch ist. Dies könnte zu offenen Diskussionen oder Veränderungen führen, wenn ein gewisses Maß an Unterstützung durch das Senior Management unterschritten würde.

- **Möglichkeit zur permanenten Kommunikation.** Unter jeder als relevant gewählten und visualisierten Projektkennzahl sollte zusätzlich eine Chat-Möglichkeit angelegt sein, mit der Projektmitarbeiter anonym die Möglichkeit zur inhaltlichen Interpretation und Diskussion der Daten haben.

6.1.3 Optimaler Statusbericht

Was im obigen Projektspiel noch einfach zu realisieren war, nämlich die wesentlichen Kennzahlen in einem Bericht zu implementieren, der nach zuvor definierten Zyklen zu aktualisieren ist, stellt sich in komplexeren oder gar verteilten Softwareentwicklungsprojekten als wesentlich schwieriger heraus. Gerade deshalb ist es von großer Bedeutung, sich vor Beginn des Entwicklungsprojektes über die zur Produktion der Software notwendigen Dokumente, Prozesse und Kommunikationsroutinen Gedanken zu machen. Ein möglicher Ansatzpunkt sind hierbei sicherlich die IEEE-Standards für Softwareentwicklung[46], in die bereits ein hohes Maß an Erfahrungswissen integriert ist. Sie bestehen im wesentlichen aus einem standardisierten

- Pflichtenheft,
    - Liste zu programmierender Funktionalitäten
    - Abzeichnungszeile für den Kunden
    - ...
- Projektplan, mit
    - Projektzielen
    - Zeitplan
    - Rollendefinitionen
    - Abhängigkeiten zwischen Rollen
    - ...
- Qualitätsmanagementplan

---

[46] wie z.B. IEEE, Volume 4: Resource and Technique Standards (Product No: SC109-NYF), s. http://www.standards.ieee.org/catalog/softwareset.html

- o Risk-Management-Plan
- o Eskalationsroutinen
- o ...
- Testplan
  - o Erledigtstatus der zu programmierenden Funktionalitäten
  - o Testprozesse für Modul- und Integrationstest
  - o ...

und beinhalten eine Vielzahl bereits bewährter Darstellungsformen von projektwichtigen Informationen. Das Wissen darüber, was zur Kontrolle des Projektfortschritts in einen guten Projektstatusbericht gehört, liegt dann im Ermessen und der Erfahrung der kontrollierenden Instanz. Wichtig ist, dass vor Beginn des Projekts Klarheit darüber besteht, wie ein guter Projektstatusbericht auszusehen hat und wie eine Kontrolle sichergestellt werden soll. Relevante Kennzahlen zur Kontrolle von Projekten könnten sein:

- die vom Projektbudget bisher verbrauchten Personal- und Sachkosten,
- eine Testmatrix des Gesamtsystems mit einer Häkchen- und Meilensteinleiste für bereits umgesetzte Funktionalitäten (nach Hierarchie „muss", „kann", "soll" „darf") und vom Kunden in Meilensteinsitzungen abgezeichnete Funktionalitäten von Zwischenreleases.
- eine Fehlerkennzahl des Systems, die sich aus der Menge der in den Integrationstests angefallenen und neuen Fehler geteilt durch die Menge der gefixten Fehler errechnet,
- eine Liste der vier größten Projektrisiken mit Routinen zu ihrer Abwehr,
- das Protokoll der jeweils letzten Projektsitzung,
- eine Darstellung der Zufriedenheit des Projektsponsors und der Projektgruppe mit dem Projekt.

Diese Liste könnte sicherlich durch weitere Kennzahlen und Informationen ergänzt werden, hätte aber ausgereicht, den Vorständen der Fallstudien A-C schneller einen Überblick bzw. den Projektleitern eine bessere Legitimation ihres Handelns zu geben. Wahrscheinlich hätte sie auch dazu ausgereicht, den Nebel, den so mancher Vorstand bei der Projektkontrolle vor sich hatte, zu lichten, wie bspw. hier:

> V: „Was wirklich schlecht war, war die interne Transparenz, da ich dachte wir sind wesentlich weiter als wir tatsächlich waren."
> „Ja, der Projektleiter mit seiner Rhetorik, das haben sie ganz richtig gesagt, der hat viel vernebelt." (Auszug aus Interview mit Vorstand Fallstudie B)

Fragt man sich nach den Möglichkeiten, die bereits in frühen Projektphasen bestehen, um Escalation of Commitment gar nicht erst aufkommen zu lassen, so gibt es eine, nämlich die Etablierung einer offenen Kommunikationskultur zwischen allen Projektbeteiligten. Diese ist notwendig, um strukturelle, einem Prozess inhärenten Eskalationsförderer (im Falle des Experiments die Spielregeln) zu diskutieren, und um in der Folge geeignete Gegenmaßnahmen zu installieren. Ist auf Grund eines bereits zu Beginn des Projekts vorhandenen existentiellen Konflikts zwischen wichtigen Beteiligten eine offene

Kommunikationskultur nicht möglich, gilt es zuerst starke Konflikte zu identifizieren und das Vorhandensein an eine neutrale Instanz weiterzuleiten.

Diese Aufgabe kann das oben beschriebene Konfliktanalyseinstrument des Communication-Thermostat übernehmen. Gelingt es im Anschluss, den Konflikt konstruktiv zu lösen und für eine offene Kommunikationskultur zu sorgen, benötigt man das nächste Instrument, das optimierte Feedback, wahrscheinlich nicht. Das optimierte Feedback über den Projektstatus ist allerdings ein Werkzeug, das über alle Phasen des Projekts hinweg seinen Nutzen stiftet. Es soll verhindern, dass Entscheider ihre Handlungen auf „geframten" oder diffusen Informationen aufbauen und damit gar nicht, zu spät oder falsch entscheiden. Das optimierte Projektfeedback fasst alle wesentlichen Projektkennzahlen übersichtlich auf einer Seite zusammen und eröffnet die Möglichkeit, zu den Kennzahlen einen elektronischen Dialog aller in Gang zu setzen. Es ist somit als weiterer Meilenstein zu einer offenen und partizipativen Kommunikationskultur im Projekt zu betrachten.

Sollten beide Maßnahmen, der Communication Thermostat und das optimierte Feedback nicht zum Einsatz gekommen sein, und es hat sich bereits die erste Krise im Projekt angebahnt, dann können zwei Werkzeuge weiterhelfen, die im folgenden beschrieben werden, der Virtuelle Devil's Advocat und ein komplexer Krisenbewältigungsprozess, in den der Virtuelle Devil's Advocat integriert werden kann.

6.2 Deeskalation von Commitment zur Projekthalbzeit

Die konfliktäre Kommunikationskultur zwischen Vorstand und Projektleiter sowie dessen geframte Informationen leiteten die Gruppenmitglieder an, das von ihnen bereits früh erkannte Problem des Spiels nicht zu thematisieren und sich mit den Vorgaben des Projektleiters unhinterfragt zu solidarisieren. Dies führte zu einer eklatanten Differenz in der Wahrnehmung des Problems zwischen den Gruppenmitgliedern und dem räumlich-kontextuell getrennt spielenden Vorstand. Beispielhaft sei Gruppe 1 vom 15.10.1997 erwähnt: Während der Projektleiter und einer der Mitarbeiter angaben, das Problem bereits in der dritten, und ein weiterer Mitarbeiter, in der vierten Runde erkannt zu haben, gelang dies dem Vorstand erst in der neunten Runde, eine Runde vor Spielende. Der Gruppe war es gelungen, das Problem bis zu dem Zeitpunkt unter der Decke zu halten, wo andere Gruppen längst über den Spielabbruch diskutierten. In der Diskussion im Zwischenbericht unterbreitete der Projektleiter dem Vorstand per Email einen Vorschlag zur weiteren Vorgehensweise, zu dem sich die Projektteilnehmer, die Einblicksmöglichkeit hatten, aber nicht äußerten.

PL: wir bleiben bei 3 ok {#24, 14.10.1997, 10:54}
V: Bin ich auch dafür {#25, 14.10.1997, 10:57}

Projektleiter und Vorstand waren sich so schnell einig, weil der Vorstand nicht verstand, nach welchen Regeln die Gruppe spielt, und der Projektleiter es schätzte ausserhalb der Kontrolle des Vorstands agieren zu können. Vollkommen konträr verlief die Sitzung bei Gruppe 2 vom 2.3.1998, die in einen sehr produktiven Diskurs über verschiedene Strategien verfiel, mit der man der Krise begegnen könne. Dass zu diesem Zeitpunkt die Krise als solches erkannt war, lässt sich an der Eröffnung der Sitzung durch die Mitarbeiter feststellen:

PL: wir sollten das Sachgebiet beibehalten, die anderen Gebiete sind genauso Dooooof!
M1: Die Fragen sind unlösbar, z.T. nur durch Zufall beantwortbar.... Der anderen Gruppe geht es genauso.....
M2: ich denke, dass sich die Sachgebiete nichts geben und nehmen (Not oder Elend)
M3: Stimmt es lohnt sich nicht 100 Punkte auszugeben, wenn wir damit in den negativen Bereich kommen und die Fragen nicht leichter werden.
V: Wie sieht es aus, wir haben erst ein Hölzchen und benötigen 3, um die Knobelaufgabe zu lösen. Schaffen wir das????

Will der Genredesigner ein Werkzeug entwickeln, um einen zu starken Konsens in der Gruppe zu nur einer Alternative in Frage zu stellen, so legt die Literatur verschiedene Lösungsmöglichkeiten nahe:

- Experten, die nicht Mitglied der entscheidenden Gruppe sind, sollten periodisch eingeladen werden, um ihre Meinungen und Kritik zu dem Plan zu äußern.

- Der Vorgesetzte sollte unvoreingenommen sein, die Gruppenmitglieder zu offener Diskussion anzuhalten und seine eigene Meinung erst dann kundtun, wenn sich alle anderen Gruppenmitglieder geäußert haben.

- Auch wenn Entscheidungen notwendig stressreich sind und meistens unter Zeitdruck gefällt werden müssen, ist die Reservierung von ausreichend Zeit – z.B. um eine weitere Entscheidungssitzung (second-chance meetings) anberaumen zu können – von grosser Bedeutung. Diese zweiten Sitzungen sollten gegenüber den ersten in einer entspannten Atmosphäre stattfinden. JANIS verweist auf ein Entscheidungsritual der antiken Perser. Diese fassten alle wichtigen Entscheidungen zweimal: einmal nüchtern und beim zweiten Mal, nachdem sie getrunken hatten. (Fischer/Wiswede,2002, 618):

Eine Technik, die mit der ersten Lösungsmöglichkeit eng verbunden ist, ist die Devil's Advocacy. Sie stellt die in der Sozialpsychologie am häufigsten erprobte Sozialtechnologie zur Verhinderung von Escalation of Commitment dar. Ziel, als Genre auf der dialogischen Ebene, ist die Produktion eines strukturierten Konflikts innerhalb der Gruppe. Er hat die Aufgabe, die Einmütigkeit der Gruppenmeinung, die Alternativen nicht zulässt, auf ihre Grundprinzipien und -prämissen zu hinterfragen, um sie aufzubrechen. Wie dies mit Hilfe eines Electronic Meeting Systems vonstatten gehen kann, wird bei der Design-Beschreibung des Virtual Devil's Advocat beschrieben.

6.2.1 Virtual Devil's Advocat

6.2.1.1 Funktion

Der Virtual Devil's Advocat ist das Durchführen der klassischen Virtual-Devil's-Advocacy-Methode mit Hilfe eines Electronic Meeting System. Die Devil's-Advocacy-Methode verbindet strategische Entscheidungen größerer Reichweite mit einem strukturierten und willentlich herbeigeführten Konflikt. Ziel ist, die Prämissen, mit denen Experten ihre Entscheidungsalternativen begründen, in ihren Grundfesten zu hinterfragen, in dem man bewusst entgegengesetzte Entscheidungsalternativen samt Prämissen vorschlägt. Diese Technik hat zur Folge, dass Experten ihre Entscheidungen von den Prämissen kommend

6.2 Deeskalation von Commitment zur Projekthalbzeit

erneut detailliert thematisieren müssen, und Entscheider bei der Übernahme der Entscheidungen vorsichtiger reagieren.

Wird die Gruppen als „Experte" ihres eigenen Projekts angenommen und hat sie die von ihrem Projektleiter verkündete Entscheidung unwidersprochen oder gar euphorisch hingenommen, ohne dass Alternativen überhaupt angesprochen wurden, ist es wichtig, die Ursachen dieser Einmütigkeit zu prüfen. Ist die Einmütigkeit das Ergebnis einer fundierten, rationalen Entscheidung, die keine bessere Alternativen zulässt, oder ist sie das Ergebnis von Gruppenkonformität, gekoppelt mit einer schlechten Kommunikationskultur, die vorhandene Bedenken nicht zulässt?

Um diese Frage zu klären, können drei Techniken eingesetzt werden:

1.) Der Gruppe wird mitgeteilt, dass bei der nächsten Teamsitzung ein anerkannter externer Experte auf dem in ihrem Projekt zu bearbeitenden Fachgebiet teilnimmt. Dieser Experte stellt dann die von der Gruppe beschlossene Entscheidung massiv in Frage. Mit dieser Verhaltensweise kommt die Gruppe in Zugzwang, die getroffene Entscheidung bis auf ihre Prämissen hin offenzulegen. Diese Begründungsnotwendigkeit bringt die von vielen vermisste Klarheit in die Entscheidungssituation. Den Entscheidern wird damit deutlich, von welchen Faktoren und Regeln die Situation, in der entschieden werden muss, wirklich abhängig ist. Die zuvor empfundene Unsicherheit der Situation, auf der die Kompensationsreaktion des Commitments zur Entscheidung basiert, lichtet sich, der Kopf wird frei für neue Alternativen. Viele Feldstudien belegen,[47] dass ein strukturiert geführter Konflikt mittels Devil's Advocat in Entscheidungssituationen die Tendenz zu Escalating of Commitment reduziert (Schwenk 1988).

2.) Die gleiche Wirkung wie die Einladung eines Experten, der die Meinung der Gruppe hinterfragt, hat auch die umgekehrte Vorgehensweise. Dabei geht der Experte in Vorlage und stellt die seiner Meinung nach beste Alternative vor, die konträr zur bevorzugten der Gruppe ist. Durch die Prüfung der Expertenmeinung durch die Gruppe und dem sich daraus entstehenden Dialog, in dem der Experte konsequent versucht, die Gruppenmeinung zu widerlegen, entwickeln sich ebenfalls Freiheitsgrade für alternaive Lösungen, die von allen ursprünglich thematisierten abweichen können. Diese Vorgehensweise wurde nach zahlreichen **Laborexperimenten von Schwenk** favorisiert, da sie vor einem Extremphänomen schützt, **dass in der ersten** Vorgehensweise auftreten kann: die schnelle, unreflektierte Übernahme der Expertenmeinung durch die Gruppe mit neuerlichem „blinden Gehorsam" zum Vorschlag des Experten. Ein solcher Wandel, weg von der eigenen und hin zur Expertenmeinung, ist in Extremsituationen nicht unüblich, da die Etikettierung des

---

[47] "Many field studies and laboratory experiments have shown that the structured conflict introduced by Devil's Advocacy improves decision making in a wide variety of problems (Mason&Mitroff, 1981). Researchers have suggested that the assumption questioning induced by structured conflict may reduce decision makers'.tendencies toward escalating commitment (Schwenk, 1985; Schwenk&Thomas, 1983). Tjosvold (1985) cites laboratory experiments which demonstrate that conflict in decision making can result in greater open-mindedness and incorporation of opposing views (p.23). This suggests that it could reduce the rigid assumptions which may accompany escalating commitment." (Schwenk 1988,770).

Externen als „Spezialisten" der Gruppe eine falsche „Sicherheit" signalisiert, wenn sie sich in der schwierigen Situation dem anschließt.

3.) Sollte der Effekt eintreten, dass eine Gruppe trotz eines Devil's Advocat nicht von ihrem Gruppendenken abzubringen ist, kann eine weitere Technik, die der Solidarisierung zur starken Minorität, zum Einsatz gebracht werden (Moscovici, 1980). Sie besagt, dass ein Einzelner in einer Gruppe ganz selten in der Lage ist, eine Meinungsänderung hervorzurufen. Seine Chancen steigen exponentiell, wenn er ein zweites Gruppenmitglied findet, dass sich seiner Meinung anschließt und diese offen vertritt. Entscheidungsalternativen haben eine Chance auf Umsetzung, wenn sie von einer starken Minderheit offen und stringent vertreten werden (Fischer/Wiswede, 1997, 537).

Die Erfahrung zur Meinungsbildung in unseren Versuchsgruppen sowie die Technik der devil's advocacy respektive und die Solidarisierung zur starken Minderheit gingen in das Werkzeugkonzept des Virtual Devil's Advocat (Abbildung 36) ein.

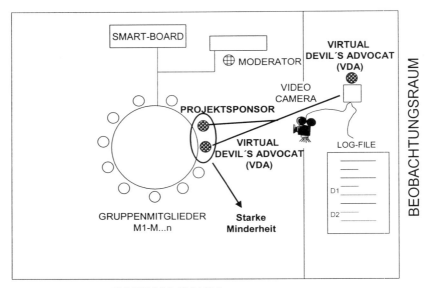

Abbildung 36: Design und Einsatzszenario für den Virtual Devil's Advocat

Der Designvorschlag des Virtual Devil's Advocat geht von der Situation aus, dass der Sponsor eines Projekts eine Entscheidung über die Fortführung und damit über weitere Investitionen zu treffen hat, und der mit der Ausarbeitung eines Beschlussantrages beauftragte Projektmanager nur die Entscheidungsalternative „Weitermachen wie bisher" ausarbeitet. Dies macht den Projektsponsor misstrauisch, zumal der von ihm im Vorfeld eingesetzte

Communication Thermostat mehrmals Verdacht auf starke Konflikte im Projektteam meldete. Er entschließt sich, zu prüfen, ob die Entscheidung der Projektgruppe das Resultat einer rational abgewogenen Entscheidungsfindung zwischen Alternativen ist, oder ob sie auf einer tiefen Unsicherheit beruht, in der sich die Gruppe an das klammert, was sie kennt, die bisherige Vorgehensweise.

Zu diesem Zweck beruft der Projektsponsor eine elektronische Projektsitzung ein, in der Projektstatus sowie weitere Vorgehensweise diskutiert werden. Die Diskussion findet mit Hilfe eines EMS und in anonymer Form statt, so dass sich jedes Gruppenmitglied beteiligen kann, ohne für eine Gegenmeinung zur Gruppe sanktioniert zu werden. Tritt bei dieser Diskussion ein Dialog in der Form auf, dass der Projektmanager empfiehlt, weiterzumachen wie bisher, und alle Mitarbeiter in kurzen bestätigenden Kommentaren zustimmen, kommt der Virtual Devil's Advocat zum Einsatz. Dieser ist Experte auf dem Fachgebiet des Projekts; er wird nicht als Teilnehmer der Runde identifiziert und vertritt eine dem Projektmanager konträre Meinung. Im Electronic Meeting Room ist eine WebCam installiert, so dass der Virtual Devil's Advocat Phasen höherer Tipp-Aktivität für die Eingabe seiner Statements nutzen kann – der Verdacht über die Urheberschaft der Statements fällt auf ein Gruppenmitglied oder den Projektsponsor. Nach der Äußerung des Virtual Devil's Advocat (kurz VDA) pflichtet der Projektsponsor diesem mit Statements wie „das sehe ich genauso" und unterstützenden Argumenten bei. Die Solidarisierung zur starken Minderheit wird vollzogen. Die Gruppe muss auf Grund der verdeckten Beteiligung des Experten und der Zustimmung des Projektsponsors davon ausgehen, dass einer der ihren die Auffassung des Projektsponsors teilt. Der Druck zur offenen Diskussion um die Sinnhaftigkeit der Entscheidung und deren Prämissen erhöht sich durch die scheinbare Solidarisierung eines Gruppenmitglieds mit dem Geldgeber immens.

Mit einer derartigen Intervention im Diskussionsprozess lässt sich eine starke Polarisierung der Gruppe und eine kontroverse Diskussion erreichen. Um diese weiter zu verstärken, kann sich der VDA den in den Experimenten erhobenen Genrerepertoires auf der Mikroebene (Dopplung, Großbuchstaben, ...) bedienen, wie etwa der Provokation, z.B. so :

> „Ihr könnt huuuuundertmal der Überzeugung sein, dass unsere Strategie die BESTE ist, Tatsache aber ist – sie hat bisher nicht ein einziges Mal funktioniert !!!."

Hat sich die erste Empörung über die vermeintlichen Abweichler in der Gruppe gelegt, ist es wichtig, die Diskussion einem strukturierten Moderationsprozess zuzuführen. Dies ist die Aufgabe des Projektsponsors, der die Sitzung einberufen hat.

6.2.1.2 Einsatz

Ob und wie häufig der Virtual Devil's Advocat zum Einsatz kommt, hängt davon ab, ob und wann er enttarnt wird. Die Stimmung der Gruppe kann sich dann sehr schnell gegen den Projektsponsor wenden, und ein bis zu diesem Zeitpunkt vorhandenes Vertrauensverhältnis wäre stark gestört. Im Unterschied zum realen Devil's Advocat arbeitet der Virtual Devil's Advocat verdeckt und diffamiert damit mindestens ein Mitglied der Gruppe als Abweichler, das keiner ist. Dies könnte bei einer Enttarnung des Prinzips ein berechtigtes und dauerhaftes

Misstrauen der Projektmitarbeiter zur Folge haben. Dies stellt ein echtes Problem und eine Gefahr des Einsatzes dieser Methode dar.

Neben dieser Gefahr steckt eine noch größere Chance im Einsatz des Virtual Devil's Advocat: die Etablierung einer dauerhaft hochwertigen, partizipativen Diskussionskultur im Projekt. Womöglich könnte es mit ein oder zwei auf diese Art initiierten Projektsitzungen gelingen, kritische Diskussionen mit einer emanzipatorischen Wirkung auf bisher eher unterdrückte Meinungen einzuleiten.

Sicher bedarf es weiterer Evaluierungsarbeit in Experimentalgruppen. Allerdings ist zu bedenken, welche Vorteile eine offene Diskussion in konfliktären Situationen bringt, was es bedeuten kann, eine Gruppe vor einem von außen erkennbaren Fehlschlag zu bewahren und ihre bereits getroffene Entscheidung in Frage zu stellen bzw. dies nicht zu tun. In den eingangs geschilderten Fallstudien wäre es positiv gewesen, wenn die Projektgruppenmitglieder, angeregt durch einen Virtual Devil's Advocat, alle ihre Zweifel und Bedenken vor Projektbeginn und der Flucht in die operative Arbeit hätten aussprechen können. In allen Fallstudien wären wichtige Argumente zum Tragen gekommen:

- <u>Fallstudie A:</u> Wir haben nicht das Know-how, um ein Projekt dieser Größe mit einem viel zu niedrigen Budget und ohne Kenntnisse der Plattform für einen Kunden zu bewältigen, der nicht genau weiß, was er will, und befürchten lässt, ständig Nachforderungen zu stellen.

- <u>Fallstudie B:</u> Wir haben für die Entwicklung keine Situation der Partnerschaft, sondern der Konkurrenz, bei der wir benachteiligt sind, da unsere Projektmittel vom Konkurrenten zugeteilt werden und unser Erfolg gleichzeitig von deren Vorarbeiten abhängt.

- <u>Fallstudie C:</u> Wir sollten aus dem Projekt aussteigen, da wir für folgende Probleme keine Antwort haben: a) wir haben (momentan?) keinen Programmierer mehr, b) der Projektpreis wurde in Unkenntnis dessen, was zu implementieren ist, festgelegt und beträgt nur ein Zehntel des jetzt geschätzten Bedarfs, c) zur Umsetzung der Funktionalitäten von Funktions- und Leistungsbeschreibung benötigt der Kunde Technologien, die zu keinem vertretbaren Preis am Markt zu bekommen sind.

Kommt nach Abwägung aller Vor- und Nachteile der Virtual Devil's Advocat zum Einsatz, darf die Gruppe keinesfalls in ihrem Zustand emotionaler Spannung belassen werden. Wichtig ist, die konfliktäre Situation in einen Krisenbewältigungsprozess zu überführen, der im folgenden näher beschrieben wird.

6.2.2 Optimaler Krisenbewältigungsprozess

Am Beispiel von Gruppe 2 vom 2.3.1998 oder der Gruppe 1 vom 16.5.1997 ließen sich auf der Ebene der kommunikativen Handlungen „Ethnomethoden" strukturierter Konfliktbewältigung analysieren, die für den Erfolg der Sitzungen maßgeblich waren. Dies waren der Reihenfolge nach kommunikative Handlungen:

1.)   Vorschlag unterschiedlicher alternativer Strategien

6.2 Deeskalation von Commitment zur Projekthalbzeit

2.) Provokatives Hinterfragen unterschiedlicher Strategien
3.) Operationalisierung der Strategien in Handlungsabfolgen
4.) Abstimmung über alternative Handlungsabfolgen mit namentlicher Unterschrift
5.) Setzen eines Ultimatums, zu dem bestimmte Handlungsabfolgen umgesetzt sein müssen
6.) Aufforderung des Vorstandes an die Mitglieder zur erhöhten Wachsamkeit

Wie dabei die Diskussionsmoderation aussah, zeigte die Reaktion des Vorstands von EG3: Er stieß im Zwischenbericht auf die kontrovers geäußerten Meinungen zur Gruppensituation: ein Spieler wollte das Spiel sofort abbrechen und beenden, (Strategie A). Ein anderer Spieler wollte auf das leichteste Knobelspiel wechseln, weil er sich noch ein positives Punktekonto versprach (Strategie B). Mit dem provokativen Hinweis, dass die Gruppe bisher nicht erfolgreich war und nichts für weitere Erfolge sprach, stellte der Vorstand die Strategie B in Frage. Nach der Diskussion dieses Einwandes schlug ein dritter Spieler vor, bei der Schwierigkeitsstufe zu bleiben, ohne Strafpunkte zu zahlen, und ggf. das Spiel in Runde 9 abzubrechen (Strategie C). Dieser Kompromiss zwischen den genannten Vorschlägen „Spielabbruch" und „Weitermachen mit leichterem Schwierigkeitsgrad" war von der Form her als Handlungsempfehlung mit Begründung und Limit formuliert. Der Vorstand gab diesen Vorschlag zur Abstimmung frei. Durch Zögern im Abstimmungsverhalten wurden wiederum Zweifel deutlich, die der Vorstand ernst nahm, und mit der Aufforderung zur Wachsamkeit und Prüfung der Strategie nach jeder Fragerunde die ganze Gruppe motivierte.

Die wichtigste Erkenntnis für die beiden „Lager" aus der offenen Diskussion war das Kennenlernen der Prämissen der jeweils anderen Position. Dies führte dazu, dass nach zwei weiteren verlorenen Hauptrunden das Lager der Spielbereiten voll hinter der Strategie des kontrollierten Abbruchs (Strategie C) stand. Als der Vorstand dennoch bis zum Ende der 8. Runde zögerte, befahl er gar dem Vorstand den sofortigen Abbruch. Eine ähnlich offene Diskussion verschiedener Strategien konnte auch bei EG1 beobachtet werden, die gleichsam erfolgreich das Spiel abbrach.

Der Gebrauch unterschiedlicher Genres zur Kanalisierung kontroverser Diskussionen zu durchführbaren und abgestimmten Strategien beschreibt den ethnomethodologisch bewährten Krisenbewältigungsprozess im Sinne einer außenstrukturell betrachteten Genreaggregation. Diese Genreaggregation mittels EMS zu unterstützen, ist Vorgabe für das Design des neuen Genres Krisenbewältigungssitzung.

6.2.2.1 Implementierung

Wie lässt sich ein Krisenbewältigungsprozess in das Design einer elektronischen Sitzung implementieren? Eine Möglichkeit, die Abfolge kommunikativer Handlungen in Sitzungen zu bestimmen, ist das Agenda-Setting. Es kann zur Deeskalation von Commitment verwendet werden, da mit einer Agenda der Genrerahmen kommunikativen Handelns vorentworfen werden kann. Den Genrerahmen zur Deeskalation bildet auf der außenstrukturellen Ebene bildet der bereits beschriebene Optimierte Krisenbewältigungsprozess mit seinen einzelnen Schritten. Abbildung 37 veranschaulicht, wie diese Genres mittels der Agenda-Funktion von Group Systems for Windows 1.1e für die Diskussion einer krisenhaften Situation im Projekt exemplarisch eingesetzt werden kann. Die nachfolgenden Erläuterungen beziehen sich insbesondere auf den Kontext von DV-Projekten.

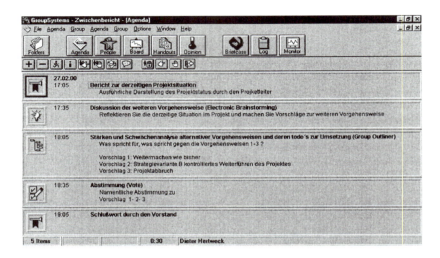

Abbildung 37: Implementierte Agenda eines optimalen Krisenbewältigungsprozesses in Group Systems

6.2.2.1.1 TO 1: Projektstatusbericht des Projektleiters.

Hier wird der Projektleiter aufgefordert, über den derzeitigen Status des Projekts zu berichten. Entsprechend der Regeln des von uns aufgestellten, qualitativ guten Feedbacks sollte der Bericht des Projektleiters die wesentlichen Kennzahlen des Projekts, offen legen, wie:

- Kostenverbräuche
- Anzahl bereits umgesetzter Systemfunktionalitäten (gekennzeichnet nach Priorität)
- Fehlerkennzahl des Systems aus dem Integrationstest
- Liste der vier größten Projektrisiken mit Vorschlägen zu Kompensationsstrategien

Befindet sich das Projekt in einer Krise, können zwei Szenarien auftreten:

A) Der Projektleiter berichtet dem Vorstand offen über den Status, schildert die vorhandenen Krisenphänomene und benennt die daraus ableitbaren Risiken für das Projekt.

B) Der Projektleiter beschreibt den Projektstatus wesentlich positiver, als aus den berichteten Zahlen erkennbar. Er gibt zu, dass man momentan mit Widrigkeiten zu kämpfen hat (ohne diese konkret zu benennen), diese jedoch – wie in der Vergangenheit (mit Rekurs auf einen frühen Erfolg) auch – in den Griff bekommen werde.

6.2 Deeskalation von Commitment zur Projekthalbzeit

Bei diesem Projektstatusbericht muss der Vorstand hellhörig werden. Wenn bei der Diskussion mit der Gruppe der Eindruck entsteht, dass diese voll hinter den Ausführungen des Projektleiters steht, obwohl diese Haltung nicht mit Zahlen zu stützen ist, sollte der Vorstand die Hypothese aufstellen, es handle sich bei der ihm dargebotenen Kommunikationskultur um ein beobachtbares Symptom von Escalation of Commitment. Er sollte dann zu Punkt 2, der Diskussion der weiteren Vorgehensweise – im Schutze der Anonymität und mit Hilfe des Virtual Devil's Advocat – übergehen.

6.2.2.1.2 TO 2: Weiteres Vorgehen – Anonymes Electronic Brainstorming

Mit Hilfe des elektronischen Brainstormings der Group Systems Software (Abbildung 38) erhalten alle anwesenden Projektmitarbeiter die Möglichkeit, mit Vorstand und Projektleiter zusammen eine anonyme elektronische Diskussion durchzuführen. Auf das log-in mit einem Usernamen wird deshalb verzichtet (s. auch rechte Seite der Abbildung, hinter den Kommentaren sind keine Absender zu erkennen).

Nach der Eingabe der ersten Kommentare durch die Mitglieder des Projektteams kommt der elektronische Devil's Advocat zum Einsatz, der eine den Projektmitgliedern vollkommen konträre Meinung in die Diskussion einbringt. Der Vorstand solidarisiert sich sofort mit dieser Meinung, um kurz später einen Gegenvorschlag, den sofortigen Projektabbruch, zu lancieren, den der Devil's Advocat umgehend unterstützt. Im besten Falle werden drei Strategieversionen in die Diskussion gebracht, der Vorschlag der Projektgruppe (weiterzumachen wie bisher) und die beiden vom Virtual Devil's Advocat lancierten oder bestätigten Vorschläge (Weiterführung des Projekts unter anderen Rahmenbedingungen bzw. sofortiger Abbruch des Projekts).

234   6 Designvorschlag für Deeskalationswerkzeuge

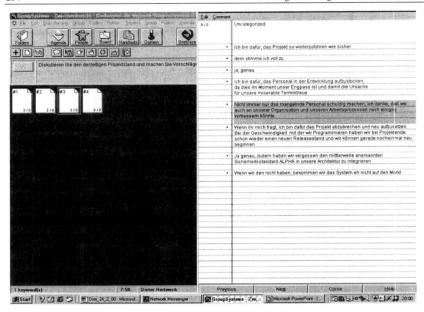

Abbildung 38: In Group Systems implementiertes anonymes Brainstorming

Der die Sitzung einberufende Vorstand oder ein von ihm bestellter Moderator sollte die vorgeschlagenen Alternativen nochmals mündlich ausführen, ohne dabei eine Präferenz für eine der Alternativen erkennen zu lassen. Er leitet im Anschluss an diese Schilderung zu Tagesordnungspunkt drei über, der Diskussion von Stärken und Schwächen der zuvor diskutierten Alternativen.

6.2.2.1.3 TO 3 Stärken und Schwächen der Alternativen

Er gibt diese Alternativen in den Group Outliner des EMS Group System ein und bittet die Projektgruppenmitglieder, die Vor- und Nachteile aller Strategiealternativen unter dieselben einzutragen (Abbildung 39). Dabei fordert er mündlich erneut dazu auf, dass sich jeder Projektmitarbeiter zu allen Alternativen Gedanken machen soll, auch wenn er die eine oder andere ganz ausgeschlossen hätte.

6.2 Deeskalation von Commitment zur Projekthalbzeit

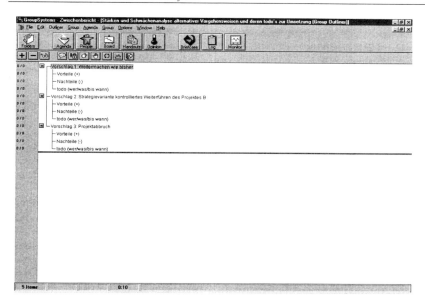

Abbildung 39: In Group Systems implementierte Stärken- und Schwächenanalyse verschiedener Alternativen

Bei der Diskussion von Vor- und Nachteilen verschiedener Alternativen fördert der Moderator die Partizipation in der Diskussion, indem er die zuvor im Brainstorming angefallenen Argumente erneut aufgreift und anonym der Gliederung zuordnet. Bei diskussionswürdigen Statements von Gruppenmitgliedern kann er einen Kommentar wie „das ist auch nur Deine persönliche Meinung" an das Argument anhängen. Spätestens jetzt ist der Zeitpunkt gekommen, an dem der Moderator wieder mündliche Diskussionen zulassen sollte. Die Schwachstellenanalyse wird in dieser Phase von einer mündlichen Diskussion belebt, weil jetzt alle Argumente ausgetauscht wurden, und die Protagonisten der einen oder anderen Alternative Gelegenheit haben, ein Plädoyer für ihren Lösungsvorschlag zu halten. Dass der Vorschlag zum Projektabbruch oder zur Alternativstrategie kein Vorschlag aus der Runde der Teilnehmer war, wird zu dem Zeitpunkt nicht mehr auffallen. Sind unter Abwägung aller Argumente die Stärken und Schwächen der drei Lösungsstrategien diskutiert worden, sollte zur Operationalisierung der Strategien übergegangen.

Bevor es zur endgültigen Entscheidung über die Strategie kommt, sollte diese auf die Ebene von Triggern und zuordenbaren Tasks heruntergebrochen werden. Unter Triggern sollen dabei Ereignisse verstanden werden, die die Anwendung der einen oder anderen Strategie als sinnvoll werden lassen. Unter zuordenbaren Tasks sollen beschreibbare Tätigkeiten verstanden werden, die von benennbaren Personen zu benennbaren Zeitpunkten abgearbeitet sein müssen, damit die zuvor definierte Strategie in die Praxis umgesetzt werden kann. In einem DV-Projekt könnte dies bedeuten, dass ein Systemsubmodul, das ursprünglich objektorientiert programmiert werden sollte (Innovation), traditionell strukturiert programmiert wird, wenn durch die objektorientierte Programmierung das Modul nicht bis zum Zeitpunkt X stabil und performant in das Gesamtsystem integriert werden kann, und wenn zur Umsetzung der Pflichten des Kunden eine objektorientierte Programmierung nicht zwingend notwendig ist.

Was vom Moderator in dieser Phase geleistet werden muss, ist die Transformation einer zunächst allgemeinen Strategie in eine konkrete Handlungsweise, oder die Umsetzung der rhetorischen Figur „wer? Was? Bis wann?" Diese Transformation ist wichtig, weil unter zunehmendem Zeitdruck, unter den das Projekt in einer sich zuspitzenden Krise geraten kann, jede Handlung gemäß einer zuvor in Ruhe durchdachten Strategie vorbesprochen sein sollte, um die Strategien der Situation entsprechend schnell wechseln zu können, ohne kostbare Zeit mit der Umsetzung derselben zu verlieren.

Die Struktur zur Benennung und Terminierung der Tasks kann ebenfalls im Group Outliner von Group Systems angelegt werden (s.o.). Sind alle strategischen Alternativen diskutiert und mittels einer Taskliste operationalisiert, geht es in Punkt vier der Agenda darum, über die zuvor umfangreich diskutierten Strategien abzustimmen und eine von der Gruppe getragene Mehrheitsentscheidung herbeizuführen.

6.2.2.1.4 TO 4: Abstimmung über die weitere Vorgehensweise

Eine Mehrheitsentscheidung zu diesem Zeitpunkt ist wichtig, weil eine Strategieänderung und die damit meist verbundene Mehrarbeit ein Höchstmaß an Commitment bei allen Beteiligten fordert. Dieses Commitment lässt sich nur durch eine namentliche Abstimmung erreichen. D.h. die Mitglieder sollen sich offen zu der von ihnen präferierten Strategievariante bekennen, um bei der Ausführung zuvor beschlossener Tasks und unter hohem Druck an ihre Wahl erinnert werden zu können. Zu diesem Zweck transformiert der Moderator die zuvor im Group Outliner gehaltene Diskussion in eine Abstimmung (Abbildung 40). Dabei werden den Mitgliedern die Alternativen zur Wahl gegeben. Zusätzlich können sie sich vor der Stimmabgabe durch Anklicken der einzelnen Alternativen die Historie der Diskussion und die Pro- und Contra-Argumente anzeigen lassen.

Als Abstimmungswerkzeug bietet sich eine 10-Punkte-Skala wie in der Abbildung unten an (10P – vollste Zustimmung, 1P –absolute Ablehnung), mit der ein gut skalierter Wert für das tatsächliche Commitment der Lösungen sichtbar wird.

6.2 Deeskalation von Commitment zur Projekthalbzeit

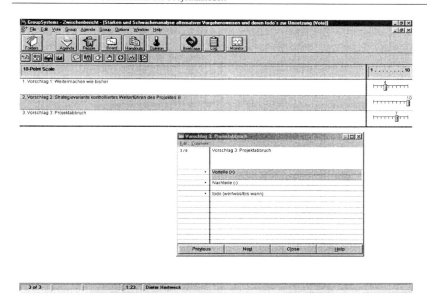

Abbildung 40: In Group Systems implementiertes Electronic Voting

Als Ergebnis kann am Rang des Vorschlags abgelesen werden, welche der drei Alternativen mit welchem Abstand (Maß des Mittelwertes) für die weitere Projektlaufzeit bevorzugt wird. Ferner kann an der Standardabweichung die Breite des Commitments für diesen Vorschlag in der Gruppe erhoben werden. Ist die Standardabweichung wie bei der am besten bewerteten Alternative (Vorschlag zwei) „0,00", bedeutet dies, dass alle Mitarbeiter im Raum der Meinung waren, dass eine Fortsetzung des Projekts unter grundsätzlich anderen Voraussetzungen die beste Lösung sei.

Die am zweitbesten bewertete Alternative, ein sofortiger und dauerhafter Abbruch des Projekts (Vorschlag drei), erreichte immerhin Rang zwei bei der Abstimmung, allerdings mit einer relativ hohen Standardabweichung von „2,0". Das bedeutet, dass es im Raum eine größere Anzahl von Projektmitarbeitern gibt, die einen Abbruch fast gleichwertig bewerten wie ein Weitermachen unter neuen Bedingungen; allerdings gibt es auch eine gleichgroße Anzahl an Mitarbeitern, die die Alternative des Abbruchs gänzlich ablehnen.

Der am niedrigsten bewertete Vorschlag eins, „Weitermachen wie bisher", hat eine mittlere Standardabweichung, da ihn wenige Mitarbeiter als mittelmäßig gute und viele als schlechte Entscheidung betrachten.

Das Abstimmungsergebnis (Abbildung 41) favorisiert deutlich Strategie zwei, die Fortführung des Projekts unter gänzlich neuen Rahmenbedingungen, zeigt aber auch, dass es einige Mitglieder in der Projektgruppe gibt, die zu einem sofortigen Abbruch tendieren. Vorschlag 3, eine Fortführung des Projekts wie bisher, wird von niemandem ernsthaft in Erwägung gezogen.

Abbildung 41: Analyse der Abstimmungsergebnisse der Alternativen in Group Systems

6.2.2.1.5 To 5: Schlusswort durch den Vorstand

Was nach der Diskussion und der Abstimmung der besten Alternative nicht vergessen werden sollte, ist das Schlusswort des Projektsponsors. Zum Schluss sollte der Vorstand sich für die rege und vor allem offene Diskussion bedanken und dazu aufrufen, den gemeinsam beschlossenen neuen Weg im Projekt einzuschlagen. Mit einem solchen Aufruf sollte die Forderung verbunden sein, die kontextuellen Rahmenbedingungen des Projekts weiterhin kritisch im Auge zu behalten, um die in der Unübersichtlichkeit der Situation erscheinenden Trigger zu erkennen.

Rein pragmatisch sollte der Vorstand auf keinen Fall versäumen, einen Termin für die nächste Sitzung festzulegen, auf der die bis dort gesammelten Erfahrungen mit der beschlossenen Vorgehensweise im Sinne einer Projektevaluation abgeglichen werden.

6.2.2.2 Bewertung

Ein optimaler Krisenbewältigungsprozess setzt sich als Eskalationsethnomethode aus unterschiedlichen Genre zusammen, die vor allem in Sitzungen gut zum Einsatz gebracht werden können. Ziel solcher Sitzungen sollte es sein, den bisherigen Kurs des Projekts ernsthaft in Frage zu stellen und offen über mögliche Alternativen zu diskutieren. Die Operationalisierung dieser Alternativen in einem nächsten Schritt sollte die Grundlage für eine Verifizierungsphase bilden. In der Verifizierungsphase wird mittels namentlicher Abstimmung ein öffentliches Commitment der Gruppenteilnehmer zur beschlossenen Lösung abverlangt, ohne die beschlossene Lösung als die einzig mögliche zu benennen.

Diese Mischung aus Commitment und Flexibilität wird erreicht, indem man das Einhalten der beschlossenen Alternativen an Rahmen- und Umgebungsbedingungen knüpft und gelobt, die Alternative immer dann zu hinterfragen, wenn diese Rahmenbedingungen nicht eintreten. So eingeführt, fördert die Aufforderung des Senior Managers zur Wachsamkeit gegenüber dem neuerlich beschlossenen Plan, ein hohes Maß an Aufmerksamkeit für Veränderungen der Umwelt.

Daß sich ein solcher Prozess ohne großen Aufwand in einem EMS-System wie Group Systems for Windows implementieren lässt, konnte in Kapitel 6.2.2.1 gezeigt werden.

Überträgt man die kommunikativen Genre zur Bewältigung einer Krisensituation in das Umfeld von auf Grund von Commitment eskalierender DV-Projekte, so eröffnen sich für den praxisrelevanten Gebrauch von EMS-Systemen neue Perspektiven.

6.3 Deeskalation von Commitment zum Projektende

Befindet sich eine Projektgruppe im Commitmentzyklus, wird es für sie immer schwieriger, sich vom bisherigen Kurs zu lösen. Reagiert der Vorstand auf ein negatives Feedback beleidigt, fühlt sich der Projektleiter in seiner Entscheidungssituation zusätzlich verunsichert. Trifft der Vorstand zudem eine hochriskante (falsche) Entscheidung, da er einen Abbruch nicht in Betracht zieht, wird der verunsicherte Projektleiter diese eher bekräftigen und die später die Scheiternsmeldung verzögern, wie in EG4 im Auswertungskapitel beschrieben. Ein wesentliches Merkmal eskalierender Situationen ist deren zunehmende Unübersichtlichkeit und Dynamik, in der Commitment zum bisherigen Kurs (Variante A) bzw. eskalierendes Commitment durch weitere Investitionen (Variante B) eine Art „Notanker" zu sein scheinen. Dieser Schein trügt die Entscheider und vermittelt ihnen keine Erkenntnis über die dem Projekt zugrundeliegende „Falle". Diese Falle zu erkennen, auszusprechen und offen zu diskutieren, ist die zu erbringende Leistung der Projektgruppe.

Dies wird ihr umso besser gelingen, je früher sie eine offene Kommunikationskultur pflegt. Hat der Zyklus der Eskalation an Dynamik gewonnen, gibt es zahlreiche Verstärker, die diese Dynamik weiter vorantreiben. Wesentliche Treiber sind die bisher verursachten Projektkosten, die bei entsprechender Öffentlichkeit dem Ansehen des Projektsponsors in der Organisation schaden. Der dadurch auf den Projektsponsor entstehende Druck, eine Lösung für das Problemprojekt zu finden, ist ein weiterer Treiber. In dieser Situation kann der Projektsponsor zwei Dinge tun:

1.) er kann augenblicklich die Notbremse ziehen, d.h.

   a) den Projektmanager austauschen und den neuen damit beauftragen, einen internen Review des Projekts durchzuführen, bevor er weitere Schritte unternimmt,

   b) den sofortigen Stop des Projekts mit einem anschließenden Projektreview durch einen externen Fachmann (z.B. die Qualitätssicherung) anordnen,

   c) einen dauerhaften Abbruch des Projekts anordnen, oder aber er kann

2.) sich weiter für das Projekt engagieren,

   a) indem er es zu einem strategisch wichtigen Projekt für die Organisation erklärt
   b) weitere Mittel und sein bestes Personal in die Fortführung investiert.

Die zweite genannte Variante wird er umso wahrscheinlicher wählen, je weniger er die projektimmanente Problematik kennt, je mehr finanzieller Mittel ihm zur Verfügung stehen (was übrigens auch ein Ergebnis unserer Laborversuche war), und je größer der Druck von Extern auf seine Person/Organisation wird. Diese Varianten werden den Commitmentzyklus auf alle Fälle beschleunigen und intensivieren.

Entscheidungssituationen in eskalierenden Situationen kennzeichnen sich dadurch, dass:

- in immer schnelleren Zyklen Entscheidungen verlangt werden,
- die Ausgaben für die Fortführung des Projekts immens zu steigen beginnen,
- sich am Projektfortschritt nichts ändert,
- jede neue Entscheidungssituation ein höheres Maß an Unübersichtlichkeit und Unsicherheit der Perspektiven mit sich bringt.

Klassisches Beispiel für einen solchen Zyklus war Fallstudie B, bei der das Projekt und die gesamte Organisation von außen massiv in Frage gestellt wurden, als die Dimensionen der Konsequenzen des Scheiterns absehbar wurden. Und obwohl der Vorstand anderthalb Jahre vor Projektende die projektinhärente Problematik erkannt hatte, war er nicht konsequent genug, das Projekt für gescheitert zu erklären. Unter großem äußeren Druck wurde der Projektleiter ausgewechselt und mit hohem finanziellen Aufwand neue Mitarbeiter eingestellt. Anstelle des alten Projektleiters wurde der beste Techniker des Hauses mit dem Projekt betraut (der damit für gewinnbringende Projekte ausfiel). Was nicht erfolgte, war der offizielle Projektstop mit Projektreview und den notwendigen Änderungen im Kooperations- und Projektvertrag. Die Konsequenz war eine Weiterführung alter Routinen auf höherem Kostenniveau bis kurz vor den Ruin der Organisation. Der über die Jahre im Projekt tätige Projektleiterassistent begründet dieses Phänomen mit ausreichenden Finanzmitteln: „Aus heutiger Sicht wird mir oft nicht klar, wie so etwas überhaupt passieren konnte, aber damals waren die Kassen noch voller."

Insgesamt betrachtet bleibt als einzig adäquate Deeskalationsmaßnahme in der Schlussphase der Abbruch des Projekts zu empfehlen, ganz gleich, von wem er vorgenommen werden kann und muss. Ist ein Abbruch aus dem Projekt heraus nicht möglich, sollte er von der Qualitätssicherungsabteilung oder von einem externen Reviewer (s. auch Taurus-Projekt) im Auftrag des Senior Managements vorgenommen werden. Ob das Projekt nach einem Review und der Diskussion aller Beteiligten eine Fortsetzung unter anderen Prämissen erfährt oder nicht, ist dabei eher zweitrangig.

6.4 Einordnung der Werkzeuge und Maßnahmen in die Deeskalationsliteratur

Nahezu alle Deeskalationsmethoden lassen sich in den hier untersuchten Fallstudien und dem qualitativen Experiment wiederfinden. Was dieser deskriptiven Sammlung von Techniken durch diese Arbeit hinzugefügt werden konnte, war der zeitliche Kontext, in dem sie in Projektverläufen zum Einsatz kommen. Mit dieser Arbeit konnte aufgezeigt werden, dass Escalation of Commitment das Produkt eines Zeitverlaufs ist, in dem viele Techniken präventiv eingesetzt werden können, bevor es zur Eskalation kommt und das Projekt von seiner eigenen Dynamik und Kostenspirale ruiniert wird.

Die folgende Tabelle gleicht die Keil'schen Deeskalationsfaktoren mit den in den Fallstudien beobachteten Methoden und im Escalat-Experiment vorgeschlagenen Werkzeugen sowie den weitere Deeskalationsfaktoren stützenden Studien ab, um von ersteren ausgehend die eigenen Ergebnisse zu stützen (Tabelle 25):

Deescalation Factor	Beobachtung in Fallstudie, Experiment	Deeskalationsfaktoren stützende Studien
1. Change in Top Management Support	Steigerung der Awareness durch den Communication Thermostat	Ross/Staw, 1993
2. External Shocks to the organization	Schneller technologischer Fortschritt, lässt zu lange andauernde Entwicklung obsolet werden (s.z.B. Fallstudie B)	Keil, 1995
3. Change in project championship	In Fallstudie A,B,C praktizierte Lösung mit stark kontextabhängigen Erfolgsaussichten	Keil, 1995
4. Organizational tolerance for failure	War ein wesentliches Kennzeichen der Experimentalgruppen, die ihr Spiel abbrachen	Simonson/Staw, 1992
5. Presence of publicly stated resource limits	Von Experimentalgruppen in der Zwischenberichtsphase erfolgreich angewandte Deeskalationsmethode	Brockner/Shaw/Rubin, 1979 Simonson/Staw, 1992 Heath 1995
6. Consideration of alternative uses of funds supporting a project	Wurde in keiner Fallstudie praktiziert und war im Experimentalspiel nur in Form der Abbruchentscheidung angelegt	Northcraft/Neale, 1986 McCain, 1986 Keil et. Al., 1995

Deescalation Factor	Beobachtung in Fallstudie, Experiment	Deeskalationsfaktoren stützende Studien
7. Awareness of problems facing the project	Wurde von Projektabbruchgruppen zu einem extrem frühen Zeitpunkt herbeigeführt	Garland, Sandefur/Rogers, 1990
8. Visibility of project costs	Wurde von Projektabbruchgruppen in besonderer Weise unterstützt, so. z.b. durch regelmässiges feedback, mit expressiver Formatierung an die Vorstände	Brockner, Shaw/Rubin, 1979
9. Clarity of criteria for success and failure	Von Projektabbruchgruppen im Zwischenbericht vorgenommen.Ein wichtiger Schritt im Problembewältigungsprozess	Simonson/Staw, 1992
10. Organizational practices for evaluating decision-makers: processes versus outcome	Wurde in Fallstudie A praktiziert. Externer Projektreviewer, der Abbruch empfahl, wurde zum Projektleiter ernannt; obwohl das Projekt keinen Gewinn mehr abwerfen konnte. Seine Vorgabe das Projekt entsprechend dem Kundenwunsch in einem transparenten Prozess zu beenden wurde honoriert	Simonson/Staw, 1992
11. Regular evaluation of projects	Wurde in allen Fallstudien vernachlässigt. Ein wesentliches Kriterium für den frühen Abbruch in den Experimentalgruppen war die stete Kontrolle des Projektstatus der Gruppe durch den Vorstand und deren offenes feedback	Drummond 1996
12. Separation on responsibility for approving and evaluating	Lediglich in Fallstudie A erfolgreich angewandte Strategie	Barton, Duchon/Dunegan,1989

Tabelle 25: Vergleich der Deeskalationsmethoden aus Keil et. Al. Mit den in dieser Arbeit erhobenen bzw. vorgeschlagenen

Zu 1.: Change in Top Management Support

Ein Wechsel im Top Management Support konnte nach der Problemwahrnehmung durch den Vorstand sowohl in den Experimentalgruppen beobachtet werden („P: Leider kein Hölzchen! V: Penner, ab jetzt online Berichterstattung"), als auch in den Fallstudien A bis C. Besonders offensichtlich war dies in Fallstudie A, wo das Management über ein System für Hochrisikoprojekte verfügte. War ein Projekt dort registriert und hatte ein bestimmtes Risikolevel erreicht, musste es in einen Ausschuss für Risikoprojekte, der vom Top-Management geleitet wurde. Ab diesem Zeitpunkt stand das Projekt in einer höheren Aufmerksamkeitsstufe. Dem Projekt zugrundeliegende immanente Fehler (wie z.B. der zu billige Verkauf durch den Vertriebsvorstand) wurden mittels der Macht des Gremiums nach einem Review behoben.

Zu 2.: External Shocks to the organization

Ein externer Schock für die Organisation ist in den meisten Fällen eine ernsthafte Notbremse für eskalierende Projekte und bedeutet, dass aufgrund eines kapitalen Wandels der

Bedürfnisse am Markt das Projekt nicht mehr gerechtfertigt werden kann und deshalb eingestellt wird. Dies war in Fallstudie B der Fall, wo die Programmentwicklung für Midrange-Systeme noch nicht beendet war, als bereits Unix und Personal Computer auf den Markt drängten. Der direkte externe Schock für die Organisation war der immense Fehlbetrag, der durch das Projekt entstanden war und zeitweise die gesamte Organisation gefährdete.

> *Rönnfeldt: Im Juni 1992 kam es dann mit dem Rechenschaftsbericht von 1991 zum großen politischen Eklat, als die Fehlbeträge der ZD von 1991, die Dank dem PML-2-Projekt im mehrfachen Millionenbereich lagen, öffentlich wurden. Eine Auflösung der ZD wurde zu dieser Zeit in der Presse diskutiert."*

Ob ein externer Schock auf die Organisation aber ein probates Deeskalationsmittel ist, bleibt fraglich, insbesondere weil er nicht willentlich herbeiführbar ist. In diesem Falle sollte von der deeskalierenden Wirkung externer Schocks auf eine Organisation gesprochen werden, die zweifelsohne vorhanden ist.

Zu 3.: Change in project championship

Der Austausch des Projektleiters durch das Top-Management wird in ca. 80 Prozent aller scheiternden Projekten praktiziert. Er soll dazu führen, dass ein neuer Projektleiter, unbelastet von jeder historischen Verantwortung, rationalere Entscheidungen treffen kann. Dabei soll dem Self-Justification-Effekt von Entscheidern, die sich für von außen als negativ bewertete Initialentscheidungen verantwortlich fühlen, entgegengewirkt werden. Ein Austausch kann nach unserer Erfahrung dann als Erfolg gewertet werden, wenn sich im Projekt:

- sehr schnell ein offenes Kommunikationsklima einstellt und der Projektsponsor zu jeder Zeit auch über negative Ereignisse informiert wird.

- Wenn der neue Projektleiter sehr schnell in der Lage ist, Alternativen zu entwickeln und mit allen Beteiligten offen zu diskutieren.

In Fallstudie B etwa hätte der Projektleiter wesentlich früher ausgetauscht werden müssen, da er aufgrund seines mangelhaften Feedback-Verhaltens, seiner nie offen kommunizierten Projektstrategie und der zu geringen Distanz zum Kooperationspartner auf zu viele unterschiedliche Vorgaben commitet war. Sein frühzeitiger Austausch wäre sowohl der Organisation als auch ihm selbst zugute gekommen. Kritisch bleibt anzumerken, dass der Austausch eines Projektleiters alleine keine Lösung darstellt, so lange ein vielen Projekten immanenter Grundwiderspruch (z.B. konfligierende Ziele vermeintlicher Kooperationspartner) nicht entdeckt und aufgelöst werden kann.

Zu 4.: Organizational tolerance for failure

Eine organisationale Toleranz für Fehler ist der von allen Deeskalationsvorschlägen am schwersten umsetzbare. Gilt es eine ganze Kultur zu ändern, muss bei den im Alltag einstudierten Praktiken Vieler begonnen werden. Dass solche Praktiken Einfluss auf die Performance von Gruppen haben, konnte mit den binnenstrukturellen Merkmalen der Kommunikation in unseren Experimentalgruppen nachgewiesen werden. Wo mit inflationär intentionaler Formatierung gedroht, beleidigt und unter Druck gesetzt wurde, waren selten leistungsstarke Gruppen am Werk.

Eine höhere Fehlertoleranz wird sich dann umsetzen lassen, wenn das Top Management sie vorlebt und sie in ein Belohnungssystem eingebaut wird. So könnte die Einführung von Techniken wie Communication Thermostat oder Devil's Advocat zu einer dauerhaft verbesserten Diskussionsfreudigkeit von Projektproblemen in Organisationen und zu einer größeren Offenheit führen. In gleichem Maße sollte ein Anreiz für Projektmanager geschaffen werden, schiefgelaufene Projekte aufzuarbeiten und sie in anonymisierter Form in ein betriebliches Wissensmanagementsystem zu überführen.

Dies wird eher dort gelingen, wo an hochinnovativen Produkten gearbeitet wird, zu deren Entwicklung hohe Budgets zur Verfügung stehen, und in das eine gewisse Scheiternsrate von Anfang an einkalkuliert ist. Steht ein Projekt von Beginn an unter hohem Erfolgsdruck, wie etwa die Fallstudie B, oder kann eine Organisation einem Kunden nicht eingestehen, dass sie den Projektmanager erneut gewechselt hat, dann zeugt ein solches Verhalten nicht von einer besonders fehlertoleranten Organisationskultur.

Zu 5.: The presence of publicly stated resource limits

Der Ansatz des mental budgeting (Heath, 1995) und Simonson/Staw (1992, 425), schlägt als eine wirksame Deeskalationsstrategie das Setzen von Zwischenzielen vor. Die öffentliche Verkündung von Zwischenzielen führt zu einer erhöhten Wachsamkeit bezüglich der Einhaltung der Limits. Die Wirksamkeit des Setzens von Zwischenzielen konnte vor allem in unserer Extremgruppenanalyse nachgewiesen werden.

Zu 6.: Consideration of alternative uses of funds supporting a project

Die Berücksichtigung der Verwendung der Mittel für alternative Projekte stellt ohne Frage eine starke Stütze in den Entscheidungen des Senior Management dar, wie dies von Heath/Petersen (1997) beschrieben wurde. Danach soll sich jeder Entscheider nach einer ersten fehlgeschlagenen Investition buchhalterisch fragen, ob er weiter in das Projekt investieren soll bzw. welche alternative Investitionen er tätigen könnte. Eine Basis für diese Entscheidung ist der Net Present Value (NPV). Er besagt, dass der zu erwartende Gewinn einer Investition die zu tätigenden Investitionen nicht überschreiten sollte. Um den NPV zu errechnen, bedarf es einer eingehenden Analyse der Gründe, weshalb die erste Investition scheiterte. Sind die Ursachen des Scheiterns genau analysiert und bekannt, kann diese zusätzliche Information die Erwartungswahrscheinlichkeit für das Eintreten der maximalen Gewinnsituation erhöhen. Lässt sich aus dem Scheitern keine Information gewinnen, um die Eintrittswahrscheinlichkeit eines Gewinns oberhalb der zu tätigenden Investitionen deutlich zu erhöhen, sollte der Entscheider sein Geld in Alternativen investieren.

Zu 7.: Awareness of problems facing the project

Die Erhöhung der Awareness von Problemen, die das Projekt betreffen, ist eine der zentralen Deeskalationsstrategien. Sie kann bereits in sehr frühen Phasen von Projekten verwirklicht werden. Wie, woran und warum Probleme im Projekt erkannt bzw. übersehen werden, wurde am Beispiel konfliktärer Kommunikationskultur oder geframten Feedbacks deutlich. Welche Mittel der Analyse und Publikation von Projektproblemen den Betroffenen an die Hand gegeben werden, wurde mit der Verwendung des Communication Thermostat und des Virtual Devil's Advocat geschildert. Das erste Instrument dient zur Früherkennung ernsthafter Konflikte und einer daraus resultierenden schlechten Kommunikationskultur im Projekt, letzteres der aktiven Bekämpfung defizitärer kommunikativer Handlungen.

Zu 8.: visibility of project costs

Die permanente Sichtbarkeit von Projektkosten ist ein unerlässliches Instrument der Projektkontrolle und damit ein stetig vorhandenes symbolisches Material zur Generierung von Kommunikation. Wie Sichtbarkeit technologisch und visuell hergestellt werden kann, war Gegenstand des Kapitels Gestaltung und Verfügbarkeit von Feedback. Neben der reinen Sichtbarkeit von Projektkosten sollte eine Unterstützung verteilter Kommunikation über Projektkennzahlen unterstützt werden. Ein verteiltes Projektmanagementsystem, in dem Arbeitspakete, Tätigkeiten, Kosten, Dokumente und Kommunikation miteinander frei verknüpft werden können, und das zusätzlich Freiheiten bei der visuellen Gestaltung projektwichtiger Kennzahlen bietet, wäre zur Umsetzung der Forderung „Visibility" ein geeignetes Instrument.

Zu 9.: Clarity of criteria for success and failure

In welche Probleme ein Projekt geraten kann, wenn Erfolgs- und Misserfolgskriterien nicht klar benannt werden und es eine geheime Agenda gibt, die dem Partner nicht mitgeteilt wird, konnte an Fallstudie B gezeigt werden. So hatte etwa der Projektleiter seine eigene, nie offen kommunizierte Agenda.

> *R: Der hat damals gesagt uns interessiert die Portierung nur sekundär. Ich muss das, weil das politisch gewollt ist. Aber es redet keiner mehr von Portierung, wenn die UNA 200 Systeme draußen hat und KLP und EAR jeweils fünfzehn. Dann steigen die irgendwann aus, und wir haben erreicht, was wir wollen. Das war eigentlich immer seine Vorgabe er ist daran aber gescheitert und mittlerweile im Vorruhestand, der ist nervlich ein Wrack."(Rönnfeld zu der heimlichen Agenda des Projektleiters)*

Es war mit ein Problem, dass diese interne Agenda nie offen auf den Tisch gelegt wurde, bis zu dem Tag, an dem das Projekt seine dramatische Wendung nahm. Hätte sich die ZD von Anfang an Gedanken über die Erfolgsfaktoren ihres Entwicklungspartners gemacht, so wären sehr früh unüberbrückbare Differenzen zu den eigenen Projekterfolgsfaktoren offen zu Tage getreten.

> *R: Ja. Okay, das war damals ja bekannt, die haben gesagt, das macht die UNA wunderbar, dass das schneller auf EAR läuft, ne. Haben wir immer gesagt, hat unser*

Management auch gemeint, das wär' so toll, was die UNA macht. Dabei hat die <u>UNA</u>, (-)hat damals der Schupp, damals , äh, Oberster, jetzt der Europa-Schupp, mir mal gesagt: Nee,(--) wo's zum Schluss zum Bruch gekommen ist. Der hat seinen Entwicklerfirmen, die für UNA gearbeitet haben, gesagt: Ihr macht zuerst ein Verfahren für die IR60. Mit dem geht ihr raus. Draußen, bis es optimal auf die IR60 läuft. Dann macht ihr ein Verfahren, das auf dem RAP laufen <u>könnte</u>, und auf der EAR draußen. Und das muss <u>viel schlechter</u> laufen wie das auf der IR60, ja. (Rönnfeld zu der heimlichen Agenda der UNA und den Erwartungen des ZD Vorstands)

Die nie offen ausgesprochenen eigenen Erfolgs- oder Misserfolgsfaktoren der Partner führten in letzter Konsequenz zu erheblichen Dissonanzen in der Alltagsarbeit der im Projekt beschäftigten Mitarbeiter. Insbesondere das nahezu beliebige Setzen von Prioritäten in der Entwicklung zwischen den verschiedenen Plattformen je nach dem vom Entwicklungspartner ausgeübten Druck führte zu erheblichen Schwierigkeiten und finanziellen Verlusten in Folge von Misskoordination.

Zu 10.: Organizational practices for evaluating decision-makers: processing versus outcome

Die Bewertung von Entscheidern durch Vorgesetzte ist in DV-Projekten ein wichtiges Steuerungsinstrument, da von ihr der weitere Werdegang des Entscheiders in der Organisation abhängt. Simonson/Staw (1992) kritisieren an der Bewertung von Entscheidern, dass meist nur der von ihnen erwirtschaftete Deckungsbeitrag als Maßstab herangezogen wird. Was bei dieser Art Bewertung oft auf der Strecke bleibt, ist die Qualität der Gestaltung des Managementprozesses selbst. Wird ein neuer Projektmanager für die von seinem Vorgänger zu verantwortenden Projektkosten mit verantwortlich gemacht, ohne seine Redesignmaßnahmen zur Rettung des Projekts zu bewerten, kann dies den Betroffenen ebenfalls in eine Eskalationsspirale treiben. Ein weiterer Nachteil der ausschließlichen Bewertung eines Projekts über seinen finanziellen Erfolg zum Projektende kann dazu führen, dass der Projektmanager zuvor hochriskante Entscheidungen trifft, bloß um das zu Beginn zu hoch gesteckte Ziel doch noch zu erreichen. So kann er etwa eine hochriskante Technologie zur Verwirklichung der Projektziele einsetzen, ohne zu wissen, ob sie erfolgversprechend ist, obgleich vielleicht bewährte, zum Investitionszeitpunkt aber schwerer finanzierbare Alternativen zur Verfügung ständen. Eine rein monetäre, rückwirkend ausgerichtete Bewertung von Projekten kann Projektmanager dazu animieren, Projekte wie Glücksspiele zu betreiben. Derjenige, der sein Projekt seriös plant und die neue Technologie unter Entwicklung von Alternativszenarien bereits zu Projektbeginn zum Einsatz bringt, wird durch eine Ex-Post-Evaluation eher benachteiligt. Um riskante Verhaltensweisen von Projektmanagern zu vermeiden, sollten Elemente wie Sorgfalt der Planung, Dokumentation des Planungsprozesses, oder die Kommunikation der Erreichung von Teilzielen in deren Bewertung mit aufgenommen werden.

Zu 11.: Regular evaluation of projects

Die regelmäßige Evaluation von Projekten ist ein wesentlicher Erfolgsfaktor und hat insofern eine deeskalierende Wirkung, als eine Fehlsteuerung bereits in frühem Stadium erkannt

6.4 Einordnung der Werkzeuge und Maßnahmen in die Deeskalationsliteratur

werden kann. Erinnern wir uns an Gruppe 1 vom 16.5.1997; ein wesentlicher Baustein ihres Erfolges lag in der permanenten, klaren und unaufgeforderten Statusmeldung des Projektleiters an den Vorstand. Mit ihrer Hilfe war es dem Vorstand sehr früh möglich, einen Einblick in die Problematik des Projektspieles zu erhalten und die Unlösbarkeit der Fragen im Zwischenbericht konkret anzusprechen.

In DV-Projekten kann eine solche Evaluation durch regelmäßige Projekt- und Meilensteinmeetings erreicht werden. Wichtig bei diesen Meetings ist die offene Diskussion und Kommunikation aller Beteiligten über einen allen bekannten Inhalt von zentraler Bedeutung. Meetings sollten deshalb immer im Anschluss an die kleinen und großen Meilensteine im Projekt erfolgen. Solche kommunikativen Ereignisse können sein:

- Projektsitzungen, die an den wöchentliche Integrationstest verschiedener Systemkomponenten anschließen,
- Meilensteinmeetings, in denen Senior Manager und Kunden den tatsächlichen und geplanten Projektstand abgleichen. Unerlässliche Evaluationsinstrumente solcher Meetings sind das Pflichtenheft, der Change-Managementplan der Requirements, der Projektmanagement- und der Risk-Management-Plan.

Wichtig bei diesen Meetingformen ist das im voraus geplante Kommunikationsdesign (Design geeigneter Genres), das eine lebhafte Kommunikation zwischen Projektmanager, der Projektgruppe, dem Projektsponsor und dem Kunden sichert. Kommunikative Handlungen, die von den verschiedenen Protagonisten vollzogen werden sollten, sind:

- die Unterschrift des Qualitätsmanagers unter die von den Programmierern erledigten Teilleistungen beim Integrationstest des Systems mit anschließender Diskussion in der Projektsitzung,
- der Check der Qualität des Quellcodes gegen ein zuvor erstelltes Codebook mit einer Bewertung durch den Qualitätsmanager,
- Diskussion der fehlerhaften Pflichten des Systems und der Maßnahmen, wie diese behoben werden können, in der Projektsitzung nach dem Systemtest,
- Unterschrift des Kunden unter jede einzelne erbrachte Teilleistung in Meilensteinmeetings im Beisein der Projektgruppe. Dies bringt für die Projektgruppe eine Form der Entlastung mit sich; dem Kunden dient die Unterschrift zur Kontrolle dessen, was bereits umgesetzt wurde und was noch zu erledigen ist.
- Verknüpfung von Meilensteinmeetings mit einem angenehmen sozialen und kommunikativen Ereignis (z.B. gemeinsames Essen mit Kunde, Projektmanager, Projektsponsor und Projektteam). Es bietet jedem der Rollen die Möglichkeit, den Anderen besser kennen und einschätzen zu lernen, was einem offenen Kommunikationsklima in der Regel zuträglich ist.

Alleine eine Gegenzeichnung der Pflichten des Kunden in Projekt A und die daran gebundene Auszahlung des Meilensteins hätte verhindert, dass es nach eineinhalb Jahren noch immer Module des Systems gab, mit deren Programmierung nicht einmal begonnen war. Dies hätte auch verhindert, dass man in der Folge, noch bevor alle Module verfügbar waren, einen Integrationstest des Systems anberaumte, der den Namen nicht verdiente.

Zusammenfassend kann festgehalten werden, dass sich die Evaluation von DV-Projekten auf vielen verschiedenen Ebenen zur gleichen Zeit und in jeder Projektphase vollziehen sollte. Die Kontrolle der Projektaufwände ist dabei nur eine Maßnahme. Sie wird durch die laufende Kontrolle weiterer Projektdokumente ergänzt. Wichtig ist, dass regelmäßige kommunikative Veranstaltungen (Teamsitzungen, Systemtestsitzungen, Meilensteinsitzungen, Projektreview-Sitzungen) in das Projekt implementiert werden, so dass eine intensive Kommunikation über die zu evaluierenden Projektdaten und das bereits Erarbeitete stattfindet.

Zu 12.: Separation on responsibility for approving and evaluating

In jedem DV-Projekt sollte eine vom Projektmanagement unabhängige Instanz die Rolle der Qualitätssicherung übernehmen, die in regelmäßigen Abständen das Projekt evaluiert. Ist das Projekt groß genug, kann diese Rolle von einer ausschließlich dafür zuständigen Person, dem Qualitätsmanager wahrgenommen werden. Hat das Projekt ein schmales Budget, sollte die Rolle an einen Mitarbeiter gegeben werden, der dem Projektmanager regelmäßiges Feedback zum Stand der Qualitätsmaßzahlen des Projekts gibt (Fehlerzahlen, Qualität der Kodierung, Projektrisiken, zu verbessernde Prozesse im Projekt,...). Eine solche Rolle kann als Korrektiv wirken, um in unsicheren Situationen getroffene Entscheidungen zu hinterfragen, oder auch aufzuarbeiten und zu diskutieren. Sie trägt wesentlich dazu bei, dass die Gruppe aufkommende Probleme diskutiert und sich nicht mit einer monokausalen Lösungsstrategie begnügt.

In unserer Experimentalgruppe vom 2.3.1998 nahm diese Rolle etwa der Mitarbeiter M2 ein, der sehr besonnen und immer wieder eine zum Projektleiter und Vorstand konträre Meinung vertrat, als diese auf einer Welle der Übermotivation glaubten, alles erreichen und wagen zu müssen. Aus diesem Grund unterhalten große IT-Unternehmen eigene Quality Assurance Abteilungen, in denen erfahrene Projektmanager und Juristen als externe Dienstleister in Schieflage geratene Softwareprojekte begutachten.

Die Trennung von Projektausführung und -kontrolle macht Sinn, weil sich die meisten Projektmanager und Teammitglieder nach einer gewissen Zeit sowohl emotional als auch über ihre Investitionen so stark auf ein Projekt commitet haben, dass sie aus eigener Kraft nicht mehr zu einem Abbruch in der Lage wären. Ein Beleg für diese These ist die High-Responsibility-Forschung von Staw (Staw, 1976) aber auch der von uns in Fallstudie A beobachtete Einsatz der Quality-Assurance-Abteilung.

Als gelungenes Beispiel einer unabhängigen Evaluation kann auch die Beschreibung des Projektreviews durch einen Senior Partner von Anderson Consulting im TAURUS Projekt beschrieben werden. Rawlins, der neue Chef der Londoner Börse, der das Projekt seit einem Jahr beobachtete, ohne je das Gefühl zu haben, den wahren Status zu kennen, stellte dem externen Reviewer zwei Fragen: „Is the [TAURUS] operating system wholly compatible with the technical architecture we have built into our trading front? Are you confident you can operate TAURUS when it is handed over?" (Drummond, 1996,147) Nach Investitionen von bereits über einer Mrd. Dollar erhielt er zwei Antworten: *1. „There is no operating system. There is no centre. It is not designed, let alone built." 2. „Are we going to be able to operate it? Well here is a list of fifteen things we have reservations about."* (Drummond, 1996,147) und wusste, was er zu tun hatte. Die Legitimation zum Projektabbruch hatte er mit einem 50seitigen Projekt-review in seinen Händen.

Dieses Beispiel zeigt, wie wichtig die Trennung von Kontrolleuren und Entscheidern in Projekten ist. Ein derart schonungsloses Feedback hätte Rawlins von den seit Jahren in das Projekt involvierten Mitarbeitern nie erhalten. Zu viele von ihnen geleistete Überstunden, die Erkenntnis, jahrelang für „nichts" gearbeitet zu haben, und der Ausblick, demnächst arbeitslos zu sein, hätten dem im Wege gestanden.

6.4.1 Zusammenfassung: Gemeinsamkeiten und Unterschiede der Arbeit zur gängigen Deeskalationstheorie

Die von Keil (1998) aufgeführten zwölf Maßnahmen zur Deeskalation von Commitment in DV-Projekten kann als die wohl umfassendste Zusammenfassung in der einschlägigen Literatur bezeichnet werden. Ihre empirische Evidenz konnte in den Fallstudien und Experimenten dieser Arbeit nachgewiesen werden. Ergänzend zu Keil sollten weitere Maßnahmen dieser Arbeit zur Deeskalation genannt werden, wie:

13.) Abschätzen möglicher Konsequenzen von Vertragsinhalten zu Projektbeginn
14.) Teamentwicklung zur frühen Offenlegung von Konflikten im Team
15.) Klare und frühe Definition der Rollen und Arbeitsteilung aller Beteiligten im Projekt
16.) Implementierung eines Risk-Managementprozesses bereits zu Projektbeginn
17.) Verstärkte Kontrollaktivitäten wenn auf frühere Erfolge verwiesen und Sündenböcke konstruiert werden, oder wenn das Engagement der Mitarbeiter zwischen vielen Überstunden und Lethargie pendelt.
18.) Ein strukturierte Herbeiführen von Konflikten zur Ermöglichung kontroverser und kritischer Diskussionen mittels Devils Advocat, wenn Situatinen wie in 17.) auftreten
19.) Eine Restrukturierung des bisherigen Kurses durch Alternativenauswahl, Operationalisierung und Abstimmung (strukturierter Krisenbewältigungsprozess) wenn das Projekt ein kritisches Stadium (s. 17.) erreicht.
20.) Konsequenter Projektabbruch wenn, in einer späten Phase eines Projekts elementare Mängel (z.B. Architekturmängel, verschiedenste Releasestände unterschiedlicher Module bei der Systemintegration) zu Tage treten.

An den Ergänzungen wird ein großer Unterschied zwischen der Faktorenforschung Keils und der auf technologisches Handeln ausgelegten Forschung dieser Arbeit deutlich – die Betrachtungsebenen von Escalation of Commitment. Keil erforscht seine Maßnahmen an bereits gescheiterten Projekten, so dass es ihm lediglich ex post möglich ist, Faktoren der Deeskalation zu benennen. Im Vergleich dazu ermöglichte die Extremgruppenanalyse eine Modellierung des Eskalationsprozesses selbst, so dass sich die vorgeschlagenen Deeskalationsmaßnahmen auf der Ebene von Handlungsanweisungen und zeitlich fixierbaren Ereignissen im Prozessverlauf bewegen. Es konnte gezeigt werden, wann eine qualifizierte Meldung des Projektstatus incl. der Kosten (Punkt 8 bei Keil) besonders wichtig ist, oder wie man die Aufmerksamkeit der Gruppe für Projektkrisen handwerklich (Punkt 7 bei Keil) herstellt. Daß der Wechsel des Project Champions (Punkt 3 bei Keil) nicht immer in der Lage ist, Commitment zu deeskalieren, konnte in den Fallstudien B und C gezeigt werden. Das Beispiel des Austauschs des Projekt Champions zeigt die Problematik der „Kochrezepte" der Faktorenforschung. Zwar ist es empirisch belegbar, dass sich der Austausch des Projektmanagers deeskalierend auf Projekt auswirken kann; weshalb aber, und in welcher Phase man einen Projektmanager sinnvoller Weise austauschen sollte, können die Arbeiten Keils nicht beantworten. Gerade in diesem Punkt aber zeigen sich die Stärken eines prozessorientierten Verständnisses von Escalation of Commitment, bei dem zu jedem Deeskalationsfaktor im Sinne Keils eine Aktivität und ein Ereignis benannt werden kann, die den „Erfolg" des Faktors begründen.

6.5 Deeskalation oder Abbruch?

In der Situation, in der sich der Vorstand der Londoner Börse befand, befinden sich Entscheider immer wieder. Die Frage, die sich dann stellt, ist die: Wann soll, ja muss, ein Projekt abgebrochen werden und wann nicht? Eine Faustregel für den Projektabbruch lässt sich schlecht ableiten; jedoch können ein paar Regeln und Eckdaten die Entscheidung zum Abbruch erleichtern. Die wesentlichen Hilfen vor einer Abbruchentscheidung sind:

1.) Der erwartbare Gewinn muss höher sein als künftig noch zu tätigenden Investitionen.

2.) In der aktuellen Entscheidungssituation dürfen keine „Sunk Costs" mit eingerechnet werden.

3.) Es muss eine ausreichend hohe Wahrscheinlichkeit bestehen, den Gewinn zu erzielen.

4.) Die bisher gemachten Fehler im Projekt sollten eine Information liefern, die die Wahrscheinlichkeit des Gewinneintritts wesentlich erhöht.

5.) Bei der Entscheidung zur Weiterinvestition sollte man überlegen, ob man mit alternativen Investitionen einen höheren Gewinn erzielen kann.

In realen Projektsituationen gestaltet sich die Anwendung dieser Regeln äußerst schwierig, da selten vollständige Informationen über ein Projekt vorliegen, oder die Kalkulation der Entscheider auf „geframten" Information aufbaut. Da DV-Projekte zudem mit einem hohen Risiko (z.B. Entwicklung mittels gänzlich neuer Technologien) und oder einer hohen Gewinnerwartung (z.B. eine neue Variante des Windows-Betriebssystems) versehen sind, gewinnt der Wert der Ressource Information über Scheiternsgründe im Projekt essentielle Bedeutung. Nur mit informativen Fehlern ist man in der Lage, die Gewinneintrittswahrscheinlichkeit wesentlich zu erhöhen, was die Wichtigkeit eines guten Reportings unterstreicht. Im Falle der Entwicklung einer neuen MS-Windows-Version kann das Entwicklunsprojekt vielleicht längst die zuvor kalkulierten Kosten überschritten haben, so wird es sich angesichts der potentiellen Gewinnerwartung dennoch lohnen, das Projekt bis zum Ende durchzuführen. Bei solchen Projekten kann die Tatsache, dass ein Konkurrent schneller mit einem besseren Produkt und einem gleichguten Marketing auf dem Markt ist, riskanter sein.

6.5 Deeskalation oder Abbruch?

Ein Szenario, bei dem der Gewinnerwartungswert eher diffus bleibt, ist der der organisationsinternen Eigenentwicklung eines strategischen Informationssystems. So kann z.B. ein Logistiksystem dass die Supply Chain unterstützt, erhebliche interne Kosten einsparen und einen wesentlichen strategischen Vorteil gegenüber der Konkurrenz bedeuten. Diesen Vorteil im Vorfeld kostentechnisch zu beziffern, ist schwierig, da er von Größen abhängt (Güte der Systemeinführung in die Organisation, Schulung der Beteiligten, Akzeptanz des Systems,...), die vor der Implementierung des Systems nur teilweise bekannt sind.

Kostet ein Projekt nach kurzer Zeit schon ein Mehrfaches dessen, was es an potentiellem Gewinn erwarten lässt (Fallstudie C), oder handelt es sich um ein Projekt, dessen Weiterführung eine große Organisation existentiell gefährdet (Fallstudie B), sollte man einen Projektabbruch deutlich früher in Betracht ziehen, als dies in den von uns beforschten DV-Projekten der Fall war. Die Frage, die sich an einem Zeitpunkt (t) für den Investor stellt, ist die, ob mit dem Projekt noch ein positiver Net Present Value (NPV) erzielt werden kann, wenn man es über den Zeitpunkt (t) hinaus weiterfinanziert.

Der NPV errechnet sich aus der Differenz zwischen dem zu einem Zeitpunkt (t) im Projekt noch erzielbaren Nettogewinn und den noch zu tätigenden Kosten. Um Entscheidern einen Anhaltspunkt zur Kostenkalkulation in größeren Projekten zu geben, hat sich das Kostenmodell von Putnam bewährt.

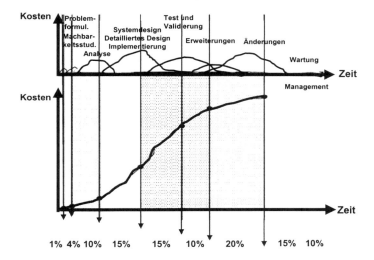

Abbildung 42: Verteilung der Kosten über die Zeit in DV-Projekten nach Putnam

Darauf aufbauend wurden aus der Kapitalwerttheorie heraus modifizierte Modelle der Fortführungsentscheidung in Softwareprojekten entwickelt. Ihnen liegt die Zuordnung von

Kosten zu Projektphasen zu Grunde (Stickel, 1997). Eine Projektfortführung lohnt nur dann, wenn gilt:

$$\frac{Gewinn\ bei\ Erreichen\ des\ nächsten\ Meilensteins * \frac{vergangene\ Zeit\ in\ \text{Pr}\ ojektphase}{Dauer\ der\ \text{Pr}\ ojektphase}}{in\ \text{Pr}\ ojektphase\ bisher\ getätigte\ Ausgaben} > 1$$

Gleichung 5: Gleichung zur Entscheidung der Projektweiterführung nach Stickel (Stickel 1997)

Formale Entscheidungsmodelle über einen Projektabbruch oder die Projektfortführung können nur eine Hilfe in der Hand von Entscheidern darstellen, wenn sich Entscheidungssituationen immer unübersichtlicher gestalten. Allerdings wundert es auch, dass solche Modelle oft nicht geschult und in der Praxis so gut wie nie zur Anwendung kommen. In unseren Fallstudien konnte ein ansatzweiser Gebrauch formaler Instrumente zur Unterstützung der Projektabbruchentscheidung nur in Fallstudie A beobachtet werden, nachdem das Projekt bereits als Hochrisikoprojekt eingestuft war und die volle Aufmerksamkeit des Top-Managements hatte.

6.5.1 Einsparungspotentiale in den Fallstudien A-C bei einem rechtzeitigen Projektabbruch

Die in dieser Arbeit beschriebenen Fallstudien hatten alle eines gemeinsam, nämlich einen Punkt, bei dem jeder externe Sachverständige dazu geraten hätte, das Projekt auf alle Fälle abzubrechen. Diese Punkte waren:

Fallstudie A: Nach dem verfrühten Systemtest im Frühjahr 1997 wurde der verheerende Zustand des Systems, der Zeitverzug (Bei fixem Endtermin des Kunden), die hohen Kosten, sowie die fachliche Unfähigkeit des Projektteams deutlich sichtbar. Diese Projektkennzahlen bestätigten rückwirkend den Vorwurf des Projektleiters an den Projektsponsor, das Projekt weit unter Preis an den Kunden verkauft zu haben.

Fallstudie B: In Fallstudie B hätte man das Projekt nach der Sitzung am 11.5.1992 sofort abbrechen müssen. Dort hatte der Bereichsleiter des Industriepartners die Karten offen auf den Tisch gelegt. Diese Strategie bestand darin, die ZD auszubremsen und das Paradigma der landeseinheitlichen Verfahren in Frage zu stellen, um letztlich auch an Kunden in Baden-Württemberg zu gelangen. Untermauert wurde diese Aussage durch den Vertrauensbruch des Kooperationspartners auf der CEBIT ein paar Wochen zuvor.

Fallstudie C: Hier wäre der einzig richtige Abbruchzeitpunkt im Februar 1993 gewesen. Zu dieser Zeit hatte das Projekt bereits mehr gekostet als es einbringen konnte; das gesamte Personal hatte gekündigt; außer einer graphischen Benutzeroberfläche war keinerlei Systemfunktionalitäten verwirklicht. Viel schlimmer war die Gewissheit, dass diese in den anvisierten Kostendimensionen des Kunden auch niemals zu verwirklichen gewesen wären.

6.5 Deeskalation oder Abbruch?

Der massive Beschwerdebrief des Kunden wäre zudem eine Möglichkeit gewesen das Projekt abzubrechen und trotzdem eine gute Lösung zu finden.

Wären die DV-Projekte A bis C unter der Anwendung der obigen Formel zu den besagten Zeitpunkten abgebrochen worden, hätte dies ihren Organisationen massive Verluste (Tabelle 26) erspart.

Fallstudie	Projektkosten (geplant)	Projektkosten (tatsächlich)	Verluste durch unterlassenen Abbruch
A	ca. 7.000.000 DM	ca. 20.000.000 DM	ca. 10.000.000 DM
B	ca. 10.000.000 DM	ca. 20.000.000 DM	ca. 10.000.000 DM
C	60.000 DM	ca. 300.000 DM	ca. 200.000 DM

Tabelle 26: Angefallene Verluste in den einzelnen Projekten durch Unterlassung des rechtzeitigen Abbruchs

Die Kostenangaben beruhen auf Zahlen, die sich in Mann-Tagen aus den Projektdokumentationen und den Interviews ergeben haben, und unterliegen gleichermaßen der oben beschriebenen Problematik auf Vollständigkeit der Information. So wurde etwa in der Organisation von Fallstudie B massiv Personal für das Projekt eingestellt und später zum Teil auch wieder entlassen, so dass diese Investitionen nur anteilig zu rechnen sind. In Projekt A wurde nach einem Review ein Aufwand zur Fortführung des Projekts festgelegt, der das doppelte der ursprünglichen Kosten betrug. Da die Organisation aber einen Festgeldvertrag vereinbart hatte, mussten diese Aufwände von dem DV-Dienstleister getragen werden.

Ein totaler Projektabbruch war rechtlich nicht möglich, da der Kunde eine verpflichtende Deadline gegenüber seinen Endkunden hatte. Die Deadline war für die Softwareentwickler vertraglich fixiert, das Nichteinhalten mit höchsten Konventionalstrafen belegt. Somit erklärt sich der immense Einsatz von über 20 Personen, der notwendig wurde, um das System bis zur vereinbarten Deadline in den Produktivzustand zu bringen. Ein Projektabbruch mit gründlichstem Review und anschließender Weiterführung, wie er im November 1997 stattfand, hätte wesentlich früher durchgeführt (März 1996) werden müssen. Dies hätte zumindest die Kosten von 15 Monaten Entwicklung eingespart. Ob die aus dem Review heraus veranschlagten Kosten geringer ausgefallen wären, ist schwer zu bewerten. Ein Großteil des Schadens beruhte in diesem Projekt auf der irrealen Aufwandsschätzung zu Beginn des Projekts, wenngleich der verspätete Abbruch und Review seinen Teil zum Desaster beitrug.

In Fallstudie B wäre ein echter Projektabbruch möglich und unabdingbar gewesen. Da das Projekt von Beginn an in zwei Entwicklungsphasen geplant war, wäre ein Projektabbruch vor Phase 2 insbesondere rechtlich gut möglich gewesen. Der enorme Druck, der auf diesem Projekt lastete, kam von außerhalb der Organisation und entsprang mehreren Quellen:

1. Die Kundenanforderungen bewegten sich zwischen den beiden Extremen zentraler Datenhaltung in Rechenzentren und dezentraler Datenhaltung in den Kommunen (PC-Netze). Beide Wünsche und Lager waren mit dem Projekt nicht zu verwirklichen oder auf einen Nenner zu bringen.

2. Die Rechenzentren hatten bereits hohe Investitionen in die Midrange-Systeme getätigt, ohne dass die dazu entwickelte Software existierte.
3. Midrange-Systeme waren nur ein Übergang zu Unix und PC- Rechnern.

Vor diesem Hintergrund wäre es äußerst schwierig, aber nicht unmöglich gewesen, das Projekt im Juni 1992 abzubrechen, insbesondere mit dem Wissen, dass der Kooperationspartner nur darauf aus war, die eigenen Kunden an sich zu binden. Es hätte einer gehörigen Portion Mut der Entscheider und eines geschickten Krisenmanagements bedurft, um das Projekt so abzubrechen, dass kein allzu hoher Schaden für den Endkunden entstanden wäre. Da der Kooperationspartner aber ehedem damit begann, den Markt in L-Land entgegen aller Absprachen zu okkupieren, hätte man als Alternativstrategie auf PC und Unix-Plattformen setzen können, da zu diesem Zeitpunkt erst die Hälfte der Verfahren auf die Plattform des Kooperationspartners portiert waren. Hätte man die im nachhinein entstandenen 10 Millionen Mark Kosten in die Entwicklung der weiteren Verfahren auf PC-Plattformen investiert, hätte dies folgende Vorteile gehabt:

1.) Man hätte die Fraktion der Abweichler hinter sich bringen können.
2.) Man hätte den Markt für Midrange-Systeme mit den Rechnern des Kooperationspartners an diesen überlassen.
3.) Die Überlassung hätte zum Absatz der Rechner an die Endkunden geführt, die die Rechenzentren bereits angeschafft hatten.
4.) Man hätte die Hoheit über die Hälfte aller landeseinheitlichen Verfahren behalten.
5.) Man hätte mit der Entwicklung auf PC-Plattformen den 1992 erkennbaren Trend zum PC besser bedienen können.

Dass im Juni 1992 noch am Projekt festgehalten wurde, lässt sich in erster Linie aus dem immensen externen Druck erklären, der auf dem Projekt lastete – ging es doch mit diesem Projekt um die Struktur der kommunalen Datenverarbeitung in einem Bundesland und um die Frage des Fortbestands eines bisher richtungsweisenden Konzepts landeseinheitlicher Verfahren. Aus Kostensicht und mit Blick auf die sich abzeichnenden Entwicklungen auf dem Rechnermarkt hätte ein äußerst mutiger Vorstand die oben beschriebene Strategie fahren müssen. Diese Analyse ist dem Forscher nach der gründlichen Aufarbeitung aller Materialien ex post sicherlich einfacher möglich als dem Entscheider, der unter hohem Druck und mit unzureichenden Informationen eine Entscheidung zu treffen hat.

In Fallstudie C wäre ein Projektabbruch im März 1993 aus vielerlei Hinsicht sinnvoll und vor allem auch praktikabel gewesen. Als der Beschwerdebrief des Kunden bei der Geschäftsleitung eintraf, gab es folgende Rahmenbedingungen für das Projekt:

1.) Das Softwareentwicklungsprojekt verfügte über keine Programmierer mehr.
2.) Es war bereits mehr Geld verbraucht, als das Projekt je hätte einbringen können.
3.) Der Projektsponsor hatte sich emotional längst von dem Projekt verabschiedet.
4.) Der Kunde erwartete in seinem Beschwerdeschreiben einen Projektreview.

5.) Der Kunde hatte sich in seiner Organisation zwar stark auf das Projekt commitet, aber er hatte die erfolgreiche Beendigung noch nicht in seinen Zielvereinbarungen stehen.
6.) Es existierte noch keine marktreife und für den Kunden bezahlbare Datenbanktechnologie, um die benötigten Groupwarefunktionalitäten zu implementieren.

Aus dieser Position, ohne Personal, Geld und Unterstützung von Seiten des Projektsponsors, ging der Projektmanager in das Personalgespräch mit dem Vorstand des Forschungsinstituts (FI). Einen Abbruch zog er aus persönlichen Gründen nicht in Betracht, da er dies in seiner jungen Laufbahn als Versagen betrachtet hätte. Umgekehrt machte ihm nach eigenen Angaben die Autorität des Institutsvorstands einen Abbruchvorschlag unmöglich. Dieser überreichte ihm nur den Beschwerdebrief des Kunden, mit dem Auftrag, die Sache „in Ordnung" zu bringen. Was unterblieb, war eine offene Diskussion echter Alternativen, wie sie in dem von uns skizzierten Krisenbewältigungsprozess erreicht werden kann. Ein Ergebnis hätte der Projektreview mit einer Empfehlung an den Kunden sein können, sich die Software von einem professionellen Systemhaus programmieren zu lassen. Um die Programmierung ökonomisch zu gestalten, hätte das FI ein aus den bisherigen Ergebnissen und Oberflächenprototypen abgeleitetes, detailliertes Pflichtenheft für die Entwicklung anbieten können. Von dieser Alternative hätten beide Parteien profitiert. Der Auftraggeber hätte die Sicherheit gehabt, in absehbarer Zeit ein Produktivsystem in den Händen zu halten, das FI die Sicherheit, mit einem blauen Auge davon gekommen zu sein und Verluste in vierfacher Projektbudgethöhe vermieden zu haben.

So betrachtet haben kontextspezifische Deeskalationstechnologien und ihr situationsgerechter Einsatz zwei wesentliche Ziele, nämlich erstens die Identifikation einer gestörten, und zweitens die Schaffung einer offenen Kommunikationskultur. Eine offene Kommunikationskultur zeichnet sich dadurch aus, dass sie Mitarbeiter befähigt, ohne Schaden für das Ansehen ihrer Person den derzeitigen Kurs in Frage zu stellen, um rational bessere Alternativen vorzuschlagen. Dass sie solche Alternativen sehr oft kennen, sich aber nicht getrauen, sie auszusprechen, weil sie negative Sanktionen befürchten, zeigte sich auch im oben beschriebenen Fallbeispiel C. So äußerte sich der Leiter des Projekts in einer eher unbedeutenden Sequenz im Interview wie folgt:

> *I: Warum war bei euch nicht irgendwann der Punkt, wo ihr von euch aus gesagt habt, also, Leute, das bringt's nicht, wir brechen die ganze Geschichte ab?*
> *Mattis: War in der Diskussion. Mit dem Uwe [Hilfswissenschaftler von Mattis] noch.*
> *Mattis: Ich hab's mit dem Uwe diskutiert.*
> *Mattis: Ja.*
> *Mattis: Und er wäre, glaube ich, sogar eher jemand gewesen, der dann gesagt hat, wir brechen's ab.*
> *I: Mhm.*
> *Mattis: Weil der irgendwie auf einem Seminar war, wo's um Projektmanagement ging, und einer der Vorträge, da ging's drum, wann breche ich ein Projekt rechtzeitig ab. Wir hatten uns die Folien sogar angeschaut.*
> *(Interview mit Mark Mattis, Projektleiter Fallstudie C)*

7 Zusammenfassung

7.1 Antworten auf die eingangs gestellten Forschungsfragen

Die eingangs gestellten Forschungsfragen lauteten:

1.) Was sind die alltagstypischen Ursachen und Umstände, die das Entstehen von Escalation of Commitment in DV-Projekten beeinflussen?
2.) Wie lässt sich ein stärkerer Praxisbezug in der Experimentalforschung zu Escalation of Commitment etablieren?
3.) Wie sieht ein „prototypischer Eskalationsprozess" in Gruppen aus?
4.) Welchen Beitrag kann ein EMS zur Deeskalation von Commitment in Gruppen (nicht) leisten?
5.) Welche weiteren Technologien zur Deeskalation von Commitment in Gruppen lassen sich aus den Erkenntnissen der Arbeit ableiten?

Sie lassen sich am Ende der Arbeit wie folgt beantworten:

7.1.1 Alltagstypische Ursachen und Umstände, die das Entstehen von Escalation of Commitment in DV-Projekten beeinflussen

In dieser Arbeit wurde die Verschiedenheit der Ursachen und Umstände, die zur Eskalation von Commitment in Projekten führt, deutlich. Was allen Projekten und Laborversuchen gemein war, ist die schwierige Projektstartphase, in der die Grundlagen der Eskalation gelegt werden. In Fallstudie A geschah dies durch den zu preiswerten Verkauf des Projekts durch den Vertriebsleiter und durch die Auswahl des Personals nach Verfügbarkeit und nicht nach Eignung. In Fallstudie B war es die Entscheidung zu einer Entwicklungskooperation, die eine unausgesprochene Konkurrenzsituation war. In Fallstudie C war es der zu billige Verkauf des Projekts, kombiniert mit fehlendem fachlichen Know-how zur Umsetzung des Systems.

Diese Entscheidungen bestimmten die Freiheitsgrade und Restriktionen, denen die Projektmitglieder im Projektverlauf ausgesetzt sind, ähnlich den Spielregeln, die für den Experimentalversuch an die Gruppen gegeben wurden. So äußerte sich z.B. der stellvertretende Projektleiter in Fallstudie B:

> „Wir haben, und unser Management oben hat halt gemeint, ha, Mitte 89, äh, wo die Projektverträge abgeschlossen sind, für die Verfahren, ha, die UNA macht das, und, ha, jetzt sind wir schon im Januar fertig mit den ersten Verfahren, gell, also, <u>überhaupt unseriöse</u> Zeitpläne gebracht, und nach denen bist du immer gemessen worden, ja. Obwohl nichts gestanden ist, keine Systeme waren bekannt, keine Entwicklungsumgebung (--) <nichts> war bekannt, da wurden Zeitpläne gemacht."

Werden diese Spielregeln und die ihnen zugrundeliegenden Entscheidungen nicht von der Gruppe in Frage gestellt und verworfen, stellt sich irgendwann der gegenteilige Effekt ein: Die Gruppen arbeiten dann mit Übereifer in einer ausweglosen Situation, um das strukturelle

7.1 Antworten auf die eingangs gestellten Forschungsfragen

Defizit der Initialentscheidung zu kompensieren, wie dies in Fallstudie B ein Projektmitarbeiter schilderte:

> *„Muss dazu sagen, ich hab in den 8 Monaten 1997, von Januar bis August, über 700 Überstunden dort geleistet. Ich war von morgens bis abends, von 7 war ich beim Kunden und hab manchmal bis Mitternacht gearbeitet. Hab versucht, dass noch hinzukriegen. Weil testen, die Dinger, die kamen von hier oben, die korrigierten Dinger, einfach ungetestet hoch. Da hab ich immer noch versucht, oben auch noch vorzutesten, bevor ich die einspiel. Und das hab ich auch noch alles mit gemacht, die Programme oben ins System einspielen. Also das war schon schlimm, und ich war wirklich auch am, ja am umkippen. Ich glaub, das hätte ich nicht noch ein paar Wochen durchgehalten. Da wär ich umgekippt. Das war schon 'ne verdammt harte Zeit. Kein Urlaub, nichts. 96 schon den Urlaub nicht richtig genommen, 97 kein Urlaub, jetzt haben wir 98. Knabbere ich noch am 96er Urlaub rum. (Lachen)"*

Dieser Übereifer ist eine Form kognitiver Anpassung an die scheinbare Unveränderbarkeit der irrationalen Entscheidung. Anstatt die Kraft in den Konflikt mit dem Vorgesetzten zum Aufbrechen der kontextuellen Strukturen zu legen, wird mit hohem, kostenverzehrendem Einsatz wissentlich an der eigentlich falschen Alternative weitergearbeitet. Es kommt zu einer „wir da unten – die da oben-Einstellung", was dazu führt, dass „die da oben" immer mehr Mittel in das Projekt investieren müssen, meistens ohne zu wissen, woran das Projekt eigentlich krankt.

Ab einem gewissen Zeitpunkt haben die Projektsponsoren soviel Geld in das DV-Projekt „versenkt", dass sie innerhalb ihrer eigenen Organisation angreifbar werden. In dieser Situation werden sie von zwei intervenierenden Größen gesteuert: erstens der Unübersichtlichkeit der Situation, die aus dem hohen Arbeitseinsatz der Projektgruppenmitglieder an der falschen Alternative resultiert, und zweitens von den bereits „versenkten Kosten", die sie in immer kürzeren Abständen zu Entscheidungen zwingen. In der Turbulenz immer häufiger aufkommender Entscheidungssituationen, verbunden mit den „positiv geframten" Bewertungen des Projektstatus durch die Mitarbeiter, neigen viele Entscheider dazu, den Kurs beizubehalten, weil ihnen das eine trügerische Sicherheit vermittelt. Sie glauben so lange an die „Wir sind kurz vor dem Ziel-Parolen" des Projektleiters, bis keine finanziellen Mittel zur Fortführung mehr zur Verfügung stehen. Das belegt eine Aussage des Vorstands aus Fallstudie B:

> *„Aehm ja also, das Projekt ist trotz dieser Schwierigkeiten immer weitergeführt worden, und es ist immer komplizierter geworden, bis dann, (....leise) ja bis man dann in einigen Projekten aus wirtschaftlichen Gründen nachgegeben hat und gesagt hat, Wahlverfahren das machen wir dann nicht mehr auf IR60 ...*
> *Was nicht gut lief, war die interne Transparenz, da hat ich immer den Eindruck wir sind viel weiter, als wir wirklich waren, also bei den ganzen Dingen die im Hause mit den Rechenzentren bewegt werden mussten, da war mir das Berichtswesen nicht vollständig genug."*

Müssen die Projekte mangels finanzieller Mittel zwangsweise irgendwann eingestellt werden, haben die Entscheider oft noch nach langer Zeit Dissonanzen zu überwinden. In allen von uns untersuchten Fallstudien schlug sich dies in der These nieder, dass man es letztlich ja doch geschafft hätte, was – objektiv betrachtet – nicht der Fall war. So sagt der Projektmitarbeiter in der Fallstudie B:

„Das heißt, wir waren ja (--)1992, 93 auf der CeBit soweit, dass das alles gelaufen ist, ja. Wir haben ein Verfahren unter Windows mit drei Fenstern gehabt, dann haben wir drei unterschiedliche Systeme, das völlig gleich ausgesehen hat. Wir haben das alles fertig gehabt. Nur dann war das Projekt schon kaputt. Da war zuviel Geld ausgegeben, dann ist das gecancelled worden. Zum Schluss haben wir es geschafft. Wir haben dann auch ab 91 zwischen 15 bis 20 Leute dafür eingestellt, ja. Wir haben gepumpt die Leute ohne Ende rein, ja. Aber da war's politisch dann (.)schon kaputt."

Und der Vorstand von Fallstudie B erklärt seinen Misserfolg sogar zum Erfolg:

„Ja eigentlich ein Misserfolg würde ich gar nicht sagen, ja wenn man es so sieht, man wollte anfangs eigentlich Rathausrechner, das war ja der Sinn,(-) die hat man ja auch gekriegt,(--), aber wir wollten die natürlich mit vieler Software bestücken und uns dieses Marktsegment sichern also strategisch gesehen,(--) war das schon ein Erfolg, nur das Softwaregeschäft hat sich nicht eingestellt."

Und auch der Projektleiter der Fallstudie C ist vom vermeintlichen Misserfolg seines Projektes überrascht, was er in der folgenden Sequenz so äußert:

PL: Und auch seine, ja,(--) also, der macht lieber 5 Knickse, anstelle, dass er gerade vor den Kunden hinsteht und sagt, es geht nicht.
I: Mhm.
Vor allem, er hat ja eigentlich das Problem nicht, ne. Sondern das ist ja unser Problem, wie wir das hinkriegen. Also zu dem Zeitpunkt hätte man nicht mehr schreiben können, wir tun was. Und dann haben wir geschrieben, wir tun was und haben angefangen. Und dann sah das ja, es gab immer wieder Phasen, wo's gut aussieht.
I: Mhm.
PL: Wir waren zum Schluss auch von dem Abbruch völlig überrascht, weil dann waren wir eigentlich der Meinung, jetzt läuft's.

Escalating Commitment, Escalation of Commitment oder Commitment in Escalating Situations hat, wie verschiedene Namen für das gleiche Phänomen belegen, vielerlei Dimensionen. Einerseits werden gleich zu Projektbeginn auf unzureichender Informationsbasis mangelhafte Entscheidungen gefällt (Kostenschätzung in Fallstudie A und C, Kooperationspartnerkonzept in Fallstudie B), andererseits führen diese zu weiteren Restriktionen, Prozessverläufen und Entscheidungssituationen im Projekt, in denen durch äußere Zwänge und die Psyche der Entscheider neuerliche Fehlentscheidungen getroffen und durch finanzielle Mittel kompensiert werden. Der „Königsweg" zur Vermeidung des Eskalationskreislaufs heißt Kommunikation. Nur wenn die Projektgruppenmitglieder in einem frühen Stadium eine Fehlentscheidung offen kritisieren und Projektmanager oder –sponsoren in der Lage und Willens sind, das projektimmanente Grundproblem aus der Kritik heraus zu erkennen, kann es zu einer produktiven Lösung kommen.

Fasst man also die Alltagsursachen und Umstände zusammen, die in unseren Fallstudien für die Entstehung von Escalation of Commitment in DV-Projekten verantwortlich waren, dann sind dies:

- Unrealistische Aufwandsschätzungen durch den Projektsponsor
- Festpreisprojekte ohne Ausstiegsmöglichkeit im Vertrag
- Mangelnde Erfahrung mit dem zu programmierenden Softwaretypus im Projektteam

7.1 Antworten auf die eingangs gestellten Forschungsfragen

- Fehlende Rolle der Qualitätssicherung
- Fehlende Risk-Management-Prozeduren
- Fehlendes Pflichtenheft und Systemarchitektur
- Keine echten Meilensteinabnahmeprozesse im Projektverlauf
- Konflikte zwischen Projektsponsor und Projektteam
- Schlechte Kommunikationskultur zwischen Projektteam, Projektleiter und Projektsponsor sowie dem Kunden
- Keine dem Projekt ganz zugeordneten Mitarbeiter
- Mangelnder Support durch das Top Management.

Welche dieser Punkte nun Ursache oder Symptom der Eskalation sind, lässt sich nicht eindeutig feststellen. Wenn Entwickler über kein Pflichtenheft verfügen, kann dies an der fehlenden Rolle der Qualitätssicherung liegen und reguläre Meilensteinabnahmen und eine gute Kundenkommunikation erschweren. Eine derartige Konstellation kann die Folge mangelnder Softwareentwicklungserfahrung auf Seiten des Projektmanagers und der Projektmitglieder sein. Jeder einzelne der beschriebenen Faktoren kann ein Förderer eskalierender Situationen in DV-Projekten sein und die Kontrolle der Kosten durch den Projektsponsor ab einem bestimmten Punkt unmöglich machen. Die finanziellen Verluste setzen ihn ab einer bestimmten Größenordnung unter Druck, den er im ungünstigsten Fall über den Projektmanager an das Projektteam weitergibt. Das Team kann darauf mit aktivem Widerstand gegen das erkannte Grundproblem des Projekts oder aber mit einer „Und-jetzt-erst-recht-Mentalität" reagieren. Im ersten Fall wird der Widerstand bei einer guten und offenen Kommunikation unter Beteiligung aller Projektmitglieder zu einer fruchtbaren Neuorganisation des Projektes führen. Der letztere Fall mündet in einen Kosten verschlingenden Aktionismus, der sich gegen die Symptome, nicht aber die Ursachen der Problematik richtet. Dies lässt sich an steigenden Kosten bei gleichbleibendem Stand der umgesetzten Funktionalitäten des Systems feststellen.

Stellt man nicht den Eskalationsprozess auf Projektebene und die mit ihm einhergehenden Eskalationsförderer ins Zentrum der Betrachtung, sondern die von Keil auf einem höheren Abstraktionslevel erhobenen Eskalationsdeterminanten (Tabelle 27), so ließen sich diese größtenteils auch in den von uns untersuchten Projekten feststellen.

Determinanten		Fall A	Fall B	Fall C
Projekt- spezifische	Überzeugung, dass weitere Investitionen einen hohen Gewinn bringen			
	Projekt wird als eine Investition in F&E betrachtet		X	
	Projektrückschläge werden als temporäre Probleme betrachtet		X*	

Determinanten		Fall A	Fall B	Fall C
Psychologische	Vorangegangener Erfolg	X	X	X
	Hohes Verantwortungsgefühl für das Ergebnis		X	
	Fehler in der Informationspolitik	X	X	X
	Emotionale Bindung zum Projekt		X	

Determinanten		Fall A	Fall B	Fall C
Soziale	Rivalität zwischen Technik und Vertrieb	X	X	X
	Streben nach Anerkennung von außen		X	
	Durchziehen eines Projekts als Norm	X		X
Organisationale	Starker Projektsponsor, der das Projekt fördert und beschützt	X**	X	X**
	Aufbau eines Königreichs		X	
	Hohe Ressourcenverfügbarkeit bei mangelhafter Kontrolle	X	X	X

*Gilt hier nur für die Anfangsphase.
**Förderung erst in der Eskalationsphase zum Schutz des eigenen Rufs (Self Justification).

Tabelle 27: In den Fallstudien A-C aufgetretene Eskalationsdeterminanten nach Keil (Eigene Darstellung)

Bei den projektspezifischen Determinanten fällt auf, dass noch einige zusätzliche Faktoren zu erheben wären, da die von uns untersuchten Projekte die Keilschen Faktoren nicht aufwiesen. Weitere projektspezifische Faktoren sind z.B. Klauseln im Projektvertrag, die einen Ausstieg nicht einmal gegen die Entrichtung einer Konventionalstrafe ermöglichen (Fallstudie A). Diese Form von Verträgen wird oft abgeschlossen, wenn der Kunde eine für ihn existenzielle Deadline hat (z.B. Jahr 2000 oder Euro-Umstellung).

Die psychologischen Faktoren konnten in der Mehrheit der von uns untersuchten Fallstudien ebenfalls beobachtet werden. Interessant auf dieser Ebene ist, dass Escalation of Commitment auch bei sehr geringer emotionaler Bindung zum Projekt eintreten kann. Hier scheint eher eine Bindung zur Norm, ein Projekt zum guten Ende bringen zu müssen, vorhanden, die sich temporär in einer hohen Arbeitsaktivität widerspiegelt.

Offensichtlich treten vier Determinanten in allen drei Fallstudien ohne Einschränkung gleichsam auf, dies sind:

- ein vorangegangener Erfolg,
- Fehler in der Informationspolitik,

- Rivalität zwischen Technik und Vertrieb,
- Hohe Ressourcenverfügbarkeit bei schlechter Kontrolle.

Diese extrem starken Eskalationsförderer waren interessanterweise sowohl in der qualitativen als auch in der quantitativen Auswertung unseres Experiments die wesentlichen Eskalationsfaktoren. So eskalierten jene Gruppen am häufigsten, die von Beginn an unter Rivalitäten zwischen Vorstand und Projektleiter litten, in der fünften Hauptrunde einen frühen Erfolg (Option) erzielten und ihrem Vorstand „geframte Information" zukommen ließen. Eine Evidenz für die Eskalationswirkung hoher Ressourcenverfügbarkeit konnte in den Fallstudien – nicht aber im Experiment – gefunden werden, wohl aber eine der schlechten Kontrolle.

Über eine rein deskriptive Aufzählung hinaus konnte mit dem qualitativen Experiment jedoch ein Zusammenhang der wichtigsten Eskalationsförderer und ihre Wirkung auf den Eskalationsprozess in der Projektgruppe gezeigt werden.

7.1.2 Etablierung eines stärkeren Praxisbezugs in der Experimentalforschung zu Escalation of Commitment

Das in der Arbeit zum Einsatz gekommene qualitative Experiment hat sich bezüglich des heiklen Forschungsgegenstands und der Schwierigkeit, aus rekonstruktiven Fallstudien unterstützbare Kooperation zu analysieren, als durchaus tauglich erwiesen. Ein qualitatives Experiment, bei dem das Verstehen von Handlung und nicht die Messung eng umgrenzter Phänomene im Zentrum steht, ermöglicht wesentlich komplexere Experimentaldesigns. Sie sind weniger rigoros gestaltet wie sozialpsychologische Experimente, dafür aber der Alltagspraxis einen wesentlichen Schritt näher. Wird das Experimentaldesign dann noch aus Fallstudien der Praxis abgeleitet und mit praxisvertrauten Probanden besetzt, steigert dies die Vergleichbarkeit beider Welten.

In unserem Fall hatte die Aneinanderreihung von Schlüsselsituationen in den Fallstudien wesentliche Konsequenzen für das Entscheidungs- und Kooperationsprozessdesigns des Experiments und somit für kommunikative Veranstaltungen wie den „Projekt-Kickoff" in Vorrunde Fünf oder den „Projektstatusbericht" in der fünften Hauptrunde. Die in den Fallstudien stets vorhandenen drei Hierarchieebenen Mitarbeiter, Projektleiter, Vorstand (bzw. Geschäftsführer oder andere Projektsponsoren) wurden in dem Experiment ebenfalls etabliert. Sie waren ein wesentlicher Garant für Information Filtering und Framing. Diesen Effekten weiter zuträglich war, dass man die Vorstände ein anderes, risikoneutrales Spiel spielen ließ, mit dem sie in der Summe soviel Punkte erhalten konnten wie die Projektgruppe mit ihrem Spiel. Auf der Ebene der Kommunikation erfolgte die Verbindung zum Vorstand zwischen den eingeplanten Sitzungen mit einem Chat-System, das emailartig gebraucht wurde, und mit einem Spreadsheet, dass über den Kostenverbrauch des Projekts informierte. Kommunikations- und Koordinationskosten wurden dadurch abgebildet, dass der Vorstand, während er Emails schrieb oder Kosten kontrollierte, sein Spielrecht an den Vorstand neben ihm weitergeben musste, bis er selbst wieder an der Reihe war.

Wichtig zur Rollenfindung war die zeitliche Dauer des Experiments: In den 3-4 Stunden dauernden Experimenten blieb den Teilnehmern genügend Zeit, sich in ihre Rollen einzuleben. Gefördert wurde dies durch den immensen Druck, der sich infolge des Anfangserfolgs in der zweiten Runde, dem stetigen negativen Feedback danach und der Konkurrenzsituation zur anderen Gruppe aufbaute.

Im Nachhinein betrachtet ergäben sich Verbesserungen am Experimentaldesign durch die Verlegung des Zwischenberichts von der fünften in die siebte Hauptrunde, da dort der Krisencharakter des Spiels noch evidenter werden würde. Auch die Datenerhebungstechnologien bedürften noch einiger Verbesserungen. Im Idealfall sollte eine Erhebung von Bildern, Ton und Logfile-Inhalten digitalisiert und synchron möglich sein.

Insgesamt aber bietet das aus Fallstudien abgeleitete qualitative Experiment eine neue Zugangsform zu heiklen, in der Praxis kaum teilnehmend beobachtbaren Themengebieten. Es kombiniert die Forderungen der Einbindung von Handlungen in komplexere übergeordnete Kontexte im Sinne einer Simulation längerfristig ablaufender Entscheidungsprozesse mit der Möglichkeit zur Tiefenanalyse konkreter kommunikativer Handlung, die es mittels CSCW-Werkzeuge zu unterstützen gilt.

7.1.3 Prototypischer Escalation-of-Commitment-Prozess in Gruppen

Geht man von der dieser Arbeit zugrundeliegenden Definition von Escalation of Commitment in Projektgruppen aus, nach der Escalation of Commitment in Projektgruppen ein fortdauernder Mangel an echten Entscheidungsalternativen in einem Zielerreichungsprozess ist, der das gemeinsam erzeugte Produkt einer fehlgeleiteten, aber anhaltenden Kooperations- und Kommunikationskultur ist – dieser Mangel führt dazu, dass man in einer von Unsicherheit geprägten Entscheidungssituation x wissentlich auf die weiterhin unbrauchbare, aber bekannte Lösungsstrategie S1 zurückgreift – so stellt sich Escalation of Commitment weniger als eine irrationale Zielfixiertheit im Sinne einer psychologischen Einstellung dar, als vielmehr als eine Verlegenheitshandlung mangels Alternativen in einer Abfolge immer unübersichtlicher werdender Entscheidungssituationen.

Die Verlegenheitshandlung besteht im zyklischen Beharren auf der bisher praktizierten Vorgehensweise, die – da keine wirkliche Lösung des Problems – eine Kostenspirale in Gang setzt. Wird diese nicht unterbrochen, endet das Projekt in einem finanziellen Fiasko. Die eigentliche Phase eskalierenden Commitments ist in einen Kooperations- und Kommunikationsprozess eingebettet, in dessen Verlauf schon frühzeitig Zeichen eines hohen Gefährdungspotentials für Eskalation sichtbar wird. Wenn man Escalation of Commitment verhindern möchte, müssen diese Zeichen erkannt und der Entscheidungsprozess in eine andere Richtung gelenkt werden.

Nehmen wir den von uns im Labor erhobenen prototypischen Eskalationsprozess, so stellen wir fest, dass eine Vielzahl von Eskalationsdeterminanten aus verschiedensten theoretischen Erklärungswelten darin enthalten sind, und wann sie auftreten. Es folgt daher eine Schilderung des Auftretens der Determinanten, eingebettet in die jeweiligen Prozessschritte und -phasen (Abbildung 43:

7.1 Antworten auf die eingangs gestellten Forschungsfragen 263

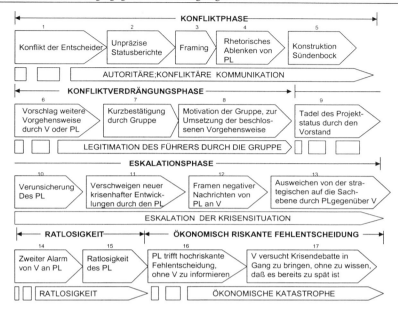

Abbildung 43: Der prototypische Eskalationsprozess mit Prozessschritten und –phasen (Eigene Darstellung)

Der prototypische Eskalationsprozess, wie er sich aus den Exprimenten entwickeln lässt, gliedert sich hauptsächlich in eine Konfliktphase, eine Konfliktbesänftigungs- (nicht – bewältigungs)-phase, eine Phase der eigentlichen Eskalation, sowie in eine Phase der Ratlosigkeit und der ökonomischen Probleme.

Die Konfliktphase ist gekennzeichnet durch gegenseitige Kämpfe der Entscheider (Vorstand versus Projektmanager), die mittels Beleidigungen und Kritik an der Person des jeweils Anderen konstruiert werden. Sie haben zur Folge, dass der Projektleiter den Vorstand nicht adäquat informiert und ihm, wenn überhaupt, diffuse oder geschönte Statusberichte zukommen lässt. Dies wird in der obigen Abbildung in den Schritten (2)+(3) offensichtlich. In Schritt (2) fragt der Vorstand den Projektleiter, der gerade am verlieren ist, nach dem Punktestand, und erhält eine diffuse Antwort. Als der Projektleiter einen kleinen vom Experimentator eingebauten Zwischenerfolg erringt, kommuniziert er diesen dem Vorstand als einen außerordentlichen Erfolg (3). Bei einer späteren Rückfrage nach dem Spielstand durch den Vorstand (4) weicht der Projektleiter mit rhetorischem Geschick aus, indem er eine fachliche Rückfrage stellt. Eine etwas später vom Vorstand geäußerte Kritik am Spielstand beantwortet der Projektleiter damit, dass die andere Gruppe bisher nur Glück hatte und dieses nicht verdient (5). All diese Handlungsweisen könnten als typische Formen von „Self Justification" des Projektleiters gedeutet werden.

Die Konfliktverdrängungsphase, in der sich der Vorstand als Führer durch die Gruppe legitimieren lässt, folgt eher dem Paradigma von Befehl und Gehorsam. Der Vorstand macht einen Vorschlag zur weiteren Vorgehensweise (6), und die Gruppe bestätigt diesen mit einem kurzen, zustimmenden Kommentar – eine Diskussion der Schwierigkeiten des Projektspiels unterbleibt (7). Eine Diskussion der Problematik des Projektspiels, wie in den Abbruchgruppen, unterbleibt vollständig. Im Anschluss daran motiviert der Vorstand die Gruppe, den von ihm vorgeschlagenen Weg weiterzuverfolgen (8). All diese Handlungsweisen lassen sich mit den eingangs beschriebenen Group-Think-Phänomenen sehr gut beschreiben.

Die Eskalationsphase ist durch weitere Verluste bei gleichzeitigem Stillstand der Projektgruppe gekennzeichnet. Als der Vorstand dies erkennt, beginnt er, den Projektleiter für diese Umstände zu tadeln (9), was diesen stark verunsichert (10) und ihn wieder in dieselben Feedback-Verhaltensweisen wie in der Konfliktphase zurückfallen lässt. Er verschweigt weitere Verluste (11), framt kleinste Erfolge, die an der Situation nichts ändern, als positiv gegenüber dem Vorstand (12) und weicht Rückfragen vom Vorstand zur Strategie mit operativen Gegenfragen aus (13). Diese Phase ist neuerlich durch intensives Information Filtering von Seiten des Projektleiters gekennzeichnet.

Der Eskalationsphase folgt die Phase der Ratlosigkeit und dann die Phase der ökonomischen Katastrophe. Die letzten beiden bilden zusammen so etwas wie eine zweite Eskalationsphase. Eingeleitet wird diese Phase von einem neuerlichen Alarm des Vorstands (14), der vom Projektleiter wissen will, weshalb die Gruppe immer wieder Verluste macht. Der Projektleiter antwortet dem Vorstand, dass er es selbst nicht wisse (15), und trifft daraufhin eine hochriskante Entscheidung, um das Spiel fortsetzen zu können (16). Die Entscheidung wird mit keinem seiner Mitarbeiter in der Gruppe abgesprochen; die Mitarbeiter melden allerdings auch keine Bedenken an. Die Fehlentscheidung liegt in der Fehlinterpretation der erreichten Option in Hauptrunde zwei. Da das leichteste Knobelspiel (das die wenigsten Punkte für die Gruppe bringt) mit zwei Optionen zu erreichen wäre, und die Gruppe bereits eine Option besitzt, stuft der Projektleiter für mehr als das ihm zur Verfügung stehende Projektbudget die Schwierigkeitsstufe von drei auf eins herunter. Um eine weitere Option zu erreichen, müssen in der letzten Runde alle drei Fragen durch die Gruppe komplett richtig beantwortet werden (in dem Wissen, dass sie keine der letzten elf Fragen auch nur ansatzweise beantworten konnten). Der Vorstand wird von dieser Entscheidung nicht informiert, obwohl die Informationspflicht in den Spielregeln schriftlich festgehalten wurde. Als der Vorstand in der Wahrnehmung der Unlösbarkeit des Projektspiels mit der Gruppe erneut ein Krisengespräch führen möchte (17), ist es zu spät, der Projektleiter muss ihm eröffnen, dass die Gruppe über das vom Experimentator fixierte Ende hinaus gespielt und extrem hoch verloren hat.

Die in dieser Phase angewandten Verhaltensweisen lassen sich besonders gut über die von Drummond beschriebenen eskalierenden Situationen beschreiben, in denen Commitment zum bisherigen Kurs die Antwort auf eine Ratlosigkeit (15) beim Projektleiter zu sein scheint. In dieser zweiten Eskalationsphase eingebettet sind aber auch Self-Justification-Verhaltensweisen und die psychologische Wirkung des „Early Success" beim Treffen der hochriskanten Entscheidung (16).

Wie im Verlauf dieses Prozesses gezeigt, kann man die Handlungen des Projektmanagers entweder aus Prozesssicht und dem Kontext eskalierender Situationen beschreiben, oder sie als Folge der psychologischen Strukturiertheit seiner Person betrachten. Im letzteren Fall würde man folgende Determinanten den Prozessschritten 1-16 zuordnen können:

Framing negativer Information im Sinne von Kahneman/Tversky (1979), die dem Entscheider einen Projektstatus vermitteln, wie er tatsächlich nicht vorherrscht (Schritt 3).

Self-justification-Verhalten in den Prozessschritten 2-5 führt dazu, dass der Projektleiter verschiedenste Kommunikationstechniken (Filtering, Framing, Strategische Rhetorik, Konstruktion eines Sündenbocks) anwendet, um sein bisheriges Handeln zu rechtfertigen bzw. zu verschleiern (Staw/Fox 1977).

Group-Think-Phänomene (Janis 1982, 9) können in den Prozessschritten 5-8 beobachtet werden. Dabei wird nach der Findung eines Sündenbocks die vom Leiter der Gruppe vorgeschlagene weitere Vorgehensweise von den Mitgliedern unhinterfragt bestätigt.

Risky-Shift-Verhalten aus Entscheidersicht, definiert als der Versuch, einen bereits erlittenen Verlust durch den Einsatz erhöhten Risikos zu kompensieren, lässt sich in Reinform in Prozessschritt (16) beobachten. Dort entscheidet der Projektleiter ohne Diskussion mit seiner Gruppe und ohne den Vorstand zu informieren, das Spiel auch jenseits der neunten Runde fortzusetzen. Diese riskante Entscheidung fällt er mit dem Risiko, dass die Fragen weiterhin kaum lösbar sind und ein Versagen in der Fragerunde mit einem extrem hohen ökonomischen Verlust bestraft wird.

Das Sunk-Cost-Phänomen, wie es die Investitionslehre um Northcraft/Wolf (1984, 226) kennt, nämlich als die Antizipation künftig kompensierender Cashflows, lässt sich in Prozessschritt (16) auch aus Kostensicht beobachten. Dort wird der Rückgriff auf die zuvor beschlossene Strategie und sogar eine weitere Investition von 100P, um in der 9. Spielrunde auf ein leichteres Knobelmodell zu wechseln, mit dem zu erwartenden Gewinn von 400 P gerechtfertigt. Ein möglicher und wahrscheinlicher Verlust von 400P wird nicht thematisiert.

Zusammenfassend bleibt festzuhalten, dass die prozesslogische Betrachtung der Arbeit beim Design von Deeskalationstechnologien den Vorteil brachte, dass die der eigentlichen Eskalationsphase vorgelagerten Phasen mit berücksichtigt werden konnten. Was mit der Eskalationsprozessfokussierung im Experimentaldesign an zusätzlicher Information erhoben werden konnte, war der Wirkungszusammenhang bisher eher partikulär betrachteter Determinanten.

7.1.4 Einfluss von elektronischer Sitzungsunterstützung auf Escalation of Commitment

Will man diese Frage empirisch beantworten, kann man den Einfluss der Setting-Variable auf das von den Gruppen erzielte Endergebnis betrachten. Die Korrelation beträgt .278** zu Gunsten des EMS-Setting. D.h. es existiert eine Korrelation mittlerer Stärke und höchster Signifikanz, so dass von einem Einfluss des Technologieeinsatzes ausgegangen werden kann. Dies bedeutet, dass Gruppen, die zum Zwischenbericht eine elektronische Sitzung durchführten, einen höheren Punktestand erzielten. Allerdings fiel dieser Unterschied nicht so deutlich aus, dass man unhinterfragt einen wesentlichen Vorteil im unmoderierten Gebrauch eines EMS gegenüber der intensiven Nutzung einer emailähnlichen CMC-Konfiguration in eskalierenden Krisensituationen konstatieren könnte.

Immerhin konnte gezeigt werden, dass gute CMC-Gruppen unter Umgehung der Vorgabe, dass lediglich der Projektleiter mit dem Vorstand nach dem Zwischenbericht kommunizieren solle, das Problem des Spiels unter breiter Beteiligung mit dem Vorstand diskutierten. Dabei nutzten sie den CMC-Kanal ähnlich wie die erfolgreichen EMS-Gruppen. Umgekehrt gab es das Phänomen, dass Verlierergruppen (z.B. Gruppe 1 vom 2.3.1998) in der Elektronischen Sitzung das EMS wie ein Emailsystem nutzten. Nachdem gleich zu Beginn der Sitzung der Vorschlag des Projektleiters von der Gruppe abgenickt war, folgte ein Kurzdialog zwischen Projektleiter und dem Vorstand, der den Beschluss der anfangs vom Projektleiter geäußerten Strategie bekräftigte. Zwischen dieser Art Kurzdialog und einer Email mit Historie an den Vorstand gab es nahezu keinen Unterschied. Trotzdem schien im statistischen Schnitt das Einberufen einer Elektronischen Sitzung mit der Aufforderung, den Status des Experimentalspiels am Computer zu diskutieren, mehr Mitarbeiter zu kontroversen Diskussion zu animieren als die Aufforderung zu einer kurzen mündlichen Diskussion mit anschließendem Emailing zwischen Projektleiter und Vorstand (CMC-Setting).

Als ein wesentlicher Erfolgsfaktor zur Vermeidung von Escalation of Commitment konnte eine strukturierte Diskussion von Alternativen identifiziert werden. Insbesondere die Fähigkeit eines Projektmitglieds zur Moderation der Strategiesitzung bestimmte den (Miss-)Erfolg und das Eskalationspotential der Gruppe wesentlich. Gelang es einem Moderator, mittels kleiner Provokationen kontroverse Diskussionen zu initiieren und diese in praktikable Lösungen überzuführen, war die Frage nach der Unterstützungstechnologie (EMS oder CMC) eher zweitrangig. Die Moderationsfertigkeiten der besten Gruppen wurden im Sinne von Ethnomethoden extrahiert und flossen in das Design kommunikativer, computerunterstützter Genres ein.

So betrachtet kann man die Forschungsfrage nach dem Einfluss, den eine elektronische Sitzungsumgebung auf Escalation of Commitment hat, wie folgt beantworten:

Überall da, wo ein EMS die Umsetzung von Deeskalationstechniken, wie

- die Konflikterkennung zwischen Entscheidern, Projektleitern, Projektgruppenmitgliedern,
- die verbesserte Darstellung des Projektstatus,
- die Erzeugung einer offenen Kommunikationskultur im Projekt,
- die Transformation einer offenen Diskussion in Problemlösungsalternativen und -handlungsweisen mit anschließender Abstimmung,

kontextsensitiv unterstützt, wird es seinen Beitrag zur Deeskalation von Commitment leisten können.

An diesen Punkt schließt sich die letzte Forschungsfrage an nämlich, wie sieht ein kontextsensitiver, EMS-unterstützter Einsatz von Deeskalationstechniken aus, bzw. welche

7.1 Antworten auf die eingangs gestellten Forschungsfragen

weiteren Technologien zur Deeskalation ließen sich aus den Erkenntnissen der Arbeit ableiten?

7.1.5 Technologien zur Deeskalation von Commitment in Gruppen

Um diese letzte Forschungsfrage zu beantworten, kommt der Autor auf die Designvorschläge in Kapitel 5 zurück. Sie sind das Ergebnis der Genreanalyse in den Laborexperimenten auf der außen- und binnenstrukturellen sowie der situativen Ebene. Wie die Genresdesigns sich auf Escalation of Commitment auswirken, und wann man sie im Kommunikationsprozess zum Einsatz bringt, lässt sich in Abbildung 44 nachvollziehen.

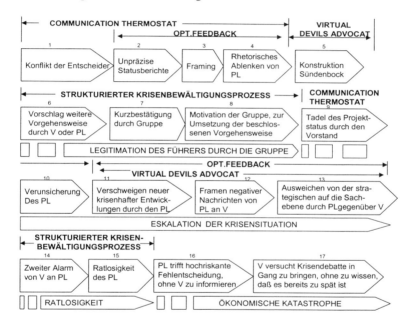

Abbildung 44: Anwendung von Deeskalationsmaßnahmen im Verlauf eines Eskalationsprozesses (Eigene Darstellung)

Das eigentliche Escalation-of-Commitment-Phänomen tritt ab Prozessschritt 9 auf, nachdem der Vorstand seinen Projektleiter in Unwissenheit des tatsächlichen Problems tadelt. Was danach eintritt, ist eine Unsicherheit beim Projektleiter, die nach dem zweiten Alarm des Vorstandes in eine Ratlosigkeit umschlägt. In dieser Situation, nahe der neunten Hauptrunde, setzen die Entscheider aus einem Mangel an Alternativen den bisherigen Kurs fort (16)[48], wohlwissend, dass dieser keine Lösung bietet. Die Grundlagen dafür wurden bereits in Schritt

---

[48] In Fallstudie A im Frühjahr 1997, in Fallstudie B nach der CEBIT92 und in Fallstudie C im Februar 93.

(1) gelegt, weshalb sich die Designvorschläge für Deeskalationstechniken nicht nur auf die Unterstützung von Sitzungen beziehen können, sondern der Sitzung vor- und nachgelagerte Situationen in den Entscheidungsprozess miteinbeziehen müssen.

Welche Deeskalationstechnologiedesigns im Rahmen der Arbeit ausgearbeitet wurden, und welche sich direkt auf Sitzungssituationen beziehen, kann der folgenden Tabelle 28 entnommen werden. Die Deeskalationstechnologien werden daran anschließend kurz beschrieben.

Deeskalationsmaßnahme	Anwendbar ab Prozessschritt	Direkter Sitzungsbezug
Communication Thermostat	1	nein
Optimierte Gestaltung und Verfügbarkeit von Feedback	2	nein
Virtual Devil's Advocat	5	ja
Vorgegebene Bewältigungsstruktur für eine Krisensitzung	6	ja

Tabelle 28: Früheste Ansatzpunkte von Deeskalationsmaßnahmen und ihr direkter Bezug zu Sitzungen (Eigene Darstellung)

7.1.5.1 Der Communication Thermostat

Beim Communication Thermostat (Abbildung 45) handelt es sich um eine Software, die Logfiles von Chat-Tools oder Mail-Datenbanken auf konfliktäre Kommunikationsmuster hin analysiert und diese beim Überschreiten eines Schwellenwerts an Entscheider im Team oder Dritte kommuniziert. Dabei wird aus der Zählung binnenstruktureller (intentionaler Mehrfachformatierungen von Frage- und Ausrufezeichen oder einzelner Buchstaben), und situativer Genre-Merkmale (wie stark werden Projektmitglieder an der Kommunikation beteiligt) eine Kennzahl errechnet, deren Übersteigen optisch auf einen Thermostat abgebildet wird.

7.1 Antworten auf die eingangs gestellten Forschungsfragen 269

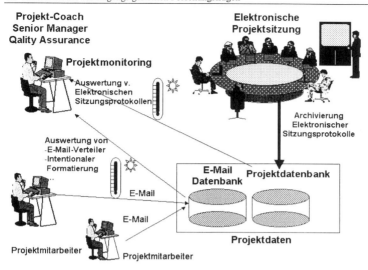

Abbildung 45: Einsatzszenario des Communication Thermostats im DV-Projekt (Eigene Darstellung)

Welche Formel sich neben der von uns getesteten noch bewährt, und wie die Gewichtung ihrer Komponenten abzustimmen ist, muss aus der Erfahrung für verschiedene Softwareentwicklungsprojekte heraus evaluiert werden. Seine Deeskalationswirkung entfaltet der Communication Thermostat durch die Analyse von im Projekt auftretenden Konflikten, deren Nichtbewältigung die Aufmerksamkeit der Entscheider für ernsthafte Krisen überdeckt. Werden diese jedoch früh identifiziert, kann der verhängnisvollen Wirkung von unbewältigten Konflikten durch Teamentwicklungsmaßnahmen gegengesteuert werden. Die aus Teamentwicklungsmaßnahmen meist resultierende offene Kommunikationskultur bewirkt dann einen zusätzlichen Schutz vor eskalierendem Commitment über alle Projektphasen hinweg.

7.1.5.2 Optimierte Darstellung und Verfügbarkeit des Projektstatus

Ein Problem, das in den Projekten wie im Experiment immer wieder zu Tage trat, war das Fehlen entscheidungsrelevanter Informationen zu einem Zeitpunkt X an einem Ort Y und deren brauchbarer Darstellung aufgrund von Information Filtering oder Framing (z.B. Eskalationsprozessschritte (2-5), (11-13), (16). Dieses Phänomen, das sehr schnell zu kostenintensiven Fehlentscheidungen führt, begründet die starke Nachfrage nach verteilten Projektmanagementsystemen in der Praxis. Bei diesen Systemen wird der Projektplan zentral gehalten, die anfallenden Veränderungen aber dezentral und tagesaktuell durch die Mitarbeiter des Projektteams eingegeben. Das allen gemeinsame Material Projektplan muss nicht durch den Projektleiter aktualisiert und an seine Mitarbeiter kommuniziert werden, sondern es steht in einer Version permanent und online allen zur Verfügung. Über einen reinen Projektplan hinaus sollte ein verteiltes Projektmanagementsystem ergänzend die freie Gestaltung einer Projektstatusseite durch die Gruppe erlauben sowie

Kommunikationsfunktionen zu der darauf dargestellten Information mit anbieten.[49] Bei der Gestaltung der Projektstatusseite können den Gesetzen der Situation-Awareness-Theorie folgend (Bass et. Al., 1996) nur die Daten dargestellt werden, die für das Projekt wirklich wichtig sind und von allen über alle Projektphasen hinweg interpretiert werden können.

Im qualitativen Experiment wurde die Darstellung der im Projekt bereits abgeflossenen Mittel, die Punkte des Vorstandes, sowie die Punkte des Gesamtspieles gewählt. Ferner wurde die Installation von Smilies vorgeschlagen, mit deren Hilfe sowohl der Vorstand als auch die Mitarbeiter sehen können, welchen „Support Level" das Projekt bei ihnen noch genießt. Die Mundwinkelstellung könnte dabei von –5 (ganz nach unten) bis +5 (ganz nach oben) von den jeweiligen Projektmitarbeitern und dem Vorstand eingestellt werden. Wie man in Softwareentwicklungsprojekten auf vergleichbare Kennzahlen kommen könnte, bleibt unter den Betroffenen zu diskutieren. Einige Vorschläge wurden in Kapitel 5 unterbreitet, wie etwa:

- die vom Projektbudget bisher verbrauchten Personal- und Sachkosten anzuzeigen,
- eine Testmatrix des Gesamtsystems mit einer Häkchen- und Meilensteinleiste für bereits umgesetzte Funktionalitäten (geordnete Hierarchie nach „muss", „kann", „soll" und „darf") und vom Kunden in Meilensteinsitzungen bereits abgezeichnete Funktionalitäten von Zwischenreleases,
- eine Fehlerkennzahl des Systems, die sich aus der Menge der in den Integrationstests angefallenen und neuen Fehler geteilt durch die Menge der gefixten Fehler errechnet,
- eine Liste der vier größten Projektrisiken mit Routinen zu ihrer Abwehr,
- das Protokoll der jeweils letzten Projektsitzung,
- Darstellung der Zufriedenheit des Projektsponsors und der Projektgruppe mit dem Projekt.

7.1.5.3 Virtual Devil's Advocat

Beim Virtual Devil's Advocat handelt es sich um eine direkte Interventionsmethode, die ab Prozessschritt 5 Escalation of Commitment verhindern kann. Der Wille zum Einsatz des Virtual Devil's Advocat sollte vom Projektsponsor kommen, sobald er folgende Alarmsignale im Projekt wahrnimmt:

1.) Er bekommt vom Projektleiter oder der Projektgruppe unpräzise Informationen, die ihm keine echte Entscheidungsgrundlage liefern.

2.) Auf den Projektstatus angesprochen, reagieren Projektleiter oder Projektgruppenmitglieder oft ausweichend.

3.) Auf den Projektstatus angesprochen, erhält er von allen eine unbegründet optimistische Einschätzung der Lage.

In diesem Falle sollte der Entscheider eine Sitzung einberufen, um sich einen Überblick über den tatsächlichen Status des Projektes zu verschaffen. Zu diesem Zwecke bedient er sich der

---

[49] Insbesondere die Verbindung von Dokumentation, Kommunikation und Koordination ist in den Projektmanagementtools wie bspw. MS-Project ansatzweise verwirklicht. Was jedoch bei den meisten Tools noch fehlt, ist die Möglichkeit, eine eigene Projektstatusview aufzurufen, in der die für das Controlling wichtigsten Projektkennzahlen aufbereitet zur Verfügung stehen.

Diskussion des Projektstatus mit einem EMS, das die Anonymität der Teilnehmenden gewährleistet. Nimmt er in der Diskussion immer wieder das Muster wahr, dass der Projektleiter den Kurs beibehalten will und ihm alle Gruppenmitglieder zustimmen, bringt er die Technik des Devil's Advocat zum Einsatz, indem er anonym die These vertritt, dass man das Projekt augenblicklich abbrechen und danach mit einer gänzlich anderen Strategie fortführen solle. Um Zustimmung zu seiner Aussage zu erhalten, sollte ihm ein extern in die elektronische Sitzung zugeschalteter Spezialist vehement zustimmen. Grund hierfür ist das in Experimenten immer wieder beobachtbare Phänomen, dass es nur starken Minderheiten gelingt, eine zur Gruppenmeinung abweichende Anschauung auf die Agenda zu bringen. Ab diesem Zeitpunkt wird sich die Gruppe mit der Meinung der starken Minderheit beschäftigen, zumal sie davon ausgehen muss, dass der vom externen Spezialisten gemachte Kommentar von einem Gruppenmitglied im Raum kommt. Ziel dieser Sitzungs- und Sozialtechnologie ist es, das in der Gruppe vorhandene Group-Think-Verhalten aufzubrechen, um so zu einer konstruktiven und kontroversen Diskussion zu gelangen. Zur Umsetzung des Szenarios wird vom Autor die Einbettung des Virtual Devil's Advocat in folgendes EMS-Setting empfohlen (Abbildung 46):

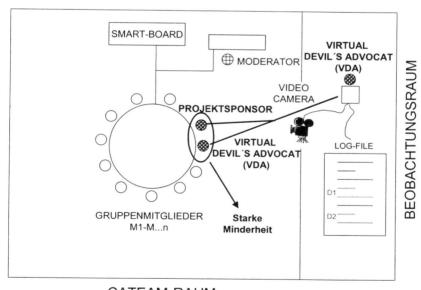

Abbildung 46: Einsatzszenario des Virtual Devil's Advocat in elektronischen Krisenmeetings (Eigene Darstellung)

Ein erfahrener Projektmanager sitzt außerhalb des elektronischen Sitzungsraums, hat aber über eine Videokamera den Blick auf das Geschehen der Sitzung. Der Entscheider, der das

Meeting einberufen hat, wird nach einer kurzen Einleitung zur Diskussion des Projektstatus überleiten und dabei die oben angeführte provokante These vertreten. Kommt auf diese provokante These eine starke Tip-Aktivität in Gang, sollte der Experte die Aktivität der Teilnehmer dazu nutzen, sich mit der These des Entscheiders zu solidarisieren, und die von der Gruppe gemachten Vorschläge und Annahmen durch provozierende Konterstatements hinterfragen. Diese Konterstatements haben die Funktion, dass die Projektgruppe ihre Entscheidungsgrundlagen präziser artikulieren muss. In dieser Mischung aus Anregung zu kontroverser Diskussion und Zwang zur Präzisierung des Projektstatus liegt der Nährboden zur Ausarbeitung alternativer Vorgehensweisen. Diese Ausarbeitung bedarf einer strukturierten Moderation, um zu mehreren von der Gruppe durchdrungenen Lösungsalternativen und Planungsszenarien zu gelangen. Werden diese operationalisiert und auf ihre Brauchbarkeit hin bewertet, verhindert dies die im Eskalationsschritt (10) eintretende Unsicherheit des Entscheiders – eine wesentliche Quelle eskalierenden Commitments.

Wie dieser Prozess der Kanalisierung kontroverser und mit dem Virtual Devil's Advocat provozierter Debatten in einer Operationalisierung und Bewertung von Alternativstrategien mündet, wird im folgenden Absatz geschildert.

7.1.5.4 Vorgegebene Bewältigungsstruktur für eine Krisensitzung

Kam der Virtual Devil's Advocat zum Einsatz, und ebbt die kontroverse Diskussion über die weitere Vorgehensweise im Projekt langsam ab, ist die Moderationskunst des Entscheiders gefragt, der die Sitzung einberufen hat. Denn jede offene Diskussion trägt nur insofern zur Lösung bei, als sie in umsetzbaren Handlungsanweisungen für die Teilnehmer endet. Um dies zu erreichen, kann der Entscheider auf den aus den Experimenten isolierten Best-Practice-Moderationsprozess zurückgreifen, der sich über folgende Zwischenschritte definiert:

1.) die Zusammenfassung der Strategien zu Handlungsanweisungen,

2.) die Abstimmung über Handlungsalternativen mit namentlicher Unterschrift,

3.) Setzen eines Ultimatums, zu dem die Handlungsanweisung spätestens umgesetzt werden soll,

4.) Aufforderung zu erhöhter Wachsamkeit durch den obersten Entscheider.

Zu 1.) Zusammenfassen der Strategien zu Handlungsanweisungen

Bei der Zusammenfassung der Strategien zu Handlungsanweisungen ist es wichtig, die notwendigen Prämissen, Tätigkeiten und Materialien zu definieren, mit deren Hilfe man eine Strategiealternative A umzusetzen gedenkt. Dazu gehört zum einen die Frage, welches Ereignis eintreten muss, damit man sich für diese Strategie entscheidet, und zum anderen klassisch koordinierende Moderations-Rhetoriken wie: „Wer macht was, bis wann, mit welchen Ressourcen?".

Nach dem gleichen Vorgang verfährt man mit den alternativ möglichen Strategien B oder C. Als Mittel der Umsetzung der Strukturierung von Strategiealternativen kann man auf ein

Gruppengliederungsentwurfswerkzeug zurückgreifen, welches Teil der Standard Electronic Meeting Software Group Systems von Ventana ist.

Zu 2.) Abstimmung über Handlungsalternativen mit namentlicher Unterschrift

Im Anschluss an die Spezifikation eines Umsetzungskonzeptes der Alternativen A-C sollen alle Beteiligten über diese abstimmen. Wie aus den Experimenten ersichtlich, ist es für diesen Schritt wichtig, die Anonymität aufzuheben, weil sich die betroffenen Personen mit ihrem Namen auf eine Alternative commiten sollen. Grund hierfür sind die zahlreichen Forschungserkenntnisse, dass Commitment immer auch vom Grad der Öffentlichkeit abhängig ist, mit der eine Entscheidung verbunden ist. Zur Unterstützung dieses Prozessschrittes kann auf das Abstimmungswerkzeug von Ventana Group Systems zurückgegriffen werden (s. Kap. 5).

Zu 3.) Ultimatum zur Umsetzung der Handlungsanweisung

Nach der Abstimmung und Einigung aller Projektgruppenmitglieder soll der Entscheider erneut die Initiative übernehmen und die Prämissen, die mit der Umsetzung der Strategie verbunden sind, vor Augen führen. Daran anschließend soll er öffentlich in der Gruppe ein oder mehrere zeitliche oder monetäre Limits verkünden, bis zu denen die Strategie greifen bzw. messbare Erfolge zeigen soll (Heath,1995). Dieser Part braucht nicht notwendigerweise mit dem EMS unterstützt zu werden, sollte aber Eingang in ein gemeinsames Gruppenprotokoll finden und in Form von Meilensteinen in das verteilte Projektplanungssystem eingetragen werden. Daran schließt sich der letzte Schritt der Krisensitzung an, die Aufforderung zur Wachsamkeit.

Zu 4.) Aufforderung zu erhöhter Wachsamkeit

Mit dem Niederschreiben der Prämissen, die hinter jeder Strategiealternative stecken, im ersten Schritt, steht die Kontrolle, ob die Prämissen im Verlauf des Projektes aufrechterhalten werden können. Es macht daher am Ende der Sitzung keinen Sinn, die Mitarbeiter auf die rational beschlossene Strategie *emotional* einzuschwören (siehe oben, Commitmentprozess Schritt 8). Statt dessen sollten sie zur Wachsamkeit im Sinne eines hohen Maßes an Situation Awareness aufgefordert werden. Dieses Genre des „Appells" kann und soll nicht durch das EMS unterstützt, sondern mündlich vorgetragen werden. Es ist ein Commitment des Entscheiders auf die in Krisensituationen notwendige Flexibilität aller Beteiligten, die zuvor beschlossenen Strategien beim Eintritt zeitlicher, funktionaler oder finanzieller Limits konsequent umzusetzen.

7.1.5.5 Fazit

Zu den Möglichkeiten der Deeskalation von Commitment mit und ohne Hilfe eines EMS bleibt festzuhalten, dass ein gutes EMS bereits eine Vielzahl von Werkzeugen besitzt, die, im richtigen Kontext angewandt und durch neue Werkzeuge (Communication Thermostat, Virtual Devil's Advocate) ergänzt, ihre deeskalierende Wirkung entfalten.

Wichtiger zur Deeskalation von Commitment durch Entscheider in DV-Projekten dürfte das in dieser Arbeit isolierte Wissen über den Prozesscharakter des Zustandekommens von

Escalation of Commitment bewertet werden. Mit diesem Wissen und den oben beschriebenen Werkzeugen ist es Entscheidern schon in einem frühen Projektstadium möglich, eskalationsgefährdende Verhaltensweisen zu unterbinden.

Macht sich in späteren Phasen Escalation of Commitment in Form von Group Think bemerkbar[50], hilft nur noch die Methode des Virtual Devil's Advocat und gute Moderationsfähigkeiten des Projektsponsors, um tragfähige Alternativstrategien zu entwickeln. Sie sind der einzige Schutz vor Alternativlosigkeit, dem eigentlichen Grund, weshalb Gruppen an den ihnen vertrauten Entscheidungen oder Handlungsweisen festhalten.

7.2 Konsequenzen der Arbeit für die weitere Commitmentforschung

7.2.1 Escalation of Commitment und gescheiterte DV-Projekte

Die Forschung über das Scheitern von DV-Projekten ist eine weltweit etablierte Disziplin mit eigenen Fachzeitschriften[51]. Dennoch konnte trotz jahrzehntelanger Erforschung unterschiedlichster disziplinärer Ansätze (Scheiternsfaktorenforschung bzw. Scheiternsprozessforschung) und der Implementierung zahlreicher Prozessinnovationen die Rate gescheiterter DV-Projekte nicht wesentlich vermindert werden.

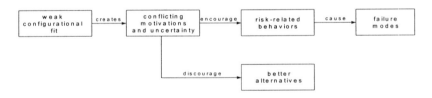

Abbildung 47: Zusammenhang zwischen dem Scheitern des Projekts, anfänglichen Konflikten aufgrund eines schwachen „Fit" des Projekts und risikoreichem Handeln (Darstellung nach Sauer/Southon/Dumpney)

Sauer et. Al. (Sauer/ Southon/ Dumpney,1997, 360) fragt sich angesichts dieser ernüchternden Praxis, ob über die letzten Jahre hinweg nicht die falschen Dimensionen von DV-Projekten beforscht wurden. Bei seinen Studien kam er auf die in Bezug auf diese Arbeit ähnliche Erkenntnis, dass das Scheitern von Projekten die Folge von Konflikten zu Projektbeginn und des Mangels besserer Lösungsperspektiven ist. Für die Entstehung von Konflikten macht er den mangelnden Fit zwischen Projekten und Struktur, Strategie, Technologie und Managementprozessen sowie den sie durchführenden Organisationen

---

[50] Damit ist gemeint: keine Duldung abweichender Meinungen, Abnicken der Vorschläge des Projektmanagers durch Gruppenmitglieder (vgl. Janis, 1983,245)

[51] Hier sei beispielhaft die Zeitschrift „Failure and Lessons Learned in Information Technology Management" von Hrsg. Liebowitz, J. von der George Washington University genannt.

7.2 Konsequenzen der Arbeit für die weitere Commitmentforschung

verantwortlich. Quelle von Escalation ist für ihn der Communication Breakdown: "There were several episodes in which communication of negative information was ineffective. Breakdowns of this type meant that the project continued longer and in more sites than it might have had the overall picture been transparent. The result was an escalation both of cost and duration." (Sauer/Southon, 360). Danach zeichnen sich eskalierende Projekte, die zu scheitern drohen, vor allem durch ihre Kommunikationskultur und die damit verbundene Informationsreproduktion aus. Die Kommunikationskultur ist meist Ausdruck empfundener und konstruierter Ohnmacht.

In Fallstudie A war ein Ausstieg aus dem Vertrag nicht möglich; die Einwände, die der erste Projektleiter gegen den Projektpreis des Vertriebsleiters vorbrachte, wurden abgeschmettert. In Fallstudie B wurde die Projektgruppe durch das Projektmanagement und den unkooperativen Entwicklungspartner immer wieder unter Druck gesetzt. In Fallstudie C übte die Parole des Institutsleiters „Ihr bringt das in Ordnung" soviel Autorität auf den noch jungen Mitarbeiter aus, dass er nicht wagte, einen Abbruch anzusprechen. In den eskalierenden Extremgruppen der Laborexperimente waren es Konflikte zwischen Vorstand und Projektleiter um Kompetenzen, welche die Projektleiter durch das immer negativer werdende Spielergebnis in die Defensive trieben. Auch hier konnte nach gewisser Zeit eine Hilflosigkeit angesichts des stetig negativen Feedbacks festgestellt werden.

Diese Defensive führte bei Projektmanager und -gruppenmitgliedern meistens zu zwei gefährlichen Verhaltensweisen. Die erste ist, dass negatives Feedback gegenüber dem Projektsponsor verschwiegen oder positiv dargestellt wird, und dieser seine Entscheidungen auf mangelhaften Informationen aufbaut; die zweite ist, dass die Projektgruppenmitglieder angesichts ihrer „aussichtslosen Situation" überengagiert handeln. Überengagement ist eine von Goffman immer wieder beobachtete Verhaltensweise, mit der sich Individuen ihre Individualität angesichts scheinbar unabänderbarer Rahmenbedingungen bewahren. Überengagement in Organisationen als eine Unterart sekundärer Anpassung charakterisiert Goffman von ihrer Funktion her als:

> „Was immer diese Praktiken für den Praktiker zu leisten vermögen – wenn schon niemand Anderem, dann zeigen sie doch ihm selbst, dass er jenseits des Zugriffs der Organisation eine gewisse Individualität und persönliche Autonomie besitzt." (Goffman, 1973, 299).

Diese Interpretation von eskalierendem Commitment zur eigenen Handlungsweise würde das Verhalten der Mitarbeiter in den Fallstudien A-C erklären können, die in einer noch so aussichtslosen Situation großen Arbeitseinsatz zeigen. Sie könnte auch erklären, wie ein Projektmitarbeiter in Fallstudie B den äußerst hohen Arbeitseinsatz folgendermaßen begründete:

> „Aber wir haben von außen keine Anerkennung gefunden. <u>Die</u> gabs nur innerhalb. Wir haben <u>viel</u> wir haben <u>sehr</u> viel gearbeitet(-) und letztlich haben wir keine Anerkennung gehabt, es war nur die in unserem kleinen Kreis. Die meisten haben hinterher in der freien Wirtschaft Karriere gemacht. Deshalb haben wir auch heute noch einen guten Zusammenhalt und treffen uns oft in der Besenwirtschaft und sind stolz auf das was wir geschaffen haben. Die politische Tragweite haben wir nicht abgeschätzt."

Mit einer Schuldzuweisung Richtung Management der Organisation:

„wir selber untereinander waren auf das stolz, was wir eigentlich geschaffen haben, ja. Äh, dass das dann außenpolitisch kein Mensch mehr wollte, das war halt so. Und das haben wir eigentlich vordergründig gesehen, na. Ich sage ja, die, für die politische Tragweite haben wir eine Geschäftsleitung, einen Verwaltungsrat, haben Abteilungsleiter und sonstiges, na. Und letztendlich ist es denen ihr Job als Manager dann, solche Dinge zu machen." (Mitarbeiter der ZD in Fallstudie B) Dieselbe Problematik beleuchtete sein Vorstand im gleichen Projekt allerdings wie folgt: *„Der erste Fehler der gemacht wurde, waren die geteilten Vermarktungsrechte. Die UNA bekam die Vermarktungsrechte weltweit, die ZD nur für Land F. Dies war deshalb ein Fehler, weil sich die UNA im Vergleich zu den anderen Entwicklungspartnern nicht daran gehalten hat."* (Interview Vorstand ZD).

Vor dem Hintergrund des Sauerschen IS-Failure-Modells kann der Fit des Projekts mit der ausführenden Organisation als äußerst schwach bezeichnet werden; die konfligierenden Interessen zwischen ZD und UNA, sowie dem Projektteam und dem Rest der DZ hätten schlimmer nicht sein können. Trotzdem wurde das Projekt „blauäugig" gestartet. Mit dieser Einsicht ergeht ein Appell an Projektsponsoren, den konfigurationalen Fit zwischen neuen DV-Projekten und der Organisation, in der das Projekt realisiert werden soll, zu überprüfen, bevor das Projekt in die Kostenschätzungs-, Vertrags-, und Kickoff-Phase geht.

7.2.2 Escalation of Commitment und Determinantenmodelle

Obwohl diese Arbeit nicht die experimentelle Messung von Eskalationsdeterminanten ins Zentrum der Betrachtungen stellte, sondern den Produktionsprozess von Escalation of Commitment, konnte bei nahezu allen Analysen die Gültigkeit des von Staw/Ross getesteten Determinantenmodells bestätigt werden. Was die Interpretation von Verhaltensweisen erschwerte, war meist die Frage, ob ein Entscheider eine Eskalationsentscheidung aufgrund seiner psychologischen Konstitution, aufgrund geframter Informationen oder aus situativen Zwängen heraus getroffen hat. So war es bspw. in Schritt (16) des oben beschriebenen Eskalationsprozesses nicht mehr nachvollziehbar, aus welchem Grund der Projektleiter die riskante Entscheidung traf. Lag seine Motivation darin begründet, dass er:

- sich mit der hochriskanten Entscheidung selbstrechtfertigen wollte (Self Justification),
- an den frühen Erfolg mit der Option in der 5. Runde glaubend, sich eine neuerliche, wenn auch geringe Chance erhoffte (Success-breads-desaster-Theorie),
- in der von ihm geforderten schnellen Entscheidung keine bessere Alternative hatte (commitment in escalating situations), oder
- zu diesem Zeitpunkt bereits das Opfer von Group Think Mechanismen war, die eine abweichende Meinung zu der in der Zwischenpräsentation geäußerten verboten hätte?

Diese Beispiele zeigen die Schwäche von Determinantenmodellen auf, das gleiche Phänomen oft unterschiedlich zu benennen und kategorisieren, wobei die Begrifflichkeiten jedoch einander inkommensurablen Theorien entspringen. Staw (Staw, 1987) erkannte diese Problematik und versuchte, erste allgemeine Eskalationsprozessprototypen zu entwerfen, um verschiedene Determinanten verschiedenen Eskalationsphasen zuzuordnen. Nach diesen Arbeiten wandte er sich verschiedensten Feldern der Praxis zu, in der Hoffnung, die Abfolge der Determinanten in den Projekteskalationsprozessen wiederzuerkennen. Nach Jahren der Feldstudien kam er 1997 (Staw,1997) zur Erkenntnis, dass die Laborforschung bis dahin kaum in der Lage gewesen war, ein der Praxis vergleichbares Commitment zu erzeugen, da die meisten Experimente durch ihre formale Anlage zu wenig Spielraum zur Eskalation ließen. Entsprechend ließen sich auch die von ihm im Labor entwickelten Eskalationsprototypen in der Realität nicht unbedingt wiederfinden.

Diese Überlegungen nahm die Arbeit zum Anlass, den methodisch umgekehrten Weg zu gehen. Anstatt einen allgemeingültigen Commitmentprozess aus Laborversuchen zu erzeugen[52] und diesen anhand der Praxis zu evaluieren, wurde versucht, spezielle in der Praxis vorfindbare Prozesse als Regelwerk zu formalisieren und zum Zwecke detaillierterer Beobachtung in ein komplexes Labordesign einzubringen.

Die Herausforderung eines solchen Ansatzes liegt dabei in der Schwierigkeit, einen den Fallstudien ähnlichen Prozess in Form von Experimentalspielregeln abzubilden. Wenn dies jedoch gelingt, und die Gruppen in einem solchen Setting eskalieren, liegen die Stärken der Ergebnisse in einem hohen Maß an Relevanz (für den Bereich von DV-Projekten) und einer guten Nachvollziehbarkeit des zeitlichen Auftretens einzelner Eskalationsdeterminanten.

Ein solches Prozessmodell des Ineinanderwirkens einzelner Eskalationsdeterminanten bietet im Gegensatz zu statischen Determinantenmodellen Rückschlüsse auf Ursache-Wirkungs-Beziehungen von Commitment über die Zeit und wertvolle Ansatzpunkte zur präventiven Deeskalation von Commitment in DV-Projektgruppen. Vor diesem Hintergrund sind die erzielten Ergebnisse zu deuten. Escalation of Commitment stellte sich in unseren Experimenten in erster Linie als Nichtentscheidung aufgrund von Alternativenmangel in immer unübersichtlicher werdenden Situationen dar, weniger als eine auf psychischen Eigenschaften von Entscheidern basierende Verhaltensweise.

Entsprechend dieser Erkenntnisse empfiehlt es sich, den seit den Arbeiten von Drummond (Drummond,1996) beschrittenen Weg in der Commitmentforschung hin zu Fragen der Problemwahrnehmung von Entscheidern in eskalierenden Situationen weiter zu gehen. Dadurch werden eher Fragen nach der Wirkung von Konflikten, der Kommunikations- und Informationskultur von Projektgruppen auf Escalation of Commitment der Entscheider ins Zentrum des Interesses rücken. Dies werden, zumindest in DV-Projekten, die Ausgangspunkte zur erfolgreichen Deeskalation in Projekten sein.

7.2.3 Escalation of Commitment und Rationalität von Entscheidungen

Die klassische Commitment-Forschung hatte folgendes Leitbild: Ein Entscheider trifft in einer Experimentalsituation eine zielgerichtet rationale oder irrationale Entscheidung. Als Erklärung der Irrationalität der Entscheidung werden die persönlichen Eigenschaften und Wahrnehmungsmuster der Entscheider bemüht. Alleine das mit hoher Komplexität der Abläufe gestaltete qualitative Experiment konnte dagegen zeigen, dass die klassisch

---

[52] Vgl. dazu Staw 1997

positivistisch-teleologisch orientierte Escalation-of-Commitment-Forschung zu vereinfachend ausgelegt war und noch ist.

Im qualitativen Experiment gab es Projektmanager mit dem Anspruch, Teile der Vorstandsrolle zu übernehmen; es kam in der Kommunikation zwischen Projektmanager und Vorstand zum Framing von Informationen, mit denen der Vorstand quasi rational entschied, wenngleich ein Außenstehender die Entscheidung als hoch irrational betrachtet hätte. Noch eindeutiger waren solche Begebenheiten in den Fallstudien zu beobachten:

In Fallstudie A wollte der gleiche Projektmanager, der später zeitweise ein hohes Maß an Commitment zur Arbeit im Projekt entwickelte, das Projekt anfangs gar nicht durchführen, da er es berechtigterweise für weit unterbewertet hielt. Diese rationale Entscheidung nutzte ihm jedoch wenig, da der Vertriebsleiter das Projekt auf alle Fälle verkaufen wollte, um sich im alten Geschäftsjahr noch eine Prämie zu sichern. Da er wenig Verantwortung für die Durchführung des Projekts hatte, war seine Entscheidung in Bezug auf die zu erwartende Prämie rational begründbar, für Außenstehende hoch irrational. In Fallstudie B war die Entscheidung des Vorstands, das Projekt kurzfristig zu stoppen, völlig rational. Dass dieser Stop wirkungslos blieb, weil die Zwischenkunden sich finanziell bereits an Midrange-Rechnersysteme gebunden hatten und nun auf Software warteten, erscheint im Nachhinein als eine – auch aus Zwischenkundensicht – irrationale Entscheidung. Was aber wäre geworden, wenn die Endkunden, die bereits an die Zwischenkunden die Hardware bezahlt hatten, keine darauf lauffähigen Programme erhalten hätten?

Die Grenze, welche Entscheidungen im Nachhinein als rational oder irrational bezeichnet werden können, verschwimmt in der Unschärfe von Abhängigkeiten, Macht, geframter Information und mangelnder Kontrolloptionen. Aus diesem Grunde ist Drummond zuzustimmen, wenn sie vorschlägt, Escalation nicht als Folge irrationaler Entscheidungen zu betrachten, sondern die forscherische Energie auf die Analyse folgender Phänomene zu richten:

- Wie eignen sich Entscheider knappe Unternehmensressourcen an?
- Wie werden in eskalierenden Umgebungen Entscheidungen getroffen?
- Wie wägen Entscheider Projektrisiken ab und welche Folgen hat Ressourcenmangel auf die Qualität von Entscheidungen?
- Welchen Einfluss hat die Projektlaufdauer, die Unsicherheit und die Wichtigkeit des Projekts auf Abbruch- bzw. Persistenzentscheidungen?
- Wie sehen die Situationen aus, in denen Entscheider Ratschläge unabhängiger Sachverständigen verwerfen?
- Wie werden DV-Projekte von den Entscheidern evaluiert und kontrolliert? (Drummond, 1996, 192-193).

Geht man davon aus, dass Escalation of Commitment durch das Handeln Vieler erzeugt wird, Machtasymmetrien in kommunikativen Kontexten eine vollständige Informiertheit der Entscheider und somit informierte Entscheidungen verhindern, stellt sich die Frage, wie Entscheider überhaupt rationale Entscheidungen treffen können. Diese Wie-Frage dürfte ganz wesentlich von den anderen, oben genannten Fragen abhängen und nur unbefriedigend mit allgemeinen Entscheidungen und Entscheidern innewohnenden Determinanten zu beschreiben sein.

7.2.4 Escalation of Commitment und Kommunikations- bzw. Kooperationskultur in DV-Projekten

Ein in der bisherigen Commitmentforschung im Vergleich zum Group-Think-Ansatz eher wenig beachtetes Thema ist die Kooperations- und Kommunikationskultur der an eskalierenden Projekten beteiligten Personen. Die Kommunikationskultur, bestehend aus kommunikativen Genres der binnen-, dialogischen- und außenstrukturellen Ebene, bildet die eigentliche Infrastruktur zur erfolgreichen Produktion von Software, da Planen, Entwerfen und Codieren im wesentlichen Kommunizieren und damit Arbeiten bedeutet.

Geht man von der außenstrukturellen zur binnenstrukturellen Ebene kommunikativer Genres, so bestehen kommunikative Ereignisse und Handlungen aus kontextspezifischen Dialogen, die mit spezifischen sprachlich-rhetorischen Mitteln bewältigt werden müssen. Ein wichtiges Analyseobjekt der Arbeit war das Genre des Projektstatusmeetings. Ein Projektstatusmeeting ist eingebunden in die Alltagsaktivitäten der Projektarbeit und wird zeitlich entweder regelmäßig oder nach Aufforderung durch den Projektsponsor (z.B. Vorstand, Geschäftsführer) anberaumt. Die Funktion eines Statusmeetings ist, den Projektsponsor mit Informationen über den Stand des Projekts zu versorgen, so dass dieser auf einer realitätsrelevanten Informationsbasis weitere Entscheidungen treffen kann. Anwesende bei Statusmeetings sind der Projektsponsor, der Projektleiter, und meist die zentralen Gruppenmitglieder (Leitender Programmierer, Leitender Softwarearchitekt).

Auf der dialogischen Ebene wird ein Statusmeeting in der Regel folgendermaßen realisiert:

- Projektsponsor grüßt die Teilnehmer und leitet das Meeting ein,
- Projektleiter stellt den aktuellen Status des Projekts vor,
- Projektleiter beendet die Vorstellung mit einer eigenen Interpretation des Projektstands,
- Vorstand stellt Fragen an Projektleiter und Gruppe, um letztlich seinerseits mit einer Bewertung des Gehörten abzuschließen (Konsens, Dissens, ...),
- Projektsponsor verabschiedet sich aus der Sitzung,
- Projektsponsor wird die eine oder andere Informationslücke nach der Sitzung durch Telefonate mit einzelnen Projektgruppenmitgliedern schließen,
- Projektsponsor überlegt sich nach der Sitzung weitere Schritte und spricht diese bilateral mit dem Projektleiter ab.

Auf der binnenstrukturellen Ebene bedarf jeder dieser dialogischen Züge einer passenden Realisierung; so sollte sich die Bewertung des Projektsponsors nicht auf die Person des Projektleiters, sondern auf den von ihm vermittelten Inhalt richten, bzw. der Abschied aus der Sitzung einen Dank und eine Aufforderung enthalten. Was passieren kann, wenn diese Regeln des Genregebrauchs verletzt werden, sei an der Abfolge zweier Projektstatussitzungen geschildert, die disfunktional verlaufen. Angenommen, der Projektsponsor befindet sich in einem dauerhaften Konflikt mit dem Handeln des Projektleiters, und ein Projektstatusmeeting ist anberaumt. Dann könnte dies auf der dialogischen Ebene wie folgt ablaufen:

- Projektsponsor fordert ohne Gruß in die Gruppe den Projektleiter zu einem sofortigen Statusbericht auf,
- Projektleiter stellt den aktuellen Status des Projekts vor,
- Projektleiter wird vom Vorstand unterbrochen, bevor er zur Interpretation des Vorgestellten gelangt,
- Vorstand beraubt den Projektleiter der Interpretationsmöglichkeit und kritisiert nicht das Gehörte, sondern die Person des Projektleiters vor der versammelten Gruppe („Kill the messenger"-Prinzip)
- Projektsponsor verabschiedet sich ohne Gruß, womöglich mit zuknallender Türe, und verlässt den Raum,
- Projektsponsor überlegt nach der Sitzung weitere Schritte, ohne diese mit dem Projektleiter abzusprechen.

Mit nur wenigen Änderungen auf der dialogischen und binnenstrukturellen Ebene ist es auf der außenstrukturellen Ebene gelungen, aus einer Projektstatussitzung eine Disziplinierungs- bzw. Abstrafsitzung des Projektleiters zu machen. Wie der Mensch sich im Alltag oft unbewusst solcher Ethnomethoden der Dialogsteuerung bedient, wird im Konzept der „Politics of reality" von Patzelt (Patzelt,1987,251f.) sehr eindrücklich geschildert. Mit einer solchen Sitzungsführung kann der Projektsponsor die Einschüchterung des Projektleiters bewirken und bei diesem starkes Framingverhalten hervorrufen, was in einem „gefälschten Projektstatusbericht" münden kann. Nach den Beobachtungen unserer Experimentalgruppen läuft ein eine geframte Berichterstattung in etwa wie folgt ab:

- Projektsponsor grüßt die Teilnehmer und leitet das Meeting ein,
- Projektleiter stellt *nicht alle* Facetten des aktuellen Projektstatus vor,
- Projektleiter beendet die Vorstellung mit einer *„stark geschönten"* Interpretation des Projektstands,
- Vorstand stellt Fragen an Projektleiter und Gruppe, erhält jedoch ebenfalls *„geschönte" Antworten*, um letztlich seinerseits mit einer Bewertung des Gehörten abzuschließen (Konsens, Dissens, ...),
- Projektsponsor verabschiedet sich aus der Sitzung,
- Projektsponsor wird die eine oder andere Informationslücke nach der Sitzung durch Telefonate mit einzelnen Projektgruppenmitgliedern schließen,
- Projektsponsor überlegt nach der Sitzung weitere *Schritte, die auf dem objektiv falschen Feedback aufbauen* und spricht diese bilateral mit dem Projektleiter ab,
- Eingeschüchterter Projektleiter wird zur blinden Zustimmung neigen.

An diesem Beispiel konnte gezeigt werden, wie fragil sich die kommunikative Konstruktion von Kooperationssituationen und der in ihnen verrichteten Arbeit darstellt. Die Wahrscheinlichkeit, dass den Projektsponsor die „Abstrafsitzung" infolge der in der nächsten Projektstatussitzung vermittelten geframten Information sehr viel Geld kosten kann, ist hoch. Wenn er seine weiteren Projektentscheidungen auf diesen Informationen aufbaut, kann dies

7.2 Konsequenzen der Arbeit für die weitere Commitmentforschung

der Einstieg in einen Eskalationszyklus sein, der ihn später aufgrund der „versenkten" Kosten an seine falsche Entscheidung bindet. Welche Konsequenzen ein derartiges Verhalten nach sich zieht, konnte in Fallstudie B gezeigt werden, und belegen die Aussagen des leitenden Projektmitarbeiters, der das kommunikative Verhalten seines Projektleiters in Projektstatussitzungen beschreibt:

> *„Ja, er hat immer das letzte Wort gehabt, weil er war rhetorisch einmal-, einmalig, ja. Das heißt, er hat, er kam mit (.)nichts an und kam als Sieger raus, nachher. Mit der reinen Rhetorik. Ja. Und dann hat er halt immer wieder gesagt, ja, in Ordnung, ja, wir haben das jetzt, und die ZD wird in den nächsten drei Wochen, drei Wochen die Lösung bringen. Wobei jeder gewusst hat, in drei Wochen schafft sie das nie. Er konnte ja immer noch das bringen, ja, ja. Und im Endeffekt war immer diese Zeitschere. So Zusagen gemacht, ja, und da war halt nichts fertig. Oder vielmehr, waren Fragmente von Produkten fertig, die nie einsatzfähig waren."*

Der Vorstand desselben Projektes beschreibt dagegen das kommunikative Verhalten des Projektleiters in Projektstatussitzungen als irreführend:

> *"Die rhetorischen Fähigkeiten des Projektleiters waren dabei ein Problem, er hat das immer wieder vernebelt. .... Was nicht gut lief, war die interne Transparenz, da hat ich immer den Eindruck wir sind viel weiter, als wir wirklich waren ... „*

Die Kommunikationskultur spiegelt die Art sozialer Beziehung zwischen den sie konstruierenden Akteuren wieder, kann aber reflexiv auch dazu benutzt werden, Beziehungszeichen zu Akteuren zu setzen, um das zu produzieren, was eine funktionale kommunikative Veranstaltung wie eine Projektstatussitzung, eine Projektgruppensitzung, oder eine Kundenpräsentation ausmacht. So gesehen sollte in DV-Projekten die Kommunikation und deren Umsetzung nicht dem Zufall überlassen, sondern geplant werden. Sollten bereits zu Beginn des Projekts starke Konflikte zwischen den Protagonisten eine geregelte Kommunikation unmöglich machen, bedarf es schneller und drastischer Interventionen, um nicht aufgrund von Information-Filtering-Effekten (Tetlock, 1979) zu einem späteren Zeitpunkt des Projekts in Eskalationsfallen (Bazerman 1998, 71) zu geraten.

Quellen solcher Konflikte sind meist Kämpfe um Budgets, Kompetenzen und Ressourcen, die auf Macht basieren, und in denen es temporäre Gewinner und Verlierer gibt. Welche Konsequenzen Macht und Ohnmacht für die Zusammenarbeit im Projekt haben kann, ist Thema des nächsten Absatzes.

7.2.5 Escalation of Commitment als Folge der (Ohn-) Macht von Akteuren

„Macht bedeutet jede Chance, innerhalb einer sozialen Beziehung den eigenen Willen auch gegen Widerstreben durchzusetzen, gleichviel, worauf diese Chance beruht. Herrschaft soll heißen die Chance, für einen Befehl bestimmten Inhalts bei angebaren Personen Gehorsam zu finden." (Weber, 1972, 28).

Macht im Weberschen Sinne wohnt nahezu jeder sozialen Beziehung innerhalb und außerhalb von Organisationen inne, wenngleich Weber zwei für Machttheoretiker des Informationszeitalters wichtige Aspekte eher weniger betonte:

die Reflexivität von Macht in sozialen Beziehungen,

die Ressourcen, auf denen Macht beruht und die Modalitäten die sie vermitteln.

Die Reflexivität besagt, dass eine Machtbeziehungen immer zwei Richtungen aufweist, so kann ein Manager zwar per Direktive Arbeitern befehlen, wie sie zu arbeiten haben, wenn sie dann aber Dienst nach Vorschrift machen, wird er nicht den Ertrag erwirtschaften, der für sein Fortkommen in der Organisation zuträglich wäre. Auch der Arbeiter kontrolliert mit seinem Expertenwissen eine für den Manager wichtige Unsicherheitszone, mit der er – vielleicht in Absprache und Solidarisierung mit seinen Kollegen – Mikropolitik betreiben kann. (Ortmann, 1990,17)

Die Ressourcen, auf denen Macht in Organisationen beruht, sind ästhetischer, kognitiver, autoritativ-administrativer, ökonomischer und technischer Art. Ortmann bringt neben Ressourcen, den von Giddens entlehnten Begriff der Modalitäten mit ins Spiel. Er macht strukturationstheoretisch deutlich, dass es keine ständig verfügbaren Ressourcen der Macht gibt, sondern dass diese auf der Ebene alltäglicher Handlung immer wieder von neuem gebildet, verändert und bestätigt werden müssen. Entsprechend dieser Auffassung entwirft Ortmann in Tabelle 29 folgende Morphologie der Machausübung in Organisationen.

Dimensionen	Sinnlich ästhetische	Kognitive	normative	autoritativ-administrative	ökonomische	technische
Ebene der Modalitäten	-Wahrnehmungsmuster - Formen von Handlungen und Handlungsgegenständen (-mitteln und -resultaten): Attraktivität; Architektur der Disziplin; Ästhetik der Macht	Deutungsschemata; Organisationsvokabular, Mythen, Symbole, Leitbilder (s. dazu den Abschnitt II.3) - Experten	Wissen: -rechtliche -orgnisatorische (formelle und informelle) Regeln (insbesondere Vorgabe von Handlungs- und Entscheidungsprämissen, Ausführungsprogramme	-Autorität -Administration/ Organisation; bürokratischer Herrschafts- und Verwaltungsapparat -Fähigkeiten und Fertigkeiten	-ökonomische Machtmittel (Geld und geldwerte Güter, dann z.B. auch: Investitionen und Budgets)	-Rohstoffe -Produktionstechnik -Informations- und Kommunikationstechnologie
			Organisationskultur			
Ebene der Handlung	Sinnliche Wahrnehmung und Formgebung	Kommunikation (insbes.: "politics of reality")	Sanktion	autoritativ-administratives Handeln	Wirtschaftliches Handeln	Technisierung

Tabelle 29: Morphologie der Machtausübung in Organisationen (nach Ortmann,1990,30)

Drummond, die einen dem Ortmann'schen sehr ähnlichen Machtbegriff verwendete (Drummond, 1996,188), stellte wiederholt fest, dass es die Macht einzelner Akteure und Gruppen, bzw. informeller Normen im Londoner Bankverein waren, die eine frühe Kommunikation über die Unsinnigkeit des Projekts verhinderte und zur Eskalation von Taurus beigetragen hat. In den von uns beschriebenen Fallstudien konnte ähnliches festgestellt werden: In Fallstudie A war es in erster Linie die ökonomische Dimension von Macht, angewandt in der Durchsetzung des zu niedrigen Budgets, durch den Vertriebsleiters gegen die Projektgruppe, sowie die normative Dimension des Projektvertrags (keine Ausstiegsklauseln, offen für Kundennachforderungen), die die Projektgruppe systematisch in die Eskalation trieben. In Fallstudie B war es die ökonomische und technische Dimension der Macht des (Nicht-) Kooperationspartners UNA, sowie die autoritativ- administrative Macht des Vorstandsgremiums der ZD und die kognitive Machtdimension des Projektleiters, die zu einem stark eskalierendem Commtiment im Projekt führten. In Fallstudie C war es fast ausschließlich die normative und kognitive Dimension der Macht (das Leitbild und informelle Regel des „in Ordnung und zu Ende Bringens" bei Projektleiter wie bei Vorstand), sowie die sinnlich-ästhetische Macht, die das Programmieren auf den damit Beschäftigten ausübte, die das Commitment eskalieren ließen.

In den untersuchten Fällen manifestierte sich eskalationsfördernde Macht in der vom Entscheider initiierten Erstentscheidung zu Beginn des Projekts. In den Fällen A und C wurde das Projekt gegen den Widerstand der Projektleiter viel zu billig verkauft, in Fall B war der Vorstand nicht in der Lage das Projekt gegen den Willen des Vorstandsgremiums und des Aufsichtsrats zu stoppen, da ein Stopp die gesamte Organisation und ihre Aufbruchstimmung hin zur dezentralen Datenverarbeitung in Frage gestellt hätte. Drummond stellte zu dem sehr ähnlich verlaufenen TAURUS Projekt deshalb folgende Überlegung an: *"Contrary to the idea that few commitments exist in the embryonic stages of a venture, the early phases may be the time when commitment is at its zenith. The chief executive was unable to stop the project, even though nothing had been built because his arrival coincided with the institutionalisation of the Taurus myth. (Drummond, 1996, 187)"*

Drummond ist ferner der Meinung, dass ein eskalierendes Projekt nur dann gestoppt werden kann, wenn alle Beteiligten den Charakter des Verlustspiels erkennen und untereinander kommunizieren. So lange ein Partner durch die Fortsetzung des Projekts glaubt, individuelle Gewinne zu erzielen und die Macht hat, das Projekt fortzusetzen, (qua Vertrag, finanzieller Mittel, technologischen Know Hows), wird es weiter eskalieren.

Den Projektmanagern bleibt aufgrund der strukturellen Machtpotentiale in Organisationen oft kein anderer Ausweg, als die empfundene Ohnmacht durch gesteigerten Arbeitseifer zu kompensieren. Diese These findet sich in einer jüngeren Umfrage von Keil (Keil; ACM). Er stellte fest, dass für DV-Projektmanager diejenigen Risiken die gefährlichsten sind, die sie nicht selbst kontrollieren können: *„One of the more intriguing findings from our study is that risks thought to be most important are often not under the project manager's direct control. When asked to explain why they perceived certain risk factors to be more important than others, many panelists indicated their perceptions of risk were higher for those items over which they had little or no control. As one panelist remarked: "The reason I ranked customer risk so high is because I cannot effectively control user behavior. I cannot tell my customer's departmental vice presidents to hold hands and sing We Are The World, when that is what the project desperately needs."* (Keil, 2000, 79)

7.3 Konsequenzen der Arbeit für die Sitzungsforschung

In Bezug auf die Sitzungsforschung bestätigt diese Arbeit die wichtige, aber noch nicht weit verbreitete Erkenntnis, dass Sitzungen und damit die Möglichkeiten zur Sitzungsunterstützung vom sie umgebenden Arbeitskontext und den Rahmenbedingungen abhängig sind. Gezeigt werden konnte dies daran, dass der im Experiment fest installierte

Zwischenbericht bei manchen Gruppen als Bestätigungsdialog zwischen Projektleiter und Vorstand bezüglich der eingeschlagenen Strategie diente, während er in anderen Gruppen zu einer ausgewachsenen Krisen- bzw. Strategiefindungssitzung geriet. Interessanterweise hätten die anderen Gruppen auch eine Strategiefindungssitzung benötigt, waren aber erst in der neunten Hauptrunde soweit. Dies bedeutet nichts anderes, als dass eine Art Krisenbewältigungsprozeß (als vom Experimentator vorgegebene Mission) existiert, der sich aus der Summe sinnhaft miteinander verketteter Sitzungen definiert. Zu welchem Zeitpunkt und unter welchem Druck diese Sitzungen stattfinden, welche ausgelassen oder zusätzlich in den Prozeß aufgenommen werden, definiert letztlich die Agenda und benötigten Werkzeuge jeder Sitzung. Mit der Hauptkomponentenanalyse konnte gezeigt werden, dass jede Sitzung, wie etwa die Strategiesitzung nach der Vorrunde, oder der Zwischenbericht ihren eigenen Genrehaushalt besitzt. Die für die stärksten Unterschiede im Genregebrauch verantwortlichen Variable war die in Vorrunde, Zwischenbericht und Projektabschluß kategorisierte Zeitvariable.

Wurde Sitzungsforschung in der Vergangenheit so betrieben, dass ein neu programmiertes Sitzungsunterstützungswerkzeug auf seine Eignung in Sitzungen hin evaluiert wurde, sollte Sitzungsforschung mit Anspruch auf Relevanz eher den umgekehrten Weg gehen. Diese aus den Erkenntnissen experimenteller Forschung erhobene Forderung, schließt sich an die jüngeren Erkenntnisse der Hohenheimer Sitzungsforschung an, wie sie von Klein/Krcmar/Schenk (Klein/Krcmar/Schenk 2000) festgestellt werden konnten und wie die Abbildung 48 verdeutlicht.

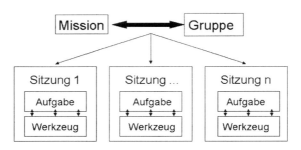

Abbildung 48: Einbettung von Sitzungen in den sozialen und organisatorischen Kontext (Darstellung nach Klein/Krcmar/Schenk, 2000, 220)

Diese Erfahrungen bauen auf dem Projekt CUPARLA (Schwabe, 1998) auf, in dessen Verlauf Politiker über einen längeren Zeitraum hinweg bei ihren Haushaltsberatungen und sonstigen Sitzungen begleitet und beforscht wurden. Um von März bis zum Oktober eines Jahres z.B.

7.3 Konsequenzen der Arbeit für die Sitzungsforschung

einen Haushaltsentwurf als Basis der politischen Außendarstellung der Partei zu entwickeln, definiert sich eine im Alltagswissen der Politiker präsente Abfolge von Sitzungen im Sinne eines Arbeitsprozesses, um die Erfüllung der Mission zu gewährleisten (vgl. Abb.49). Daraus folgt, dass jeder Politiker, der an einem solchen Prozeß mehrmals teilgenommen hat, weiß, was der Sinn und die zu produzierenden Produkte einer jeden Sitzung sind. Ferner hat er auch in etwa eine Ahnung davon, welche Mittel (Agenda, Werkzeuge, ...) er zur kommunikativen Bewältigung einer jeden Sitzung benötigt – kurz: er hat ein Alltagswissen über den Genrehaushalt einer Sitzung. Er weis in etwa, wer teilnehmen wird, wie sie ablaufen wird, welche Dialoge dazu nötig sind, aber auch was man tunlichst vermeiden sollte.

Tritt der Sitzungsforscher mit wenig Vorkenntnis über Sitzungsabfolgen und kontextneutralen Sitzungsunterstützungswerkzeugen in eine konkrete Sitzungssituation ein, läuft er Gefahr, a) den Sinn der Sitzung nicht verstanden zu haben und b) durch den falschen Einsatz der in das System implementierten Werkzeugen, den Genrehaushalt der Sitzung so durcheinanderzubringen, dass sie Garfinkel'schen Krisenexperimenten ähneln (Garfinkel,1967,45ff.).Von einem solchen Beispielfall konnte auch im Projekt CUPARLA berichtet werden (Schwabe, 1998,505). Durch den Einsatz eines demokratiefördernden Werkzeugs wie dem anonymen Elektronischen Brainstorming durch den Moderator zu einem Zeitpunkt, bei dem es um die Disziplinierung der Mitglieder ging, wurde der Verlauf einer Fraktionssitzung derart beeinflusst, dass die Vorsitzende den weiteren Einsatz der Werkzeugs untersagte und die Moderation wieder klassisch mündlich an sich riß. Zur weiteren Lektüre dieser Thematik sei nochmals auf weniger drastische Beispiele verwiesen, wie sie Klein et al. (Klein/Krcmar/Schenk, 2000, 217) unter dem Stichwort Kommunikationskultur beschrieben haben

Was aus diesem Beispiel und unseren qualitativen Experimenten ebenfalls deutlich wird, ist die Macht des Moderators, den kommunikativen Haushalt einer Sitzung beträchtlich – absichtlich oder unabsichtlich – zu manipulieren. Dies kann soweit gehen, dass er den gesamten Sitzungstypus in einen anderen verwandelt (Transformation auf der außenstukturellen Genre-Ebene), wie etwa der Projektleiter, der aus einer Krisensitzung eine Bekräftigungssitzung für die von ihm vorgeschlagene Strategie macht, oder der Projektleiter, der, bestärkt durch eine offene Kommunikationskultur in der Vergangenheit, das Problem der Experimentalspielkrise thematisiert, verschiedene Lösungsstrategien über Provokationen initiiert und zur Bestätigung abstimmen lässt – nicht ohne Limits zu nennen, ab denen man die Lage der Gruppe neu diskutiert.

Aus den Ergebnissen dieser Arbeit, sollen deshalb einige Überlegungen für die Zukunft der Sitzungsforschung und die Entwicklung elektronischer Sitzungsunterstützungs- und moderationstechnologien angestellt werden. Bei diesen Überlegungen steht nicht die Frage im Vordergrund, wo könnte man ein elektronisches Sitzungtool einsetzen, sondern: wie müsste ein elektronisches Sitzungsunterstützungswerkzeug (W) aussehen, dass eine Interaktion (I) in einem Sitzungstypus (T) so gut unterstützt, dass der Arbeitsproze ß (P) zur Erfüllung der Mission (M) optimal unterstützt wird. Einen passenden konzeptionellen Rahmen zu dieser Überlegung bietet die Genreanalyse, die ein schlüssiges Konzept vom Projekt (in der Genretheorie soziales Milieu genannt) über Sitzungen (in der Genretheorie Soziale Veranstaltung genannt) bis hin zu Sitzungssituationen (in der Genretheorie kommunikative

Handlung genannt) und der die Sitzungssituation konstituierenden Elemente (Redezugfolgen, korrektiver Austausch, Themensetzungshandlungen) und Binnenstrukturen (Phrasen, Gestiken, Stilformen,...) bietet.

Eine Technologie kann danach bewertet werden, welche Freiheitsgrade und Restriktionen ihr Gebrauch für die binnenstrukturelle, die situative und die außenstrukturelle Ebene einer Sitzung bringt. Für einen Technologiedesignentwurf stellt sich demnach die Frage, welche binnenstrukturelle Merkmale er besitzen müsste, um eine Situation zu unterstützen, die einen Sitzungstypus effizienter macht, der einen Arbeitsprozeß mit angebbarer Mission unterstützt. Am Beispiel eines DV-Projekts würden sich für einen Sitzungsforscher im oben beschriebenen Sinne folgende Fragen stellen, die er zum optimalen Design einer Sitzungsunterstützungstechnologie beantworten müsste:

1.) Um was für eine Art von DV-Projekt handelt es sich (Softwareentwicklungsprojekt, Systementwicklungsprojekt, Systemeinführungsprojekt, ...)?

2.) Welches sind die typischen Sitzungen in einem DV-Projekttypus (in einem Softwareentwicklungsprojekt z.B. die Systemarchitekturdiskussionssitzung, Projektsitzung, Integrationstestnachbesprechungssitzung, Meilensteinsitzung, ...)?

3.) Wie sieht der kommunikative Haushalt einer Projektsitzung aus (Ort, anwesende Personen, Zweck der Sitzung für das Projekt, übliche Sitzungssequenzen, zur Konstruktion der Sitzungssequenzen notwendige Interaktionen, zur Konstruktion der Interaktionen notwendige binnenstrukturelle Elemente)?

4.) Welche der Sitzungssequenzen oder Sitzungsinteraktionen können mit welchen Technologien unterstützt werden?

5.) Sind diese Technologien bereits vorhanden, oder müssen sie noch entwickelt werden?

In unserem Experimentalspiel wurde bspw. die Frage gestellt, wie man eine „Selbstbestätigungssitzung des Projektleiters" in der Eskalationsgruppe durch die gezielte Modifikation des Genrehaushalts in eine kontroverse Strategiediskussionssitzung, wie in der Projektabbruchgruppe umwandeln könnte? Der Schlüssel dazu bestand in der verdeckten Hinzuziehung einer sonst nicht beteiligten Person (einem externen Projektauditor) und mit den Genrehaushalt der Sitzung verändernden Interaktionen (anonymer Widerspruch, Solidarisierung zur starken Minderheit). Um Genreaggregation namens Virtual Devils Advocat umsetzen zu können, bedarf es einer technologischen Infrastruktur, die in dem Designvorschlag das anonyme Brainstormig-Tool von Ventana-Group-System bildet.

Ein Beispiel für das Design eines neuen Genres im kommunikativen Haushalt von Softwareprojekten ist der Communication Thermostat. Er analysiert die binnenstrukturellen Merkmale von Kommunikation in Sitzungen, ohne in den kommunikativen Haushalt der Sitzung einzugreifen. Eine Intervention erfolgt auf Arbeitsprozessebene, wenn eine mit der Projektkontrolle beauftragte Instanz von diesem Kommunikationsgenre die Meldung erhält, dass ein Dissens zwischen dem Zweck der Sitzung(en) und der angestrebten Mission des Arbeitsprozesses besteht. Begründet wird dies von der dem Communication Thermostat inhärenten Logik, dass gewisse Interaktionsmuster kombiniert mit sprachlichen Ausdrucksformen, zum funktionalen Zweck einer Sitzung oder Sitzungsfolge kontraproduktiv sind. Die kontrollierende Instanz (Projekt Auditor, Senior Manager) ist aufgerufen, eine außergewöhnliche, vom Projektteam nicht geplante Sitzung in den Arbeitsprozeß einzuschieben, um die im Projektteam herrschenden Konflikte zu analysieren, wenn möglich aufzulösen. Um dies als Person bewerkstelligen zu können, bedarf es eingehender Moderationskenntnisse. Moderation ist aus Sicht der Genre-Theorie nichts anderes, als willentlich, den Charakter eines Meetings über den gezielten Eingriff in den kommunikativen Haushalt zu steuern. Ziel der Steuerung ist ein Abgleich zwischen den situativ beobachtbaren kommunikativen Handlungen und dem Alltagswissen des Moderators bzw. der Teilnehmer darüber, was die Sitzung an Ergebnissen für den Arbeitsprozeß im Projekt liefern soll. Wesentliche Mittel, die Sitzung zu steuern, sind für den Moderator das Festlegen oder Verändern der Sitzungssequenzen in der Agenda, die Zuteilung von Rede- und Themenvorschlagsrechten, die Benutzung technologischer und sprachlicher Mittel zur erfolgreichen Konstruktion von Sitzungssequenzen. In den beobachteten Experimentalgruppen gab es große Unterschiede bei den Moderationsfertigkeiten der Entscheider. Daß diese wesentlich stärker zu gewichten sind, als das Vorhandensein technologischer Infrastrukturen, konnte mit der Extremgruppenanalyse im Vergleich zur Korrelationsanalyse der Settings gezeigt werden und sollte ein weiterer Fokus künftiger Sitzungsforschung werden.

Insgesamt haben die Ergebnisse dieser Arbeit für künftige Forschung im Bereich Elektronischer Sitzungsunterstützung folgende Konsequenzen:

1.) Sitzungen müssen künftig als im Kontext von Arbeitsbewältigungsprozessen eingebundene kommunikative Veranstaltungen betrachtet werden.

2.) Eine Kartierung des kommunikativen Haushalts von Sitzungen in verschiedenen Kontexten und Domänen, könnte die Sitzungsforschung weiterbringen (Schwartzman,1989, 115ff.).

3.) Das Design von Sitzungstechnologien sollte sich entsprechend stärker am kontextorientierten Gebrauch in verschiedenen Domänen ausrichten.

4.) Die Sitzungsforschung könnte weitere Fortschritte machen, wenn sie den starken Einfluß von Moderatoren und Moderationstechniken in Sitzungen untersuchen würde.

7.4 Konsequenzen der Arbeit für die Praxis

Wenn Escalation of Commitment in DV-Projekten die Spätfolge eines mangelnden Configurational Fits im Sinne von Miles/Snow (1994) ist, der zu Konflikten und schlechter Kommunikation führt, die Alternativentscheidungen verbaut und einen übersteigerten Arbeits- bzw. Mitteleinsatz der Projektgruppe als Folge empfundener Ohnmacht fördert, dann gibt es unterschiedliche Adressaten für unterschiedliche Praxisempfehlungen,: das Senior- oder Top-Management, den Projektleiter respektive die Projektgruppe sowie für alle Managementpositionen hinsichtlich der Weiterentwicklung ihrer Qualifikationen und Fähigkeiten.

7.4.1 Konsequenzen für das Senior Management

Ein wesentliches Kennzeichen eskalierender Projekte sind „Paradoxien", die zu Beginn des Projekts vom Senior Management initiiert werden. In Fallstudie A war dies ein zu billig kalkuliertes Festpreispreisprojekt ohne Ausstiegsmöglichkeit, umzusetzen von mehrheitlich auf dieser Technologie nicht qualifizierten Mitarbeitern. In Fallstudie B war es ein Kooperationsvertrag zwischen Interessenkonkurrenten, von denen einer über das Know How und die Finanzen verfügte, den anderen zu blockieren. In Fallstudie C war dies ein viel zu preiswert kalkuliertes Projekt, dass technisch mit zu wenig und zu schlecht qualifiziertem Personal umgesetzt werden sollte. Paradoxien solcher Art führen früher oder später zu erheblichen Konflikten im Projekt, da sie bisweilen durch einen hohen Arbeitseinsatz der Projektgruppe zu kompensieren sind.

Diese Konflikte frühzeitig zu erkennen und zu lösen ist die erste Aufgabe für das Top Management. Das im Designteil dieser Arbeit beschriebene Werkzeug des Communication Thermostat ist ein Mittel zur Konflikterkennung. Sind die Konflikte erkannt, werden in einer fehlertoleranten Organisation mit offener Kommunikationskultur die Mitarbeiter im Projekt zusammen mit dem zuständigen Senior Manager das Problem mit dem Paradox kontrovers diskutieren. Der Senior Manager wird dafür Sorge tragen müssen, dass die kontroverse Diskussion in einen moderierten Krisenbewältigungsprozeß überführt wird, an dessen Ende ein Redesign des Projekts steht. Für Entscheider in einer eher fehlerintoleranten Organisation wird der Konflikt im Projektteam vielleicht ebenfalls erkannt, auf Grund der impliziteren Kommunikationskultur (berechtigte Angst vor Übermittlung negativen Feedbacks bzw. vergebliche Hinweise auf die Paradoxie von Seiten des Projektleiters) aber nicht offen ausgetragen. Dies führt zu geframten Informationen von Seiten des Projektmanagers, der Senior Manager und Projektsponsor hat das Gefühl, dass er nicht vollständig oder gar falsch informiert ist.

Die zweite wesentliche Herausforderung für das Senior Management ist das Erkennen des defizitären Informationsstandes. In einer fehlerintoleranten Organisation kann auch der Senior Manager einen schweren Stand haben, seinen eigenen Fehler eingestehen zu können. Aus diesem Grund empfiehlt sich hier die Beauftragung eines organisationsexternen Projektauditors, mit dessen Hilfe ein Redesign des Projekts zum Zwecke der Auflösung des Paradoxons eingeleitet werden sollte. Weshalb fehlerintolerante Organisationen einen organisationsexternen Auditor bestellen sollten, hat Keil in seiner Studie geschildert (Keil 2000, 90). Ein externer Auditor kann mit Hilfe des Senior Managers und dem Einsatz des Virtual Devils Advocat die gleiche kontroverse Diskussion mit der Projektgruppe initiieren, wie der Entscheider in der fehlertoleranten Organisation. Die restlichen Schritte bis zur Auflösung des Paradoxons verlaufen wie oben geschildert. Diese Lösung zur Deeskalation eines DV-Projekts erfordert von Top-Managern die zentrale Fähigkeit, von einer erkannten eigenen Fehlentscheidung, die zu einer Projektparadoxie führt, Abstand nehmen zu können, um sie funktional für das Projekt aufzulösen. Dies ist in einer fehlertoleranten Organisation sicherlich einfacher umzusetzen als in einer fehlerintoleranten; aber auch dort gibt es Möglichkeiten, dem Projekt eine andere Richtung zu geben. Der in dieser Arbeit vorgestellte Virtual Devils Advocat sind ein Mittel dazu, die Mitarbeiter aus dem verzweifelten Commitment zu ihrer Arbeit herauszulösen und das Projekt nochmals in seinen

7.4 Konsequenzen der Arbeit für die Praxis

grundlegenden Prämissen zu hinterfragen. Aus diesem Grund kann es in einer fehlerintoleranten Organisation vorteilhaft sein, einen externen Auditor mit dem Projektreview zu beauftragen und ihm die Moderation des gesamten Prozesses zu übertragen. Dann muß die Entscheidung zum Projektredesign nicht unmittelbar mit der paradoxen Initialentscheidung des Entscheiders in Verbindung gebracht werden.

Die Möglichkeiten zum Einsatz der Instrumente einer fehlertoleranten Organisation wie in einer fehlerintoleranten Organisation, werden in Abbildung 49 veranschaulicht. Insgesamt bedeutet dies, dass das Senior Management zur Verhinderung von Escalation of Commitment in DV-Projekten folgendes leisten muß:

1.) Es muß in der Anfangsphase des Projekts entstehende Konflikte sehr ernst nehmen und produktiv lösen. Dabei muß untersucht werden, ob die Konflikte in einer Paradoxie des Projektdesigns (Projektbudget, Projektvertrag, eingesetzte Technologien, Projektziele, ...) begründet liegen.

2.) Das Seniormanagement muß in der Lage sein, zu jeder Zeit den Projektstatus von Seiten des Projektmanagers abrufen zu können. Das ermöglicht eine optimale Kontrolle des Projekts. Sobald der Projektmanager nicht vollständig oder – wie nachträglich verifizierbar – falsch informiert, muß das Senior Management alles unternehmen, um eine offene und transparente Kommunikation herzustellen.

3.) Es muß wissen, dass kein Projekt so wichtig ist, dass man ihm nicht noch zur Hälfte der geplanten Laufzeit eine andere Richtung geben kann, wenn dieses Redesign auf fundierten Informationen nach einem gründlichen Review beruht und die Auflösung der Paradoxie bedeutet.

4.) Ist die Paradoxie nicht aufzulösen, ist es notwendig, das Projekt abzubrechen, da mit den dann zu investierenden Geldern in lohnende Alternativprojekte mehr Geld verdient werden kann.

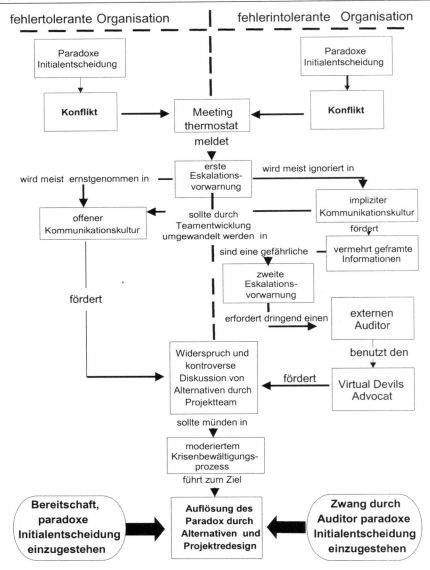

Abbildung 49: Einsatz von Deeskalationsmethoden in fehlertoleranten und fehlerintoleranten Organisationen (Eigene Darstellung)

7.4.2 Konsequenzen für das Projekt-Management

Für das Projektmanagement ist in einem DV-Projekt das wichtigste Ziel, sich den Support durch das Senior Management zu sichern. Nach einhelliger Meinung der meisten IS-Failure-Forscher und nach einer jüngsten Studie des Fujitsu-Centers Australia, gilt ein DV-Projekt vor allem dann als gescheitert und wird abgebrochen, wenn es keine Unterstützung mehr von Seiten des Top Managements erfährt (Yetton/Sharma/Johnston, 2000,285).

Ein Support wird dann einfach zu sichern sein, wenn das Top Management frühzeitig auf Paradoxien aufmerksam gemacht wird und eine stetige, für Entscheidungen optimale Informationsgrundlage in Form eines Projektstatusberichts existiert. Wird trotz stetiger Information, negativem Feedback und dem Äußern von Bedenken, kein Support zur Auflösung der Paradoxie gewährt, sollte der Projektmanager die Probleme über seinen Vorgesetzten hinaus eskalieren. Dies ist besonders dann notwendig, wenn er sich zunehmend im Konfliktfeld zwischen Senior Management und Projektgruppe befindet und sich innerhalb der Projektgruppe eine „wir da unten – die da oben Kultur" etabliert. Dies drückt sich darin aus, dass die Gruppe oft einen großen Eifer an den Tag legt, ihre selbst gesteckten Ziele zu erreichen, die jedoch mit den Zielen des Projekts nicht unmittelbar in Einklang stehen müssen. Spätestens in einer solchen Situation, ist der Projektleiter dazu aufgefordert, das Problem mit dem zuständigen Senior Manager abzusprechen, bevor er es über ihn hinweg zur Quality Assurance Abteilung im Unternehmen oder weiter nach oben eskaliert. Ob er diesen letzten Schritt unternimmt, der ihn seinen Job kosten könnte, hängt von den Alternativen und Perspektiven ab, die sich ihm auf Grund der Arbeitsmarktlage und seiner persönlichen Situation bieten.

Dies bedeutet, dass das Projektmanagement zur Verhinderung von Escalation of Commitment in DV-Projekten folgendes leisten muß:

1.) Herstellung einer Vertrauensbeziehung zum Senior Management und zur Projektgruppe.
2.) Gewährleistung offener, entscheidungsunterstützender Projektinformationen.
3.) Offene Kommunikation auch negativen Feedbacks.
4.) Thematisierung der erkannten Projektparadoxie gegenüber dem Senior Management.
5.) Erkennen aufkommender Konflikte im Projektteam.
6.) Verhindern einer „wir da unten – die da oben Kultur".
7.) Neuerliche Thematisierung der Projektparadoxie gegenüber dem Senior Management.
8.) Als letzte Maßnahme: Eskalation der Projektprobleme zu einer übergeordneten Stelle oder zur Quality Assurance Abteilung, um einen Projektreview zu veranlassen.

7.4.3 Konsequenzen für alle Managementpositionen im Unternehmen

7.4.3.1 Escalation-Sensitivity-Training in der Ausbildung von Entscheidern

Ein Experimentalversuch, der nicht Gegenstand dieser Arbeit war, soll jetzt dennoch erwähnt werden, um zu zeigen, warum ein Sensibilisierungstraining der Entscheider dringen notwendig ist.

In diesem Experimentalversuch traten zwei Systemhäuser A und B mit je zwei Gruppen, bestehend aus Geschäftsführer, Projektleiter und Programmierern, gegeneinander an. Das Ergebnis, erzielt mit dem EMS-Setting, war im Vergleich unterdurchschnittlich. Gruppe A hatte stark eskaliert, Gruppe B das Spiel in der letzten Runde abgebrochen. Die Bemerkung die dem Vorstand von Gruppe A (im realen Leben Geschäftsführer von Systemhaus A) entfuhr war, „das war ja wie im richtigen Leben". Er brachte damit zum Ausdruck, dass er schon des öfteren an einem Punkt stand, wo er unter zunehmendem Zeitdruck eine Entscheidung zu weiteren Projektinvestitionen treffen sollte, in der Unübersichtlichkeit der Situation jedoch nicht in der Lage war, einen Überblick über den Projektstatus zu erlangen. Als daraufhin die Hintergründe des Experiments offengelegt wurden[53], stellten die Gruppen Fragen wie, warum war es in Hauptrunde zwei so leicht, eine Option zu erhalten, wann wäre der ideale Zeitpunkt zum Spielabbruch gewesen, und erörterten das sehr intensiv in allen Facetten und von allen Spielerrollen. Das einhellige Feedback war, dass es für die zwei realen Softwareentwicklergruppen zwar eine stressige aber dennoch sehr lehrreiche Erfahrung war, sich selbst als handelnde Akteure in eskalierenden Situationen zu erleben und entscheiden zu sehen. Sie behaupteten, das Spiel selbst, als auch seine Erörterung hätte bei ihnen einen bleibenden Lerneffekt hinterlassen.

Wie nachhaltig das Experiment in ihrem weiteren Arbeitsalltag wirkt, lässt sich natürlich nicht sagen, da der Besuch im Hohenheimer TeleTeam-Raum für die Gruppe ein einmaliger Tagesausflug war. Es bliebe im Alltag zu überprüfen, was passiert, wenn ein Großunternehmen der IT-Branche ein solches Training für Senior und Projektmanager anbieten und in ein eigenes Trainingsprogramm integrieren würde. Nach Ansicht des Autors könnte eine solches Trainingsprogramm dazu beitragen, Entscheider für die kleinen Zeichen im Prozeß eskalierender Projekte zu sensibilisieren. Schritte, die beim Aufbau eines professionellen Trainings zu durchlaufen wären, könnten dabei folgende sein:

1.) Aufbau einer Datenbank mit Fallstudien aller im Unternehmen gescheiterter Projekte (bei den meisten größeren Unternehmen in der Quality Assurance Abteilung bereits verfügbar).

2.) Modellierung des Ablaufs und der Sequenzen der gescheiterten Projekte. Modellierung von „Idealtypen" gescheiterter Projekte als Spiel.

3.) Training von Managern mit Projektgruppen (Senior Manager, Projektleiter, Teammitglieder) am Eskalationsspiel, dessen gewinnbringendste Lösung der Abbruch ist.

---

[53] Dies wurde vom Experimentator stets gemacht, um die Gruppen nicht in dem Glauben zurückzulassen, daß das Versagen im Spiel auf ihren Intellekt zurückzuführen sei.

7.4 Konsequenzen der Arbeit für die Praxis

4.) Video-Beobachtung des Verhaltens der Gruppen in eskalierenden Situationen.
5.) Offenlegung der Spielregeln und Nachbesprechung des Entscheidungsverhaltens durch einen qualifizierten Trainer.
6.) Abgleich der Situationen im Spiel mit dem Content aus den realen Fallstudien in der Datenbank für gescheiterter Projekte.

Einen Leitfaden zur Hinterfragung eigener Verhaltensweisen in eskalierenden Projekten, kombiniert mit einer Dokumentation der Phänomene, die hinter den Fragen stecken, könnte nach dem absolvierten Sensitivity-Training den Entscheidern mit nach Hause gegeben werden. Ein solcher Selbstbefragungsbogen zur Reflektion müsste folgende Punkte beinhalten (Abbildung 50):

Fragen zur Kommunikationskultur im Projekt

Wird in meinem Projekt oft gestritten?
Wird im Projekt eher befohlen und ausgeführt oder eher diskutiert und abgestimmt?
Welche Sitzungen haben wir im Projekt?
Von welchen Sitzungen verspreche ich mir die meiste Information über den derzeitigen Stand des Projekts (Projektsitzungen, Nachbesprechungen von Integrationstest, Meilensteinsitzungen)?

Fragen zur Informationsqualität im Projekt

Aus welchen Quellen erhalte ich Projektinformationen?
Sind die Informationen entscheidungsadäquat aufbereitet?
Sind die Informationen aktuell?

Kontrolle des Feedback-Verhaltens beim Untergebenen

Hat mir der Projektleiter zu Projektbeginn vorgeworfen, dass das Projekt so nicht durchführbar ist?
Erhalte ich auf Projektstatusfragen validierbare und präzise Antworten?
Weicht der kontrollierte Mitarbeiter auf Nachfragen gerne aus?
Werden Nachrichten bewusst verschwiegen?
Schildert der befragte Mitarbeiter den Projektstand positiver als er sich nach eingehender Kontrolle darstellt?
Versucht der Mitarbeiter einen Sündenbock für negative Ergebnisse zu konstruieren?

Management und Macht

Tadele ich die Person des Berichterstatters oder die von ihm überbrachte, schlechte Nachricht?
Wendet sich der Berichterstatter in einem Zustand der Hilflosigkeit an mich?
Arbeitet die Projektgruppe nach einer Zeit relativer Lethargie plötzlich mit höchstem Einsatz an Funktionalitäten des Systems, die in der Umsetzung eher zweitrangig sind?

> *Entdecke ich in der Planung des Projekts Paradoxien?*
> *Wäre ich bereit, die Paradoxien gegenüber dem Projektleiter und der Gruppe einzugestehen?*
> *Bis zu welchem Limit bin ich bereit, mich finanziell für das Projekt zu engagieren?*

Abbildung 50: Fragebogen zur Selbstbefragung für Senior und Projektmanager über eskalationsfördernde Verhaltensweisen nach einem absolvierten sensitivity-training (Eigene Darstellung)

7.4.3.2 Nutzung etablierter Genre und Groupwaresystemen, zur Unterstützung einer professionellen Projektkommunikation

Einen dauerhaften Schutz vor Escalation of Commitment bietet neben der gesteigerten Sensibilität der Entscheider, vor allem die Entwicklung einer professionellen, partizipativen Kommunikationskultur. Was den Aufbau einer solchen betrifft, sollten alle derzeit bestehenden Möglichkeiten auf Prozeß-, System- oder Dokumentenstandardebene ausgeschöpft werden. Beim Aufbau einer partizipativen Kommunikationskultur im Projekt, kann der Entscheider auf bereits verfügbare Standards in der Softwareentwicklung zurückgreifen. In solchen Standards, werden Dokumentationstypen bereitgehalten, die die Kommunikation im Projekt unterstützen. Beispiele solcher Dokumenttypen sind Vorlagen für den Projektplan, das Pflichtenheft, den Styleguide, die Systemarchitektur, den Testplan oder den Qualitätsmanagementplan.

Vorlagen dieser Art enthalten auf den verschiedenen Genre-Ebenen Merkmale, die es einem Entscheider in Krisensituationen schnell erlauben, an die wesentlichen Informationen zu gelangen. Als Beispiel sei hier die Gliederung eines Projektmanagementplans genannt, die wie folgt aussehen kann:

- Deckblatt
    - Dokumentenname
    - Versionsnummer
    - Unterschrifts- + Datumsfelder von Verfassern, Prüfern, Freigebern
    - eineindeutige Dokumenten ID
- Änderungshistorie
    - Änderungen
    - Eingebracht von
    - Datum
- Verteiler
- Inhaltsverzeichnis
    - Abbildungs- und Tabellenverzeichnis
    - Abkürzungen
    - Glossar
    - Einführung
        - Projektüberblick
        - Projektergebnisse
        - Referenzmaterialien
    - Projektorganisation
        - Prozessmodell der Entwicklung

7.4 Konsequenzen der Arbeit für die Praxis

- Projektorganisationsstruktur
- Projektverantwortung
  o Management Prozeß
    - Management von Zielen und Prioritäten
    - Voraussetzungen Abhängigkeiten Hemmnisse
    - Risk Management
    - Projektkoordination und -kontrolle
  o Technischer Prozeß
    - Methoden, Werkzeuge, Techniken
    - Dokumentation der Anwendungssoftware
    - Projektsupportfunktionen
  o Arbeitspakete und Vorgehensplan

Werden die im Projektplandokument angelegten Strukturen und durch Unterschriftsspalten vorgegebene Abnahmeprozesse in das DV-Projekt integriert, ist es in eskalierenden Situationen für einen Senior Manager einfacher, an relevante Informationen zu gelangen. Da er über die Dokumenten-ID sehr schnell an die aktuellste Projektdokumentation gelangen kann, er sieht in der Änderungshistorie, was an den Dokumenten und am Projekt in den letzten Wochen geändert wurde, wo die im Prozessmodell der Entwicklung festgehaltenen Schritte vernachlässigt oder übersprungen wurden.

Für Projektmanager enthält die Struktur beim Unterpunkt Risk-Management genaue Anleitungen, wie dieses der Form nach durchgeführt werden kann. Welche Berichtswege er beim Melden von Projektrisiken benutzen sollte, ist unter dem Unterpunkt Projektorganisation aufgeführt. Da das Dokument so von allen Projektbeteiligten (Senior Management, Projektmanagement, Kunde) unterschrieben werden muß, kann sich ein Projektmanager, der seine Risiken in diesem Dokument schriftlich gegenüber dem Senior Management geäußert hat, auch darauf berufen. Gleiches gilt für die Unterschrift des Kunden bei der Abnahme des Pflichtenhefts. Hat er dieses unterschrieben, fallen nachträgliche Änderungswünsche unter die Rubrik Change Management des Systems und bedürfen einer neuerlichen Verhandlung und Budgetierung. Wie der Change Managementprozeß durchgeführt wird, ist im vom Kunden abgenommenen Projektplan unter dem Punkt Projekt-Support-Funktionen festgehalten.

Ein solches System voneinander abhängenden Dokumenten mag im Ablauf etwas „bürokratisch" klingen, die damit verbundenen Projektmanagementprozesse gehen aber bereits nach wenigen Monaten, sowohl beim Projektteam als auch bei den Kunden in routinierte Alltagshandlung über. Umgekehrt bietet ein solches System eine Vielzahl gemeinsamer Materialien für Senior Management, Projektmanagement und Mitarbeiter, so dass ein stetiger Kommunikationsfluß in Systemarchitekturdiskussionen, Code-Review-Meetings, Systemtestnachbesprechungen, Projekt- und Meilensteinsitzungen gewährleistet wird. Interessanterweise zeichneten sich die von uns untersuchten gescheiterten Projekte ausnahmslos durch das Fehlen von vor Projektbeginn definierten Dokumentations- und Informationsstandards, aber auch durch das Fehlen zuvor definierter Risk-Management, Eskalations- oder Kommunikationsprozesse aus.

Eine Potenzierung des Nutzens von auf Erfahrung aufbauender DV-Projektdokumentation, die in der Lage ist, Kommunikations- und Kooperationsprozesse zu strukturieren, wird mit Hilfe des Einsatzes einer Standard-Groupware, wie z.B. Louts Notes erreicht werden. In einer Dokumentenorientierten Groupware können alle Projektbeteiligten zu jederzeit, alle für sie öffentlichen Dokumente einsehen. In einem mit offener Kommunikationskultur geführten Projekt, werden dies für die Mitarbeiter so gut wie alle Daten mit Ausnahme der detaillierten Finanzen sein. Das Projekt- und das Senior Management sollten einen Zugriff auf alle aktuellen Daten haben. Der Kunde sollte nur jene Dokumente zu sehen bekommen, die er bis zum letzten Meilenstein auch unterzeichnet und abgenommen hat.

Sind alle entscheidungsrelevanten Daten in strukturierter Form über ein System für alle Beteiligten zugänglich und hat die Daten-, Informations- und Softwareproduktion im Projekt durch zuvor vereinbarte Abnahmeprozesse eine gewisse Verbindlichkeit, wird der Aufbau einer offenen Kommunikationskultur erheblich unterstützt. Welche, über die beschriebenen Systeme hinausgehende, elektronische Unterstützung in DV-Projekten, den Aufbau einer professionellen Kommunikationskultur unterstützt, wird ausführlich in Hertweck/Krcmar 1999 (Hertweck/Krcmar 1999, 187) erörtert.

8 Schlusswort mit Ausblick

8.1 Kritische Würdigung der Validität, Repräsentativität und Relevanz der Ergebnisse

Hinsichtlich der internen Validität wurden in den Fallstudien verschiedene Maßnahmen angewandt, um eine Absicherung der beschriebenen Inhalte zu erreichen. So wurden die erhobenen Daten zueinander in Bezug gesetzt, d.h. von einem Interviewten gemachte Aussagen wurden mit Informationen zu dieser Aussage aus der Projektdokumentation oder von weiteren Befragten abgeglichen. Wo dies möglich war, wurde den interviewten Personen die Fallstudie nach ihrer Niederschrift zur Ansicht vorgelegt, um mögliche Verzerrungen in der Darstellung zu vermeiden.

Bezüglich der Validität des Laborversuches wurde durch die Auswahl der Probanden (Studenten der Informatik mit zweijähriger betrieblicher Erfahrung) sichergestellt, eine Personengruppe ausgewählt zu haben, für die Projektarbeit im Betrieb alltägliche Realität war. Die Studenten wurden vor dem Experiment mit der bereitgestellten Technologie vertraut gemacht, so dass zum Beginn des Experiments alle Teilnehmer im Umgang mit der EMS-Umgebung auf gleichem Niveau vertraut waren. Um die Vergleichbarkeit hinsichtlich der Instruktionen zum Spiel zu gewährleisten, wurden bei allen Versuchen dieselben schriftlichen Spielregeln in einer vorher festgelegten Weise den Teilnehmern bekannt gegeben. Die Erhebung des Kurzfragebogen erfolgte direkt nach Beendigung des Projektspiels, so dass die Unmittelbarkeit der Eindrücke gegeben war. Um einen reibungslosen Ablauf des Experimentalspieles zu gewährleisten und um sicher zu stellen, dass sich eskalierendes Commitment bei den Probanden aufbauen kann, wurden vier Pretest-Sitzungen durchgeführt. In ihnen wurden die Wirkungen der Manipulation des Prozessdesigns vor dem Einsatz im Experiment getestet. Die – in verhaltenswissenschaftlichen Experimente nicht unübliche – Grundgesamtheit von 86 Versuchsteilnehmern mit durchschnittlich vier Teilnehmern pro Gruppe, erwies sich als ausreichend, um eine Vielzahl hoch und höchstsignifikanter Ergebnisse zu erzielen.

Um die interne Validität der Genreanalyse der Extremgruppen zu gewährleisten, wurden die im Log-file abgelegten Interaktionen von zwei Wissenschaftlern unabhängig nach dem induktiven Verfahren codiert. Die Codes wurden beschrieben, bis ein hohes Maß an Übereinstimmung zwischen den Codierern bestand (Bos/Tarnei, 1996, 113). Die so entstandene Datenmatrix der Genre basierte auf 421 Fällen (Interaktionen). Sie stellte sich in der statistischen Auswertung als so mächtig heraus, um auf dem fünf-Prozent-Signifikanzniveau mittlere und starke Korrelationen zu erhalten. Ergänzend zum statistischen Material existierte noch Ton- und Videomaterial der Experimentalgruppen, dass bei Unklarheiten zur Interpretation einzelner Sequenzen zusätzlich hinzugezogen werden konnte. An dieser Stelle soll nicht unerwähnt bleiben, dass sich mit diesem qualitativen Experiment ein – für Experimentalforschung – hohes Maß an Praxisrelevanz erreichen lässt. Bestätigt findet sich diese These vor allem in der Vergleichbarkeit der Prozessmodelle

(Sauer/Southon/Dumpney,1997) und der Gewichtung einzelner Faktoren in Bezug auf die von Feldforschern und Empirikern (Yetton et. al., 1999) erzielten Ergebnisse.

Diese Vorgehensweise bietet jedoch auch Raum für Einwände aus Sicht klassischer Experimentalforschung. So könnte ein Einwand lauten, dass für die Umsetzung von Fallstudiengegebenheiten in ein Experimentaldesign wenig verallgemeinerbare Vorgehensregeln existieren. Das ist richtig, allerdings können die aus den Fallstudien abgeleiteten Regeln vom Forscher offengelegt und beschrieben werden, so dass es der Urteilskraft des Lesers obliegt, diese zu kritisieren, zu verwerfen oder zu ergänzen. Vor diesem Hintergrund erweist sich das qualitative Experiment bei der Erforschung von heiklen und nicht unmittelbar zu beobachtenden Sachverhalten als große Bereicherung für die CSCW-Forschung.

8.2 Schlußbetrachtungen und Ausblick

Ausgangspunkt dieser Dissertation war die Frage, wie sich Escalation of Commitment in DV-Projekten bemerkbar macht, und welchen Beitrag elektronische Sitzungsunterstützung zur Deeskalation leisten kann. Diese Fragen sind beantwortet.

Im Theorieteil der Arbeit konnte Escalation of Commitment als ein von vielen Disziplinen mit unterschiedlichsten Methoden erforschtes Phänomen beschrieben werden. Escalation of Commitment kann zu einer Einstellung, zu einer getroffenen Entscheidung oder zu einer Tätigkeit bzw. Handlungsabfolge attestiert werden. Es kann Einzelne gerade so befallen wie Gruppen.

In den untersuchten Fallstudien und im Experiment konnte Escalation of Commitment zu Entscheidungen (Fallstudie A: beim Vertriebsleiter, Fallstudie B: beim Verwaltungsrat und Vorstand der Organisation, Fallstudie C: beim Kunden und beim Projektleiter) und zur verrichteten Tätigkeit (Fallstudie A: beim Projektleiter L2, Fallstudie B: beim Projektleiter und der Projektgruppe, Fallstudie C: beim zuständigen Programmierer) festgestellt werden. Dabei gab es eine interessante Kopplung beider Phänomene: Wenn sich das Senior Management zu Projektbeginn auf ein mangelhaft angelegtes Projekt (zu wenig Buget, zu schnell versprochene Fertigstellung, technische Unmöglichkeiten) committet hatte und von dieser verpatzten Initialentscheidung nicht abrückte, setzte dies die Projektgruppe irgendwann so unter Druck, dass sie begann, sich eigene kleine Ziele zu stecken und diese mit höchstem Arbeitseinsatz zu verfolgen. Dieser Arbeitseinsatz bedeutete hohe Verluste in kurzer Zeit und für das Senior Management die Notwendigkeit sehr schnell wieder über neue Mittel zu entscheiden. Die zu einer Entscheidung notwendige Information war dann meistens nicht vorhanden, da der Projektmanager, verunsichert durch neuerliche Verluste und das oft schon konflikhafte Klima, negative Nachrichten verschwieg oder beschönigte. Die operative Hektik der Mitarbeiter trug ein Weiteres zur Unübersichtlichkeit der Situation bei – der Beginn einer gefährlichen Eskalationsspirale. Wie diese Spirale zu stoppen sei, war ein weiteres Anliegen der Arbeit.

Setzt man die Bereitschaft dessen, der die Macht hat das Projekt zu stoppen und neu aufzusetzen als gegeben voraus, so stehen ihm verschiedene, im Designteil beschriebene Deeskalationsinstrumente und eine „Gebrauchsanweisung" zur Verfügung. Sie ist deshalb

8.2 Schlußbetrachtungen und Ausblick

von Nöten, weil sich einige Eskalationsphänomene nicht auf die Sitzungssituation selbst, sondern auf den gesamten Eskalationsprozeß des Projekts beziehen. Wird beispielsweise schon zu Beginn des Projekts eine stark konfliktträchtige Kommunikationskultur mittels Communication Thermostat gemessen, kann der Projektsponsor dies zum Anlaß nehmen, einen Teamentwicklungsprozeß zur Lösung der Konflikte zu veranlassen, bevor das Projekt soweit eskaliert, dass eine Krisensitzung notwendig wird. Ist die Einberufung einer Krisensitzung unabdingbar und wird diese anfänglich von starken Group-Think-Effekten geprägt, könnte der Virtuelle Devils Advocat das hohe Commitment aufbrechen. Die Frage, wann der richtige Zeitpunkt zum Einsatz der Deeskalationswerkzeuge gekommen ist, verraten erste Anzeichen, auf die Entscheider stärker achten sollten. Gleiches gilt für den Bedarf an Sitzungen und Diskussionen. Er trat zeitlich versetzt auf, je nach dem wie die Gruppen ihren Arbeitsprozeß bewältigten. Wurde der Zeitpunkt für eine Sitzung vom Experimentator festgelegt, hatte die Sitzung für die eine Gruppe den Charakter einer Krisensitzung, für die andere den eines gewöhnlichen Projektstatusmeetings. Da sich nach dem Sitzungsgenre die dafür nützlichen EMS-Werkzeuge definieren, stützen die Experimentalergebnisse ganz wesentlich eine These Kleins et. Al. Sie (Klein/Krcmar/Schenk, 2000) prophezeien der Sitzungsforschung nur dann eine Zukunft, wenn Sitzungen und die dabei zum Einsatz kommenden Werkzeuge als eine Funktion des in die Organisation eingebetteten Arbeitsprozesses betrachtet werden – eine Einschätzung der sich der Autor mit dieser Dissertation nur anschließen möchte.

Auf die Frage, warum DV-Projekte eskalieren und scheitern, wann man sie auf jeden Fall abbrechen sollte, ließen sich aus den Fallstudien und den Laborexperimenten verschiedenste Antworten finden. Die Antworten variieren entsprechend dem gewählten Fokus. Der Fokus der hiesigen Arbeit lag auf den denkbaren Eingriffen in den Entscheidungsprozeß eskalierender Projektgruppen. Eskalation in Projektgruppen führt mit hoher Wahrscheinlichkeit zum Scheitern von Projekten, da der tatsächliche Status des Projekts, die kommunikativen Handlungen der Projektgruppenmitglieder, sowie die Qualität der an die Entscheider kommunizierten Informationen keine objektiven Entscheidungen mehr zulassen. Kennzeichen einer derartig schlechten Kommunikationskultur wurden im Verlauf der Arbeit mehrfach beschrieben. Das bedeutet, dass ein Entscheider mit hochrationalen Entscheidungen, die jedoch auf unzureichenden Informationen beruhen, ein Projekt mit höchster Wahrscheinlichkeit weiter eskaliert. Deshalb sollte ein Projekt spätestens dann einem kurzzeitigen Stop unterzogen werden, wenn dem verantwortlichen Senior Manager wiederholt geframte oder falsche Informationen übermittelt werden und die Projektaufwände in kurzer Zeit erheblich steigen. In dieser Zeit können die als Design-Entwürfe beschriebenen Deeskalationswerkzeuge vom Senior Manager zum Einsatz gebracht werden. Dieser Einsatz wird allerdings nur dann sinnvoll sein, wenn der Senior Manager kein eskalierendes Commitment zum gesamten Projektdesign empfindet, d.h. für eine Veränderung wesentlicher Strukturen offen ist. Diese Anmerkung betrifft vor allem einen in der Arbeit ausgeblendeten Fokus, den der Macht, ein Projekt zu stoppen, zu verändern oder auch wie bisher weiterzuführen. In Fallstudie A oder auch B wurden vom Senior Management Konstellationen geschaffen, aus denen ein Ausstieg weder für sie, noch für den Projektmanager oder die Projektgruppe möglich waren. Ein Ausstieg aus dem Projekt wäre nur dann möglich gewesen, wenn sich alle am Projekt beteiligten Parteien (Kunden, Vorstände, Projektleiter mit Gruppe, ...) auf einen solchen geeinigt hätten. Sobald jedoch eine Partei, die zwar Macht hat das

Projekt zu stoppen oder fortzusetzen, einen scheinbar höheren Gewinn aus der Fortsetzung zieht, kann auf Projektmitarbeiterebene die größte Einigkeit bestehen, das Projekt abzubrechen – es wird geschehen. Trotzdem ist es den verantwortlichen Senior Managern fast immer möglich, ein Projekt abzubrechen oder nach einem Stop anders zu gestalten (Yetton/Martin/Sharma/Johnston,1999). Ein Redesign oder Abbruch wird umso einfacher zu bewerkstelligen sein, je höher die Bereitschaft des Senior Managers ist, beim Planen und Instanzzieren des Projekts, von ihm verursachte Fehler oder Paradoxien einzugestehen. Diese Bereitschaft vorausgesetzt, hat er zwei wesentliche Anhaltspunkte, die ihn zu einem Projektabbruch bewegen sollten: a) wenn er keine verlässlichen Informationen mehr aus dem Projekt erhält und die Kosten explodieren, b) wenn der erwartbare Gewinn nicht höher als die noch zu tätigenden Investitionen sind, bessere Alternativprojekte existieren und sich aus den bisherigen Fehlern wenig Informationen gewinnen lassen.

Diese Unterschiedlichkeit der Perspektiven zeigt, dass eine noch zu erarbeitende Theorie des Scheiterns von DV-Projekten, eben diese verschiedenen Perspektiven berücksichtigen muß. Daher würde ihr eine stärkere Abkehr von der bisher dominanten Scheiternsfaktorenforschung hin zur interaktions-, prozeß- und fit-orientierten Scheiternsforschung gut tun würde. Scheiternde Projekte sollten künftig eher als das Produkt einer Vielzahl von Handlungen und Entscheidungen im zeitlichen Verlauf betrachtet werden, die sich in machtpolitisch vorgegebenen Rahmenbedingungen entfalten und diese reproduzieren oder durchbrechen. Sind diese Rahmenbedingungen zur gemeinsamen Erreichung der Projektziele dauerhaft kongenial, ist eine Eskalation und ein Scheitern eines Projekts wahrscheinlich.

Wenn die in dieser Arbeit beschriebenen Erkenntnisse und Werkzeuge zur Deeskalation von Commitment beitragen können, kann dies zu erheblichen finanziellen Einsparungen in der Softwarebranche führen. Wenn nur jedes zehnte, gescheiterte Projekt verhindert werden könnte, lägen die Einsparungen jährlich im mehrstelligen Milliardenbereich. Grund genug um weitere Forschungen auf dem Gebiet zu betreiben.

Literaturverzeichnis

Ackoff, R. L. (1967): "Management Misinformation Systems." In: *Management Science* (14: 4), December 1967, S. 147-156.

Arkes, H.A.; Blumer, C. (1985): The Psychology of Sunk Cost. In: Organizational Behavior and Human Decision Processes, Vol. 35 (1985), S. 124-140.

Bakhtin, M. (1986): Speech genres and other late essays, translated from the Russian by Vern W. McGee and edited by Caryl Emerson and Michael Holquist. Austin, Texas: University of Texas Press, 1986.

Balzert, B. (1998): Lehrbuch der Softwaretechnik – Software Management, Software Qualitätssicherung, Unternehmensmodellierung. Spektrum Akademischer Verlag, Heidelberg et al. 1998.

Bass, E.J.; Zenyuh, J.P.; Small, R.L.; Fortin, S.T. (1996): A context-based approach to training situation awareness. Proceedings of the 3rd Symposium on Human Interaction with Complex Systems (HICS '96). S. 89-95.

Bazerman, M. (1998): Judgment in managerial decision making.

Bazerman, C. (1994): „Systems of genres and the enactment of social intentions." In: Freedman, A.; Medway, P.: Genre and the new rhetoric, Taylor&Francis, London, S.79-101.

Becker, H.S. (1960): Notes on the Concept of Commitment. In: American Journal of Sociology, Vol. 66 (1960), S. 32-40.

Beckett, S. (1986): The Complete Dramatic Works, London.

Berger, P.L.; Luckmann, Th. (1977): Die gesellschaftliche Konstruktion der Wirklichkeit, 5. Aufl., Fischer, Frankfurt a.M. 1977.

Beynon-Davies, P.(1995): "Information Systems 'Failure': The Case of the London Ambulance Service's Computer Aided Despatch System," *European Journal of Information Systems* (4), 1995, pp. 171-184.

Bobocel, D.; Meyer, J. P. (1994): Escalating Commitment to a Failing Course of Action: Separating the Roles of Choice and Justification. In: Journal of Applied Psychology, Vol. 79 (1994) Nr. 3, S. 360-363.

Boland, R.; Hirschheim, R. A.: "Series Foreword," in *Office Automation: A Social and Organizational Perspectiv*e, R. A. Hirschheim, John Wiley, Chichester, England, 1985.

Bortz, J.;Döring, N. (1995): Forschungsmethoden und Evaluation. 2. Aufl., Springer, Berlin u.a. 1995.

Bos, W., Tarnai, Ch. (1996): Computerunterstütze Inhaltsanalyse in den Empirischen Sozialwissenschaften, Waxman, Münster.

Brockner, J.; Bazerman, M. H.; Rubin, J.Z. (1984): The Role of Modeling Processes in the „Knee Deep in the Big Muddy" Phenomenon. In: Organizational Behavior and Human Performance, Vol. 33 (1984), S. 77-99.

Brockner, Joel; Bazerman, Max. H.; Rubin, Jeffrey Z. (1984): The Role of Modeling Processes in the „Knee Deep in the Big Muddy„ Phenomenon. In: Organizational Behavior and Human Performance, Vol. 33 (1984), S. 77-99.

Brockner, J.(1992): The Escalation of Commitment to a Failing Course of Action: Toward Theoretical Progress. In: Academy of Management Review, Vol. 17 (1992) Nr. 1, S. 39-61.

Bühler, K. (1907): Tatsachen und Probleme. Zu einer Psychologie der Denkvorgänge III. Über Gedankenerinnerungen. Archiv für die gesamte Psychologie 12: 24-52.

Bühl, A.; Zöfel, P. (1996): Professionelle Datenanalyse mit SPSS für Windows, Addison-Wesley, Bonn, 1996.

Burrell, G.; Morgan, G. (1979): Sociological Paradigms and Organizational Analysis, Chicago.

Chandler,D. (2000): An Introduction to Genre-Theory www.aber.ac.uk/media/Documents /intgenre/intgenre.html, zugegriffen am 15.10.2000

Czarniawska-Joerges, B. (1991): Narratives of individual and organisational identity, Communication Yearbook, 17: 193-221.

Davenport, T.H., Jarvenpaa, S.L., Beers, M.C. (1996): Improving Knowledge Work Process. In: Sloan Management Review, Summer 1996, S. 53-65.

Drummond, H. (1996): Escalation in Decision-Making, Oxford University Press, New-York 1996.

Durkheim, E.(1984): Die Regeln der soziologischen Methode, Suhrkamp stw 464.

Farrell, D.; Rusbult, C.E. (1981): Exchange variables as predictors of job satisfaction, job commitment, and turnover: The impact of rewards, cost, alternatives, and investment size. In: Employee Responsibilities and Rights Journal, Volume 5 (1981), S.201-218.

Fjermestad, J.; Hilz, S.R. (1999): An Assesment of Group Support Systems Experimental Research: Methodology and Results. Journal of Management Information Systems 15(3): S.7-149.

Fischer, L.; Wiswede, G. (1997): Grundlagen der Sozialpsychologie. Oldenburg Verlag, München, Wien. 1997

Fischer, L.; Wiswede, G. (2002): Grundlagen der Sozialpsychologie. Oldenburg Verlag, München, Wien. 2002

Flick, U. (1991): Triangulation. In: Handbuch Qualitative Sozialforschung. Hrsg. Flick, U.; Kardoff v., E.; Keupp, H.; Rosenstiel v., L.; Wolff, St., Psychologie Verlags Union, München, 1991, S. 432-434

Garfinkel, H. (1967): Studies in Ethnomethodologie. Prentice Hall, Englewood Cliffs, N.J.

Geib, Th. (1998): Management von Krisensituationen in DV-Projekten. Diplomarbeit am Lehrstuhl für Wirtschaftsinformatik der Universität Hohenheim.

Glaser B.G.; Strauss, A.L. (1967): The discovery of grounded theory. Strategies for qualitative research, Aldine, 1967.

Goffman, E. (1973): Asyle: Über die Situation psychatrischer Patienten und anderer Insassen, 1. Auflage, Suhrkamp, stw 678, Frankfurt a. M., 1972

Gräslund, K.: Produktivitätseffekte der Anonymität bei der computerunterstützten Gruppenarbeit. Empirische Analyse auf Basis der Strukturationstheorie. Dissertation am Lehrstuhl für Wirtschaftsinformatik der Universität Hohenheim, 1998.

Günthner, S. u. Knoblauch, H. (1997): Gattungsanalyse, in: Honer, A. u. Hitzler, R. (Hrsg.): Qualitative Methoden der empirischen Sozialforschung.

Hannan, M.T.; Freeman, J.(1984): Structural Inertia and Organizational Choice, In: Timmermann, M. (Hrsg.), Nationalökonomie morgen. Ansätze zur Weiterentwicklung wirtschaftswissenschaftlicher Forschung, Stuttgart 1984.

Hartlieb, A. (1999): Escalating Commitment in Gruppen. Diplomarbeit am Lehrstuhl für Wirtschaftsinformatik der Universität Hohenheim, 1999.

Heath, C. (1995). Escalation and de-escalation of commitment in response to sunk costs: The role of budgeting in mental accounting. Organizational Behavior and Human Decision Processes, 62 (1), 38-54

Heath, Ch. , Petersen, M.A. (1997): Premature De-Escalation in response to failed investments: a test of Escalating Commitment,Marginal Decision Making, and Mental Budgeting http://www.kellogg.nwu.edu/faculty/petersen/htm/work.htm, zugegriffen am 25.05.1998

Hermanns, H. (1992): Die Auswertung narrativer Interviews: Ein Beispiel für qualitative Verfahren. In: Analyse verbaler Daten: Über den Umgang mit qualitativen Daten. Hrsg.: Hoffmeyer-Zlotnik, J. Westdeutscher Verlag, Opladen 1992, S.110-141.

Hermanns, H. (1991): Narratives Interview. In: Handbuch qualitative Sozialforschung: Grundlagen, Konzepte, Methoden und Anwendungen. Hrsg.: Flick, U. u.a. Psychologie-Verlags-Union, München 1991, S. 182-185.

Hertweck, D.; Krcmar, H. (1999): Computervermittelte Kommunikation in verteilten Teams – Das Beispiel von Krisensituationen in scheiternden Softwareprojekten: In: Boos, M.; Jonas,K.J.; Sassenberg,K. (Hrsg.) Computervermittelte Kommunikation in Organisationen, Göttingen, 1999, S.183-199.

Hertweck, Dieter (1995): Die Analyse kommunikativer Prozesse in der Unternehmensberatung unter besonderer Berücksichtigung des Phänomens der Kommunikationsarbeit. Eine ethnographische Fallstudie, unveröffentlichte Magisterarbeit, Universität Konstanz, 1995

Hildenbrand, B. (1991): Fallrekonstruktive Forschung. In: Handbuch Qualitative Sozialforschung. Hrsg.: Flick, U.; v. Kardorff, E.; Keupp, H.; v. Rosenstiel, L.; Wolff, S.. Psychologie Verlags Union, München 1991, 256-260.

Hildenbrand, B. (1991): Fallrekonstruktive Forschung. In: Handbuch Qualitative Sozialforschung. Hrsg.: Flick, U.; v. Kardorff, E.; Keupp, H.; v. Rosenstiel, L.; Wolff, S.. Psychologie Verlags Union, München 1991, 256-260.

Hitzler, R., Hohner, A.(1991): Qualitative Verfahren zur Lebensweltanalyse, In: Handbuch Qualitative Sozialforschung. Hrsg. Flick, U.; Kardoff v., E.; Keupp, H.; Rosenstiel v., L.; Wolff, St., Psychologie Verlags Union, München, 1991, S. 384-385

Hopf, C. (1991): Qualitative Interviews in der Sozialforschung. Ein Überblick. In: Handbuch Qualitative Sozialforschung. Hrsg.: Flick, U.; v. Kardorff, E.; Keupp, H.; v. Rosenstiel, L.; Wolff, S.. Psychologie Verlags Union, München 1991, 177-182.

Janis, I. (1982): Groupthink. 2. Aufl., Houghton Mifflin, Boston 1982.

Johnson, J. (1998): Charting The Seas of Information Technology – CHAOS: A Special COMPASS Report. Hrsg.: The Standish Group International Inc., 1998.

Jones, C.(1996): Patterns of Software Systems Failure an Success, Thomson Computer Press, 1996.

Junginger,M.; Krcmar,H. (2001): IT-Risk Management – Fit für E-Business?, WI 2001, in: Buhl, H. U., Huther, A., Reitwieser, B.: Information Age Economy. 5. Internationale Tagung Wirtschaftsinformatik 2001, Physica-Verlag, Heidelberg 2001, S.395-408.

Kälin,K.; Müri,P. (1991): Sich und andere führen. 6. Auflage, Ott-Verlag, Thun, 1991.

Kahnemann, D.; Tversky, A. (1979): Prospect theory: An analysis of decision Making under risk. Econometria Vo.47, S.263-291.

Kameda, T.; Sugimori, S. (1993): Psychological Entrapment in Group Decision Making: An Assigned Decision Rule and a Groupthink Phenomenon. In: Journal of Personality and Social Psychology, Vol. 65 (1993) Nr. 2, S. 282-292.

Keil, M., Mann, J., Rai, A. (2001): Why Software Projects Escalate: An Empirical Analysis and Test of Four Theoretical Models. MISQ, Vol. 24, No.4, Dec. 2000.

Keil, M. (2000): Blowing the Whistle. In: Communications of the ACM, Vol. 44 (2000) Nr. 4, S.1

Keil, M.; Mixton, R.; Saarinnen; T., Tuunainen,V. (1995): Understanding Runaway Information Technology Projects: Results from an International Research Program Based on Escalation Theory. In: Journal of Management Information Systems, Vol. 11 (1995) Nr. 3, S. 65-85.

Keil, Mark (1998): Software Project Management and Escalation, http://www.cis.gsu.edu/~mkeil/. Zugegriffen am 03.07.1998.

Keil, M.; Cule, P.E.; Lyytinen, K.; Schmidt, R.C. (1998): A Framework for identifying Software Project Risks, Communications of the ACM, November 1998/Vol. 41, No.11

Kieseler, C.A.(1971): The psychology of commitment. Academic Press, New York

Kirsch, W. (1988): Die Handhabung von Entscheidungsproblemen: Einführung in die Theorie der Entscheidungsprozesse, 3. Auflage, Barbara Kirsch, Herrsching, 1988.

Klein, A.; Krcmar, H.; Schenk, B. (2000): Totgesagte leben länger – Electronic Meeting Systems und ihre Integration in Arbeitsprozesse. In: Reichwald, R./Schlichter,J. (Hrsg.): Verteiltes Arbeiten – Arbeiten der Zunkunft, Teubner, 2000, S. 217-229

Kleining, G. (1982): Umriß zu einer Methodologie qualitativer Sozialforschung. In: Kölner Zeitschrift für Soziologie und Sozialpsychologie. 34, 224-253.

Kleining, G. (1986): Das qualitative Experiment. In: Kölner Zeitschrift für Soziologie und Sozialpsychologie. 38, 724-750.

Kleining, G. (1991): Das qualitative Experiment. In: Handbuch Qualitative Sozialforschung. Hrsg.: Flick, U.; v. Kardorff, E.; Keupp, H.; v. Rosenstiel, L.; Wolff, S.. Psychologie Verlags Union, München 1991, 263-266.

Knights, D.; and Murray, F. (1994) : *Managers Divided: Organization Politics and Information Technology Management*, Chichester, UK: J. Wiley & Sons, 1994

Köhler, W. (1925): Intellegenzprüfung an Anthropoiden. Abhandlung der Preussischen Akademie der Wissenschaften. Neuaufl.: Intellegenzprüfung an Menschenaffen. Julius Springer, 1921, Berlin.

Konstanty,R.;Rosenkind,L.;Stimmel,K.;Ranftl,H. (1992): Paradox 3.5, das Kompendium. Markt und Technik, München 1992.

Kotulla, A. (2001): Managen von komplexen internationalen Softwareprojekten. Dissertation am Lehrstuhl für Wirtschaftsinformatik der Universität Hohenheim, 2001.

Krcmar, H. (2000): Informationsmanagement, Springer, 2000.

Lewe, H. (1995): Computer Aided Team und Produktivität, Wiesbaden 1995.

Luckmann, Th. (1986): Grundformen der Gesellschaftlichen Vermittlung des Wissens: Kommunikative Gattungen, Kölner Zeitschrift für Soziologie und Sozialpsychologie,

Tagung „Eclipse de la religion",Goethe-Institut Madrid ders. (1992): Einleitung zu ‚Rekonstruktive Gattungen', unveröffentlichtes Manuskript, Konstanz

Lullies, V.; Bollinger, H.; Weltz, F.: Konfliktfeld Informaitonstechnik, Campus, Frankfurt/Main, 1990

Lyytinen, K.(1999): "Empirical Research on Information Systems: On the Relevance of Practice in Thinking of IS Research," *MIS Quarterly* (32:1), March 1999, pp. 25-27.

Mach, E. (1905): Erkenntnis und Irrtum. Skizzen zur Psychologie der Forschung. Wissenschaftliche Buchgesellschaft, 1980, Darmstadt.

Markus M. L. (1984): *Systems in Organizations: Bugs and Features*, Pitman, Marshfield, MA, 1984.

Martino, R.L. (1964): Project Management and Conrtrol. Finding the critical path, Vol.1. American Management Association, New York 1964.

Mason,R. ; Mitroff, I. (1981): Challenging strategic planning assumptions, New York: Whiley, 1981.

Mayring, P. (1991): Qualitative Inhaltsanalyse. In: Handbuch Qualitative Sozialforschung. Hrsg.: Flick, U.; v. Kardorff, E.; Keupp, H.; v. Rosenstiel, L.; Wolff, S.. Psychologie Verlags Union, München 1991, 209-213.

Miles, R. E.; Snow, C. C. (1994): *Fit, Failure and the Hall of Fame: How Companies Succeed or Fail*, Free Press, New York, 1994.

Moscovici, S. (1980): Toward a theory of conversion behaviour. In: Berkowitz, L. (Hrsg.). Advances in experimental social psychology, Bd. 13, New York

Moser, Klaus (1996): Commitment in Organisationen. Huber, 1. Aufl., Huber, Bern 1996.

Myers, M. D.(1994): "A Disaster for Everyone to See: An Interpretive Analysis of a Failed IS Project," *Accounting Management and Information Technologies* (4: 4), 1994, pp. 185-201.

Neubauer, Michael (1999): Krisenmanagement in Projekten. Handeln, wenn Probleme eskalieren. Springer Berlin, Heidelberg, New York 1999.

Nienhüser, W. (1989): Die praktische Nutzung theoretischer Erkenntnisse in der Betriebswirtschaftslehre, Stuttgart.

Northcraft, G.B.; Wolf, G. (1984): Dollars, Sense and Sunk Costs: A Life Cycle Model of Resource Allocation Decisions. In: Academy of Management Review, Vol. 9 (1984) Nr. 2, S. 225 – 234.

Nunamaker,J.F., Briggs,R., Mittelman,D., Vogel,D., Balthazard, P. (1997): Lessons from a Dozen Years of Group Support System Research: A Discussion of Lab and Field Findings.

Oevermann, U. (1989): Objektive Hermeneutik – Eine Methodologie Soziologischer Strukturanalyse. Suhrkamp, Frankfurt.

Orlikowski, W.J.; Robey, D.(1991): Information Technology and the Structuring in Orgaizations. In: Information Systems Research, Vol. 2 (June 1991), No. No. 2, 143 - 171

Orlikowski, W., Yates J. (1994): Genre repertoire: the structuring of communicative practices in organizations. Administrative Science Quarterly, 39 (1994), 541-574.

Ortmann, G.; Windeler, A.; Becker, A.; Schulz, H. (1990): Computer und Macht in Organisationen. Westdeutscher Verlag, Opladen 1990.

Patzelt, W.J. (1987): Grundlagen der Ethnomethodologie. Theorie, Empirie und politikwissenschaftlicher Nutzen einer Soziologie der Alltags, München.

Ross, J.; Staw, B.M. (1986): Expo 86: An Escalation Prototype. In: Administrative Science Quarterly, Vol. 31 (1986) Nr. 1-4, S. 274-297.

Ross, J.; Staw, B.M. (1993): Organizational Escalation and Exit: Lessons from the Shoreham Nuclear Power Plant. In: Academy of Management Journal, Vol. 36 (1993) Nr. 4, S. 701-732.

Rusbult, C.E. (1980): Commitment and satisfaction in romantic associations: A test of the investment modell. In: Journal of Experimental Social Psychology Vol. 16 (1980), S. 172-186.

Rusbult, C.E. (1980): Satisfaction and Commitment in Friendship. In: Representative Research in Social Psychology, Vol. 11 (1980), S. 96-105.

Sader, M. (1991): Rollenspiel. In: Handbuch Qualitative Sozialforschung. Hrsg.: Flick, U.; v. Kardorff, E.; Keupp, H.; v. Rosenstiel, L.; Wolff, S.. Psychologie Verlags Union, München 1991, 193-198.

Salancik, G.R. (1977): Commitment is Too Easy!. In: Organizational Dynamics, Vol. 6 (1977), S. 62-80.

Sauer,C.; Southon, G., Dampney, C.N.G. (1997): Fit, Failure, and the House of Horrors: Toward a Configurational Theory of IS-Project-Failure, In: Sauer,C.; Yetton, P. and assoc. (Hrsg.) Steps to the future: Fresh Thinking on the Management of IT-Based Organizazional Transformations, San Francisco 1997.

Sauer, C. (1993): *Why Information Systems Fail: A Case Study Approac*h, Alfred Waller, Henley-on-Thames, England, 1993.

Sauer, C., Liu, L., Johnston, K (1999). In: ICIS Proceedings Proceedings of ICIS, Charlotte, N.C., 1999, S. 440-445.

Schnell,R; Hill,P.B.; Esser, E. (1993): Methoden der Empirischen Sozialforschung, 4. Auflage, Oldenburg, München 1993.

Scholl, R.W. (1981): Differentiating organizational commitment from expectancy as a motivating force. Academy of Management Review, Vol.6, 489-599.

Schütz, A. u. Luckmann, T. (1979): Strukturen der Lebenswelt, Bd. I, Frankfurt am Main.

Schütze, F. (1981): Prozeßstrukturen des Lebenslaufs. In: Mathes,J.; Pfeiffenberger, A.; Stosberg. Biographie in verhandlungswissenschaftlicher Perspektive, Forschungsvereinigung Nürnberg, S.67-156.

Schütze,F. (1987): Das narrative Interview in Interaktionsfeldstudien, Hagen.

Schwabe, G. (1998). Pilotierung von Telekooperation - Habilitationsschrift an der Universität Hohenheim, Stuttgart. 1998.

Schwabe, G.; Krcmar, H. (1998): Sitzungsunterstützung für die Politik. Groupware und organisatorische Innovation, (DCSCW'98), Dortmund, Teubner.

Schwartz, H.; Jacobs, J. (1987): Qualitative Sociology, a method to the madness, The Free Press, New York.

Schwartzman,H. (1989): The meeting.Gatherings in Organizations and Communities.Plenum Press, New York, London, 1989.

Schwenk, C.; Thomas, H. (1983): Formulating the mess: The role of decision aids in problem formulation. Omega, 1983, Vol. 20, S. 10-20.

Schwenk, ; (1985b): Management illusions and biases: Their impact on strategic decisions. Long Range Planning, 1985, Vol. 18, 74-80

Schwenk, Charles R. (1988): Effects of Devil's Advocacy on Escalating Commitment. In: Human Relations, Vol. 41 (1988) Nr. 10, S. 769-782.

Shubik, M. (1971): „The auction game: A paradox in noncooperative behavior and escalation." In: Journal of Conflict Resolution, 15, S.109-111.

Simonson, I. ; Staw, B. M. (1992): Deescalation Strategies: A Comparison of Techniques for Reducing Commitment to Losing Courses of Action. In: Journal of Applied Psychology, Vol. 77 (1992) Nr. 4, S. 419-426.

Starbuck, Bill (1998): Extreme Cases are important, because.... http://www.stern.nyu.edu/~wstarbuc/extreweb/ zugegriffen am 10.12.2001

Staw, B.M.; Fox, F. (1977): Escalation: Some Determinants of Commitment to a Previously Choosen Course of Action, Human Relations, Vol. 30, 431-450.

Staw, B. M. (1976): Knee-Deep in the Big Muddy: A Study of Escalating Commitment to a Chosen Course of Action. In: Organizational Behavior and Human Performance, Vol. 16 (1976), S. 27-44

Staw, B.M.; Ross, J. (1980): Commitment in an Experimenting Society: An Experiment on the Attribution of Leadership from Administrative Scenarios. In: Journal of Applied Psychology, Vol. 65 (1980), S. 249-260.

Staw, B.M. (1997): The Escalation of Commitment: An Update and Appraisal. In: Organizational Decision Making. Hrsg.: Shapira, Z. Cambridge University Press, Cambridge 1997, S. 191-215.

Staw, B.M.; Barsade, S. G.; Koput, K.W. (1997): Escalation at the Credit Window: A longitudinal Study of Bank Executives' Recognition and Write-Off of Problem Loans. In: Journal of Applied Psychology, Vol. 82 (1997) Nr. 1, S. 130-142.

Staw, B. M.; Hoang, H. (1995): Sunk Costs in the NBA: Why Draft Order Affects Playing Time and Survival in Professional Basketball. In: Administrative Science Quarterly, Vol. 40 (1995), S. 474-494.

Staw, B.M., Ross, J. (1987): Behavior in escalation situations: antecedents, prototypes, and solutions. Research in Organizational Behavior, Vol. 9 (1987), S. 39-78 .

Stickel, E.:Der Einsatz der Optionspreistheorie zur Bewertung von Softwareentwicklungsprojekten. In: Oberweis, A.; Sneed, H. (Hrsg.): Software-Management '97, Teubner-Verlag, Stuttgart, Leipzig 1997, S. 86-102

Stoner, J.A.F. (1961): A comparison of individual and group decision involving risk. Unpublished M.A. thesis. Massachusetts Institute of Technology.

Teger, A.I. (1980): Too Much Invested to Quit, New York, 1980.

Tetlock, P. E. (1979): Identifying victims of groupthink from public statements of decision makers. Journal of Personality and Social Psychology, 37, 1314-1324.

Tjosvold, D.(1985): Implications of controversy research for management. Journal of Management, 1985, Vol. 11, 21-37.

Weber, M. (1972): Wirtschaft und Gesellschaft: Grundriß der Verstehenden Soziologie (Studienausgabe, 5. Aufl.), Tübingen.

Weigle, J.; Krcmar, H. (2000): Zur Funktionsweise Virtualisierter Organisationen. Informations- und Kommunikationstechnologie in einem Projekt der Rauser Advertainment AG. Stuttgart: Akademie für Technikfolgenabschätzung.

Weltz, F., Ortmann R. (1992): Das Softwareprojekt: Projektmanagement in der Praxis, Campus, Frankfurt a.M. 1992.

Weltz, F.; Ortmann R. (1992): Das Softwareprojekt: Projektmanagement in der Praxis, Campus, Frankfurt/Main, 1992.

Wertheimer, M. (1912): Experimentelle Studien über das Sehen von Bewegungen. Zeitschrift für Psychologie 61: 161-265.

Willmann, Th.(1998): Beratungsgespräche zu privaten Themen in Radio-Phone-In Sendungen, Magisterarbeit, Fachgruppe Soziologie, Konstanz 1998

Yates, JoAnne; Orlikowski, Wanda J; Okamura, Kazuo (1995): Constituting genre repertoires: Deliberate and emergent patterns of electronic media use *Academy of Management Journal*; Mississippi State; 1995;

Yetton, P., Martin, A., Sharma, R. and Johnston, K. (2000). A model of information systems development project performance. Information Systems Journal, 10 (4), 263-289.

Yetton, Ph.; Martin, A.; Sharma, R.; Johnston, K. (1999): Reframing IS-Project Management: building an empirical model of project performance. In: Proceedings of ECIS, Wien, 1999.

Zöfel, P. (1985): Statistik in der Praxis, UTB 1293, Stuttgart 1985.